現代行政法入門

曽和俊文・山田 洋・亘理 格―――著

第5版

有 斐 閣
YUHIKAKU

第5版　はしがき

　前の改訂以降，法制面では，2021年の個人情報保護法改正により，行政機関等が保有する個人情報の保護に関する諸規定も同法に編入され，個人情報保護法制が統合された。また，2014年に大改正された行政不服審査法も，2016年の施行後6年以上が経過し，運用状況が明らかになろうとしている。以上については，それぞれ第7章と第16章で取り上げる。

　判例では，まず「ふるさと納税」をめぐって国・泉佐野市間で争われた事案において，委任命令の法律適合性に関する最高裁の審査方法を再認識させる判決（第3章），岩沼市議会議員に対する出席停止の懲罰の適法性について，司法審査を可能と認めた大法廷判決（第11章）等が注目される。また，辺野古基地新設問題に関連して，サンゴ類採捕許可申請に対する沖縄県知事の不作為の適法性が最高裁で争われた事案では，知事の裁量判断において考慮すべき事項の範囲をめぐり，裁判官の意見が鋭く対立したことを示す判断が示された（第9章）。以上の事案はいずれも，学説でも活発に論じられてきたテーマに関するものであり，学説と判例相互の関係という視点から見ても重要な動きである。

　さらに社会環境に目を転じるならば，この3年間波状的に生じた新型コロナウィルス感染状況は，行政法に対して様々な波紋を引き起こした。初版以来，「行政法のベーシックな考え方と最先端の課題や理論を，分かりやすく解き明かす入門書」たることを旨としてきた本書にとって，この動向は軽視し得ない出来事であるため，第2章と第6章で取り上げた。

　このほか，全体にわたって叙述を平易なものに見直すとともに，最新判例の補充や索引語の追加等を行った。

　最後に，今回の改訂でも，有斐閣書籍編集部の中野亜樹さんに大変お世話になった。笑顔とともに的確かつ有益なサポートを賜ることができたことに，心より御礼申し上げたい。

　2023年2月

執筆者一同

初版　はしがき

　本書は，行政法総論と行政救済法を一書にまとめたものである。執筆者は，いずれも，1970年代半ばに行政法という専門のみちに入った同世代の研究者である。当時に比べると，今日の行政法は，はるかに多くの法令を扱うようになっており，また判例も豊富に蓄積している。それに応じて，行政法学が取り組まなければならない課題は多様化しており，また情報量も肥大化している。その中で行政法教育はいかにあるべきか，また教科書はいかにあるべきかが，あらためて問われている。

　3名の執筆者は，以上のような共通認識のもとに何度も会合を重ねた。そして，行政法のベーシックな考え方と直面している現代的な課題を，可能なかぎり明快かつ簡潔に提示するような教科書を目ざすこととした。たとえて言えば，対象を行政法の根幹および果実といえるものに限定し，細かな部分は省いて個々人の勉学に委ねるという考え方を採用した。

　本書は，法学部や法科大学院の学生が行政法をはじめて体系的に学ぼうとする際に役立つことを，念頭において執筆された。全体を通して，本文を中心にしつつ，「コラム」，「ケースの中で」及び「発展問題」を配するという構成を採用している。「ケースの中で」や「発展問題」では相当高度な内容にも立ち入っているが，読者には，まずは本文についてすべて理解するという意気込みで読んで頂きたい。

　本書の公刊に当たっては，有斐閣京都支店の奥村邦男さんと一村大輔さんから言い尽くせぬほどのご助力をたまわった。今日の教科書には何が求められているか，また読者にとって分かりやすい表現とはどのようなものかなどについてお2人から頂いたアドバイスは，特に貴重なものであった。この点で，本書は編集者との協働の成果でもあったことを申し添えたい。

　2007年9月

執筆者一同

執筆者紹介（50音順）

曽和　俊文（そわ　としふみ）第4編担当
　　1951年　生まれ
　　京都大学法学部卒業
　　関西学院大学名誉教授

山田　洋（やまだ　ひろし）第2編，第5編担当
　　1953年　生まれ
　　一橋大学法学部卒業
　　一橋大学名誉教授

亘理　格（わたり　ただす）第1編，第3編担当
　　1953年　生まれ
　　東北大学法学部卒業
　　北海道大学名誉教授

も く じ

第 2 部　行政救済法

◆ ケースの中で　もくじ

略　語　表

1　法令略語

学教法	学校教育法
割賦法	割賦販売法
感染症法	感染症の予防及び感染症の患者に対する医療に関する法律
行審法	行政不服審査法
行政機関個人情報保護法	行政機関の保有する個人情報の保護に関する法律
行政機関情報公開法	行政機関の保有する情報の公開に関する法律
行訴法	行政事件訴訟法
行組法	国家行政組織法
行手法	行政手続法
金商法	金融商品取引法
区画整理法	土地区画整理法
刑事収容法	刑事収容施設及び被収容者等の処遇に関する法律
警職法	警察官職務執行法
刑訴法	刑事訴訟法
景表法	不当景品類及び不当表示防止法
建基法	建築基準法
原子炉等規制法	核原料物質，核燃料物質及び原子炉の規制に関する法律
憲法	日本国憲法
公害補償法	公害健康被害の補償等に関する法律
航空機騒音障害防止法	公共用飛行場周辺における航空機騒音による障害の防止等に関する法律
公水法	公有水面埋立法
公選法	公職選挙法
公文書等管理法	公文書等の管理に関する法律
国財法	国有財産法
国土利用法	国土利用計画法
国賠法	国家賠償法
個人情報保護法	個人情報の保護に関する法律
国公法	国家公務員法
災害基法	災害対策基本法
自園法	自然公園法

自治法	地方自治法
児童虐待防止法	児童虐待の防止等に関する法律
児扶手法	児童扶養手当法
銃刀所持法	銃砲刀剣類所持等取締法
住民台帳法	住民基本台帳法
収用法	土地収用法
食品法	食品衛生法
水質汚濁法	水質汚濁防止法
政策評価法	行政機関が行う政策の評価に関する法律
精神法	精神保健及び精神障害者福祉に関する法律
税徴法	国税徴収法
税通法	国税通則法
総務省法	総務省設置法
大気汚染法	大気汚染防止法
代執法	行政代執行法
地公法	地方公務員法
地税法	地方税法
鉄事法	鉄道事業法
電気法	電気事業法
道運法	道路運送法
道交法	道路交通法
独占禁止法	私的独占の禁止及び公正取引の確保に関する法律
特定商取引法	特定商取引に関する法律
独立行政法人等情報公開法	独立行政法人等の保有する情報の公開に関する法律
都計法	都市計画法
入管法	出入国管理及び難民認定法
廃棄物処理法	廃棄物の処理及び清掃に関する法律
被爆者援護法	原子爆弾被爆者に対する援護に関する法律
風営法	風俗営業等の規制及び業務の適正化等に関する法律
補助金適正化法	補助金等に係る予算の執行の適正化に関する法律
墓地法	墓地，埋葬等に関する法律
民訴法	民事訴訟法
労組法	労働組合法

2 判 決 等

最大判(決)	最高裁判所大法廷判決(決定)
最判(決)	最高裁判所判決(決定)
大判	大審院判決
高判(決)	高等裁判所判決(決定)
地判(決)	地方裁判所判決(決定)

3 判決登載誌等

民録	大審院民事判決録
民集	最高裁判所民事判例集
刑集	最高裁判所刑事判例集
行集	行政事件裁判例集
裁時	裁判所時報
判時	判例時報
判タ	判例タイムズ
判自	判例地方自治
賃社	賃金と社会保障

は じ め に
本書の狙いと特徴

1 行政法はいまが旬である

行政法が変革の時代に差しかかった，と言われるようになって久しい。

1990年代以降，行政手続法，環境影響評価法，行政機関情報公開法，行政機関個人情報保護法，公文書等管理法等，ベーシックな行政関係諸法律が制定されたことにより，行政法制の標準装備化が進んだ。また，司法制度改革のなかで，2004年に行政事件訴訟法が抜本的に改正され，法曹教育における行政法の位置づけも高まった。2014年には，行政不服審査法の全面改正もなされた。このような状況のもと，行政法学には，行政の現場と訴訟の場でも運用可能な法解釈の指針を提供する役割が期待されている。同時に，上述のような変革に見合った理論や概念が必要とされている。この意味で，行政法はいまが旬であり，同時に，理論的深化をも必要とする時期を迎えていると言えるだろう。

2 行政法テキストとして何が必要か

以上述べたような，司法制度および法曹教育における行政法と行政訴訟の比重の高まりを，テキストの中にも適切に反映させる必要がある。そして，そもそも行政法は，様々な行政活動が法に従って行われるように方向づけ，かりに法に反する行政が行われた場合には，その違法を明らかにし是正を図るための法分野である。そのような行政法の使命を達成するために，法治主義や行政の行為形式のような基本原理をきちんと説明すると同時に，行政法解釈の指針を提示する必要がある。また，そのような指針は，行政の組織と作用，手続と内

容のすべてにおいて可能な限り明確なものでなければならない。以上が，本書の著者共通の認識となっている。

　以上のような考え方から，行政法総論を扱う本書第1部は，以下の三つの編により構成することとした。まず第**1**編では，行政活動と法との基本的な関係すなわち法治主義に関する問題を論じ，第**2**編では，国民に対する行政の多用な働きかけ方である行為形式論を論じた。その上で，「行政活動に対する制約原理」という大括りの表題を掲げた第**3**編では，行政活動に対する法的コントロールを実効化するための三つの手法として，手続法的コントロール，実体法的コントロール，組織法的コントロールを重点的に解説することとした。そして，かかる統制原理に関する理解を前提に，第2部の行政救済法では，行政争訟法と国家補償法を論じている。以上のような章立てを通して総論と救済法との連続性を確保しようとした点に，本書の特徴の一つがある。

3　どのような読者層を想定したか

　本書は，法学部等の学生が行政法を初めて体系的に学ぼうとする際の教科書として執筆されている。同時に，法科大学院の未修者コースにおいて初めて行政法を学ぶこととなる学生や，公務員として行政法を基礎から学ぼうと思っている社会人等も，本書の読者として想定している。

　執筆にあたっては，入門書としての本書の趣旨にかんがみ，本文の記述内容をできる限り必要最小限のものに絞り込むとともに，可能な限り平易な叙述を心がけた。したがって，本文に書かれた部分をひととおり読めば，行政法の基本的な仕組みや考え方は理解できるようになっている。また，本文以外に，コラム その他の多様なツールを用いることにより，行政法に関する理解を促進できるようになっている。それが狙いどおりの効果を発揮することを念願しているが，なかでも ケースの中で や 発展問題 で取り上げたテーマは，本文を通して基本的な事項をひととおり理解した者が，さらに一歩進んでより詳しい情報や具体的問題点に触れてみたいと考える際に，役に立つ内容にしようという意図で書かれたものである。こうした部分まで理解できた読者は，行政法の考え方をかなりの程度深く理解したことになると考えて良いだろう。

第1部

行政法総論

第 *1* 編　行政法とは何か

　　行政法は何のためにあるのだろうか。また，行政法は，私法（民法，商法，民事訴訟法など）や刑事法（刑法，刑事訴訟法など）に対してどのような独自性をもっているのだろうか。

　　行政には公的社会を円滑に維持運営し，国民の安全や福祉を増進するための諸活動が期待される一方，過剰なまでに国民の自由な活動を束縛することがないように，様々な法規範によって行政活動を制約する制度的仕組みが採用されている。なかでも，行政法においては法治主義とか「法律による行政の原理」とか呼ばれる原則が強調されているが，それは一体いかなる考え方であり，なぜそのような考え方が重視されているのだろうか。

　　そして，かかる基本原則を具体化し行政活動の様々な局面を規律するためには，国会が定めた法律だけで十分なのだろうか。実際には政令や省令等の行政立法があり，また，地方公共団体独自の自治立法として制定される条例が存在する。そのような法律以外の立法行為と法律との関係はどのようになっているのだろうか。

　　本編は，「行政法とは何か」という表題のもとで，以上述べたような疑問に答えることを目的としている。以上のテーマはいずれも，行政法における法規範と行政との基本的な関係を様々な角度から論じるものであり，その学習を通して，行政法の基礎的なイメージと考え方を身につけることを期待している。

第1章
行政法とはいかなる法分野か

1 行政法にはいかなる役割が期待されているか

行政法の存在理由

　行政とは，国や地方公共団体等の公的社会を維持し円滑に運営するために必要な公共的事務遂行のプロセスを意味すると同時に，その主要な担い手である行政組織や行政機関を意味している。そして，行政法は，かかる行政組織や行政機関による公共的事務遂行が法に従い適正に行われるように制御すること（法的コントロール）を目的とした法分野である。では，行政や行政法は，社会においていかなる役割を果たしているのだろうか。また，社会にとって，真に必要不可欠なものなのだろうか。ここでは二つのタイプの行政作用を手がかりに，行政法の存在理由を明らかにすることから話をはじめよう。

規制行政の場合

　行政作用の第1のタイプとして，安全かつ円滑な道路交通を確保するための通行規制，自由で公正な取引秩序を維持するための経済活動規制，良好な住環境や自然を保護するための環境保全規制等の存在意義について，考えてみよう。これらの行政作用は，いずれも，公共の利益のために国民の自由な行動や活動を制限するという性質をもっており，かかる共通性から「規制行政」と呼ばれるタイプに属する。

　この種の行政作用については，行政による権利自由の制限がそもそも必要不可欠なのかが問題となる。実際，世の中には，行政による規制は可能な限り少なくした方が良いという考え方もある。そのような考え方に従えば，自由な活

動の結果として交通事故や環境破壊，あるいは実力による衝突や一方的で過剰な権利利益侵害等が実際生じてしまった後で，刑事事件や民事事件として，裁判所を通して法的紛争解決を図ることを基本にすればよいということになる。確かに，そのような方法ですむ場合もあるだろう。しかし，常に紛争や権利侵害あるいは公益侵害が顕在化するまで放置していたとすれば，誰もが安心かつ幸福に生活できるような社会は立ち行かなくなる。

　したがって，事前規制により公益侵害や社会的紛争の発生や深刻化を未然に防止するという行政の役割は必要不可欠であり，また，そのような行政の役割は，社会的利害対立の複雑化に伴って増大している。

　もっとも，行政による規制権限行使にあたっては，規制の相手方の権利自由を過剰に制約することがないように留意することも要請される。さらに，工場から大気中に排出される有害物質や有害食品，あるいは副作用の強い薬品等によって健康被害が生じるおそれがあるなどの場合には，工場周辺住民や消費者といった第三者の立場に適正な配慮を払う必要もある。特に，社会や個人にとって重大な害を及ぼす人の活動については，行政が事前の予防策を講じることによって重大な損害や被害が生じないようにする必要がある。規制行政には，こうした多様な公的利益や私的利益相互間にある対立をバランス良く調整し，それにより安全で幸福な市民社会を維持し保全するという役割が期待されているのである。

給付行政の場合

　次に第2のタイプとして，児童・老齢者・障害者等に対する社会福祉手当等の支給，医療保険や老齢年金保険等の保険給付，国または地方公共団体による補助金支給，道路や上下水道あるいは国公立の学校や文化施設その他の公共施設の設置供用等の行政作用の存在意義について，考えてみよう。これらの行政作用は，いずれも行政がみずから公的役務（公共サービス）や公的施設の提供主体となって国民の生活基盤を積極的に形成するという性質のものであり，「給付行政」と呼ばれるタイプに属する。

　こうしたタイプの行政作用は，生存権や教育を受ける権利その他の社会権の実現に関わるとともに，国・地方公共団体の予算上の制約や国・地方公共団体

が設置管理する公共施設という公的資源の枠の中で，必要かつ十分な給付活動として正当化できるか否かが問題となる。また，限られた財源や公的資源の範囲内で，公的役務の受給や公的施設の利用を認められた者とそれ以外の者との間に適正なバランスが確保されているかが問題となる。そして，こうした対立する諸利益相互間の適正な調整という役目は，利害を異にした私人相互の交渉や合意に委ねるよりも，行政という公的責任主体による決定および実施に委ねた方が公正かつ安定的な運営が確保される。以上のような考え方の下に，適正かつ継続的な公的サービス給付や公的施設の設置運営のために，行政みずから責任を負う主体としての役割を果たすことが期待されているのである。

行政法には，以上のような規制行政や給付行政等の諸活動が，法の趣旨に沿って適正に遂行されるように制御する役割が期待されている。そして，行政法がその役割を過不足なく果たすには，規制や公的給付の相手方の権利利益および第三者の法的地位について十分配慮するとともに，行政が果たすべき役割の公益的性格（公共性）についても十分配慮を払う必要がある。では，このような独自の役割を期待される行政法には，いかなる特質が認められるのだろうか。

行政法の特質

行政法は，行政が社会において対立する諸利益間の公的調整主体としての役割を担う存在である点に独自の存在理由を有する法分野であり，その意味で行政法には，私法および刑事法とは異なる固有の役割が期待されている。したがって，法律学を大きく分けると，私人間の法律関係を規律する民法をはじめとした私法，罪を犯した者に対する国家の刑罰権発動による処罰を規律する刑事法と並んで，国や地方公共団体等の行政と私人との関係に特有の法律問題を規律する行政法が存在することになる。

もっとも，こうした行政法の中から，今日では，租税法・経済法・教育法等，多様な法分野が独立の専門科目として分化している。しかし，それらの法分野も含めて行政作用が問題となる場合については，ある程度共通した考え方が妥当している。他方，憲法は，社会秩序を基礎づける基本的価値や国家と私人との最も基本的な関係を規律する法規範として，程度の差はあれ，いずれの法分野とも関連する最上位の法分野である。しかし，公的社会の組織運営のあり方

および公共の利益と個人の権利自由との調整を扱う共通の法分野として，憲法と行政法は特に密接な関係にある。以上を前提に，行政法の特質について解説することとしよう。

公共性に関する法分野

行政作用は広い範囲に及んでおり，その内容は多種多様である。そして，そのような行政活動を規律する行政法の中には，多様な法的ルールが含まれる。しかし，国民の権利自由を制約する場合であれ，国民に公的サービスを給付する場合であれ，いかなる行政活動も公共の利益の実現を目的としている点に共通性がある。この意味で，行政法の第1の特質は，公益や公共性に深く関係する法分野であり，公共の利益の実現と国民の権利自由の保護という対立することの多い二つの理念をバランス良く実現することを目的とするという点にある。

公権力の行使に関する法分野

次に，公共の利益の実現のために，行政には，必要に応じて国民の権利自由を一方的に制限するような公権力の行使が認められる場合がある。もっとも，後述のように，公権力の行使には法律の根拠規定が不可欠であり，法律や憲法の規定その他の法規に違反する公権力の行使は認められない。したがって，行政法では，いかなる状況の下で命令強制等の公権力の行使が許容されるのか，権限の恣意的行使や濫用を防ぐためにはいかなる措置を講じる必要があるかなどの問題が，法律や憲法その他の上位規範との関係で絶えず問題となる。この意味で，法の支配や法治主義の実現が何よりも重視されるという点に，行政法の第2の特質がある。

とりわけ国民の権利自由を制限するような行政活動については，その目的や内容および手続等の多様な側面から，行政の権限行使のあり方を規律づけることが重視される。この意味で，行政作用に対する行為規範的統制を内容とする法分野が行政法である。

実体法と手続法が絡み合った法分野

さらに，行政法のルールには，実体法的なルールと手続法および訴訟救済法

的なルールとの双方が含まれるという点も，行政法の第3の特質として挙げておこう。

　この点では，民事法が民法や商法等の実体法と民事訴訟法という手続法とに分かれており，また刑事法についても，刑事罰の対象となるべき罪と制裁としての刑罰という実体面を規律する刑法と刑事捜査および刑事裁判手続を扱う刑事訴訟法とに分かれているのとは，異なる。行政法では，行政作用の要件や効果を扱う行政実体法に加えて，行政実体法規範が形成され実現されるための手続を規律する行政手続法，および違法な行政作用によって自己の権利利益を害された者を救済するための法的ルールを扱う行政救済法が，行政法という一つの法分野に組み込まれているのである。

2　行政法における多様な法律関係

私法との関係

　以上のように，行政法には，私法や刑事法とは異なった独自の社会的機能を果たすことが期待されているが，他方で，社会生活の様々な局面において，行政法と私法や刑事法は相互作用を及ぼす関係にもある。食品衛生法で規律された食肉や生野菜等の生鮮食料品を扱う営業活動を無許可で行った場合には，食品衛生法の規定に基づく刑事罰の対象となるというように，行政規制と刑事罰との間に関連性があることは，容易に理解できるであろう。これに対し，私法との関係については，行政法を公法とみなして私法との区別を強調する考え方が従来は支配的であったが，両者間には交錯する場面もしばしば生じる。

　以下では，このような公法と私法の多面的な関係について見ていくことにしよう。

公法と私法の区別

　行政作用は社会公共の利益の実現を目的としたものであるから，一般に，私的利益や部分社会的な諸利益（一部の集団や団体に固有の利益）に優先して実現を図るべきものとして扱われ，種々の特別扱いが認められる場合がある。たとえば，都市公園内の土地や市が設置する公共施設の一部を民間事業者の営業用

に使用させる場合には，賃借権に関する民法や借地借家法の規定の適用が排除され，占用許可という特別の制度の適用下に置かれるというのは，その典型例である。このように私法とは異なる行政法規を公法規定と呼ぶことは可能であり，その種の行政法規をすべて体系化したものを公法ないし公法体系と呼んで，私法体系に対置することも可能である。

実際，そのような公法と私法の区別は，行政法の傾向的な特徴を一言で説明するのに便利であり，行政法の手っ取り早い理解に資する面があった。しかし，このような説明概念としての効用を超えてこの区別を極端化すると，「公法上の法律関係には私法規定の適用が排除される」とか，「私法上の契約が行政法規に違反したか否かは当該契約の効力の有無にとって無関係である」といった主張にもなりかねない。果たして，公法と私法は，本当にそのように相容れないものなのだろうか。

以下では，この問題を二つの側面から検討しよう。

私法規定の適用可能性

第1に，「公法上の法律関係には，民法等の私法規定の適用が原則として排除される」という主張がなされることがあったが，このような主張は，今日では否定されている。

まず，地方公共団体が営むバス事業や水道事業等の経済活動は，道路運送法や水道法に特別の規定がない限り，同様の事業を営む民間の経済活動と同様の性質をもつと解されてきた。同様に，公営住宅等の公的施設の利用関係についても，公営住宅法等の法律に特別の規定がない限り，民間賃貸住宅の利用関係と同様の性質をもつと解されている。一例として，都営住宅の使用料の滞納および無断増改築を理由に，東京都が使用許可を取り消し，明渡しを求めた事件で，民間賃貸住宅の賃貸解除の要件と同様，都と借主との信頼関係が破壊されたとみなしうる場合でなければ，使用許可の取消しはなしえないとされた判例がある（最判昭和59・12・13民集38巻12号1411頁）。

これに対し，農地買収という土地所有権の剝奪を内容とする権力行政分野では，不動産所有関係に関する登記の優先性を定めた民法177条の規定の適用を認めなかった判例があるが（最大判昭和28・2・18民集7巻2号157頁），この事

件は，事件当時の自作農創設特別措置法に基づく農地買収が自作農の農地所有を優先的に保護する趣旨の制度であったという個別法の趣旨解釈に基づくものであったという理解が，現在では定着している。行政法の世界に民法等の私法上の規定の適用が排除されるにはそれ相当の特別の理由が必要なのであり，公法上の法律関係だから私法規定の適用が排除されるということにはならないのである。

> ### ケースの中で1-① 　租税滞納処分と民法177条
>
> 　租税滞納処分による土地の公売処分の無効確認等の請求が提起された事件では，滞納者から当該土地を先行取得したものの未登記であった者が，既に登記をすませた税務署長および公売処分の相手方である第三者に対して，自己の所有権を対抗できるか否かが争われた。最高裁は，かかる滞納処分ケースへの民法177条の適用を認める判断を示した（最判昭和31・4・24民集10巻4号417頁）。ただし，この事件の場合は，税務署長の側に背信的悪意者に相当する特別の事情があったことを理由に，未登記所有者の所有権を認める結論が下されている（最判昭和35・3・31民集14巻4号663頁）。ともあれ，滞納処分という権力行政についても，個々の法律規定や制度の趣旨に反しない限り，私法規定の適用可能性を認めることを前提とした判決例と解されている。

行政法規違反の契約の効力

　第2に，「公法上の取締法規に違反した契約等の私法上の法律行為は，直ちにその私法上の効力を否定されるものではない」という考え方の正当性が問題となる。

　第1の問題では，公法上の法律関係への私法規定の適用可能性が問題となったのに対し，ここでは逆に，行政法規が私法上の法律関係に影響を及ぼすことはないかが問題となる。たとえば，法律上事前の許可を得なければ営業できない事業を無許可で営んだ場合の売買等の私法上の契約は，有効として製品の引渡しや代金支払い等の債務履行を求めうるか，といった問題がある。この問題は，主に民法学において論じられてきたテーマであるが，民間の経済活動等に対する行政的規制の意味を適切に把握するためには，行政法にとっても無視できない論点である。

これについては，契約等の法律行為がその内容に着目して私法上無効と判断されるには，公序良俗違反または強行法規違反のいずれか（民法90条，91条）に該当することを要するとされてきた。国家秩序の維持に関わる法令違反の場合（弁護士法72条で禁止された非弁活動を内容とする契約は無効とされる場合など）や人の生命健康に関わる公衆衛生保護法令に違反する場合（有毒アラレ販売のための売買契約を無効とした最判昭和39・1・23民集18巻1号37頁等）が典型例である。

　このような場合，公法上の取締法規違反が私法上の契約の効力に影響を及ぼすか否かを判断するには，当該取締法規の趣旨，当該違反行為の反社会的性格や非難可能性の程度，取引関係の安定性や安全性確保の要請等を総合的に勘案し判断する必要がある。そして，かかる総合的判断により，公法上の取締法規に違反した私法上の契約が無効と判断される可能性は，十分にありうるわけである。

ケースの中で 1-② 　違法建築のための建築請負契約の効力

　建築基準法等の規定に適合しない建物（違法建物）の建築を目的として締結される請負契約も，当該行為の悪質性や違法の程度等の具体的事情によっては，無効となる場合がある。公序良俗違反を理由に請負契約を無効と判断した最高裁判例として，最判平成23・12・16（判時2139号3頁）がある。本件の違法建築は，賃貸マンションの室数を違法に増やすため，あらかじめ建築確認申請用の図面（確認図面）と建築工事施工用の図面（実施図面）を用意し，確認図面に基づき建築確認を申請し確認済証の交付を受けた上で，一旦は適法な建物を建築して検査済証の交付を受けた後，実施図面に従って違法建物の建築工事を施工するという点で，悪質なものであった。請負業者は，建築主（注文者）からその旨の説明を受け了承の上契約を締結し工事（「本工事」という）を施工したが，途中で当該違法部分が発覚したため是正のための追加変更工事を余儀なくされ，予定された工事費を超える支出を行ったため，注文者に対し残代金の支払いを請求した。

　最高裁は，本件違法建物の建築が「著しく反社会性の強い行為」に当たると判断し，本工事の施工に関する請負契約については，公序良俗違反により無効と結論づけた。その理由は，本件の場合，違法建物の建築のため確認済証や検査済証を詐取するという「大胆で，極めて悪質な」方法がとられ，違法の程度も，耐火構造規制，北側斜線制限，日影規制，建ぺい率や容積率の制限等に違反するという重大なものであり，請負業者の立場も，注文者からの依頼を拒絶することが困難と言えるほど

「従属的な立場」にあったとも言えない，というものである。もっとも，最高裁は，追加変更工事の合意については，違法建築部分の是正を目的としたものであることを理由に，原則として有効であると判断した。

┌ 発展問題 1-① 民法学における公序概念 ┐

近時の民法学においては，強行法規や公序良俗原則を，経済的公序という公法的秩序とも関連する視点から論じようとする関心が高まっている。そのような視点から，行政法令に違反する契約の効力が論じられる事案は，取引に関する十分な知識をもたない消費者の保護を目的とした消費者保護法令（消費者契約法，割賦法，特定商取引法等）や公正な市場と競争の確保を目的とした市場秩序維持法令（独占禁止法，不正競争防止法，景表法，金商法等）に違反する契約にまで拡がっている。

消費者と企業との間には経済力・情報力等の格差があるため，消費者保護法令により取引の安全を確保する必要は極めて高い。また，市場秩序維持法令によって確保される市場の公正や競争秩序は，個別契約における取引の安全確保にとっても必要不可欠である。したがって，こうした行政法規に違反する取引行為は，罰金等の刑事制裁の対象とするだけでは不十分であり，私法上の契約としても無効とすべき場合が生ずる。消費者保護法令や市場秩序維持法令は，取引の安全と公正の確保を通して私法秩序の土台を維持・形成するものであるため，これらの法令に違反する行為は，私法上も無効とされる可能性が生じるわけである。

権力行政と非権力行政

上述のように，行政と私人との法律関係はもっぱら公法的規律にのみに服すものではなく，個々の行政活動の性質に矛盾しない範囲では私法規定の適用も可能であることが理解できたと思う。しかし他方で，行政上の法律関係には，法律により公共の安全秩序維持のための命令強制権限が行政に認められている場合のように，私法上の法律関係とは本質を異にする場合が多く存在することは否定しえない。そこで，行政と私人との法律関係を，命令強制ないし支配服従を本質とする権力関係と当事者間の対等平等を本質とする非権力的関係とに区別する考え方が，行政法の基本的な発想方法の一つとなってきた。

本書の第4章および第5章で論じることとなる行政行為や行政上の強制執行等は，権力行政を本質とする行政の行為形式として捉えられる。これに対し，

第6章で論じることとなる行政指導や行政契約は，非権力性を本質とする行為形式である。ところが，両者の境界線は常に明快に区分できるわけではない。一方で，申請に基づいて公務員の任用や補助金の支給が行われる場合のように，任用や補助金支給決定という権力的な行為が申請者の同意や意思を条件に行われる場合がある。他方で，事業者に対する所管官庁の監督指導や宅地開発事業者に対する市の建築指導課の建築指導等のように，行政と民間との継続的協調関係をベースに行われる行政指導が，事実上の強制力を発揮する場合も少なくない。

規制行政と給付行政

　さらに行政作用の内容に着目すると，国民の権利自由を剥奪したり国民が本来自由になしうる活動や行動を制限したりする作用（規制行政）と，国民に社会保障や公教育等の公的サービスを給付する作用（給付行政）とを区別することも有意義である。

　一見すると，この区別は権力行政と非権力行政との区別と同じことをいっているように見えるが，実はそうではない。生活保護あるいは児童や高齢者に対する年金・手当の支給決定は，相手方の申請に対する授益的な給付行為ではあるが，最終的には一方的な行政決定によって支給の有無と内容が決せられる。このように，給付目的の行政が権力的手段を用いて行われることもあれば，建築物の高さ制限を求める行政指導のように，規制目的の行政が非権力的方法により行われることもあるのである。

不利益的行為（侵害行為）と授益的行為

　規制行政と給付行政との区別は，国民の自由な活動や権利行使に制約を課す内容のものか，それとも，公的サービスや公的施設の利用を新たに認めるものであるか，という違いに着目した区別である。したがって，営業許可や運転免許によって営業活動や自動車運転が可能になるという場合は，許可という授益的行為の前提として，もともと自由な営業活動や自動車運転は制限されているわけであるから，こうした許可や免許も規制行政の一局面だということになる。また，給付行政の場合についても，社会保障給付が拒否される場合や受給資格

が取り消されるような場合には，当の相手にとっては不利益的な行為が，給付行政の一環として行われていることになる。

このように，規制行政と給付行政との区別は，不利益的行為と授益的行為との違いに完全に対応しているわけでもないという点にも留意する必要がある。

国民の多様な法的地位

規制行政を規制の相手である国民の側から見れば，当該国民は行政による権利自由の制限や剥奪を内容とする行政作用に対して，自己の権利利益を防御する立場（防御的地位）に立たされる。これを憲法の視点からいえば，行政による国民の精神的自由権や財産権，職業選択・遂行の自由の制限に対して，国民の防御的地位をいかにして保護するかが重点的に検討されることとなる。これに対し，生活保護や社会保険給付および公教育等の公的サービス給付行政では，国民の生存権や教育を受ける権利等の公的サービス給付を受ける地位（受給的地位）が行政によって確保されているかが問われることとなる。

そして，防御的地位と受給的地位いずれについても，個々人の法的に保護された利益に該当するとして権利性を認められれば，これを違法に侵害する行政活動に対して，訴訟により何らかの救済を図る途が開かれるのである。

さらに，国や地方公共団体の決定過程へ何らかの形で参加する地位が認められる場合もある。このような参加的地位の典型である選挙権や地方自治法上の直接請求制度のほかにも，都市計画や土地収用事業の計画決定に際して，利害関係人に事前の公告・縦覧・意見書提出の機会が保障される場合や，環境影響評価手続や廃棄物処分場の設置許可手続の際に生活環境の保全の視点から意見陳述の機会が保障される場合などがある。このように，種々の行政決定過程への参加が法律により認められているのである。

他方，今日では，行政保有情報の適切な管理およびかかる情報へのアクセスを求める法的地位の重要性が高まっている。

行政情報に関する国民の法的地位の中には，個々の国民の自己情報が行政により適切に管理されることによって保護される権利利益とともに，国家や社会等の公共的性質を有する行政情報が適切に管理されかつ開示されることによって保障される権利利益も含まれている。自己情報の保護は，国民の防御的地位

が情報という領域まで拡張したものと捉えることが可能であり，かかる情報レベルの防御的地位の保障は，今日の高度情報化社会において国民のプライバシーを守り個人の自律性や自己決定を保護する上で重要性を増している。他方，公共性を有する行政情報へのアクセス保障は，基本的には，国民の行政・政治への参加を実効的に支えるために不可欠の前提条件であり，その意味で，参加的地位と表裏の関係にある。行政活動と情報とのより具体的な関係については，第7章において解説することとする。

3　行政組織の法関係

外部関係と内部関係の区別

　前項までの話は，行政と国民との間に成立する法関係に着目し，行政というものを，行政による国民に対する働きかけ（行政作用）とそれに対する国民の法的地位とを対置させた外部関係として捉えてきた。ところが，行政作用は，一個の生身の人間ではなく複数の人間からなる組織体が行う作用である。したがって，国民に対する外部関係として遂行される行政活動には，常に，複数の関係行政機関が連携した情報の収集や調査活動，機関相互間での交渉や意見交換等，原案策定から決定およびその実施に至るまでの一連の組織内部的な活動が伴っている。

　ほとんどいかなる行政活動でも，国民に対する直接的な働きかけとして行われる局面と行政内部の活動として行われる局面との区別が可能ではあるが，同時に，かかる外部関係と内部関係は多くの場合相互に密接な関係にある。**コラム1-①** に挙げた消防長の同意は，その一例である。そして，内部関係における行政活動が国民の権利利益を事実上左右している場合には，当該内部的行政活動は実質的に外部的法効果を発揮しているのではないかという問題が生じる。またその場合，それを訴訟その他の法的手段により適切にコントロールし国民の救済を図るべきではないかといった課題が，提起されることとなる。

　このように，内部関係と外部関係との相互関係は国民の法的地位との関係で極めて重要なテーマであるが，これについては第10章において重点的に論じることとし，以下では，行政組織のあり方自体に焦点を絞り，行政組織法の基

本的な部分について説明しておこう。

コラム 1 -①　消防長の同意

　たとえば，密集市街地等での火災防止のため防火地域または準防火地域に指定された区域内において建築物の新築等の建築行為を行おうとする場合，建築の許可や確認の権限を有する建築主事等は，あらかじめ当該区域を管轄する消防長または消防署長の同意を得なければならないとされている（消防法 7 条 1 項）。この同意は，消防長等が建築主事等の求めに応じて行うものであり，行政組織内部の複数行政機関相互間で行われる行政活動である。もっとも，この場合の同意は，法律の明確な規定に根拠をもつものであり，しかも当該同意がなければ建築確認が得られないわけであるから，建築確認を申請した建築主の側から見れば，この同意は半ば外部化した行為であって，純粋の内部行為とは言い切れない側面を有している（→12章，特に**表 1** ⑪判決参照）。

行 政 主 体

　行政組織法では，行政組織の内部における組織編成のあり方，行政機関相互間での事務や権限の分担のあり方，行政機関相互の上下の指揮監督関係や横の連携調整関係のあり方などに関する法的規律が問題となる。

　何らかの行政活動を取り上げたときに，個々の国民という一人の権利義務主体に対置された関係で登場するのは，国や都道府県，市町村，特別区といった地方公共団体等である。この場合の国や地方公共団体は，権利義務の主体として登場している限りでは，相手方の国民の法的地位と異ならない。ただ，国や地方公共団体の権利義務はあくまでも公益実現のために認められたものであるため，法律上，国や地方公共団体みずから一方的に決めたり強制的に実現したりすることが認められる場合があるという点に，違いがあるに止まる。以上のように，個々の国民に対置された行政活動の担い手を意味する理論上の概念として，「行政主体」という用語が用いられる。

　行政主体たる性質を有するものとしては，国や地方公共団体以外にも独立行政法人（産業技術総合研究所，国立病院機構，国立大学法人等），政府関係特殊法人（日本銀行等）等がある。これらの行政主体は，個別法律に基づき，一定の限

定された範囲内で行政上の事務や権限を付与された法人である。

コラム1-②　行政主体の範囲は変わりうる

　行政主体と民間主体とを分けるのは各組織体が担当する事務や事業が行政的性質を有するか否かによるわけであるが，個々の事務や事業を本来的に行政が担うべきものと見るか否かは人によって異なる場合があり，またその境界線は時代とともに変化しうる。したがって，行政主体たる性質を有する組織体の範囲を明確化することは，意外に難しい。特に，近時における行政的事務・事業の民営化や民間開放の急激な進展に伴い，かつては政府関係特殊法人とされていた日本電信電話公社，日本国有鉄道，日本道路公団等が株式会社化され，今日では民間セクターに位置するものとみなされているのは，そのような境界線の曖昧さを端的に示している。

行政機関

　行政主体の実際の活動は，その手足となって権限を行使する「行政機関」によって遂行される。この行政機関という言い方も理論上の概念であり，もともとは個々の法律で採用された概念ではない。また，行政機関の範囲を広くとるか狭くとるかによって，行政機関という用語の意味は微妙に異なってくる。これを最狭義に用いるならば，個々の事務を遂行したり，権限を行使したりする大臣や事務次官，課長，主任，事務員等の個々の職務単位を指して，一個の行政機関と呼ぶことが可能である。これに対し，行政機関という用語を非常に広い意味で用いるならば，内閣府，経済産業省，林野庁等の大括りされた事務組織の各単位を一個の行政機関と呼ぶことも可能である。行政機関は，元来，前者のような個々の職務単位を意味する理論上の概念であったが，現在の国家行政組織法は，後者のように大きく括られた事務組織単位を指して行政機関と呼んでいる（行組法3条2項）。

行政庁

　行政活動には，国民その他当該行政主体以外の者（以下では，単に「国民」という）に対する直接的な働きかけとして行われる局面（外部関係）と，当該行政

主体の組織内部における複数の行政機関相互間の働きかけとして行われる局面（内部関係）とに区別される。ほとんどの行政活動はこの二つの側面を伴っている，ということができる。このうち外部関係については，行政主体と国民との法律関係の形成・変動が重視されることになるわけであるから，法律上かかる外部関係を直接変動させる権限を認められた行政機関の存在がクローズアップされることとなる。

　たとえば，現行法において，所得税や法人税について決定処分や更正処分等により課税をなしうる権限を認められているのは，税務署長である。また，違法建築物の除却命令をなしうる権限を法律上認められているのは，「特定行政庁」たる市長や都道府県知事である。これらの場合，税務署長や特定行政庁は自己の名において課税処分や除却命令を行うが，それはあくまでも，国や市や都道府県という行政主体のために当該権限を行使するか否かの意思を決定するのであって，その意思決定の法的効果は当該行政主体に帰属する。

　以上のように，行政処分等により，国民と行政主体間の法律関係を直接形成変動させる権限を法律上認められた行政機関のことを，行政法学では「行政庁」と呼んでいる。行政庁も種々の行政機関の一種にすぎないのだが，外部関係を直接左右する権限を付与された行政機関であるという点に着眼して，別格扱いされてきたのである。行政法学では，国民の法的地位の形成変動に直接関わるような行政法の分野を，一般に「行政作用法」と呼んでいるが，かかる行政作用法の視点から見ると，あまたある行政機関の中で特に重視すべきであるのは行政庁であるということになる。

その他の行政機関

　これに対し，ほとんどの行政機関は，行政庁が意思決定を行うための調査検討・資料収集や関係者からの意見聴取，利害調整その他の事前準備活動，あるいは課税処分の通知等の意思決定後の事務執行活動等，多種多様な活動を行っている。これらの機関は，いずれも，行政庁の指揮監督を受けながら行政庁の権限行使を補助するという立場にある。そこで，こうした共通点に着目して「補助機関」という呼び方がされる。これ以外にも，行政庁の諮問に応えて第三者的立場から意見を具申する役割を担う諮問機関や調査審議機関，租税滞納

処分に基づいて納税義務者の財産を直接差し押さえるなどの執行事務を行う行政機関などもある。

　こうした行政庁以外の種々の行政機関は，法の建前上，国民の権利義務に法的変動を生じさせる立場にあるわけではない。しかし，実際の行政決定やその執行は，行政組織内部の種々の行政機関の協働や相互作用の中で遂行されており，行政庁による意思決定はそれに対する最終的なお墨付きにすぎないとも言えよう。

　このように見てくると，国民の権利義務に直接関係するのは外部関係における行政活動であるからといって，行政庁にだけ注目しているのでは不十分である。行政組織内部における行政機関相互の関係は，国民の権利義務に対する実際的影響という視点からも重要なのである。そこで次に，上級機関と下級機関相互間の指揮監督関係のあり方や行政庁の権限の委任と代理等，複数行政機関の間の相互作用のあり方を理解しておく必要がある。

行政機関相互の関係

　行政活動には，一定の公益実現のために命令強制を含む種々の権限行使が認められているが，現場の公務員ごとに異なった扱いがなされたり，関係行政機関相互の間で矛盾する判断が行われたりするならば，相手方の法的安全を害し国民の信頼を損なうこととなる。したがって，行政活動には，担当窓口や公務員が異なっても行政組織体としての一体性や一貫性が要請される。また，行政活動は公益目的達成に向かって継続的に行われる必要があり，担当行政機関が欠けたり他の行政機関に交代する等の変化があったりしても，組織体としての継続的な活動が要請される。さらに，行政活動は公益の実現のため税金・公務員・国公有財産その他の公的資源を用いて行われ，命令強制を含む権限行使を認められているのであるから，可能な限り少ないコストで最大限の公益目的を達成することが要請される。

　以上のような行政活動における一貫性と継続性および効率性を確保するため，行政機関相互の関係については，私人間の関係や行政と国民との関係等とは異なった組織法的な特色が認められる。ここではその基本となる枠組みを大雑把に述べるに止めるが，まずは，複数の行政機関相互間の水平的な関係と垂直的

な関係との区別が重要である。同等の機関相互の水平的関係においては，異なる機関の間の意思疎通を可能とする調整の仕組みが妥当するのに対して，機関相互の垂直的関係においては，上級機関から下級機関への指揮監督制度が働くのである。

指揮監督関係

特に上下間の指揮監督関係では，通達訓令による指揮命令，違法処分に対する取消し等の指揮監督権が上級機関に認められる。そのほか，上級機関に，下級機関の権限行使に対する同意・承認権が法律上認められる場合があり，また，違法とまでは言えないが妥当性を欠いた処分に対する取消権が，上級機関に認められるか否かが問題となる場合がある。

権限の委任と代理

次に，本来の権限庁である行政機関に代わって他の行政機関が当該権限を行使することを可能とする仕組みとの関係では，権限の代理と権限の委任との区別が重要である。

権限の代理の場合，当該権限は依然として本来の権限庁（被代理機関）に属しており，代理機関（多くの場合，権限庁の下級機関）は被代理機関の名において当該権限を行使するにすぎない。したがって，被代理機関は代理機関に対して指揮命令その他の監督権を行使しうるのであり，その結果行われた行政処分等の行為は，本来の権限庁が行った行為として扱われる。また，権限の代理は，権限庁にその指揮監督下にある下級行政機関が存在する場合であれば，法律の根拠なしに可能とされる（授権代理）のに対し，下級機関以外の行政機関への権限の代理を認めるには，法律の根拠規定（法定代理）が必要であるとする考え方が有力である。

これに対し，権限の委任の場合，当該権限は委任を受けた行政機関（受任機関）みずからの権限となるため，受任機関は当該権限を自己の名において行使する。したがって，委任機関は受任機関に対する指揮監督権を当然に有するものではない。委任機関がもともと受任機関の上級機関であるという場合以外は，受任機関は，委任機関の指揮命令を受けることなく，自己の名において処分等

の権限行使をなしうるのである。また，委任期間中は当該権限が受任機関の権限となるのであるから，行政機関相互間の権限配分自体を変動させる。特にそれが国民に対する行政処分の権限の委任に当たる場合，国民の法的地位を直接左右することになるわけであるから，権限の委任については法律の根拠規定が不可欠である。

権限の委任と権限の代理には以上のような違いがあるが，いずれも，当該権限が委任または代理により行使されることが国民や相手方に対して明示されるという点では，共通している。これに対し，もっぱら内部的な措置により決裁や起案等の事務処理を補助職員に行わせるための方法として，専決（代決）という方式も用いられている。

発展問題 1 - ②　委任者等の賠償責任

地方公共団体の公金の支出・管理や公有財産の管理・処分等に関して，権限の委任や代理あるいは専決により補助職員等が行った行為が財務会計上違法なものであり，それにより当該地方公共団体に損害が生じたという場合，本来の権限機関の地位にあった者（「委任者等」）も賠償責任を負うべきかが問題となる。この問題について判例は，委任者等が，指揮監督上の義務に違反し，故意または過失により財務会計上違法な行為が行われるのを阻止しなかったときに限り，賠償責任を負うべきだとしている（最判平成3・12・20民集45巻9号1455頁，最判平成5・2・16民集47巻3号1687頁参照）。権限の委任，代理，専決のいずれについても，委任者等の賠償責任を問いうる場合を，指揮監督上の義務懈怠があるときに限定している点が重要である。

第2章
法治主義と法律による行政の原理

1 「法律による行政の原理」とは何か

法治主義と法の両面拘束性

　個々の行政活動や裁判等，国民の法的地位や権利義務に影響を及ぼす具体的な国家活動は，あらかじめ存在する一般的法規範に従って行われなければならないという考え方を，「法治主義」という。この考え方は当然のことを言っているようにも思えるが，このような法治主義から具体的にいかなる帰結が生じるかはそれほど単純ではない。

　まず，個別的処分がいきなり行われるのではなく，一般的法規範の適用行為として行われるのでなければならないということは，法治主義にとって最低限の要請である。たとえば，課税という個別具体的処分により個々の国民に納税義務を発生させるには，課税に関する一般的なルールが存在しなければならない。しかし，そのような一般的ルールを政府が独断で定めることができ，その遵守を国民に対して一方的に命じるだけで，政府の権限行使自体はそれによって何らの制約も受けないというのでは，とても法治主義とは言えない。法治主義と言えるには，ルールを定めた政府みずからが当該ルールの遵守を義務づけられ，違反した場合には違法な権限行使として法的効力を否定されたり損害賠償を命じられたりするのでなければならない。

　このように，一般的法規範が個々の国民を拘束しその権利を制限したり義務を課したりすると同時に，行政機関や裁判所等の国家機関をも等しく拘束しその権限行使を制約するという意味で，法規範には両面拘束性（双面拘束性）が認められることが，法治主義にとっては不可欠の要請である。

民主主義的コントロール

　次に，人の権利を制限したり義務を課したりするには，その人みずからの意思に基づくのでなければならないというのが，個人の意思の自律を基盤に成立した近代法の鉄則である。そのような個人の意思の自律原則からすると，個々の国民が一般的な法規範によって拘束されるのはなぜかが問題となる。その疑問を解消する上で不可欠なのが，「法律による行政の原理」である。

　ここで法律とは，主権者である国民の代表機関である議会（国会）が制定した法規範のことであり，国民が自己の権利を制限されまたは義務を課されるとしても，それは国民代表が定めた法律に基づくのであるから，究極的には国民みずからの意思によるのだというロジックが成立する。このロジックを組み込むことにより，法治主義は，個人の意思の自律原則との対立を免れることができる。同時に，国民代表議会による立法を通して，行政活動に対する事前の民主主義的コントロールを確保することも可能となる。

　以上の意味で，「法律による行政の原理」は，国民主権と議会制民主主義に立脚した現代国家における法治主義の実現にとって，必要不可欠な前提条件となっているのである。

法律の留保原則

　「法律による行政の原理」をさらに詳細に見ると，「法律の留保原則」と「法律の優位原則」が導かれる。

　このうち法律の留保原則は，ある種の行政活動には法律の根拠規定による権限の付与（授権）が不可欠であるという考え方である。特に，行政が国民を法的に拘束しその法的地位や権利自由に一方的変動を及ぼすような個別具体的な行為を行うには，あらかじめ法律に根拠規定が定められていなければならないとされる。

　他方，内閣が定める政令（憲法73条6号。なお，内閣法11条参照），内閣府の長としての内閣総理大臣や各省の大臣が主任の行政事務について定める内閣府令（内閣府設置法7条3項）や省令（行組法12条1項）等，行政機関が行う立法行為（行政命令，行政立法等と呼ばれる）には，いかなる場合も法的拘束性は認められないのだろうか。

この問題については，当該行政立法が，法律の規定の趣旨から当然に導かれる実施細則や事務処理規定を定めるに止まる場合であるか，あるいは，法律規定の施行のために当該法律の明確な委任規定を受けて定められるものである場合には，当該行政立法が国民の権利自由に変動をもたらすことも可能であるとされてきた。行政法学では，このように法律規定の実施のために国民の権利自由を左右する規定を定めた行政立法のことを，「法規命令」と呼んでいる。この場合でも，当該法規命令の法的拘束力の根底には当該法規命令の制定を授権した法律がある，ということが肝心な点である。

法律の優位原則

　法律に現に定められた規定は，すべての行政活動を法的に拘束する。つまり，行政立法か個別具体的な処分かに関わりなく，また，法律効果のある行政活動か事実行為に止まるかに関わりなく，さらには，国民に対する対外的活動かそれとも行政組織内部的な行政活動かにも関わりなく，法律の規定に違反する行政活動は，すべて違法とみなされる。これは，法律の規定は，行政および司法のすべての行為に対して優位性をもつことを意味しているので，行政法学では，従来からこれを「法律の優位原則」と呼んで，法律の留保原則とともに重視してきた。

　法律の優位原則については，ともかく何らかの規定が法律に存在すれば，その規定に矛盾する国家活動は違法とみなされ，場合によっては取消しの対象となり，あるいは損害賠償の理由となる。したがって，法律の優位原則において援用される法律の規定には，根拠規定だけではなく，当該行政活動の目的を定めた規定（目的規定），処分手続を定めた規定（手続規定），処分内容の類型や制約を定めた規定（枠規定），行政機関の組織規範を定めた規定（組織規定）等も含まれる。

　もっとも，現にある法律の規定に違反する行政活動が違法として扱われるのは，当然のことであるように思われる。確かに，法律の明確な規定に違反する場合については特に論じる必要はないだろう。しかし，個々の法律には曖昧な文言の規定が少なくないし，また，時代の変化や具体的状況次第では，行政機関にいかなる対応が要請されるかが明確でないという場合が少なくない。その

ような場合に，行政庁の自由な裁量をどの程度認めるべきなのかとか，憲法による基本権保障や法の一般原則等，法律の規定以外に行政作用を拘束する法規範があるのではないか，といった問題が生じるのである。これらの問題については，第8章から第10章までで検討することにしよう。

コラム2-① 「法律による行政の原理」だけで十分か

　行政が法律の規定を遵守しさえすれば，法治主義の趣旨は達成されるのだろうか。かりに法律が基本的人権をないがしろにする規定を定めたり，公共の利益に反する恣意的な規定を定めたりする場合，「悪法も法なり」と割り切ってしまうのでない限り，それによって法治主義が達成されたとはとても言えない。なぜなら，現代国家における憲法の多くは，自由権や社会権等の基本的人権を保障し，かかる基本権を侵害するには公共の福祉に適合することを要求しており，法治主義も，かかる現代的な憲法秩序に適合するように捉える必要があるからである。

　そのような法治主義の下では，いかに法律の規定に従っているとはいえ憲法規範に違反するような行政活動は許されない。また，些細な交通法規違反に対していきなり免許取消しという厳罰で臨むのは過剰反応であって違法ではないか（このようなケースを一般には「比例原則違反」と呼んでいる）とか，市の勧誘に応じて工場新設のため市有地を購入したのに，新しい市長に代わった途端に市の待遇が悪くなったので工場建設を断念せざるを得なくなったのは，信義則に反するのではないか，といったことが問題となる。こうした比例原則や信義則等は，法の一般原則として行政活動を制約する法規範の一種と捉えることが可能である。今日の法治主義は，形式的に法律を遵守してさえいれば良いといった種類の「形式的法治主義」なのではなく，法律以前に行政を拘束しあるいは法律自体を制約するような，憲法規範や法の一般原則をも組み込んだ「実質的法治主義」なのである。

2　法律の留保原則はどこまで及ぶか

根拠規定とは何か

前項で述べたように，法律の優位原則で問題となる法律の規定の範囲は広く，

さまざまな規定が含まれるのに対して，法律の留保原則は，個々の行政活動に根拠規定がなければ当該行政活動の遂行を禁止する考え方であるので，ある法律の規定が根拠規定としての資格を有するか否かは，行政と国民双方にとって極めて重要である。そこで，そもそも法律の根拠規定とはいかなる条件をそなえた規定でなければならないか，という問題が生じる。

　法律の留保原則でいう根拠規定とは，国民の権利義務ないし法的地位の形成変動をもたらすような行政の働きかけを根拠づけるものでなければならない。つまり，行政と国民との外部的法関係の変動を根拠づける規定でなければならないという点が，基本的な点である。

　したがって，組織規定は，行政組織の内部的法関係を対象とした規定であるため，根拠規定には該当しない。また，外部的法関係を規律する規定の中でも根拠規定と言えるには，行政機関が誰に対していかなる要件の下でいかなる行為をなしうるかを，ある程度明確に定めた規定でなければならない。多くの法律の条文では，根拠規定とその他の規定とが混在することがあるが，単なる目的規定や手続規定や枠規定は，それだけでは国民に対する行政の働きかけを根拠づけるものではなく，根拠規定には該当しない。以上のように，国民の法的地位に対する行政の働きかけを正当化する規定という意味で，根拠規定とは作用法上の根拠規定でなければならない。

　一例として，出入国管理及び難民認定法は，不法入国や不法残留容疑のある外国人に対する収容令書による収容措置に関する規定（入管法39条1項）を定めている。この規定の場合，いかなる行政機関（「入国警備官」）が，誰（不法入国や不法残留等の「容疑者」）に対して，いかなる要件の下で（不法入国や不法残留等に「該当すると疑うに足りる相当の理由があるとき」），いかなる行為をなしうるか（「その者を収容することができる」）を定めており，根拠規定の典型例と言える。

■ コラム2-② 刑罰規定と根拠規定

　風営法は，風俗営業を営もうとする者は，都道府県公安委員会の許可を受けなければならない（風営法3条1項）とした上で，無許可で風俗営業を営んだ者を2年以下の懲役（今後予定される改正後は拘禁刑）もしくは200万円以下の罰金刑（または併科）の対象としている（風営法49条1号）。この規定は，一見する

と犯罪構成要件と罰則を定めた規定にすぎないように見えるが，風営法3条1項
には，無許可営業に対する刑事罰の威嚇効果を武器に，許可するか否かの決定権
を公安委員会に付与した規定という側面もあり，この意味で行政庁の公権力行使
に対する根拠規定なのである。また，風俗営業の許可権限については，詳細な許
可基準が風営法4条1項等に定められているが，かかる許可要件に関する規定も，
実質的に許可制度の根拠規定の一部だということになる。

ケースの中で2-①　自動車一斉検問は適法か

　警察法2条1項が，警察が交通安全のために実施する自動車一斉検問の根拠規定
たりうるか，という問題が争われた事件がある。最高裁は，交通安全および交通秩
序維持のための警察活動は，「任意手段によるからといって無制限に許されるべき
ものでない」と述べる一方，交通違反多発地域等の適当な場所で「短時分の停止」
を求めて行う一斉検問は，「相手方の任意の協力を求める形で行われ，自動車の利
用者の自由を不当に制約することにならない方法，態様で行われる」限り，適法で
あるとした（最決昭和55・9・22刑集34巻5号272頁）。警察法2条1項は，「交
通の取締」も含めて「公共の安全と秩序の維持に当ること」を警察組織の責務と定
めた組織規定であって，国民に対する具体的な公権力行使をなしうる権限を付与し
た規定ではない。にもかかわらず，最高裁は，「自動車の運転者は，公道において
自動車を利用することを許されていることに伴う当然の負担として，合理的に必要
な限度で行われる交通の取締に協力すべきものであること，その他現時における交
通違反，交通事故の状況などをも考慮すると」，上記限度内で行われる一斉検問は
適法であると判示した。

　ドライバーとしての社会的モラルおよび交通違反や事故の実態を重視して一斉検
問を適法として正当化する一方，明確な作用法上の根拠規定がない限り，一斉検問
は任意調査としての節度を守って行うべきものであるということを明確化した点に
も，この判決の意義がある。

法律の留保原則はいかなる行政活動に及ぶか

　では，以上のような法律の根拠規定は，どのような行政活動に必要とされる
のだろうか。ここでは，法律の留保原則はいかなる範囲の行政作用をカバーす
る考え方であるかが問題となる。本書では，ここまで，国民の法的地位を変動
させる行政活動については法律の根拠規定が要求されるという言い方をしてき

た。しかし，国民の法的地位の変動には，国民にとって不利益な変動と授益的な変動がありうるし，また，法的地位の変動が行政の一方的決定によって生じるのか相手方との合意の下に生じるのかという違いもある。法律の留保原則の守備範囲を明らかにするには，その意味を明確化する必要があるのである。

通説としての侵害留保説

法律の留保原則の守備範囲を最も狭く捉える伝統的な立場からは，国民の権利を制限しまたは国民に義務を課するような一方的行政活動には，法律の根拠規定を要するという考え方が主張されてきた。この立場は，法律の留保原則の対象を侵害的な権力行政に限定するものであるため，「侵害留保理論」と呼ばれている。

政令，内閣府令および省令に関する現行法の規定では，国民に義務を課しまたはその権利を制限する規定をこれらの行政立法で設けるには，「法律の委任」が必要とされている（内閣法11条，内閣府設置法7条4項，行組法12条3項）。したがって，行政立法に関する限り，現行法は侵害留保説に立脚していると言えそうである。

侵害留保説の問題点

侵害留保説の立場に立つと，営業の自由を制限する営業許可制や自動車通行の自由を制限する運転免許制の採用には，法律の根拠規定が必要であるが，老齢者や障害者等に対する社会保険給付等の授益的行政活動には法律の根拠規定は不要であるということになる。しかし，こうした授益的活動も，単なる恩恵としてではなく生存権等の充足のために行われるものであり，また，給付するか否かは行政庁の一方的判断により決定される。その結果，行政庁の判断次第で憲法でも保障された権利保障の有無が決せられ，給付申請を拒否された者にとっては侵害行政と同等の不利益的効果が生じる。

このように考えると，侵害行政か授益的行政かの違いによって法律の根拠の要否を決するのは，説得力を欠くのではないかとの疑問が生じる。また，実際の法律では，こうした授益的行政活動についても，根拠規定を設けている場合が多い。

全部留保説と社会的留保説

　侵害留保説に対する以上のような批判を踏まえて唱えられたのが，「社会的留保説」や「全部留保説」と呼ばれる考え方である。社会的留保説は，上述の生存権その他の社会権保障における民主主義的コントロールの必要性を重視した考え方である。また，全部留保説は，国会による民主主義的コントロールを純然たる私経済的活動以外のすべての行政活動に及ぼそうとする考え方である。しかし，これらの説は，侵害留保説の不当性を批判する点で説得力を有する反面，法律の根拠規定を必要とする行政活動の範囲を明確かつ説得力をもって提示するまでには至らなかった。

権力留保説

　今日の学説および実務の中で，侵害留保説と並んで広く唱えられている考え方が，「権力留保説」である。この立場からすると，侵害的であれ授益的であれ，行政の一方的決定により国民の法的地位に変動を及ぼす行政活動には，法律の留保原則が及ぶべきだということになる。

　上述のように，授益的行政にも憲法に基づく生存権保障の中に位置づけられるものがあり，また，給付申請を拒否された者にとっては侵害行政と同等の不利益的効果が生じる。このことを考慮すると，侵害留保理論に固執することには不合理な面が残る。実際の立法例を見ても，社会保険や社会福祉に関する行政活動については，法律で根拠規定を設けている場合がほとんどである。その意味では，権力留保説に立脚した法律の例も少なくないのである。

重要事項留保説

　このほか，全部留保説と同じく国民主権に基づく民主主義的コントロールを重視する立場から，国の基本政策や国民の基本権保障のあり方の基本部分に関わる事項については，法律の根拠規定を要するという考え方（重要事項留保説）も主張されている。この理論は，国民主権下での行政に対する議会統制を重視する点で説得力をもつ考え方である。しかし，重要事項に関する民主主義的コントロールを確保するために，単なる組織規定や予算議決等ではなく，常に作用法上の根拠規定を必要とするかという点について疑問の余地がある。また，

実際に，侵害留保説や権力留保説とどの程度の差異があるかについても，不明確な部分が残っている。

以上に述べたことを踏まえると，「法律の留保」原則が及ぶべき範囲に関しては，侵害留保説を最低限の出発点としながら，その実際の運用に当たっては，各行政活動の性質や実態に応じてある程度の柔軟性を認めるべきであろう。したがって，給付行政あるいは行政指導等の非権力行政活動についても，事実上侵害的性格が強いものについては根拠規定を必要とすべきである。また，侵害留保説によってカバーできない行政活動に対する法律の授権のあり方についても，厳密な意味での根拠規定の存在は必要ないとしても，組織規定や予算措置その他の議会の議決等の授権によって実質的に民主的コントロールを確保する必要がある。

新たな問題点

侵害留保説を最低限の出発点とした場合，ある行政活動が侵害的であるか否かという区別（国民の権利を制限または国民に義務を課す一方的な活動であるか否かという区別）は，一見すると明快な判断が可能であるように見える。しかし，具体的状況次第ではこうした区別が極めて困難である場合がある。

一例として，近隣住民に騒音被害をもたらしている工場に対し操業時間を短縮するように勧告する場合，急激な価格高騰を抑えるため増産や価格抑制を行うように企業を指導する場合等，行政法学で「行政指導」と呼ばれている行政の行為は，それだけを純粋に取り出せば侵害行政とも権力行政とも言えない。しかし，かかる行政指導は，通常，操業停止を命じる権限その他法律上監督行政庁に認められた権限を背景に行われる。そこで，行政指導も，状況次第では，侵害性や権力性をもつこととなり，そうした行為には法律の留保原則が及ぶことになるのではないかといった問題が生じる（→6章）。

他方，侵害留保説に対する批判的諸説はいずれも，侵害行政に明確な法律の根拠規定を必要とした上で，法律の留保原則の妥当範囲を拡張しようとするものであった。この意味で，侵害行政には法律の根拠規定が不可欠であるとする点で，侵害留保説およびすべての批判説は，共通の基盤に立脚していたことに留意する必要がある。ところが，かかる法律の留保原則の根幹部分である侵害

行政が問題となる場合についても，いかなる状況の下でも法律の明確な根拠規定がなければ公権力の行使はできないのか，という問題が生じる。人の生命身体を害する危険が切迫しており，被害発生を未然に防ぐには相手方の権利自由を制約する権力的手段を用いるほかないという場合は，その典型である。このような場合，緊急避難的な措置として，法律の留保原則に対する例外的扱いを認めるべきかという問題が生じるのである。

ケースの中で2-② 浦安の不法係留鉄杭事件

緊急避難的措置と法律の留保原則との関係について，波紋を投げかけた事件がある。この事件では，漁港内の漁船等が航行可能な水路（一級河川に指定された河川の一部を含む）に，ヨットやプレジャーボートを係留するための鉄杭が打ち込まれたため，水路が狭められ夜間および干潮時には船舶事故発生の非常に危険な状態が発生した。かかる状況の下で，漁港管理者である浦安町（当時）が法律上の権限に基づくことなく行った鉄杭の強制撤去が，適法か否かが争われた。漁港管理者である町は，当時，漁港管理規程を定めていなかったため，漁港の維持管理のための法律上の規制権限を行使しえない状態にあった。そこで，町は，河川法上の管理権を有する県に対し撤去命令と代執行を行うように要請したが，県が即座に対応しないため，強制撤去に踏み切った。これに対して，町の一住民が，事件当時の町長であったYを被告に，撤去作業に要した費用相当額の賠償を求め，住民訴訟という特別の訴訟制度を用いて出訴した（住民訴訟については，→16章2）。

この事件で，最高裁は，本件鉄杭撤去の強行は，「漁港法及び行政代執行法上適法と認めることのできないものであるが，右の緊急の事態に対処するためにとられたやむを得ない措置であり，民法720条の法意に照らしても，浦安町としては，Yが右撤去に直接要した費用を同町の経費として支出したことを容認すべきもの」であるとして，当該公金支出は違法ではないと結論づけた（最判平成3・3・8民集45巻3号164頁）。この箇所の理解の仕方によって，本判決における法律の留保原則の位置づけ方について理解の違いが生じる。

第1の理解は，"本件撤去行為は漁港法や行政代執行法といった個別法との関係では違法だが，緊急事態に対処するためのやむをえない措置としては適法である"という理解である。この理解に従えば，緊急事態時のやむをえない措置であれば，法律の留保原則を免れる場合がありうるということになる。

これに対し，"本件撤去行為は，（緊急事態時の措置とはいえ）およそ法律の根拠規定を欠いた違法な行政作用であるが，そのための公金支出については適法であ

る"という第2の理解も成り立つ。この理解に従えば，本判決は公金支出を適法と結論づけただけであり，法律の根拠規定を欠いた侵害行政活動自体が違法であることを否定したものではないことになる。以上のように考えるならば，法律の根拠なしに人の権利自由を制約する行政活動を行ってはならないという原則（法律の留保原則）自体は，何ら否定されたことにはならないのである。

パンデミックと法治主義

　自然災害が予期せずに発生しうるのと同様，新たな種類の感染症は，原因や症状や治療法が分からない中で発生することがある。これによって生命・健康に対する重大な脅威が生じるときに，国民の生存や生活をいかなる手段により保護するかが課題となる。第1に，そのための適切な法的手段が十分に備わっていない場合において，国民の生命・健康を保護するために必要ならば，国民の権利・自由を制約する規制であってもなしうるかが，問題となる。また第2に，複数の法的手段が備わっており，その中には，国民の権利・自由に重大な制約を及ぼすことになるが，明確な法律の根拠規定の下で適正手続を経なければなしえない法的手段と，指導勧告や協力要請等の非権力的性質の手段であるが，明確な根拠規定がなく特段の適正手続を経ることもなくなしうる法的手段が存在するという場合において，具体的状況に応じてどちらの法的手段を使用すべきかが，問題となる。

　2020年1月以降日本でも顕在化した新型コロナウイルス感染症の感染状況は，以上のような法治主義の根幹に関わる問題を，行政法学に提起することとなった。

発展問題2-① 新型コロナウイルス感染症（COVID-19）と法治主義

　新型コロナウイルス感染症（以下，「COVID-19」という）の感染拡大を防止するための法整備として，2021年2月に「新型インフルエンザ等対策特別措置法」等が改正され，同月13日に施行された。これによりCOVID-19を含む新型インフルエンザ等の感染拡大を防ぐために，住民や感染拡大源となりうる営業等の事業者または施設管理者等に対する様々な規制手段が，以下のように整備された。

　第1に，緊急事態措置の実効性確保のための制度が強化された。この制度は，新型インフルエンザ等の「全国的かつ急速なまん延」により国民生活や国民経済に「甚大な影響」が及ぶ事態等を想定しており（同法32条1項），政府対策本部長で

ある内閣総理大臣の緊急事態宣言を経て，都道府県知事には，まん延を防止するための一連の措置権限が認められる。改正前から，住民に対し外出自粛等を要請することが可能であり，また，政令で指定された「多数の者が利用する施設」（学校，社会福祉施設，興行場等）の施設管理者等（当該施設で開催する催物の開催者を含む）に対し，当該施設使用や催物開催の制限・停止等の措置を講ずるよう要請し，相手がこれに従わない場合には当該措置を講ずるよう「指示」することも可能であった。改正法は，「指示」を「命令」へ用語変更した上で，新たに，「正当な理由」なく命令に応じない施設管理者等を，30万円以下の過料（秩序罰）に処することを可能とした（同法45条，79条）。

　第2に，新たに，「新型インフルエンザ等まん延防止等重点措置」に関する制度が設けられた。この制度は，緊急事態宣言が発せられない時点であっても，新型インフルエンザ等の発生により国内の一部地域において「甚大な影響」が及ぶおそれがある場合を想定しており，当該一部地域すなわち「特定の区域」について，期間と区域を指定して「まん延防止等重点措置」の対象とするものである。重点措置が実施される区域（「重点区域」）について，都道府県知事は，飲食店等の事業者に営業時間の変更その他まん延防止に必要な措置を講ずるよう要請するとともに，「正当な理由」なく要請に応じない者に対しては，当該措置を講ずるよう命ずることが可能であり，当該命令に応じない事業者を，20万円以下の過料に処することも可能である（31条の4〜31条の6，80条1号）。

　第3に，上述（緊急事態措置およびまん延防止等重点措置）の場合において，「要請」に引き続いて「命令」をなすか否かを適切に判断するため，都道府県知事には，事業者や施設管理者等から「必要な報告」を徴し，職員に対して事業場への「立ち入り」，業務状況や帳簿書類等の物件の「検査」および関係者への「質問」をさせることが可能であり，これに従わない事業者や施設管理者等は，20万円以下の過料に処せられる（72条，80条2号）。

　以上の法改正により，住民および事業者や施設管理者等を名宛人とした協力要請や措置命令を通して，COVID-19の感染拡大防止策を効果的に講じるための法制度が整ったと言えるであろう。改正法の下では，緊急事態宣言下での営業時間短縮要請に従わない飲食店営業者に対して，店舗使用の停止を命ずる処分が何件か行われており，こうした措置により生じた営業上の損害について東京都に賠償請求がされた訴訟では，使用停止命令を違法とする判断も示されている（グローバルダイニング社事件に関する東京地判令和4・5・16判時2530号5頁。なお，請求は，過失がないとの理由で棄却されている）。

　もっとも，上記法改正の以前も以後も，COVID-19の感染拡大防止策の中心的

役割を演じてきたのは，協力要請，当該要請を行った旨の公表や記者会見等を通じての警告や注意喚起等であった。改正前から，都道府県知事には，同法24条9項に基づき，「公私の団体又は個人」に対して「必要な協力の要請」を行う権限が認められており，この要請権限が活用されてきた。当該規定は，都道府県対策本部長としての都道府県知事に総合調整等の権限を定めた同条各項の中の一規定であり，新型インフルエンザ等対策を「的確かつ迅速に実施するために必要があると認めるときは」という至って不明確な要件規定の下で，名宛人の範囲も要請しうる協力内容も，無限定的に（「公私の団体又は個人」に対する「必要な協力の要請」）定めたものであり，かかる曖昧な規定に基づく協力要請が安易に行われるならば，明確な法規範によって行政作用を制御することを旨とする法治主義の趣旨に反することとなるおそれがある。

　もっとも，上記法改正前は，まん延防止措置に関する法制度に不備があったため，協力要請や公表等のインフォーマルな手段に頼らざるをえないという面があった。ところが，法改正により実効的手段が整備された後も，実際には，住民に対する自粛要請や事業者・施設管理者等に対する協力要請が主たる手段として多用されており，この点で法改正以前の状況と大きく転換したわけではない。となると，問題は深刻である。法改正により実効性確保手段が整備されたにもかかわらず，自粛や協力の要請および要請に従わない者に対する公表等の非権力的な手段を多用するという手法は，果たして，法治主義に適合的と言えるだろうか。また多くの場合，このようなソフトな法的手段に，時に「自粛警察」とも呼ばれるような心理的・社会的な圧力が加わることによって，自粛や協力の要請に従わざるをえないのが世の現実であるとしたら，そのような手法と現実は，法治主義の基盤を掘り崩すことにならないだろうか。これは，本書の学習を通して常に念頭に置くべき，根本問題の一つである。

第3章
行政法規範の多様性

　「法律による行政の原理」で主として想定されている行政法規範は，国レベルの議会である国会が制定した法律である。行政活動を規律する法規範の中で，法律の規定が最も重要な位置にあることは今日も変わらないが，法律と並んで行政法規範としての性質を有しているものに，政令や省令等の行政立法および地方公共団体の議会が定めた条例がある。また，一括して行政計画と呼ばれているものの中には，多様な性質の計画がある。さらに，地域社会の住民が互いに遵守すべきものとして合意または形成した地域的ルールの中には，事実上行政活動を規律する機能を果たしているものや，部分的に法的拘束性を認めるべきか否かが問題となりうるものもある。

　本章では，こうした法律以外に行政活動を規律しているさまざまな法規範およびそれに準じる行政法的ルールについて考えてみよう。

1 行 政 立 法

法規命令と行政規則の区別

　「法律による行政の原理」を徹底させれば，すべての行政活動は法律によってあらかじめ定められた規定に従って行われるべきであるということになる。しかし，現実には，国会が将来の行政活動をすべて見通した法律を定めることは不可能である。また，具体的状況に応じて適切に行政活動を行うには，必要に応じて行政機関が一般的ルールを定める可能性を認めた方が良い場合が多い。これらの理由から，行政機関による立法の可能性が認められてきた。

　他方，法律の留保原則からは，法律の根拠規定が必要とされる種類の行政活動（侵害留保原則の立場に立てば，国民の権利自由を侵害する権力的作用）について，

もっぱら行政機関の判断だけで国民の法的地位を左右する立法行為を行うことは許されない（→2章2参照）。そこで，行政立法の必要性という現実的要請と，法律の留保原則という法治主義の根幹的要請とを，矛盾なく両立させる方法として，法規命令と行政規則という区別が編み出された。

法 規 命 令

一方には，国民の法的地位を左右することを意図して，法律規定の施行のために法律みずからのお墨付き（授権）を得て制定されるべき行政立法がある。この種の行政立法は，それが法律の適法な授権の下に制定されたものであるならば，大元にある法律と同等の法的拘束力を認められ，国民や裁判所を含むすべての国家機関を拘束することになる。その意味で法規たる性質を有する立法行為であることから，「法規命令」という。

政令・内閣府令・省令は，本来，そのような法規命令を定めるための受け皿として，憲法および法律上想定された行政立法の形式である（政令について憲法73条6号本文および内閣法11条，内閣府令について内閣府設置法7条3項，省令について行組法12条1項）。したがって，政令・内閣府令・省令が適法でかつ有効なものであるか否かは，法律の適法な授権を受け当該授権の範囲内で制定されたものであるか否かにより，決せられることとなる。

> **コラム3-①　「法規」とは何か**
>
> 国民の権利自由を一方的に変動させる行為を行う権限を国家に授権する一般的規定のことを，行政法学では一般に「法規」と呼んで重視してきた。法規命令という場合の「法規」には，このような意味がある。もっとも，「法律による行政の原理」によれば，かかる法規を本来定めることができるのは法律に限られており，このように，法規を創出することのできる国家行為を法律に限定する考え方を，「法律の専権的法規創造力」という。法律の留保原則というのも，この「法律の専権的法規創造力」とほぼ同義語である。しかし，法律自体に明確な立法委任規定が設けられる場合等には，政令や省令等の行政立法に国民の権利自由を変動させる規定を設けることも，法律の留保原則に矛盾しない例外的場合として許されてきたのである。

委任命令と執行命令

　もっとも，法律の授権は常に法律による明確な委任規定を必要とするかという問題が残る。確かに，国民の権利義務に新たな要素を付加することにより国民の法的地位を実質的に変動させる内容の行政立法については，法律自体が，委任の趣旨と範囲をある程度明確にして，みずからの立法権限を委任する旨の特別の委任規定を定めていなければならない。そうでなければ，法律の留保原則の内実が骨抜きになるからである。このように，法律自体が定めた特別の委任規定を受けて制定されるべき行政立法のことを「委任命令」という。

　これに対して，政令や省令等により定めるべき事項が，法律の規定の趣旨から当然導かれる内容の規定や申請書類の書式のような事務細則については，国民の権利義務に実質的に新たな要素を付加するまでには至らないと考えられる。そのため，法律自体に明確かつ特別の委任規定がなくても行政機関の判断で，独自に一般的規定を定めることも可能である。法規命令の中でも，このように法律の規定の単純執行のため特別の委任規定を要せずに定めうる内容のものを，「執行命令」という。個々の法律には，委任の趣旨や範囲を特定せずに一般的な形で，当該法律の施行のため必要な事項に関する規定を定めることを各行政機関に認める旨の規定が定められている（警察法 81 条，災害基法 112 条，道交法 114 条の 7，風営法 48 条，学教法 142 条等参照）が，こうした規定は，執行命令制定権を確認的に定めたものにすぎない。

行 政 規 則

　委任命令にせよ執行命令にせよ，法規命令とみなされて国民に対する法的拘束性を認められるには，明示的であれ黙示的であれ法律のお墨付きを得たものでなければならない。これに対し，もともと国民に対する法的拘束力を認めうるものではないため，法律のお墨付きを直接得る必要もなく制定される行政立法のことを，「行政規則」という。

　行政規則には，「通達・訓令」と呼ばれるもの，「公営造物規則」と呼ばれるもの，「裁量基準」と呼ばれるもの等がある。

発展問題 3-① 告示の法的性格

　国家行政組織法によれば，告示は，大臣その他各行政機関の長が当該機関の所掌事務について「公示を必要とする場合」に発することができるものであり（行組法14条1項），いかなる内容・性質の事柄でも盛り込める法形式である。したがって，告示が法規命令としての効力を有するかそれとも単なる行政規則にとどまるかは，個々の告示の規定内容や法律の委任規定の有無等を総合して判断する必要がある。

　従来，法規命令性が肯定されてきた例として，生活保護法の委任規定（生活保護法8条）に基づき生活保護の基準を定めた厚生労働大臣の告示，独占禁止法の委任規定（独占禁止法2条9項）に基づき排除措置命令の対象となる「不公正な取引方法」に該当する行為の詳細を定めた公正取引委員会告示がある。また，法規命令に当たるか否かが従来から争われてきた学習指導要領についても，最高裁は，学習指導要領に従わない授業を理由に公立高校教員に対して行われた懲戒処分を適法と結論づけた伝習館高校事件（最判平成2・1・18民集44巻1号1頁）に関する判決理由の中で，高等学校学習指導要領の法規命令性を肯定している。この判決が委任規定として依拠したと思われる学校教育法の規定（現行の52条に相当する）が，特別の立法委任規定と言えるものであるかという疑問，法律による委任と施行規則の規定（現行の学校教育法施行規則84条に相当する）による委任を二重に重ねる委任立法の手法が適切かという疑問は残るが，判例上は決着がついている。

公営造物規則

　行政規則のうち公営造物規則とは，かつては公営造物と呼ばれていた施設，すなわち国や地方公共団体等の行政主体が設置管理している公の施設について，その利用を規制するために当該設置管理主体が設定する行政規則のことである。国公立学校の学則や生徒心得，国または地方公共団体が設置管理する病院や文化施設等の公的施設の利用規程・管理規程等が，これに該当する。かかる公的施設の管理者である行政主体には，当該施設の設置目的の達成に必要な範囲で利用者の行為を規律しその自由を制限するため，自律的な行政規則設定の可能性が認められる。

　このような公営造物の利用関係は，明治憲法の下では公法上の特別権力関係（→ 発展問題 9-③ ）と呼ばれていたものの一種であり，当時，行政主体には，当該公的施設の適正な管理のため必要かつ合理的な範囲で，法令の規定なしに

利用者の権利自由を制限するための包括的な支配権が認められていた。これに対し今日では，教育その他の公的サービス給付に対する国民の法的地位の権利性が向上し，また，各分野において法令に基づく詳細な規律が進展したため，特別権力関係論自体の説得力は既に失われている。しかし，公的施設の管理運営に関する細かな規律については，今日でも公営造物規則に委ねられている部分が少なくない。

発展問題3-② 「公の施設」と指定管理者制度

　地方自治法は，都道府県や市町村が設置する学校，病院，文化施設等の「公の施設」について，住民の利用を「正当な理由」なく拒むことおよび不当な差別的取扱いをなすことを明文で禁止している（自治法244条2項・3項）。また，個々の公の施設の設置管理について国の法令で規定されない事項については，条例で定めることを命じている（自治法244条の2第1項）。したがって，公の施設利用関係の詳細は条例で定められることとなる。このように，議会制定法である条例の果たす役割が大きい点に，国が設置する公的施設との違いがある。

　他方，「公の施設」の管理を民間の者に委ねるための制度として，今日では，指定管理者制度が導入されている（自治法244条の2第3項以下）。これは，個々の公の施設の設置目的を効果的に達成するため必要と認められる場合の民間活力活用手法として近年制度化されたものであり，指定管理者に指定された民間事業者や非営利法人等による自律的な管理運営を可能とする制度である。指定管理者には，みずから利用料金を設定し収受する権能も認められているが，指定管理者の指定には議会の議決を要するとされ，また，指定管理者が行う管理の基準や業務の範囲についてはあらかじめ条例で定める必要があるなど，議会の関与が確保されている点にこの制度の特徴がある。

通達・訓令

　次に，「通達・訓令」と一般に呼ばれるものは，同一の行政組織内部において上級機関が下級機関に対して発する示達ないし命令であって，当該行政組織の内部でしか通用しない性質の法形式である。通達・訓令の内容は，法令の規定についての細かな適用指針や解釈指針を下級機関に対して示達するものから，個々の権限行使や事務の遂行について下級機関に対して具体的な指示や命令を

与えるものまでさまざまである。しかし，前者のように一般的規範性を有する
通達・訓令も，当該行政組織に属する下級機関を内部的に拘束するに止まるの
であって，法律の授権を受けて国民を法的に拘束するために定められたものと
は認められない。その意味で，通達・訓令によって一般的内容のルールを定め
たとしても，それは単なる行政規則であって法規命令には該当しない。

　通達・訓令等の行政規則は，国民一般に対し法的拘束性を有するものではな
いが，行政組織内の指揮監督関係を通して実質的には国民の法的地位に重大な
影響を及ぼしている。このため，行政規則に対する司法審査の可能性を含めて，
何らかの法的統制を確保する必要があるのではないかという問題が生じる。こ
の問題ついては，第10章で取り上げることにしよう。

裁量基準などの行政規則

　このほか，自由裁量が認められる行政権限について，行政庁があらかじめ定
めておく行政規則として，「裁量基準」と呼ばれるものがある。裁量基準は，
裁量権の行使をある程度制約し，または一定の方向へ誘導するための標準的な
指針を設定する一方，現場の行政機関に対しある程度の自由裁量の余地を認め
るものでもある。裁量基準は多様な形式で設定されており，通達・訓令等とし
て発せられる場合もあれば，要綱や指導指針等として発せられる場合もある。

意見公募手続

　上述のように，ほとんどの行政活動は，法律とともに行政立法に依拠して行
われるのが実情であり，行政立法が国民の法的地位を実質的に左右する可能性
は大きい。ところが，行政立法は行政機関によって発せられ，法律や条例のよ
うに国会や議会が定めるものではないため，国民の監視の目が届かないところ
で国民の法的地位に重大な影響を及ぼすような行政立法が定められる可能性が
ある。そこで，行政立法のプロセスに国民の意見を反映させることにより公正
で透明な行政立法手続を確保する必要がある。ところが，従来は，個々の法律
で行政立法手続を定めたケースがまれに存在した程度であり，それ以外の行政
立法の手続については，1999年以降，閣議決定に基づく事実上の措置として，
パブリック・コメントが行われていたに止まる。

しかし，2005年の行政手続法改正（法律73号）により，今や，行政立法について広く国民の意見を公募するための手続（意見公募手続という）が確保されることとなった。

　行政手続法が定める意見公募手続の対象となるのは「命令等」であり，その中には，内閣やその他の国の行政機関が定めるものである限り，政令や省令等のほか，「処分の要件を定める告示」，申請に基づく許認可等の審査基準，不利益処分に関する処分基準，行政指導指針も含まれる。これにより，審査基準や処分基準を定めた通達・訓令等の行政規則も，意見公募手続の対象となることとなった（行手法2条8号。なお，同条1号参照）。

　意見公募手続は，命令等の案について「広く一般の意見」を求める趣旨のものであるので，意見提出をなしうる者の範囲は制限されない。意見公募手続は，大臣その他の命令等制定機関が，命令等の案とともに意見の提出先および原則として30日間以上の意見提出期間をあらかじめ公示することにより開始される。命令等制定機関は，意見公募手続を経て当該命令等を制定するに際しては，意見提出期間内に提出された意見を「十分に考慮」しなければならず，また，当該命令等の公布等の際には，提出意見とともに，当該提出意見を考慮したことによりいかなる命令等を定めることとなったかという結果，およびその理由を公示しなければならない。提出意見の公示については，必要に応じ当該提出意見を整理または要約したものの公示に止めることも可能であるが，その場合も，後日遅滞なく，提出意見を適当な方法により公にする必要がある（以上について，行手法39条〜43条）。

　以上のように，改正行政手続法は，命令等制定機関に対して，国民の提出意見への十分な考慮の義務および命令等制定に際しての適正説明の責任を課すことにより，意見公募手続を行政立法の適正手続として実質化しようとしている。また，公示される命令等の案の内容面でも，「具体的かつ明確な内容のもの」でなければならないとしている（行手法39条2項）。

委任立法の適法性

　委任命令の適法性は，法律の委任規定が立法の委任をなしうる限界を超えていないかという局面で問題化するとともに，委任規定自体が適法である場合に

は，当該委任命令が委任規定による委任の範囲を逸脱していないかという局面でも問題化する。以上の意味で，委任立法の限界は，委任した法律の側と委任を受けた委任命令の側との双方において問題となるのである。

包括的委任・白紙委任の禁止

まず，法律が定めた委任規定が，法律の留保原則の趣旨に照らして，立法権の委任の限界を超えていないかが問題となる。法律の委任規定が委任立法の限界を超えると判断された場合，当該委任規定を受けて行政機関が定めた政令や省令等の委任命令は，違法無効な委任命令として法的拘束力を否定される。

委任規定の合憲性判断の基準としては，委任の趣旨の明確性と委任の範囲の限定性が要求される。したがって，委任の範囲が無限定な委任規定（包括的委任規定）や委任の趣旨が不明確な委任規定（白紙委任規定）は，違憲無効の法律規定と解されてきた。かかる要件は，行政立法への委任が「国の唯一の立法機関」（憲法41条）である国会の立法権を侵害することとならないために要求されてきた制約であり，憲法学では，「委任立法の限界」として論じられてきたテーマである。

委任の趣旨の明確性と委任範囲の限定性という両面で委任規定としての適法性を満たす典型例として，「不公正な取引方法」に関する独占禁止法2条9項の規定がある。「不公正な取引方法」とは，取引関係における優越的立場を利用して特定の事業者との取引を不当に拒絶または制限したり，差別的対価や不当な安価または高価での取引を行ったりするなどの行為をいう。独占禁止法は，事業者がかかる「不公正な取引方法」を用いることを禁止し（独占禁止法19条），その違反行為については，公正取引委員会による排除措置命令および被害者による差止請求や無過失賠償請求の対象としている（独占禁止法20条，24条，25条）。

独占禁止法2条9項6号は，いかなる行為が「不公正な取引方法」に該当するかについて，公正取引委員会の指定に委ねる旨の委任規定である。したがって，詳細な定義は，公正取引委員会の告示（昭和57年公取委告15号「不公正な取引方法」参照）に委ねられているのだが，独占禁止法2条9項6号の規定自体が，「公正な競争を阻害するおそれがある」行為を禁じる点に委任の目的があることを明示する。また，委任の範囲についても，「不当に他の事業者を差別

的に取り扱うこと」や「不当な対価をもって取引すること」等，相当程度限定
された行為類型を同号のイからへの 6 項目にわたって定めている。以上により，
同規定は，委任規定として具備すべき条件を満たしているのである。

発展問題 3-③　公務員の「政治的行為」

　国家公務員法 102 条 1 項は，一般職に属するすべての国家公務員に政治的行為を
禁止しているが，いかなる行為が「政治的行為」に当たるかについては人事院規則
に委任している。そして，国家公務員法の条文には，委任の趣旨および政治的行為
の範囲を限定する明示的な規定はなく，すべて人事院規則に委ねられている。一例
として，特定の内閣を支持しまたはこれに反対するという目的のために，署名活動
を企画・主宰・指導したり，デモ行進を企画・組織・指導したりすることが，人事
院規則 14-7 によって初めて明示的に禁止されているのである。

　こうした国家公務員法 102 条 1 項の規定の仕方は，「不公正な取引方法」につい
て定めた独占禁止法 2 条 9 項の規定と比較すると，明らかに委任の趣旨は不明確で
委任の範囲も無限定である。また，地方公務員について同じく政治的行為の禁止を
定めた地方公務員法 36 条 2 項の規定と比べても，明確性が劣っている。しかし，
最高裁は，猿払事件判決（最大判昭和 49・11・6 刑集 28 巻 9 号 393 頁）以来，一
貫してかかる委任規定に基づく人事院規則の規定を合憲かつ有効としてきている。

　ところで，その後最高裁は，政党機関紙を配布した国家公務員が政治的行為の禁
止に違反したとして刑事責任を問われた二つの事案について，「政治的行為」の範
囲を，「公務員の職務の遂行の政治的中立性を損なうおそれが，観念的なものにと
どまらず，現実的に起こり得るものとして実質的に認められるもの」に限定解釈す
る，という立場を明らかにした。そして，実際，政党機関紙を配布した公務員が管
理職的地位にはなく職務内容も裁量の余地のないものであったというケースについ
ては，「政治的行為」には該当しないとした（堀越事件に関する最判平成 24・12・
7 刑集 66 巻 12 号 1337 頁）のに対し，指揮監督権を有し総合調整職務等も担って
いた管理職的地位にある公務員に関するケースでは，「政治的行為」に該当すると
した（宇治橋事件に関する最判平成 24・12・7 刑集 66 巻 12 号 1722 頁）。

　当該二つの判決は，「政治的中立性を損なうおそれ」の存否を現実に即し実質的
に判断することにより，「政治的行為」の意味を限定的に解釈したという点で，大
きな前進である。また，判決理由によれば，この限定解釈により，政治的行為の禁
止は「必要やむを得ない限度にとどま」ることとなり，また，違反行為に対する刑
事罰則規定は，「不明確なものとも，過度に広汎な規制であるともいえないと解さ

れる」とされる。しかし，法律自体に明確な委任規定が置かれることを要求する法律の留保原則の趣旨にかんがみれば，国家公務員法102条1項の規定が委任規定として余りにも不明確であるという問題自体は，解消されていない。包括的・白紙委任の禁止については，本来，より厳格な運用態度が要請されるのではなかろうか。

委任命令の法律適合性

これに対して，委任規定自体は委任立法の限界内にあり適法であるという場合でも，当該委任規定に基づき行政機関が定めた委任命令が，当該委任の範囲を逸脱しまたは委任の趣旨に反するときに，当該委任命令は違法かつ無効となる。これは当然のことであり，特に論ずべき問題はないようにも思われる。しかし，委任規定への適合性の判断に当たっては，多くの場合，委任規定の趣旨をいかに捉えるべきかが問題となる。

行政手続法にも，命令等に関する一般原則として，命令等制定機関に対し，「根拠となる法令の趣旨に適合するものとなるように」することを求め，また，制定後も，当該命令等の規定の実施状況や社会経済情勢に照らして当該命令等の規定内容に検討を加え，その適正を確保するよう努めることを命じる規定がある（行手法38条）。この規定は，行政立法手続に関する規定というよりも，行政立法の内容面を規律する規定としての性格が強い。行政手続法の中にあえてそのような規定を盛り込んだのは，上述のように，根拠法令の規定の趣旨を正確に理解すること自体が容易ではないことが多いからであろう。委任命令の法律適合性を判断する際には，委任規定を含む法制度全体の趣旨目的や問題となっている事柄の性質を総合的に考慮する必要があるのである。その意味で，委任命令の法律適合性という問題は，行政法解釈のあり方が多面的に問われる格好のテーマである。

そこで以下では，実体法的な面での法律適合性が問題となる典型的ケースとして，委任命令の適法性という問題を取り上げることとしよう。

違法と判断された委任命令

では，いかなる場合に，委任命令は立法の委任の範囲を逸脱したと判定されるのだろうか。著名な事件として，未決勾留中の被勾留者との接見を広く許容

している監獄法（当時）45条1項・2項（現行法として刑事収容法124条参照）に対する関係で，在監者と14歳未満の者との接見を原則として禁止する旨の委任命令の規定（当時の監獄法施行規則120条。1991年改正で削除済）の適法性が争われた事件がある。この事件で，最高裁（最判平成3・7・9民集45巻6号1049頁）は，右委任命令は監獄法（当時）50条による委任の範囲を逸脱しており違法であるとの判断を示した。

　被勾留者には，法律上，逃亡または罪証隠滅の防止や監獄内の規律維持のため合理的な範囲で自由が制限されるほかは，一般市民としての自由が保障されており，接見の制限を認める法律規定（刑訴法81条，刑事収容法124条）からも，相手方が幼年者であることに着目した接見制限の可能性を容認する趣旨を読み取ることはできない（未決拘禁者の面会に関する現行法規定として，刑事収容法115条～118条参照）。にもかかわらず委任命令段階で，幼年者との接見を原則的に禁止する旨の規定が設けられた。これだけでも，当該委任命令は委任の趣旨を逸脱した違法なものであると結論づけることができそうである。

　しかし，このように法律の委任規定と委任命令との間に乖離があるケースにおいても，委任命令制定の際の行政裁量を広く認めることにより当該委任命令を適法と判断した例は存在する（→　**ケースの中で3-①**）。したがって，未決勾留者の接見を制限する委任命令の適法性についても，規定文言以外の要素を考慮する必要がある。そこで，被勾留者にとっての接見を求める権利は刑事手続上の基本的権利の一つだという点（刑訴法39条，80条，81条）を考慮すると，かかる基本的権利の行使に重大な制限を加える規定を委任命令の段階で新たに設けることは，法律の委任規定の趣旨に反するということになる。

　以上のように，委任命令の法律適合性の判断に際しては，法律の規定のみならず関連法律の規定の趣旨や問題となっている事柄の性質，当該法律の規定の歴史的背景等を，多面的に考慮した総合的判断が要請される。上述の例のほかにも委任命令の適法性が争われた重要判例は少なくないが，いずれの場合も，委任命令が適法か違法かの判断に際しては，個々の事案に即した総合的判断が要請されるのである。

ケースの中で3-① 　日本刀以外の刀を所持できないのはなぜか

　一見すると法律の委任の趣旨に反するように見えるにもかかわらず，当該委任立法の歴史的背景等を考慮した結果，適法な委任命令と判断された例もある。そのようなケースとして，「美術品として価値のある刀剣類」として登録されることを条件に所持することが許される刀剣類（銃刀所持法14条1項，3条1項6号）の範囲を，美術品として価値のある「日本刀」に限定する旨の委任命令の規定（銃砲刀剣類登録規則4条2項）の適法性が争われた事件がある。この事件で，最高裁（最判平成2・2・1民集44巻2号369頁）は，右委任命令は銃刀所持法14条5項による委任の範囲を逸脱するものではなく適法であると結論づけた。

　この事件の場合，法律の規定自体では，登録により所持を許される刀剣類の範囲は日本刀に限定されず，外国製刀剣についても登録の余地が認められるように読めるのに対し，登録審査のための鑑定基準を定めた委任命令の規定では，登録される刀剣類の範囲を「日本刀」に限定していた。しかし，刀剣類所持制限のための登録制度のルーツは，ポツダム宣言受諾後の占領政策の一環として民間武装の解除が行われた際に，愛刀家の鑑賞対象である日本古来の刀剣類の所持を一定条件下で許容しようとする日本政府の立法意図にあったことが知られている。かかる立法史的背景を考慮に入れると，登録対象を日本刀に限定することにはそれ相当の理由があったということになる。

　さらに，刀剣類所持にどの程度の権利性が認められるかという点も考慮する必要がある。実際，最高裁は，刀剣類の文化財的価値を判断するについては一定の専門的行政裁量を認めるべきであるとの立場から，委任命令段階で登録対象を日本刀に限定することも違法ではないと判示した。行政レベルで一定の立法裁量権を認める背後には，刀剣類の所持には高度の権利性を認めえないとする価値評価を垣間見ることも可能である。

ケースの中で3-② 　認知された婚外子の児童扶養手当支給対象からの除外は違法

　児童扶養手当の支給対象に婚外児童（母が事実婚も含む意味での婚姻によらないで懐胎した児童）を含める一方，「父から認知された児童」については支給対象から除外する旨の児童扶養手当法施行令の規定（事件当時の児扶手法施行令1条の2第3号括弧書）が，児童扶養手当法4条1項5号（現在の4条1項1号ホに相当する規定）による委任の趣旨に違反し，違法であるとされたケースがある（最判平成14・1・31民集56巻1号246頁）。

　児童扶養手当法4条1項は，児童扶養手当の支給対象として，父母が離婚した児

童（児扶手法 4 条 1 項 1 号），父が死亡した児童（同項 2 号），父が政令所定の重度の障害者である児童（同項 3 号），父の生死が明らかでない児童（同項 4 号）のほか，「その他の前各号に準ずる状態にある児童で政令で定めるもの」（同項 5 号）と定めていた（現在の 4 条 1 項 1 号イ〜ホに相当する規定）。当該委任規定を受けて，事件当時の同法施行令 1 条の 2 第 3 号は，手当支給の対象となる児童の一類型として，「母が婚姻（婚姻の届出をしていないが事実上婚姻関係と同様の事情にある場合を含む。）によらないで懐胎した児童（父から認知された児童を除く。）」を定めていた。父から認知されない婚外児童は，この規定の本文により手当支給を受けられるのに対し，認知された婚外児童は，当該規定の 2 番目の括弧書により支給対象から除外されることとなっていた。

　認知により児童扶養手当の支給を打ち切られた児童の母親が提起した本件訴訟で，最高裁は，認知により法律上の父がいる状態になったとしても，父による現実の扶養を期待することができない状態は続いているのであるから，上記括弧書の規定は，児童扶養手当法の委任規定の趣旨に反し無効であると結論づけたのである。

委任規定の明確性との関係

　上述のように，法律が定める委任規定には，委任の範囲が無限定な委任が禁止される（包括的委任の禁止）とともに，委任の趣旨が不明確な委任も禁止される（白紙委任の禁止）。白紙委任の禁止は，法律の委任規定において委任の趣旨を明確に定めることを要求するものであるが，このような委任規定の明確性の要求を委任命令（行政命令）の方から見れば，法律で明確には委任されていない事柄を委任命令で勝手に決めてはならない，という制限を意味することになる。特に，委任命令が人の権利や自由を制限する内容のものである場合，その制限の程度が強ければ強いほど，そのような権利自由の制限を委任する法律の規定の趣旨もより明確でなければならない。したがって，委任の趣旨が不明確な法律の規定を受けて定められた委任命令の規定が，過度に人の権利や自由を制限するものである場合にも，法律の委任の趣旨や範囲を逸脱したことにより違法と判断されることとなる。

　以上のように，委任命令による人の権利・自由の制限の軽重と法律による委任の趣旨の「明確性」の程度との間には，比例的な連動性（比例性）が確保されなければならない。この考え方を，最高裁として明快に示したのが，インターネットによる一般用医薬品販売を大幅に制限する委任命令の規定を，違

法・無効と結論づけた判例（最判平成 25・1・11 民集 67 巻 1 号 1 頁）である（詳細については，ケースの中で 3-③）。また，比例性の確保を要求するとはみなしえないまでも，不明確な委任規定（法律）の下で重大な権利制限を定めた委任命令に対しては，法律の規定の「文理」や事柄の性質に適合的な法解釈を通して委任規定による授権の範囲を限定し，その結果，当該委任命令を違法・無効と結論づける最高裁判例も存在する（→ 発展問題 3-④）。

　さらに同様の傾向を示す判例の中には，地方税法の規定に基づき個人住民税の特例控除対象となる寄附金（「ふるさと納税」）をめぐる国・地方公共団体間の紛争に関する判決例も含まれる。当該寄附金の募集をなしうる団体への指定を拒否された地方公共団体の長が，総務大臣による当該不指定決定の取消しを求めて提起した訴訟において，最高裁は，委任規定における①「法文の文理」や②「委任の趣旨」，および③「法律案の作成の経緯」その他の立法過程における議論等の諸要素を仔細に検証・検討し，その結果，緻密な法律適合性審査を実現した（「泉佐野市ふるさと納税訴訟」に関する最判令和 2・6・30 民集 74 巻 4 号 800 頁 ケースの中で 3-④）。

ケースの中で 3-③　　医薬品のネット販売規制の法律適合性

　2006 年改正後の薬事法（「新薬事法」という）は，一般用医薬品の販売等をなしうる者の範囲を薬剤師等に限定するとともに，顧客による適正な医薬品使用に資するため，薬剤師等による必要な情報の提供を義務づけたが，それ以外に一般用医薬品販売の方法等を制限する規定を設けるものではなかった。ところが，新薬事法の委任規定を受けて厚生労働大臣が定めた薬事法施行規則（「新施行規則」という）は，一般用医薬品の中でも比較的副作用の程度が高いとされる第 1 類医薬品と第 2 類医薬品については，薬剤師等が薬局等において対面でその販売等を行うこと（「対面販売等」という）を義務づけた。これにより，郵便や宅急便で医薬品を送付する方式（「郵便等販売」という），および郵便等販売のためにインターネットで予約する方式（「ネット販売」という）が許されるのは，第 3 類医薬品に限られることとなった。

　医薬品ネット販売の大手業者が，新施行規則の上記諸規定は違法かつ無効であると主張し，郵便等販売をすることができる権利ないし地位を有することの確認等を求めたケースにおいて，最高裁（最判平成 25・1・11 民集 67 巻 1 号 1 頁）は，新施行規則による対面販売等の義務づけは新薬事法の委任の範囲を逸脱しており，違

法かつ無効であると判示した。その際，最高裁は，郵便等販売の規制が新薬事法の委任の範囲を逸脱したものではないというためには，新薬事法の規定自体またはその立法過程における議論から，当該規制を委任する「授権の趣旨」が，当該「規制の範囲や程度等に応じて明確に読み取れることを要する」，という判断枠組みを設定した。ところが本件の場合，ネット販売業者の営業活動の自由に対する制限は，第1類医薬品および第2類医薬品のネット販売の禁止という重大なものであるにもかかわらず，そのような定めを委任する「授権の趣旨」が，法律の規定および立法過程から明確には読み取れない。以上の理由で，当該規制は，違法かつ無効であると判断されたわけである。なお，薬事法はその後，名称変更を含む大改正が行われ，現在名は「医薬品，医療機器等の品質，有効性及び安全性の確保等に関する法律」となっている。

発展問題 3 -④　委任規定の安易な拡張解釈への警鐘

　法律所定の委任規定を拡張的に解釈し行政命令で定めうる範囲を拡げてしまうと，法律による行政の原理が骨抜きになるおそれがある。したがって，委任規定は，可能な限り厳格かつ限定的に解釈しなければならない。その要請を象徴的に示す裁判例として，高知県東洋町の町議会議員解職請求事件に関する最大判平成 21・11・18（民集 63 巻 9 号 2033 頁）を紹介しよう。

　この事件では，解職請求代表者の中に非常勤の公務員である農業委員会委員が含まれていたことを理由に，町選挙管理委員会が解職請求者署名簿の署名を無効とする決定を行った。その根拠となったのは，公務員が「公職の候補者」となることを禁じる公職選挙法 89 条 1 項本文の規定を，議員解職請求の代表者の資格に準用する旨の地方自治法施行令の規定（当時の自治令 113 条，115 条等）であった（議会の解散請求および首長の解職請求についても同様の準用規定がある）。これに対し，大法廷判決は，以下に述べる二つの理由から，当該施行令の規定は，地方自治法 85 条 1 項に基づく委任の範囲を超えており無効であると結論づけた。第 1 の理由として判決が重視するのは，「解職の請求」と「解職の投票」という二つの段階を区分する同法 80 条各項の条文構造であり，その結果，同法 85 条 1 項の委任規定も，文理解釈上，投票手続に限って公職選挙法の規定を準用する趣旨と解すべきだと判示した。第 2 の理由は，より実質的なものであり，それによれば，解職の投票手続は選挙手続と「同質性」を有するのに対し，解職の請求と選挙との間には「手続的な類似性ないし同質性」が存在しないとされる。

　この判決には，藤田宙靖裁判官の補足意見がある。それによれば，解職請求代表

者の資格制限のような「国民の参政権の行使に関わる，その性質上重要な」権利の制限について，その制限の幅を広げようとする場合には，既存の規定の拡張解釈によるべきではなく，「法的根拠と内容とを明確にした新たな立法によって行うのが本来の筋である」とされる。委任の対象が国民の重要な権利を制限するものである限り，委任規定の趣旨を安易に拡張解釈すべきではないという意味で，委任立法の実態に対する警鐘として重要な指摘である。

ケースの中で3-④　泉佐野市ふるさと納税訴訟

「ふるさと納税」とは，地方税法37条の2第1項または314条の7第1項に基づき個人住民税の特例控除対象となる寄附金であり，「泉佐野市ふるさと納税訴訟」は，当該寄附金の募集をなしうる団体への指定を拒否された泉佐野市の市長が，当該不指定決定を行った総務大臣を被告として当該決定の取消しを求めた訴訟である。

この団体指定は，当該寄附金募集をなしうる地方団体をほぼ年度（「指定対象期間」という）ごとに事前指定するという制度であり，返礼品の高額化等の弊害に対処するという目的で，2019年地方税法改正により導入された。指定を受けるには，総務大臣が別途定める「募集適正基準」に適合するとともに，返礼品等を提供する場合には，その調達費用額が寄附金額の30％相当額以下でかつ返礼品等が地場産品やそれに類するものに限られるという基準（「法定返礼品基準」）を満たさなければならない（地税法37条の2第2項，314条の7第2項）。そして，上記の委任規定を受けて総務大臣が告示により定めた「募集適正基準」（平成31年総務省告示179号）には，改正法施行以前の一定期間における高額返礼品の提供等の行為を想定し，「ふるさと納税」制度の趣旨に反する方法により「他の地方団体に多大な影響を及ぼすような」寄附金募集を行い，「ふるさと納税」制度の趣旨に沿った方法により寄附金募集を行う「他の地方団体」に比して「著しく多額の」寄附金を受領した地方団体ではないこと，という指定基準（上記総務省告示2条3号）が定められた。

泉佐野市は，当該指定基準を満たさないこと等を理由に不指定となったため，当該基準の適法性が最大の争点となった。

さて，上述の指定基準は，指定制度を含む改正法の規定の施行以前における各地方団体による「ふるさと納税」制度の運用が，高額な返礼品を提供しないこと等，同制度本来の趣旨に沿うものであったか否かにより，指定の可否を判断しようとするものである。ところが，改正法施行以前に，返礼品の提供を規制する法令は皆無であった。他方，当時から総務大臣は，地方公共団体に対して，返礼品の提供につ

いて高額な返礼品の自粛や地場産品に限ることを求める通知を発していたが，当該通知は，地方自治法245条の4第1項所定の「技術的な助言」に該当し，法的拘束力を有するものではない。かかる性質の通知に違反したことを理由に不指定がなされれば，当該不指定決定は，国等の行政機関が行った「助言等」に従わなかったことを理由に普通地方公共団体に対して「不利益な取扱い」をなすことを禁じた同法247条3項の規定に，明らかに違反する。

もっとも，最高裁判決は，不指定が同規定所定の「不利益な取扱い」に該当することから直ちに，当該指定基準（上記総務省告示2条3号）を違法・無効と結論づけたわけではない。同判決によれば，地方自治法247条3項の規定に反する「不利益な取扱い」であっても，それが「法律上の根拠に基づくものである場合」，すなわち「地方税法の委任の範囲内で定められたものである場合」には，「直ちに地方自治法247条3項に違反するとまではいえない」とされるからである。しかし，同時に，「同項の趣旨も考慮すると」，当該指定基準が違法ではないというためには，当該指定基準の策定を「委任する授権の趣旨」が，地方税法の規定等から「明確に読み取れることを要する」との判断を示した。

以上のような判断枠組みの下，最高裁は，改正法の規定による「授権の趣旨」の明確性を判断するために，委任規定における①「法文の文理」と②「委任の趣旨」および③「法律案の作成の経緯」に着目した仔細な検証・検討を行い，その結果，①〜③のどの点からも，上記指定基準の策定を「委任する授権の趣旨が明確に読み取れるということはできない」と判断した。以上により，指定基準中の「施行前における寄附金の募集及び受領について定める部分」は，法律（地税法37条の2第2項，314条の7第2項）による「委任の範囲」を逸脱したものであり，違法・無効だと結論づけたのである。

2 条　　例

自治立法権の保障

条例制定権は，憲法94条および地方自治法14条1項に基づき普通地方公共団体に認められた立法権であり，国のレベルでいえば国会の法律制定権に相当する自主立法権である。条例の中には，法律の規定を実施・施行するため法律の委任の下に制定されるものと並んで，普通地方公共団体が，「地方自治の本旨」（憲法92条）に即して，当該普通地方公共団体自身の事務に関して自主的

に制定することを認められた条例も存在する。後者の条例は，法律による委任規定等の法律の授権を一切受けずに自主的に制定される。そのような独自条例（自主条例）が国民ないし住民の権利自由を制限する内容を有する場合，法律の留保原則に違反しないかが問題となる。

法律の留保原則との関係

この問題については，特に，地方自治の対象となる事務が地域の特色に応じた独自の規制を必要としているという点とともに，条例は，公選の住民代表議会により制定されるという点で，国会が定める国の法律と同等の民主的条件をそなえているという点を考慮する必要がある。こうした条例制定権を支える実質的基盤を考慮するならば，条例に基づく独自規制を広く認めることには，合理的な理由がある。

以上のような考え方には，憲法および地方自治法の関係規定の文言や趣旨に照らしてみても説得力がある。すなわち，憲法94条自体は「法律の範囲内で」条例制定権を保障しているにすぎないが，これを受けた地方自治法によれば，条例制定権は「法令に違反しない限りにおいて第2条第2項の事務」全般にわたって保障される（自治法14条1項）。したがって，憲法と地方自治法は，「地域における事務」（自治法2条2項）に該当すると判断された事項について条例で独自規制を行うことは，それが国の法令に積極的に違反することとならない限り，許容されるという考え方を採用していることになる。

さらに地方自治法は，「義務を課し，又は権利を制限する」地方公共団体の活動が許容されるのは，国の法令がある場合だけではなく，条例に根拠規定がある場合も含まれるという趣旨の規定を置いている（自治法14条2項）。このように，「法律又は条例の留保原則」を採用したものと読める規定の前提には，国の法令に違反しない限り独自条例の制定を可能とする理解が存在するのである。

条例の法律適合性

条例の規定と国が定めた個々の法令の規定とが重なる場合には，条例の法律適合性も問題となる。

独自条例が国の法令に違反するか否かが争われる典型的なケースとして，公害規制や環境保護を目的として制定される「上のせ条例」「横だし条例」や，社会福祉や社会的給付行政の一環として制定される「上のせ福祉条例」が問題となる。

　法律の中には，大気汚染や水質汚濁について環境省令で定められた排出基準・排水基準が地域的事情により不十分であると認められる場合に，都道府県に特別の排出基準や排水基準の設定を認めている規定（大気汚染法4条1項，水質汚濁法3条3項）のように，明文で上のせ条例の制定を認めているものがある。しかし，法律がこのような上のせ委任規定を定めていない場合でも，地方公共団体が独自条例により，法令が定めた規制基準や給付水準を上回る規定を定めうるか否かが問題となる。この場合，表面的に見て法令の規定に抵触し違反するように見える場合でも，それだけで直ちに当該条例は違法であるという結論が下されるわけではない。上述のように，憲法および地方自治法が条例制定権を広く保障した趣旨と個々の法令の趣旨との双方を突き合わせた検討によって，当該条例の規定が法令に違反するか否かが判断されるのである。

　条例の法律適合性に関する判断基準の詳細については地方自治法のテキスト等で学んで頂きたいが，判例の考え方をおおまかにいえば，条例と法律双方が規律する対象事項や規定文言を表面的に対比するだけではなく，それぞれの趣旨，目的，内容および効果を比較し，両者の間に矛盾抵触があるか否かによって判断すべきだということになる（徳島市公安条例事件に関する最大判昭和50・9・10刑集29巻8号489頁）。したがって，地域の実情に応じ合理的な範囲で定められた独自条例の規定は，それが関係法律の規定の趣旨に矛盾抵触するとみなされない限り適法と扱われる。その結果，地方自治の局面においては，条例が，法律と並んで行政活動を規律する主要な行政法規としての役割を担っているということを理解する必要がある。

ケースの中で3-⑤　　**条例に基づく土地利用規制はどこまで可能か**

　地方公共団体が良好な「まちづくり」や「地域づくり」のために土地利用を制限しようとする際，都市計画法その他の国の法令には十分な規制手段が備わっていないため，条例に基づき独自の「上のせ規制」や「横だし規制」を行う場合がある。

そして，かかる独自条例に基づく規制に従わない土地所有者等もいるため，かかる条例の法律適合性が訴訟の場で争われることとなる。そのような訴訟で条例が適法と判断されたケースの一つとして，兵庫県伊丹市の市長が，「伊丹市教育環境保全のための建築等の規制条例」の規定に基づき，パチンコ店の建築計画に対する同意を拒否したという事件がある（神戸地判平成5・1・25判タ817号177頁）。

　この事件で同意を拒否されたパチンコ店の建設予定地は準工業地域内にあった。しかし，風営法および兵庫県風営法施行条例では，パチンコ店等の風俗営業施設の設置は住居系地域では禁止されていたが，準工業地域では禁じられていなかった。伊丹市条例は，青少年の教育環境保全策として，旅館業や風俗営業施設の建築について市長の同意を得ることを義務づけるとともに，当該建築物が①教育文化施設，公園，児童福祉施設から200メートル以内か，②通学路の両側から20メートル以内の区域内にある場合，市長は，同意を拒否するものと定めていた。この規定に基づく同意拒否について，判決は，かかる独自条例に基づく規制の目的および方法が風営法に基づく規制とは異なり，風営法の目的の実現を阻害するものでもないこと，また，両者間に目的の共通性があったとしても，風営法は地域の実情に応じた独自規制の可能性を排除する趣旨とは解されないことなどを理由に，本件条例および同意拒否を適法と結論づけた。

　この事件の場合，条例による独自規制の目的が明確でかつ特定されていたこと，当該地域は準工業地域といっても実態は住居系地域に匹敵する状態にあったこと，規制対象も上記①と②の場合に限定されていたことなどの事情があったため，法律適合性および規制方法の合理性ともに適法なものと認められた。

　これに対し，「宝塚市パチンコ店等，ゲームセンター及びラブホテルの建築等の規制に関する条例」（当時）に基づく独自規制の適法性が争われたケースでは，第1審および第2審がいずれも風営法や建築基準法等の趣旨に反し違法であるとの判断を下している（神戸地判平成9・4・28判時1613号36頁，大阪高判平成10・6・2判時1668号37頁）。宝塚市条例では，商業地域以外の用途地域におけるパチンコ店やラブホテル等の建築を一律に禁じる規定であったことが，かかる正反対の結論を導いた可能性がある。ただ，この事件は，建築中止命令に従わない建築主に対して市が建築続行の差止めを求める訴訟であったため，上告審では，かかる訴訟提起の適法性自体が争われることとなり，独自条例の法律適合性についての最高裁の判断は示されないまま終わってしまった（→ **ケースの中で5-①**）。

コラム3-② 条例と法律の多様な関係

　一口に条例の法律適合性と言っても，個々の法律規定への適合性だけで決着がつく場合のほか，個々の制度の底流に流れる法原則や法理念への適合性が争われることも少なくない。一例として，別荘の水道料金について著しく高額の料金を定めた高根町簡易水道事業給水条例（当時）について，違法無効の判断が下されたケース（最判平成18・7・14民集60巻6号2369頁）を見てみよう。この事案は，町営簡易水道事業の利用料金に関する条例改正により，住民ではない者が所有する別荘についての基本料金を，別荘以外の基本料金の3.5倍を超える高額に設定したというものである。最高裁は，「別荘給水契約者の基本料金を別荘以外の給水契約者の基本料金よりも高額に設定すること自体は，水道事業者の裁量として許されないものではない」とする一方，当該条例改正については，公の施設利用における「不当な差別的取扱い」を禁じた地方自治法244条3項に違反し無効であると結論づけた。

　そのような結論を下すに当たって判決が重視したのは，別荘についての年間料金額が，ホテル等大口利用者をも含めた別荘以外の契約者が負担する「年間水道料金の平均額」とほぼ同一水準になるようにすべく，逆算して別荘に対する基本料金を算定したという本件条例改正の経緯である。かかる料金設定の方法には，「公営企業として営まれる水道事業において水道使用の対価である水道料金は原則として当該給水に要する個別原価に基づいて設定されるべきもの」であるとの原則に照らして，合理性が認められないというのが，判決理由である。適正な料金設定のあり方について，水道法や地方自治法には，「不当な差別的取扱い」の禁止以上に明確な規定があるわけではないが，判決は，公営企業の利用料金に共通の法原則を手がかりに，当該条例改正は「不当な差別的取扱い」禁止規定に違反し，無効であるとの理由で，未払い水道料金にかかる債務の不存在確認や給水停止の禁止等の結論を導いたわけである。

　なお，条例の制定や改正行為自体の取消しを求める訴えが訴訟要件を満たすかという訴訟法上の問題（処分性）については，ケースの中で12-① 参照。

3　その他の行為規範

行 政 計 画

　さまざまな行政活動の中で行政機関が依拠しているルールや基準の中には，厳密に見ると，法律や法規命令のように国民に対する法的拘束性をもつことがなく，また行政規則のように行政組織内部において法的拘束性を有するということもないようなものが存在する。その代表的なものとして，行政計画を取り上げよう。

　行政計画は，一定の公益目的を設定し，さまざまな権力的手段や非権力的手段あるいは財政措置等を総合的に組み合わせることにより当該目的の実現を図ろうとするものである。計画行政にあっては，設定された目的の達成にとっていかなる手段をどのように動員することが合理的であるかという発想方法で物事を考えるため，その時々における目標の達成状況，社会経済状況や人々の意識の変化等に応じて，目標自体の修正や手段の組替えや達成期間の変更などが，当初から許容されている場合が少なくない。

　行政計画と一口にいっても行政計画には多様なものがあり，中には，個別法律の規定により，ほぼ法令と同様に国民に対する法的拘束性が認められたものもあれば，国民に対する法的拘束性が認められないもの，さらには，行政組織内部における法的拘束性すら厳密には認められていないような行政計画もある。しかし，上述のような行政計画の性質からすると，後者のような非拘束的計画の方が通常のあり方であって，前者のように法律に基づき法的拘束性を認められた拘束的計画はむしろ例外である。また，非拘束的計画の特色と考えられる多くの点は，拘束的計画も含めて行政計画全般に妥当するものであることにも留意する必要がある。

拘束的計画特有の問題

　行政計画の中には，法律により国民に対する法的拘束性を付与されたものがあり，またその中には，行政訴訟において裁判所への取消訴訟提起の対象としての性格が認められるようなものもある。

行政訴訟との関係については後に第**4**編において解説することとするが，要は，法的拘束性が認められた上に，国民の個別具体的な権利や法律上の利益が直接当該行政計画によって害されていると認められるときは，当該行政計画は適法か否かが，裁判所の法廷で審査されることとなる（→12章3，特に，ケースの中で12-③ および 発展問題12-②）。

　一例として，公共空港や道路等の公共的施設の設置のための用地として，土地所有権等の私権を強制的に剥奪することを可能とする制度として土地収用があり，土地収用を実施するには，あらかじめ事業の認定という形で，当該事業計画が土地収用に相応しいものであることの認定を受けなければならない。事業の認定は事業計画を適切妥当と認定する行為であり，これに引き続き，個々の土地所有権を剥奪する行為（土地収用の場合は収用裁決という）などが行われる。事業の認定は，こうした事業計画具体化のためのさまざまな法的措置の対象となる土地の範囲を確定させるという法的効果を有するものであるため，これを訴訟によって直接争う可能性が認められている。

　これに対して，都市の区域を住居系地域，商業系地域，工業系地域等13種類の用途地域その他の地域地区に区分するという内容の都市計画（都計法8条1項参照）が定められた場合，当該都市計画で指定された各地域地区の中では，建築できる建築物の用途や建築物の規模や高さ（容積率，建ぺい率，斜線制限）等が制限されることとなる。したがって，こうした都市計画は，法令による権利制限と同様の国民に対する法的拘束力が認められる。他方，それのみによっては個々の国民に対して未だ個別具体的な権利制限が生じてはいないと見ることもできる。そこで，従来から，裁判所は，この種の行政計画を直接訴訟で争う可能性については否定してきた。

　以上のように個々の行政計画によって微妙な差異はあるが（→12章3），いずれにせよ上述の行政計画の場合は，国民に対する法的拘束性を有することには異論の余地がない。そして，こうした拘束的計画の場合，当該行政計画によって違法に権利利益の侵害が生じたり，当該行政計画に矛盾する処分により不利益が生じたりしたときに，いかなる法的手段によって問題解決を図るべきかという問題は，法令と個別的処分との法的関係が争われる場合からの類推ないし応用で解決可能な場合が多い。

行政計画共通の性質

非拘束的計画の一例として，ここでは国土利用計画を取り上げよう。

国土利用のあり方に関しては，国，都道府県，市町村がそれぞれ全国計画，都道府県計画，市町村計画を定めるものとされており（国土利用法4条〜8条），さらに都道府県が定める土地利用基本計画には，都道府県の区域内に5地域区分（都市地域，農業地域，森林地域，自然公園地域，自然保全地域）を定めて，各地域における土地利用に方向性を示す役割が期待されている（国土利用法9条，10条）。

コラム3-③　行政計画特有のソフトな拘束性

　土地利用基本計画には，国民との関係で法的拘束性が認められないだけではなく，行政機関相互の関係でも，法令や通達・訓令等と比べるとはるかにソフトな拘束性が認められるに止まる。土地利用規制権限をもつ行政機関の長や地方公共団体には，「土地利用基本計画に即して」個々の規制措置を講ずることが要求されるに止まり（国土利用法10条），厳格な拘束力は認められない。また，計画間の法的拘束関係という点でも，土地利用基本計画は，「全国計画（都道府県計画が定められているときは，全国計画及び都道府県計画）を基本とするものとする」（国土利用法9条9項）とされるに止まり，厳格な上下の優劣関係として位置づけられているのではない。そして，「基本とする」とか「基本とするものとする」という関係は，法律上，都道府県計画と全国計画との関係および市町村計画と都道府県計画との関係についても規定されている（国土利用法7条2項，8条2項。また，同法6条参照）。

　こうした計画は，関係行政機関が国土利用に関する規制や調整，および土地取引の監視業務等を遂行する際に依拠すべき基準ないしルールとしての性格を有するものであるので，国土利用政策の進行方向を左右する影響力をもっている。実際，都市地域と農業地域のような複数の地域区分の重複する地域における土地利用のあり方につき，都道府県が土地利用基本計画において定めた規制基準（「五地域区分の重複する地域における土地利用に関する調整指導方針」という）は，農地や森林地を住宅地や工場用地として転用し開発しようとする際に，異

なった用途間の優劣関係を定めることにより，開発行為を許可するか否かの調整基準としての役割を果たしている（国土利用法9条3項参照）。ところが，こうした調整基準としての性格は法律上明確な拘束力を認められたものなのではなく，あくまでも現場の行政機関の裁量的判断の枠の中で依拠すべき内部規範として位置づけられるに止まる。その意味で，国民に対する法的拘束性を認められてはいないが，開発行為の許可などの際に事実上決定的な機能を果たしているのである。

　このように，行政計画と個別具体的な行政活動との関係や行政計画相互の関係には，法令と行政活動との関係とは異なった法的関係が成立する場合が多い。その場合，法令や個別的処分からの類推ないし応用で問題解決を図ることは不可能であるため，行政訴訟のように法令と個別的処分との厳格な法的拘束関係を前提とした問題解決方法は採用できない。むしろ，計画策定過程への利害関係者・市民の参加や計画決定前の意見書提出による異議申立て等，行政計画の性質に応じた独自の法制度を構築する必要があるのである。

地域社会の自律的ルール

　さらに，行政機関による事務遂行の過程で徐々に形成確立された運用基準やルールには，何らかの法的拘束力を認めえないだろうか。また，学校や国公立病院等，国全体の中で相対的独立性を有している部分社会と呼ばれる組織や自律的な活動を継続してきた地域社会において，自律的に形成されたルールや取決め等に，法規に準じる法的効力を認めることは不可能だろうか。法律の留保原則からすれば，確かに，こうした自律的ルールに法規性を認めることには慎重であるべきである。

　ただ，法律の趣旨に適合的な範囲で法律の規定の具体化または詳細化に資するルールについては，法令の裏づけがないからといって，一切の法的機能を否定しなければならない理由はない。なぜなら，行政機関が社会に内在するルールを行政組織内部的規範の中に取り込んで，みずからの権限行使の指針とするということはありうることだからである。また，そのような自律的ルールが実務上頻繁に適用され定着している場合には，特別の理由がない限り当該ルールを適用し続けることには，国民の予測可能性の確保や平等取扱原則の趣旨に照

らして合理性を認めうるからである。

　そのような不文の自律的ルールとしては，①行政機関が職務遂行の際の運用指針や判断基準として依拠するルール，②国公立学校や行政組織等，一般社会の中にあって独自の部分社会を構成する組織体の内部で形成される自律的なルールと並んで，③地域社会の自律的ルールが考えられる。以上のテーマのうち，①と②については行政規則としての性質が認められ，これについては既に本章の1で解説した。以下では，③について簡単に解説しよう。

　地域社会の自律的ルールというものの存在を，そもそも認めるべきかがまず問題となる。閑静な住宅街や優れた市街地景観を誇る町中に突如として高層マンションの建築構想が持ち上がるという場合や，優良農地に囲まれた農村や自然豊かな山間地に突如としてゴルフ場開発や廃棄物最終処分場建設の計画が持ち上がるなどの場合，かかる建築行為や開発行為が都市計画法，建築基準法，農地法，森林法等の関係法規に基づく制約をクリアしていれば，当該行為を制限することができないことはいうまでもない。

　しかし，こうした行為の許可基準を定めた条文に周辺地域の環境や営農条件への配慮を義務づける規定がある場合等には（建基法59条の2第1項，廃棄物処理法8条の2第1項2号，15条の2第1項2号，農地法4条6項4号，森林法10条の2第2項3号等），事業者や許可権限を有する行政庁に対して，当該地域環境の維持のため住民が永年にわたって払ってきた努力やその過程で自律的に形成された地域的ルール等へ適正な配慮を尽くすべきであるとの義務が，環境保護や営農条件への配慮義務の一環として課せられていると解することが可能である。そのような場合，かかる義務に反して適正な配慮を払わずに行われた許可等の権限行使が違法と判断される可能性は，否定しえないであろう。

> **ケースの中で3-⑥　まちづくりにおける地域慣習法的ルール**
>
> 　景観訴訟として有名な国立マンション事件では，高さ約20メートルのイチョウおよび桜の並木道を中心にした閑静な住宅地において，建築物の高さを20メートル以下に抑えることにより良好な町並み景観が形成されていたにもかかわらず，突然持ち上がった高さ43メートル余りの大型マンション建設により，永年にわたる住民の努力により形成された良好な景観が著しく損なわれることが問題となった。
>
> 　この事件をめぐる一連の訴訟の中，東京地判平成13・12・4（判時1791号3

頁）は，住民が東京都の建築指導事務所長を被告に提起した行政訴訟について，違反建築物に対し被告が何らの是正命令権限（建基法9条1項）も行使しないのは違法であるという判断を示し（判決a），また，東京地判平成14・12・18（判時1829号36頁）は，地域地権者がマンション完成後の違反部分の撤去を求めた民事差止請求を認容した（判決b）。

　景観利益が地権者個々人の個別的利益として保護されるという考え方を採用した点で，二つの判決は共通している。また，この結論を導くための理由づけにおいても，両判決は，①保護されるべき景観の範囲と内容が明確で特定されていること，②地域地権者自身が高さ制限を守り財産権制限を受忍すると同時に，それにより形成された良好な景観を享受してきたという点で，景観利益の享受とそのための自己規制とが「互換的利害関係」にあること，③景観とは，1人でも自己利益の追求のために高さ制限等の規制を逸脱した建築を行うならば直ちに破壊される性質のものであり，したがって，良好な景観を維持しようとするならば地域地権者の景観利益をも保護する必要があることという三つの条件が，この事件では満たされていると判断した。

　この後，二つの判決はいずれも上級審でくつがえったが，最高裁は，判決bに対する上告審判決の中で，景観利益に法的保護利益性を肯定できる場合があることを認めている（最判平成18・3・30民集60巻3号948頁）。なお，判決aについては，

→　ケースの中で15-②　。

第2編　行政活動のプロセス

　　行政活動の方法はさまざまである。建築規制を例に考えよう。違法な建築行為に対しては中止を命じることが可能であり，また，現にある違法建築物に対しては，状況次第では除却等の是正措置を命じることが可能である。そして，相手がこれに従わない場合，罰金その他の制裁を科すことがありうるし，また，除却のための強制措置も考えられる。この場合の中止命令や除却命令にはどのような法的効力が認められるのだろうか。また，制裁や強制措置にはいかなるものがあり，また，いかなる場合に可能となるのだろうか。

　　以上のような命令強制は，いうまでもなく権力的な作用である。これに対し，同じ目的の達成のために，相手方の自発的協力を求める助言や指導や勧告を行うことも考えられる。かかる行政指導は，いかなる場合でも適法になしうるのだろうか。また，行政指導や協議・交渉等を通して行政と相手方との間に一定の合意が成立するのであれば，それを契約や協定という形で相互の権利義務を明確化することも考えられよう。かかる合意に契約としての法的拘束力が認められるのは，どのような場合なのだろうか。

　　さらに，ある建築物が違法であるか否かの判断には，立入り検査や情報収集等による調査とそれに基づく正確な事実認定が不可欠である。これを国民の側から見れば，相手方の個人情報が適正に収集管理される必要があるし，また，情報公開によって建築行政の公正性や透明性を確保する必要もある。

　　本編では，以上のように多様な行政活動のあり方を，国民に対する行政の働きかけ方の違い（行為形式論）という視点から解説することとする。

第4章
行 政 行 為

1 行政行為とは何か

権利・義務と法

　国や地方公共団体などによる行政活動は，当然のことながら，何らかの公益の実現という行政目的の達成を図るものであるが，こうした目的の達成のための手段として，私人の権利・自由などを制約して義務を課したり，逆に権利・資格などを付与するという方法が採られることが少なくない。一例を挙げれば，交通の安全という行政目的を達成するためには，安全に自動車を運転しうる技術と知識を有する者のみに運転の資格を与え，それ以外の者の運転を禁ずる仕組みが必要となるであろうし，こうした資格を得た者でも，安全な運転が期待できなくなった場合には，これを取り上げることも必要となる。そして，法治国家においては，こうした権利などの制約や付与は，法令の定めるところによることとなり（→2章1），先の例においては，周知のとおり，道路交通法が制定されている。

　しかし，こうした場合において，法令が定める要件が満たされた場合に，当然に私人の権利・義務等が変動するという仕組みが採られることは必ずしも多くはない。こうした仕組みは，権利等の存否の判断を不安定にするからである。もし，道路交通法所定の要件を満たした者が当然に運転を許され，また，別の要件を充たした者が当然に運転を禁じられることとなるという制度にしたら，どうであろうか。

行政行為の役割

そこで，多くの法令においては，それの定める要件に従って行政機関が個々の私人の権利等について決定することによって，具体的に権利義務などが変動する，あるいは権利等の行使が可能になる，という仕組みが採られることになる。道路交通法においても，同法所定の要件を満たした者に都道府県公安委員会が運転の資格を認める旨の決定（運転免許）を下すことによって，初めて運転が許されることとなり（道交法84条），逆に，資格を取り消す決定（免許取消処分）を下すことによって，運転が禁じられる仕組みとなっている（道交法103条）。

このような法令に基づく行政機関の決定によって個々の私人の権利義務等が変動する仕組みは，行政活動に関わる多くの法令において採られており，こうした決定には，極めて多様な名称が与えられているが（先の例では，「免許」，「免許の取消し」），伝統的な行政法学においては，こうした私人の権利義務などに関する行政機関による決定を総称して，「行政行為」と呼んできた。この行政行為は，行政機関の決定によって私人の権利義務を変動させてしまうもので，対等当事者間の合意による権利義務の変動を原則とする私人間の法律関係とは異質であり，行政法上の法律関係に最も特徴的な行為形式と言える。

判例による定義

この行政行為という用語自体は，実定法には登場しない理論上の概念であり，さまざまな定義がありうることになる。しかし，判例上は，以下のように定義されており，学説も，これに沿って説明してきた。すなわち，そこでは，行政行為とは，「公権力の主体たる国または公共団体が行う行為のうち，その行為によって，直接国民の権利義務を形成しまたはその範囲を確定することが法律上認められているもの」をいう（最判昭和39・10・29民集18巻8号1809頁）とされてきたのである。

判例による定義は，ほぼ同義とされる「処分」を定義したものであり（→ **コラム4-①**），その判例による具体化などについては，取消訴訟の項で詳しく説明されることとなるが（→12章**2**），以下では，その理論的な意味を説明しておこう。

コラム4-① 行政行為と行政処分

　行政行為に不服がある場合には，取消訴訟という特殊な訴訟方法で争うこととなるが，この訴訟の対象を行政事件訴訟法は，行政庁の「処分」と呼んでおり，この「処分」は，従来の学説でいう「行政行為」とほぼ同義であるとされてきた（→12章2）。判例上の「行政行為」の定義も，直接には「処分」の定義として判示されたものである。そのほか，行政不服審査法や行政手続法においても，ほぼ同義で「処分」の語が用いられている。こうした実定法上の用語法にならって，近年のテキスト等においては，従来の「行政行為」に替えて「行政処分」の語を用いるものもある。しかし，各法律における「処分」の意味が微妙に相違していること，理論上は「行政行為」でないもの（条例，行政指導など）についても，私人の救済の方便として取消訴訟の対象としての「処分」とされる例もあること，などを考慮して，本書においては，理論上の用語としての「行政行為」を維持することとした。

国や公共団体の行為

　まず，国や地方公共団体の機関などが行う行為のみが行政行為とされるのであって，純粋の私人の行為がこれに含まれないことは明らかである。たとえば，公立学校の学生への退学処分は行政行為とされるが，私立学校のそれが行政行為とされる余地はない。

　もっとも，公共法人や特殊法人，独立行政法人など，公私の中間的な性格を有する法人も少なくない。これらによる行為が行政行為となりうるかが問題となるが，これは個別の法令の定め方による。たとえば，弁護士会は，私人である弁護士の団体にすぎないが，これによる所属弁護士に対する除名処分などは，弁護士法により，行政不服審査法による審査請求が認められるなど，行政行為として扱われている（弁護士法59条）。そのほか，建築工事の開始を認める建築確認は典型的な行政行為であるが，その権限が都道府県等の建築主事と並んで民間の指定確認検査機関にも認められているなど（建基法6条の2），例外的に，法が行政行為をなす権限を民間の機関などに認めていることもある。

公権力の行使

次に，行政行為は，「公権力」の行使であるとされている。後に述べるように，行政行為には，相手方たる私人に対して，その意に反して，権利自由を制約したり義務を課したりするものも少なくなく，そうした意味で，これが公権力の行使であることは理解しやすい。

しかし，行政行為には，許認可など，相手方に権利や資格を与えるものも含まれるわけで，これらの多くは相手方の申請を前提とするなど，相手方の意に反することをするわけではない。むしろ，ここでいう「公権力」とは，相手方との合意によることなく，法令の付与した行政に固有の権限に基づいて行政機関がみずからの責任で国民の権利義務について「決定する」仕組みが採られていることを意味するものと理解すべきであろう。いいかえれば，行政行為には，法令上，国民の権利義務を規律する力が認められているわけで，これを行政行為の「規律力」と呼ぶこともある。

権利義務の形成または確定

さらに，行政による活動のうち，法令により，国民の権利義務を形成または確定する効力を認められたもののみが行政行為とされる。たとえば，多くの法令に規定されているさまざまな命令（違法建築物についての除却命令，消防不適格建築物についての使用禁止命令など）は，相手方の作為あるいは不作為の義務を形成する意味で，典型的な行政行為であるし（建基法9条，消防法5条），金銭の給付決定（補助金交付決定，年金の支給裁定など）は，相手方の給付を受ける権利を形成する意味で，これも行政行為である（補助金適正化法6条，国民年金法16条）。あるいは，各種の事業の許認可（飲食店の営業許可，銀行業の営業免許など）は，事業を適法になしうる地位（資格）を形成または確定する意味で（食品法55条，銀行法4条），また，その取消処分は，それを消滅させる意味で（食品法60条1項，銀行法27条），いずれも行政行為であるとされるわけである。

コラム4-② 申請拒否処分

許認可や給付等の申請を拒否する行政機関による決定（申請拒否処分）は，申請者の権利または義務を実質的に変化させるものではない。たとえば，営業許可

の申請が拒否されても，従来からの営業できない状態が継続するにすぎない。しかし，この決定には，申請によって生じた諾否についての審査を受けるべき申請者の地位を終結させ，申請者が申請した営業等が法的に許されないことを確定するという法的効果が付与されていると言える。こうした意味で，申請拒否処分も行政行為であるとされ，たとえば取消訴訟の対象とされることとなる。ちなみに，行政手続法は，こうした申請拒否処分について，許認可などの申請を認める決定とともに，「申請に対する処分」として整理している（→8章2）。

契約との区別

　一方，このような定義によって，行政行為は，それ以外のさまざまな行政の行為形式と区別されることになる。他の行為形式については，それぞれ別に説明されることとなるが，ここでは，行政行為への理解を深めるために，それぞれとの相違を簡単に整理しておく。行政行為と他の行為形式とを区別する法的な意義についても，その効力との関係から，後に説明する。

　まず，私人間と同様に，国や地方公共団体と私人との間の権利義務関係も，契約によって形成されることは少なくない（→6章2）。この場合の権利義務関係は，両当事者間の合意によって形成されるものであって，「公権力」の行使によるものとは言えないから，契約の締結行為やその過程の諸行為（たとえば，指名競争入札における指名業者の決定など）は，行政行為とは区別される。

発展問題4-①　行政行為と契約の互換性

　契約は，両当事者の合意によって権利義務関係を発生させる点で，行政機関による法に基づく行政行為と区別される。しかし，行政行為においても，相手方に権利等を付与する決定については，申請という相手方の意思表示を前提とするのが通例であり，ある種の合意が存在すると見ることもできる。こうした場合においては，行政行為も，契約と類似した当事者間の関係を前提としているともいえよう。結局のところ，私人に権利や地位等を付与する行政活動においては，そこにおける権利義務関係を行政行為と契約のいずれによって発生させる仕組みにするかは，法令による選択に係ることとなる。

　たとえば，公務員の任免は，雇用契約によるとする仕組みも，任用および免職処

分という行政行為によるとする仕組みも，いずれも可能であるが，現行の国家公務員法は，後者の仕組みを採用している（国公法78条など）。また，補助金の給付関係なども，ある種の負担付贈与契約によることも可能であるが，補助金適正化法6条は，国の補助金について，交付決定という行政行為によることとしている。公共施設の利用関係なども，使用許可という行政行為と使用契約のいずれの方法を採用することも可能であり，現行法上も両方の例があるが，たとえば，水道の給水関係は，水道法15条により，給水契約によることとなる。

　もちろん，契約が選択されている場合においても，契約内容が法定された附合契約としての性格が強くなり，合意による余地は少ない。私人には契約を結ぶか否かの選択の余地しかなく，実質的には，行政行為の申請者の地位と大差ないこととなる。いずれの仕組みが選択されているかは，主として，訴訟の方法において意味をもつこととなる。

立法・計画との区別

　次に，政省令の制定など，行政における立法活動は，私人の権利義務にさまざまな影響を与える（→3章1）。とりわけ，法規命令は，私人の権利義務に関わるルールであるが，その影響は，あくまでも間接的または抽象的であって，直接の権利義務の形成または確定は，それを個別の事案に適用する行政行為によることになる。たとえば，廃棄物処理施設の設置基準を定める環境省令（廃棄物処理法15条の2第1項1号）は，抽象的には事業者等の権利義務に影響を与えることにはなるが，個々の施設が設置できるか否かは，設置許可によって決まる仕組みであるから，省令によって具体的な権利義務が形成または確定されるわけではない。こうした意味から，行政による立法は，行政行為とは区別されることになる。

　また，行政によって策定される計画（→3章3）の中にも，私人の権利義務に関係するものが少なくないが（都市計画など），同様の意味から，その決定行為は行政行為とは区別される。その他，通達（→10章2）などの行政機関相互間の行為，あるいはその内部における行為の中にも，間接的には私人の権利義務に関係するものがあるが，同じように，行政行為ではないとされる。

事実行為との区別

他方，法令によって，行政機関にさまざまな実力行使が認められている（代執行としての建物の取壊し，強制入院，外国人の収容・退去強制など）。こうした強制執行，即時強制（→5章2）などと呼ばれる物理的な作用（事実行為）は，もちろん私人の権利に重大な影響を与えるが，権利義務を形成または確定するわけではない。たとえば，精神障害者への強制入院の措置（精神法29条）は，物理的に相手方の身柄を病院内に移動させるのみで，その行為自体が相手方に義務を課すわけではなく，権利を制約するわけでもない。したがって，こうした行政機関による実力行使は，行政行為ではない。

そのほか，行政機関は，公共工事の実施，公共施設の設置など，さまざまな物理的な作用をなしているが，それが行政行為によって形成された権利義務関係を実現するためになされることはありえても，そうした物理的作用自体を行政行為ということはできない。

さらに，行政機関による私人に対する意思の表明であっても，それに従う義務が法令によって相手方に課されていないかぎり，それによって義務が形成されることにはならないから，こうした意思の表明は，行政行為ではない。このような相手方の任意の協力に期待する行政機関による意思の表明（助言，勧告など）は，行政指導（→6章1）と呼ばれ，行政行為とは区別される。そのほか，行政機関が私人に対してする各種の通知も，それに法令が特別の法的効果を結びつけていない限り，行政行為ではないこととなる。

2　さまざまな行政行為

行政行為の用いられ方

これまで述べてきたような行政行為による権利義務の決定という仕組みは，さまざまな行政分野における個別法においては，さまざまな名称で，また，さまざまな機能で用いられることとなる。その用いられ方については，いくつもの観点からの整理が可能である。しかし，ここでは，行政行為の理解を深める意味で，いくつかの代表的な用いられ方を紹介しておくことにしたい。ただし，以下の名称は，理論上の整理のための用語法であって，必ずしも実定法上の名

称とは一致しないことに留意されたい。

発展問題 4 -②　行政行為の分類論

　伝統的な行政法学においては，行政行為を以下のように分類してきた。まず，民法上の法律行為に準じて，行政行為は，意思表示を要素とするか否かにより，「法律行為的行政行為」と「準法律行為的行政行為」に分けられる。行政による意思表示を要素とし，それに沿った法的効果が発生する前者が，さらに，市民の自由の制約や回復を内容とする「命令的行為」と，新たな権利や地位を作り出す「形成的行為」とに分けられる。命令的行為に属するのが，下命，禁止，許可などであり，形成的行為に属するのが，特許，認可などである。これに対し，意思表示を要素としないが，法律の定める法的効果が発生する準法律行為的行政行為に属するのが，確認，公証（登録），通知などであるとされてきた。

　ただ，こうした分類法は，あたかも，すべての行政行為について，いずれかの分類に整理できるかのような誤解を与えやすい。しかし，この分類法は，行政行為全体を一定の観点から体系的に分類したわけではなく，さまざまな観点からグループ化した典型的な行政行為を整理したものにすぎない。したがって，いずれの分類にも属さない行政行為も多く残るし，観点の相違により，複数の分類の性格を併せもつものも少なくない。したがって，近年では，このような整理には，批判も強い。ここで述べる用いられ方の類型も，比較的多く見られる似かよったものをグループ化したものといった程度に理解しておくべきであろう。

下命と禁止

　まず，行政目的の達成のために私人の活動をコントロールする場合，それに必要な行為をなすべきこと，あるいは，それを妨げる行為をしないことを私人に義務づけるのが最も単純な方法と言える。こうした義務は，当然のことながら，法令の定めに従って課されることとなるが，個別の相手方に義務を具体化するために，行政行為が用いられることになる。伝統的に，このような相手方に一定の作為義務を課す行政行為を「下命」，不作為義務を課す行政行為を「禁止」と総称しており，多くの法律に例がある。

　前者の例を挙げれば，違法建築物の所有者に対する除却命令や是正命令（建基法 9 条），廃棄物を放置している業者に対する措置命令（廃棄物処理法 19 条の 4

など），河川施設や道路施設を損壊した者などに対する原状回復命令（河川法75条，道路法71条）などが代表的である。そのほか，土地所有者に対する収用委員会による明渡裁決（収用法49条）といったものや，納税の告知（地税法13条）といった金銭などの給付義務を課す命令なども，下命に含まれることとなる。

後者の例としては，消防設備に不備のある建築物についての使用禁止命令（消防法5条の2），危険な道路などの通行を禁止する命令（道路法46条），違法な営業をした風俗営業者に対する営業停止命令（風営法26条）など，この例も少なくない。

こうした下命や禁止によって課された義務を相手方が履行しない場合については，それぞれの法律に罰則がおかれているのが通例である（→5章3）。さらに，一定の要件を満たす場合については，相手方の意に反して，行政が義務の内容を実力で実現し，金銭を強制的に徴収するなど，義務の履行を強制することも認められる（→5章1）。

許　　可

行政目的の実現を妨げる行為を防ぐためには，そのような行為を「禁止」すればよく，たとえば，非衛生的な飲食店等の営業を妨げるためには，その営業を禁止する命令を出せばよいこととなる。しかし，常時，こうした営業の実態を行政機関が監視することは困難であり，禁止命令が手遅れとなることが予想される。そこで，多くの法律においては，公共に対するリスクを伴う営業等を一応は禁止しておき，個別の審査により安全が確認された者だけに営業等を認める（禁止を解除する）という仕組みがとられることとなる。先の例でいえば，法により，飲食店等の営業は，一応は禁止されており，知事等により衛生的な営業ができると確認された者だけに営業が認められる仕組みとなっている（食品法55条）。このように，一応は一般的に禁止されている行為について，個別の審査により禁止を解除する行政行為を「許可」と呼んでいる。

例に挙げた飲食店等のほか風俗営業（風営法3条），古物商（古物営業法3条），一般廃棄物処理業（廃棄物処理法7条）など社会にリスクを及ぼす営業については，このような行政機関による許可を必要とされるものが少なくない（営業許可）。自動車の運転の免許（道交法84条）など，営業活動以外の社会にリスクを及ぼ

す行為についても，許可を必要とする例は多い。このような社会の安全確保の
ほか，利用者間の調整のために公共施設の利用に許可を要することとされてい
るなど（自治法244条の4），許可の仕組みは，さまざまな目的で用いられている。

コラム4-③　届　出　制

　たとえば，産業廃棄物処理施設を設置する者は，知事の「許可」を要すること
とされている（廃棄物処理法15条）。これに対して，河川等に汚水を排出する工
場等を設置する者については，知事への「届出」を要することとされている（水
質汚濁法5条）。いずれにしても，知事に対して，事前に書類（許可申請書また
は届出書）を提出しなければならないことに変わりはないが，両者の仕組みは異
なる。前者においては，知事は，申請の内容を法所定の要件に照らして審査し，
許可または不許可の行政行為をすべきこととなり（行手法7条），許可があって，
はじめて事業を実施できる。それに対して，後者においては，届出書を提出しさ
えすれば，事業は実施できるのであり（行手法37条），通常は，知事による審査
や応答は予定されていない（→　**コラム8-③**）。届出がなされた施設に問題が
あるといった例外的場合については，知事は，計画変更命令等（水質汚濁法8
条）によって対応することとなる。

特許・認可

　こうした許可が相手方への禁止を解除する（自由を回復する）行為であるのに
対して，本来は私人にはない特別の地位や資格を国家が相手方に与える行為を
「特許」と総称してきた。たとえば，電気事業（電気法3条），鉄道事業（鉄事
法3条）などの公益事業に関する許可は，法文上は許可の語が用いられていて
も，通常の営業許可ではなく，特許の一種であると整理されてきた（公企業特
許）。これらは，単に安全性等を確認して自由な営業を認めるというに止まら
ず，国家のバックアップによって国民にサービスを提供するという特別の地位
を与えるものと考えられるのである。

　営業許可が安全性等に問題がある業者をふるい落す制度であるのに対して，
公企業特許は，サービスの提供にふさわしい業者を選び出す制度ということに
なり，それに必要なだけの業者に付与されることとなる（需給調整さらには地域

独占)。そのサービスの提供は，むしろ義務とされ，料金や利用条件などにも細かな行政による監督が及ぶこととなる。もっとも，従来は特許と考えられてきた航空運送事業（航空法 100 条）などについて，規制緩和によって需給調整が緩和されるなど，営業許可と公企業特許の区別は，かなり相対化している。

　特別の地位などを国家が私人に与える「特許」に属する行為としては，公企業特許のほか，公有水面埋立ての免許（公水法 2 条）や道路占用などの許可（道路法 32 条），補助金交付決定，公務員などの任命行為など，さまざまなものが考えられる。いずれについても，本来は私人にはない地位等を与えるものであるから，その付与について行政機関には広い裁量（→ 9 章 2）の余地が認められる傾向となる。

　そのほか，農業委員会による農地売買の許可のように，行政機関による決定が私人間の契約などの有効要件とされている例もあり（農地法 3 条 6 項），学問上は「認可」と呼ばれてきた。内閣総理大臣による銀行の合併等の認可なども，同様である（銀行法 30 条）。通常の許可を欠く行為が処罰の対象となるにすぎないのに対して，こうした認可を欠く行為は，その私法上の効力も否定されることとなる。

確認と登録

　これまで，行政機関による私人の法律上の権利や義務などに関わる決定を行政行為であると説明してきたが，形式的には行政機関が事実や法律状態について公に認証するだけの行為であっても，法律上，これに私人の権利義務の変動等が結びつけられている場合には，こうした行為も行政行為の一種として取り扱われる（確認）。たとえば，建築基準法による建築確認（建基法 6 条）は，予定されている建築物が建築法規に適合することを建築主事等が認定するにすぎないが，これによって工事の開始が可能となる仕組みとなっているために，行政行為であるとされる。さらに，公有水面埋立ての竣功認可（公水法 22 条）は，知事が埋立て工事の終了を宣言するにすぎないが，これによって埋立地の所有権が発生する仕組みとなっているために，行政行為であるとされる。社会保険の受給資格についての裁定（国民年金法 16 条）なども，この確認の一種と考えられる。

さらに，公職選挙法による選挙人名簿や貸金業法による業者登録簿など，公的な名簿に私人を登載する行為（公選法22条，貸金業法5条）も，それによって，前者は投票が可能となり，後者は適法な営業が可能となるという法的な効果が結びつけられているために，行政行為であるとされる（登録または公証）。そのほか，関税法69条の11第3項による輸入禁制品に該当する旨の税関長による通知なども，形式的には当該物品が客観的に輸入禁制品に該当することを相手方に知らせる制度にすぎないが，これによって輸入が不可能となる仕組みであるため，行政行為とされる（通知）。

　このうち，建築確認や貸金業者の登録といった制度は，機能的には，先に述べた許可と類似した役割を果たすこととなるし，給付資格の裁定は特許，輸入禁制品の通知は禁止と同様の機能を有することとなる。法の定め方の相違ということになるが，これらの行為は，事実や法律状態の客観的な認証という仕組みであるため，それに際しての行政機関の裁量が考えにくいという性質において共通する。

3　行政行為の性質

行政行為の特質

　たとえば，ある建物が建築法規に違反し倒壊の危険があるとして除却命令（建基法9条）がなされると，相手方たる所有者に取壊しの義務が生じることとなるが，こうした義務が生じるのは，いうまでもなく，根拠法である建築基準法の定めの結果である。そうであるならば，この命令が同法の定める要件を満たしていないなど，違法であった場合には，義務も生じないはずである。

　しかし，現実には，こうした命令の違法性について行政機関と相手方などの見解が分かれることはありうるわけで，その決着は，後日の裁判などに待つほかはない。こうした場合に，相手方などに，独自に命令を違法であると判断し，これを無視して建物を放置することを認めるとすれば，本人や周辺に危険が及ぶということになりかねない。

　そこで，行政行為については，さしあたり適法・違法の判断は棚上げして，一応は有効なものとして取り扱い，行政機関も相手方も（場合によっては第三者

も），それによる法的関係の存在を前提として行動すべきこととされるのである。先の例によれば，除却命令がなされれば，それが違法である可能性は否定できないものの，一応は，相手方は建物の取壊し義務を負い，行政機関の側も，それを前提として取壊しの代執行などの手続（→5章1）を進めることが可能であるとされるわけである。

公 定 力

そうした意味では，行政行為については，それによって生ずることになる法的関係（権利義務関係等）を一応ではあるが社会に認めさせる力が与えられているということができる。こうした行政行為の効力を伝統的に「公定力」と呼んできた。

行政行為の争い方

それでは，行政行為を違法であると考え，それによって生じたとされる法的関係を否定したい者は，どのような対応をするべきであろうか。たとえば，除却命令によって生じた取壊し義務を免れるためには，どのような手段を相手方は取るべきこととなるであろうか。結論的には，こうした義務は，行政行為である除却命令が原因となっているのであるから，これを消滅させるためには，除却命令そのものを法的に消滅させる必要があることとなる。一般に，行政行為の効力を消滅させることを「取消し」と呼ぶが，行政行為を違法であるとして，それによって生じた法的関係を否定しようとする者は，行政行為の「取消し」を求めるべきこととなるのである。

現行の制度においては，行政行為の取消しを求める途は二つ用意されている。一つ目は，行政機関への不服申立てによって，行政機関による取消しを求める方法であり，行政不服審査法が手続を定めている（→17章1）。不服申立てをすべき行政機関は，法の定めにより異なるが，先の除却命令については，第三者機関である建築審査会が処理することとされている。二つ目は，裁判所に裁判を提起する方法であり，行政事件訴訟法3条2項は，そのための訴訟として「処分の取消しの訴え」を用意している（→11章2）。この裁判の結果，問題となった行政行為が違法であったと判断されると，判決によって行政行為は取

り消され，それによって生じていた義務なども消滅することとなるのである。

コラム 4-④　取消原因とならない違法

　行政行為に何らかの違法があった場合に，常に行政行為が取り消されることになるかといえば，必ずしもそうではない。あまり重要性をもたない形式や手続に関する法規定に対する違反は，そもそも行政行為の効力に影響を及ぼさないとされることが少なくない。さらに，聴聞など，重要な手続規定に関する違法であっても，その違法が結果に影響を与えなかった場合などには，行政行為の取消事由とはならないとされることもある（→8 章 5）。

　より一般的に，行政行為がなされた時点で，法所定の実体的あるいは手続的な適法要件が備わっていなかった場合にも，それが事後的に満たされた場合には，「瑕疵の治癒」がなされたとして，行政行為の効力が維持されることもある。行政行為の要件とされている事前の第三者機関による議決が事後になされた場合などが，その例である（最判昭和 36・7・14 民集 15 巻 7 号 1814 頁など）。さらに，行政機関が意図した行政行為としてはその要件を満たしていないものの，別種の行政行為としてならば要件を満たす場合に，後者として，その効力が維持されることがある。これを「違法行為の転換」と呼ぶ（最近の例として，最判令和 3・3・2 民集 75 巻 3 号 317 頁）。

取消制度の排他性

　このような特別の方法が用意されていることから，現行の制度上，行政行為の効力あるいはそれによって生じた法的関係を否定しようとする者は，この二つの方法のいずれかによって（両者の関係については，→12 章 1），その取消しを求めるべきこととされ，他の方法で，これを争うことは許されないと考えられるのである。こうした制度のあり方を「取消制度の排他性」と表現することがある。

　とりわけ，訴訟についても，行政行為の効力を争う者は，もっぱら処分取消訴訟によるべきで，確認訴訟や給付訴訟など，他の訴訟形態によることは，原則として許されないと考えられる（取消訴訟の排他的管轄）。逆にいえば，こうした特別の争い方が定められていることから，実定法には明文の規定がないにもかかわらず，現在の制度が行政行為の「公定力」の存在といった考え方を前

提としているものと考えられるわけである。

不可争力

これまで述べてきたように，行政行為によって形成された法的関係を否定しようとする者は，その取消しを求めて行政上の不服申立てまたは処分取消訴訟を提起しなければならないこととされているが，そのいずれについても，それを提起できる期間（不服申立期間および出訴期間）が法定されている。すなわち，不服申立てについては，処分を知った日から3ヶ月，処分の日から1年以内に提起しなければならないこととされ（行審法18条，54条），処分取消訴訟については，処分を知った日から6ヶ月，処分の日から1年以内に提起しなければならないこととされているのである（行訴法14条）。この結果，これらの期間が経過してしまうと，たとえ行政行為が違法であったとしても，相手方等は，もはやその効力を争えないこととなってしまう。この場合，行政行為には，「不可争力」が生じたと表現されることとなる。

いうまでもなく，こうした制度が設けられているのは，行政行為の効力を早期に安定させるためである。かなりの期間を経過した行政行為の効力が覆されるということになれば，その行政行為を信頼して活動してきた第三者に不測の迷惑を及ぼすことも少なくないであろうし，そうでなくとも，その応対のために行政機関に過重な負担を課すことになりかねないからである。もっとも，こうした目的に照らしても，期間制限が短かすぎないかという議論はありうるところであり，それぞれの法改正により，取消訴訟の出訴期間は3ヶ月から6ヶ月に（→12章1），不服申立期間は60日から3ヶ月に（→17章2）延長されている。

ちなみに，不可争力が生じたことは，その行政行為が適法であったことが確定することを意味するわけではない。したがって，不可争力が生じても，その行政行為を行政機関の側から職権で取り消すことは許されると解されているし，その違法を理由として相手方などが損害賠償を請求することなども可能であるとされている（→ **コラム4-⑤** ）。

　行政行為に公定力が認められ，取消制度に排他性が認められるとされることは，行政行為が取り消されない限り，その効力を否定できないということを意味するに止まり，それが適法なものとして取り扱われること（適法性の推定）を意味するわけではない。また，不可争力も，それが適法であったことを確定させるものではない。

　たとえば，免職処分を受けた公務員は，それが取り消されない限り，自分が公務員の地位にあり続けることは主張できないこととなるが，取消しがなされなくとも，その違法を主張して損害賠償を請求することは許される。もし，それが認められても，賠償金の支払いを受けられるのみで，地位の回復にはつながらないからである。そのことは，出訴期間等の経過によって不可争力が生じたのちであっても，同様である。ただし，過大な課税処分などの金銭の支払いを命ずる処分については，金銭賠償を認めると公定力や不可争力の意味がなくなりかねないため，同様の取扱いができるかには議論が残る。しかし，判例は，こうした場合についても，賠償請求ができるとしている（最判平成22・6・3民集64巻4号1010頁）。なお，各種の命令を無視して命令違反の罪で起訴された場合についても，命令の公定力とは無関係に，命令の違法を理由として無罪を主張できると解されている。

違法性の承継

　ある行政行為に不可争力が生じた場合においても，それを前提としてなされた後続の行政行為に対する取消訴訟などにおいて，前者の違法を理由に後者が違法として取り消されることがありうる。この場合，前者から後者への「違法性の承継」がなされたと表現されることとなり，公定力さらには不可争力の例外と見ることができる。

　一般に，両者が一つの目的を達成するための一連の行為であると解しうる場合には違法性は承継されると説明されてきたが，たとえば，租税における課税処分（税通法24条など）と滞納処分（税通法40条）については，前者が租税額の確定で後者がその徴収という異なった目的を有するものであるとして，違法性の承継は否定されてきた。一方，土地収用法における事業認定（収用法16条）と収用裁決（収用法47条の2）については，従来は，違法性の承継を認めて，前者

で認定された事業の公益性を後者の取消訴訟において争えるとする裁判例（東京地判平成16・4・22判時1856号32頁など）が大勢であったが，これを否定する裁判例（東京高判平成24・1・24判時2214号3頁など）もあり，見解の対立がある。結局，先の行政行為の違法性に関する争いについて，それ自体への争訟において結着をつけてしまうことを法が予定しているのか否かが決め手と言える。

ケースの中で 4-①　たぬきの森事件

　ある事業者が東京都内の高台（通称「たぬきの森」）に建築を予定しているマンションについて，接道要件を緩和しても安全に支障がないとして，都建築安全条例に基づき，区長が安全認定をなし，これを前提として区の建築主事も建築確認をなした。これに対して，建築に反対する予定地周辺の住民が，安全認定には合理的根拠がなく，これを前提とする建築確認は違法であるとして，建築確認の取消しを求めて出訴している。最高裁は，安全認定と建築確認とは結合して効果を発揮するものであるし，周辺住民が安全認定を知ることが困難であるなど，建築確認の段階まで争訟を提起しなかったことは不合理とは言えないとして，建築確認の違法事由として安全認定の違法を主張できるとする（最判平成21・12・17民集63巻10号2631頁）。先行する処分自体を争うことの困難さを一つの決め手として，安全認定と建築確認との間の違法性の承継を認めたわけである。その結果，建築確認を違法として取り消した原審判決が維持されたため，建築工事は中止されることとなった。

無効な行政行為

　普通に想定される程度の違法性を有する行政行為については，一応は有効なものとして取り扱い，所定の期間内に取消しを求めることによって，はじめてその効力を否定できるとするのが，現行制度の基本的な仕組みであり，行政目的の円滑な実現という見地からは，それなりの合理性を有する制度であると考えられてきた。しかし，およそ事実無根の非行を理由とした公務員の懲戒免職処分や根本的に誤った課税要件の認定に基づく課税処分などを想定すると，こうした取扱いを是認することは難しいであろう。

　そこで，前記のような特別の手続を経ることなく認定して差し支えないほどの根本的な違法性を行政行為が有している場合には，もはや，通常の取扱いは正当化できず，例外的に，当然に無効なものとして扱うべきこととなる。こう

した行政行為は，通常の取り消されるまでは有効な行政行為と区別して「無効な行政行為」と呼ばれ，従来からの学説判例は，「重大かつ明白な瑕疵（違法）」を有する行政行為が無効であると考えてきた。

行政行為が無効とされる場合，相手方は，理屈の上では，これを無視してよいことになるが，実際には，行政機関が無効と自認しない限り，通常の場合と同様，訴訟等の手段によって救済を求めなければならないことになる。たとえば，課税処分が無効であったとしても，納税者がこれを放置していては滞納処分などの措置をとられる可能性が高く，何らかの訴訟等により救済を求めることが必要となろう。こうした無効な行政行為に対する救済手段として，行政事件訴訟法も，処分無効確認訴訟を用意しているが（行訴法3条4項），これに訴訟方法が限定されるわけではないから，行政行為の無効を前提とする地位や権利の確認訴訟や給付訴訟など，別種の訴訟で争うことも許される。いずれにしても，こうした訴訟には，出訴期間の制約はないから，無効な行政行為については，いつまでも訴訟による救済を求められることになる（→15章1）。

無効を認める意義

結局，通常の行政行為と無効な行政行為とを区別する実益は，救済を求める訴訟方法の相違にあるのであり，前者においては，出訴期間内に取消訴訟で争わなければならないのに対して，後者においては，無効確認訴訟等を無期限に提起できることとなる。反面，前者においては，行政行為が違法であれば原告が勝訴できるのに対して，後者においては，無効（重大かつ明白な違法）でなければ勝訴できないわけで，原告の勝訴のハードルは後者が高くなる。その結果，行政行為の相手方がやむなく後者の途を選択するのは，実際上，出訴期間の経過により前者の途が閉ざされた場合に限られることとなり，行政行為の無効を認める意味も，出訴期間を過ぎた原告を例外的に救済することにあるのである。

いいかえると，無効な行政行為とは，出訴期間（あるいは不服申立期間）の経過にもかかわらず相手方等を救済しなければならないほどの違法性を有する行政行為であり，通常の（無効でない）行政行為とは，出訴期間の経過によって救済を打ち切って差し支えない程度の違法性しか有しない行政行為ということになる。先に触れた「重大かつ明白な瑕疵」という判例学説の基準も，これを

定式化したものということができる。しかし，最終的には，個別の事案ごとに判断せざるをえないわけで，たとえば，課税処分については，第三者の利害に関わらないため，判例も，明白性に触れることなく，違法の重大性のみで無効を認めている例もある。

> **ケースの中で 4-②　課税処分の無効と瑕疵の明白性**
>
> 　原告は，土地の売却による譲渡所得があったとして，課税処分を受けている。しかし，原告は，この土地の登記簿上の名義人にすぎず，売買契約も原告に無断で本来の所有者が書類を偽造して締結したものであったとされる。この事件について，最高裁は，課税処分においては第三者の保護を考慮する必要がないこと等を勘案すれば，当該処分に課税要件の根幹についての内容上の過誤があり，徴税行政の安定とその円滑な運営の要請を斟酌してもなお，不服申立期間の徒過を理由として被課税者に右処分の不利益を甘受させることが，著しく不当と認められるような例外的な事情のある場合には，その瑕疵は，当該処分を当然無効ならしめるとして，瑕疵の明白性を問題とすることなく，課税処分を無効としている（最判昭和48・4・26民集27巻3号629頁）。

> **ケースの中で 4-③　原子炉設置許可の無効**
>
> 　行政行為の無効が争われた例として，高速増殖炉もんじゅについての原子炉設置許可を付近住民が争った事件が有名である（→ **ケースの中で15-①** ）。この事件も，さまざまな事情で取消訴訟の出訴期間を過ぎたために，原告が無効確認訴訟を選択している。第2審判決（名古屋高金沢支部判平成15・1・27判時1818号3頁）は，放射性物質漏れの事故の危険性を安全審査で見逃したことは重大な瑕疵であり，こうした人命などに関わる問題については明白性の有無を問題とする余地はないとして，許可を無効とした。しかし，最高裁は，許可には第2審判決が指摘するような瑕疵はないとして，請求を棄却している（最判平成17・5・30民集59巻4号671頁）。

4　職権取消しと撤回

職権による取消し

行政行為によって，何らかの行政目的を実現するために，市民の権利義務な

ど，さまざまな法的関係が生み出されることとなるが，行政行為がなされた後
に，これによって生み出された法的関係を維持することが適当でないことが判
明することもありうる。こうした場合においては，新たな行政行為によって，
従来の行政行為の効力を失わせ，それによる法的関係を解消する必要がある。

　まず，そもそも行政行為が当初から根拠法規等に違反していたり（違法），
行政目的達成の見地から不適切であった（不当）ことが判明した場合である。
こうした場合についても，一応は法的関係が生じていることとなるが（公定力），
それを維持すべきでないことはいうまでもない。たとえば，法定の欠格要件に
該当する者に誤って運転免許を与えた場合や支給の要件を満たさないのに補助
金の支給決定をした場合などである。

　このように，行政行為が当初から違法または不当であった場合に，そのこと
を理由として，行政行為の効力を失わせ，それによって生じた法的関係を消滅
させることを「取消し」と呼ぶ。違法な行政行為については，相手方等の出訴
を受けて，これを裁判所が判決で取り消す取消訴訟の制度があることは，既に
述べた。また，所定の行政機関も，相手方等の不服申立てを受けて，違法また
は不当な行政行為を取り消すべきこととなる（→4章3）。

　しかし，行政行為をなした行政機関（行政庁）は，相手方等の不服申立てが
なくとも，みずからの判断で違法または不当な行政行為を取り消すことができ
る。これを「職権取消し」と呼ぶ。職権取消しも新たな行政行為であるが，当
初の判断をやり直して，本来あるべき法的状態を回復するにすぎないため，そ
れ自体に個別の法律の根拠は要しない。また，当初から誤った行政行為がなさ
れていたわけであるから，原則として，取消しの効力は当初に遡り，法的関係
は当初から存在しなかったこととなる。たとえば，補助金の支給決定が取り消
されれば，既に支給された補助金についても，不当利得として返還されるべき
こととなるのである。

撤　　回

　他方，当初の行政行為自体は誤っていなかった場合でも，その後の事情の変
化により，それによって生じた法的関係を今後も維持することが不適当と認め
られることもありうる。適法に運転免許を取得した者が後に認知能力の低下を

きたした場合あるいは生活保護の開始決定後に収入の増加により保護が不要となった場合などは、その例である。

　こうした事後的な事情変化によっても、行政行為によって生じた法的関係を新たな行政行為により消滅させることが必要となる場合があるが、これを先に述べた「職権取消し」と区別して「撤回」と呼んでいる。撤回においては、その時点での新たな事情が理由となっているのであるから、法的関係は将来に向かって消滅するのみで、過去に遡ることはない。撤回についても、個別の法律の根拠は必要ないとする判例もある（→ **ケースの中で4-④**）。しかし、当初の判断とは全く異なる判断を要することから、根拠規定をおく立法例が多く、その要否についても、なお争いがある。

　このように、行政法学においては、当初の行政行為が違法または不当であったことを理由としてその効力を失わせることを「取消し」、事後の事情変化を理由として行政行為の効力を失わせることを「撤回」と呼び分けているが、実際の法令においては、両者を区別せずに「取消し」と呼んでいる例が多い。たとえば、多くの許可や免許について、これを得た者が違法行為をした場合などに剥奪できる旨の規定があり、ほとんどが「許可の取消し」等といった文言になっているが（食品法60条1項、道交法103条など）、理論上は、「撤回」に分類されることとなる。そのほか、生活保護の打切りが「廃止決定」と呼ばれるなど（生活保護法26条）、「撤回」には、さまざまな名称が付されている。

｜ ケースの中で4-④　菊田医師事件

　ある産婦人科医が中絶を希望する女性に出産を促し、その子を養親の実子とする出生証明書を発行して戸籍上の届出をさせるという違法な養子斡旋を行っていたことが発覚した。そこで、県医師会は、この医師について、中絶手術をなす資格である優生保護法（現在の母体保護法）による指定医師としての指定を取り消す処分（撤回）をした。しかし、法には、こうした取消処分を認める明文の根拠規定がなかったため、こうした処分の許容性が問題となった。最高裁は、相手方の不利益を考慮しても取消処分をなすべき公益上の必要性がある場合には、明文の根拠規定がなくとも処分が可能であるとしている（最判昭和63・6・17判時1289号39頁）。

取消しと信頼保護

　違法または不当な行政行為については，法治主義の観点からも，それが判明すれば，職権取消しがなされるべきことは当然と思われるかもしれない。確かに，相手方に不利益を与える行政行為については，それが違法または不当であれば，それを取り消して，相手方の利益を回復すべきであろう。しかし，許可など，相手方に利益をもたらす行政行為については，たとえ違法であっても，それを適法であると信じた相手方の利益は，相応に保護されるべきである。

　たとえば，営業許可が違法であったとしても，それが虚偽申請等の相手方の落ち度ではなく，行政庁の審査の誤りに由来するものであったとすれば，それを前提に，一定の投資をして既に営業を開始している業者の営業許可を取り消すことは，酷であろう。こうした場合の許可の取消しについては，それが違法であったことだけでは足りず，相手方の信頼利益を犠牲にしても実現すべき公益上の特段の必要性が求められることとなる。

　一般に，利益を与える行政行為の取消しの是非の判断においては，相手方の信頼利益と公益との個別具体的な比較衡量が求められることとなるのである。こうした比較衡量の結果，たとえば，誤った社会保障の支給決定などの取消しなどにおいては，先に述べた遡及の原則と異なり，既往に遡らず，将来の支給のみを打ち切るといった解決も考えられることとなる。

> ### ケースの中で 4 -⑤　外国人への国民年金給付裁定の取消し
>
> 　原告は，在日の外国人であるが，昭和45年，国民年金への任意加入による被保険者資格取得の申出をした。当時の国民年金法上は日本国籍を有する者のみに加入が認められていたにもかかわらず，市長が誤ってこれを受理し，以後，5年間保険料4万円余りを納付した。さらに，昭和50年には，社会保険庁長官（当時）の裁定を受けて，以後30万円余りの老齢年金を支給された。ところが，昭和52年になって日本国籍を有しないことが判明し，支給裁定を取り消す処分を受けた。
>
> 　この取消処分について，裁判所は，違法な裁定を維持することは不当，不公平な結果を招来する一方，取消しによっても原告は本来保持すべきでない利益を奪われるにすぎないとして，裁定を処分時に遡及して取り消すことも違法でないとした（東京地判昭和57・9・22判時1055号20頁）。しかし，本件の控訴中に，保険料を納付し続けてきた別の外国人に対する支給裁定却下処分について，信頼保護の見

地から違法とする判決（東京高判昭和 58・10・20 判時 1092 号 31 頁）が確定したことを契機として（→ **ケースの中で 9 -⑬**），社会保険庁は，こうした外国人にも年金を給付することとした。

ケースの中で 4 -⑥ 被災者への生活再建支援金支給決定の取消し

原告らは，M 県 S 市 T 区内のマンション群の一棟に居住する世帯主らであるが，同棟は東日本大震災により被災し，T 区長により，「大規模半壊」とする罹災証明書を交付された。この証明書に基づき，原告らは，被告（M 県から支給事務の委託を受けた支援法人）に対して，被災者生活再建支援法による支援金の支給を申請し，被告による支給決定を受けた。ところが，同マンション群の他の棟が（支援金の対象とならない）「一部損壊」と認定されたことなどから，T 区長は，原告らの棟についても，再調査して，これについても一部損壊とする罹災証明書を再交付している。これを受けて，被告も，原告らへの支援金支給決定を取り消す決定をしたが，これを不服とする原告らが取消訴訟を提起している。

原審は，原告らの棟が一部損壊であるとの認定を是認した。しかし，支給要件を欠く者への支援金の支給により，財政面の問題や支給されなかった者の不公平感等が生ずる可能性はあるが，支給決定の取消しは，それにより，原告らが既に消費している支援金の返還を求められる不利益を被る上，今後，支給された者が支援金の使用をためらうおそれがあるなど，法の趣旨に沿わないとする。その結果，支給決定の効果を維持することの不利益がその取消しによる不利益を上回ることが明らかであるとは言えず，支給決定の取消しは許されないとした。これに対して，最高裁は，支給決定の効果を維持する不利益としては，支給の公平性とそれへの国民の信頼が害されることに加えて，今後の認定が過度に慎重になることによって支給の迅速性も害されることになり，法の目的の実現を困難にするとする。それに対して，支給決定の取消しによる不利益としては，原告らが支給された金員の返還を求められるにすぎず，新たな金員の拠出等を求められるわけではないなど，前者の不利益は後者の不利益に比較して重大であり，支給決定を取り消す公益上の必要性があるとして，請求を棄却している（最判令和 3・6・4 民集 75 巻 7 号 2963 頁）。

撤回の制限

一方，利益をもたらす行政行為の撤回においては，相手方が正当に保持していた利益を奪う結果となるわけであるから，職権取消しの場合以上に，相手方の信頼利益に配慮することが必要となる。この場合も，相手方の違法行為を理

由とする撤回など，相手方の責に帰すべき理由による撤回は，過度の不利益とならないかぎり，認められてよい。しかし，それ以外の公益を理由とする撤回の是非の判断においては，相手方の信頼利益との慎重な比較衡量が必要となる。

　たとえば，国有財産の目的外利用許可（国財法18条6項）によって庁舎内において食堂を営業する業者に対して，行政自身の利用の必要から許可を取り消す場合を考えれば，行政側の都合だけではなく，業者側のさまざまな事情を考慮して，その是非を判断しなければならないのは当然であろう。たとえ，当初の許可に際して，必要があれば撤回をなしうる旨の附款（撤回権の留保）が付されていても（→4章5），信頼保護の必要性がなくなるわけではない。場合によっては，損失補償の支払いによって利害の調整を図ることも考えられるところであり，これを明文で定める法律も散見される（国財法19条，24条，河川法76条）。

コラム4-⑥　不可変更力

　行政行為の職権取消しや撤回に関しては，本文に述べたような個別的な事情による制約があるが，ある種の行政行為については，定型的に職権取消しや撤回になじまないものと解されてきた。すなわち，審査請求に対する裁決（行審法45条以下），海難審判所の裁決（海難審判法3条），労働委員会の救済命令（労組法27条の12）など，行政行為の中には，事実審理などの一定の手続を経て紛争を解決することを目的とするものがあるが（争訟裁断的行為），こうした行為に事後的な職権取消しや撤回を認めると，紛争を終結させる機能が果たせなくなる。そこで，こうした行為については，一度，行政行為がなされると，行政庁自身も，職権取消しや撤回によって内容を変更できないものと解されており，こうした行為の特別な効力として，不可変更力と呼ばれる。

5　行政行為の附款

意義と種類

　自動車の運転免許証を見ると，そこには「何年何月何日まで有効」という記

載がある。そのほか，「眼鏡を着用のこと」といった記載もあるかもしれない。運転免許は，適法に自動車を運転しうる地位を認める旨の意思表示を内容とする行政行為であるが，前記の記載によって，この地位に一定の制約が付加されていることになる。この例のように，行政行為に付加される従たる意思表示を一般に「附款」と呼んでおり，通常，以下のように整理される。

　まず，行政行為の効果の発生・消滅について，将来の発生確実な事実に係らせるものを「期限」，将来の発生不確実な事実に係らせるものを「条件」という。たとえば，道路の占用許可（道路法32条）について，「何年何月何日から，何月何日まで」という制限をつければ，当該期日は確実に到来するから，「期限」ということになり（前半を「始期」，後半を「終期」という），「建築工事の開始から，終了まで」という制限をつければ，工事の中止もありうるなど，その開始・終了は発生不確実であるから，「条件」となる（前半を「停止条件」，後半を「解除条件」という）。

　このほか，許認可などにおいて，付加的な義務を課すものを「負担」と呼ぶ。占用許可に際して一定の占用料の納付を命ずる場合などであり，前記の運転免許証の眼鏡着用の記載なども，これに当たる。負担の不履行が発生しても，自動的に許認可等の効力に影響するわけではないので，「条件」とは異なる。

　さらに，許認可などにおいては，一定の場合にはその取消し（正確には，撤回）ができる旨の記載が付されるのが通例である。道路占用許可に付される「交通に重大な支障が生じた場合には，取り消すことがある」といった記載がこれであり，「撤回権の留保」と呼ばれる。当該事実が発生しても，自動的に許認可等の効力が消滅しないのはもちろんであるが，これにより相手方の信頼保護が不要となるものではなく，当然に相手方が撤回を受忍すべきこととともならないことに留意すべきである。

その限界

　附款については，これを付すことを行政行為の根拠法が認めている例も少なくない（道路法34条，39条など）。しかし，このような明文の規定がなくとも，法に反しなければ付すことができるとされ，結局，行政行為に裁量が認められている場合には，その範囲内で付すことができることとなる。もちろん，その

内容は，法の趣旨目的に照らして合理的でなければならず，不必要あるいは過度な要求をするものや法目的と無関係なものなどは許されない。

　異常に短い期限や過重な負担といった違法な附款が許認可等に付された場合，相手方はどのようにして争うべきか。附款の部分のみの取消しを求めることができるのか，それとも，附款を含めた許認可等の全体の取消しを求めるべきか。この問題については，先例も少なく，確たる定説もないが，少なくとも，本体とは独立した義務を課す負担などについては，それ自体についての争訟を認めるべきこととなろう。

第5章
行政の実効性確保

1 行政上の強制執行

実効性確保の必要性

　前章で述べたように，さまざまな行政目的の実現のために，多くの法律が行政行為という仕組みなどを用いて私人に各種の義務を課している。しかし，いうまでもなく，義務を課しただけでは意味がなく，それが現実に履行されて，はじめて行政目的は実現されることとなる。

　たとえば，国等の歳入の確保という課税処分の行政目的は，現実に税が納入されてこそ達成されるのであり，また，危険な建築物の排除という除却命令の行政目的は，建築物が取り壊されてこそ達成されるのである。相手方が義務を自主的に履行することが望ましく，そうなる場合も現実に多いであろうが，義務を履行しない者の存在が当然に予想される以上，行政目的の確実な実現のためには，義務を現実に履行させることを確保する制度が不可欠となる。より一般的にいえば，現実に行政目的が実現されることを担保する手段，いいかえれば，行政の実効性確保の手段が必要となるのである。

行政上の強制執行

　もちろん，義務履行確保の制度は，私人間の権利義務関係においても不可欠であり，これが存在しなければ，権利者の権利は画に描いた餅となる。そこでは，自力執行（自力救済）の禁止が原則とされる一方，裁判所の確定判決などに基づく裁判所（執行官）による強制執行により，義務の履行が確保されているのである（民事執行法）。

これに対して，行政行為などによって課される行政に対する私人の義務については，裁判所の手を借りずに，行政自身の手により，その履行を強制することが認められる場合がある。先の例でいえば，課税処分が履行されない場合には，課税庁自身が納税者の財産を差し押えるなどして税を強制的に徴収することが認められており（金銭の強制徴収），除却命令が履行されない場合は，行政庁自身が建築物を取り壊すことが認められているのである（代執行）。こうした制度を「行政上の強制執行」と呼ぶが，それ以外にも，行政の実効性の確保に関しては，私人間の権利義務関係とは異なったさまざまな制度が用いられている。

その体系

　行政上の強制執行は，民事上の強制執行が裁判所の手によってなされるのとは異なり，行政自身の手で義務の履行を強制することになるが，その形態から，4種類に分類される。この分類は，民事上の強制執行にならったものであるが，名称は，やや異なる。すなわち，代執行（民事においては代替執行），執行罰（民事においては間接強制），直接強制，金銭の強制徴収（民事においては直接強制の一種）の4種類であり，それぞれについては以下で説明する。

　戦前は，「行政執行法」が存在し，同法などによって，前記の4種類の強制執行が包括的に認められていた。すなわち，行政行為などによって課された義務が履行されない場合には，必要に応じて，いずれかの強制執行手段により，その履行を強制することが可能とされていたのである。このような制度を踏まえて，一般的に，行政行為には「（自力）執行力」がある，と説明されてきた。

　しかし，この行政執行法は，それに基づく人権侵害の弊害があったため，戦後に廃止され，これに代わって，現在の「行政代執行法」が制定された。この法律は，一応は行政上の義務履行確保に関する一般法という体裁を維持しているが（代執法1条），その名称も示すように，内容的には，代執行に関する規定のみを有している。したがって，現在の制度上，代執行については，同法を根拠として一般的に認められるものの，それ以外の強制執行については，それをなしうる旨の個別の法律の根拠規定が必要となる。

　ただし，のちに述べるように，代執行も，その性質上，限られた義務の不履

行についてしか機能せず，また，それ以外の強制執行を認める個別法は数少ない。その結果，現在においては，その不履行について行政上の強制執行が認められていない行政上の義務が極めて多く存在することとなり，行政行為の一般的な効力として，執行力を語ることはできないこととなっている。

┌─ **発展問題 5 -①** 条例と強制執行 ──────────────

　地方公共団体の条例を根拠とする行政行為によって私人が義務を課される例は少なくない。こうした義務が履行されない場合に，行政代執行法による代執行が可能であることは，同法 2 条の条文上，明らかである。なお，条文上は，法律の委任に基づく条例による義務に限られるようにも読めるが，独自の条例によるものも含まれると解されている。しかし，それ以外の直接強制や執行罰をなしうる旨を条例によって定めることについては，同法 1 条の文言が義務履行確保の例外を「法律」によって定めるとし，同法 2 条と異なり，これに条例を含めていないことから，否定的に解されており，その実例も見あたらない。しかし，地方分権の進展による条例の役割の増大を背景として，その実効性を確保するため，こうした解釈を再検討すべきであるという主張もある。ちなみに，次節にみる即時強制は，義務履行確保の手段ではないから，同法の射程は及ばず，条例によって定めることができる。

└──────────────────────────────

代 執 行

　義務者が義務を履行しない場合に，行政庁またはその依頼を受けた第三者（業者など）が義務者のなすべき行為を代わって行い，その費用を義務者から徴収するという強制執行の形態を「代執行」と呼ぶ。違法建築物の除却命令に相手方が従わない場合に，行政庁が代わって建築物を取り壊す，あるいは，放置された廃棄物についての措置命令に相手方が従わない場合に，行政庁が代わって廃棄物を処理する，などがその典型的な例である。

　先に述べたとおり，代執行については，一般法として行政代執行法があり，これを根拠として，個別法に根拠がなくとも，これを行うことができる。ただし，代執行の対象となる義務は，その性質上，「他人が代わってなすことのできる行為」（代替的作為義務）に限られる。

　一般に，義務には，作為・不作為（営業しないこと，など）・受忍（健康診断を

受けること，など）の3種類があるが，作為以外は他人が代わることはできない。さらに，作為義務の中には，「なす義務」のほかに，「与える義務」（支払い，引渡し，明渡しなど）が含まれるが，後者は，本人がその意思でなすほかないので，他人が代われないとされている。なお，土地収用法は，土地の明渡しについて代執行を認めているように見えるが（収用法102条の2第2項），「なす義務」である建物の除去などにこれを認めていると解される。最後に，「なす義務」であっても，性質上，義務者にしかなしえない行為（特殊な工場の設備の改善など）については，代執行をなすことはできない。これに対して，先に触れた違法建築物の除却や放置された廃棄物の処理などは，他人が代わって行っても目的を達成することができるから，代執行の対象となるのである。

その手続

代執行の対象となる義務は，通常は，行政行為（下命）によって課されることとなるが，例外的には，法令によって直接に課された義務が対象となることもありうる（火薬類取締法22条など）。その要件としては，義務者が義務を履行しないことに加えて，「他の手段によってその履行を確保することが困難」であり，「その不履行を放置することが著しく公益に反する」ことが規定されている（代執法2条）。

手続としては，まず，義務履行の期限を定めて，これを過ぎれば代執行を行う旨の「戒告」を文書でなし，これに従わないときには，日時や方法などを記した代執行令書による通知をした上で，実際の代執行がなされる。ただし，非常の場合などには，戒告と通知を省略できる（同法3条）。その後，代執行に要した費用の納付が命じられるが，義務者が納付しない場合には，のちに述べる滞納処分の例により，強制徴収が認められる（同法6条）。このように，代執行については，要件も厳格で手続も煩雑であるため，実際に行われる例は，必ずしも多くないといわれる。

▎ **コラム 5-①** **不法投棄への対応**

産業廃棄物の不法投棄が問題となって久しいが，こうした不法投棄については，これをなした者などに都道府県知事が廃棄物処理法に基づく措置命令をなし（廃

棄物処理法 19 条の 5），これに従わなければ，代執行によって対処できることに
なる（同法 19 条の 8 第 1 項 1 号）。しかし，現実には，こうした代執行による廃
棄物の措置が積極的になされてきたわけではない。

　まず，そもそも不法投棄をした者が確認できなければ，代執行の手続どころか，
措置命令もできないこととなる。そこで，原因者の分からない場合においても，
知事は，措置命令を経ることなく，代執行と同様の措置がとれるとする特別規定
が同法におかれることとなった（同法 19 条の 8 第 1 項 2 号）。さらに，こうした
場合はもちろん，原因者に資力のない場合などにも，代執行の費用を相手方から
徴収することは不可能である。結局，都道府県が多額の支出を強いられることに
なりかねず，これが都道府県に代執行等の措置をためらわせてきたとの指摘があ
る。そこで，現在では，代執行の費用の多くを国や経済界などが補助する仕組み
が作られており（同法 13 条の 15），これによって，不法投棄への対処のための
代執行は，以前より増えてきている。

執 行 罰

　義務が履行されない場合に，一定期間内に義務を履行しないと「過料」とい
う金銭を徴収することを通告し，その威嚇によって義務の履行を強制する強制
執行の形態を「執行罰」という。執行罰も，将来に向かって義務の履行を確保
するための手段である強制執行の一形態であり，罰という名称ではあるが，過
去の義務違反に対する制裁である行政罰（→ 5 章 3）とは性格を異にする。し
たがって，二重処罰の禁止が妥当する罰金などの行政罰とは異なり，義務が履
行されない限り，これを何度でも科すことができ，たとえば，義務が履行され
るまで毎日一定額を科すといった方式もありうる。

　ただ，義務の不履行に際して金銭を賦課するのであれば，裁判所による罰金
の威嚇力がより強いと考えられたためか，実際の執行罰の立法例は，砂防法
36 条において，同法所定の命令の不履行につき「過料ニ処スルコトヲ予告シ
テ其ノ履行ヲ命スルコト」が認められている例が残るのみである。しかし，近
年では，行政上の義務の履行を確実にする観点から，行政独自の柔軟な運用が
可能となる執行罰の利用を拡大すべきであるとの意見もある。

直接強制

義務が履行されない場合に，代執行以外の方法により，行政自身の手で義務が履行されたのと同じ状態をつくりだす作用を一般に「直接強制」と呼ぶが，主として想定されているのは，こうした目的での行政による義務者の身体や財産への実力行使である。実際の立法例ではないが，入院命令に従わない者を実力で入院させる，あるいは，営業停止命令に従わない店舗を封鎖する，などの例が考えられる。直接強制には，人権侵害のイメージが強いため，立法例は極めて少なく，その例として挙げられるものとしては，「成田国際空港の安全確保に関する緊急措置法」3条6項において，空港周辺の工作物に対する使用禁止命令（不作為義務の賦課）の不遵守に対して，大臣が工作物の封鎖等の必要な措置ができると定められているなど，数例にすぎない。

金銭の強制徴収

税のような金銭の納付義務が履行されない場合に，これを行政庁が強制的に徴収する作用を「金銭の強制徴収」と呼ぶ。国税徴収法や地方税法による税の「滞納処分」が代表例であり（税徴法47条以下，地税法331条など），督促→差押え→公売などによる換価→換価財産の配当，という手順で実施される。この手続は，「滞納処分の例による」といった規定によって，国民年金や国民健康保険の保険料（国民年金法96条4項，国民健康保険法79条の2），代執行の費用（代執法6条）など，国や地方公共団体の多くの金銭債権に準用されている。

2　その他の実力行使

即時強制

行政による私人の身体や財産に対する実力行使については，それが行政上の強制執行とりわけ直接強制として認められている立法例は極めて稀であるものの，行政による実力行使を認める立法例そのものは決して少なくない。身体に対する実力行使の例としては，不法在留外国人の収容や退去強制（入管法52条），精神障害者や感染症患者の強制入院（精神法29条，感染症法19条），泥酔者などの保護や犯罪の抑止（警職法3条，5条）などがあり，財産に対するもの

の例としては，火災現場における建物の破壊など（消防法29条3項），違法駐車車両の移動（道交法51条3項以下），銃砲刀剣類の一時保管（銃刀所持法24条の2）などを挙げることができる。このほか，各種の調査のための立入り検査（臨検）の中には，一定の実力行使を伴うものもある（→7章1）。

これらの実力行使は，行政上の強制執行と異なり，相手方に対する命令等による義務の賦課を前提とせず，いきなり実力行使がなされる仕組みである。たとえば，入院命令といったプロセスを経ることなく，いきなり強制入院といった実力行使がなされるのである。そうした意味から，これらの実力行使は，義務の実現の手段である行政上の強制執行とは，性格を異にする。ここでは，端的に，実力行使によって，危険や違法状態の排除といった行政目的を現実に達成する仕組みが採用されているわけで，一般に「即時強制」と呼んでいる（「即時執行」とも呼ばれる）。

もっとも，即時強制とされる実力行使においては，相手方に対する命令による義務の賦課はないものの，この中には，法律上の義務の存在を観念しうるものも少なくない。たとえば，外国人については，無資格で在留しない義務が，運転者については，違法駐車をしない義務が観念できる。もし，退去強制や車両の移動について，これらの義務の履行を確保するための措置であると理解すれば，これらは直接強制と解されることとなるが，根拠法が義務の不履行に着目していないことを重視して，伝統的には即時強制に分類されてきた。たとえば，違法駐車車両の移動は，運転者の義務履行の強制とみるよりも，車両放置による危険を除去する措置とみる方が理解しやすい。いずれにしても，実力行使による行政目的の実現が根拠法によって容認されていることに違いはなく，行政上の強制執行と即時強制を一括して「行政強制」と呼ぶこともある。

その制約

当然のことながら，それが身体に対するものであれ，財産に対するものであれ，行政による実力行使は，相手方に直接的に損害を与えることとなり，それが取返しのつかないものとなることも少なくない。とりわけ，即時強制においては，事前の命令がなく，その段階での権利保護の機会が欠けることとなるため，相手方の保護のための慎重な制度設計が求められる。ただし，即時強制も，

さまざまな局面で立法化されており、その制度も多様である。

　まず、即時強制は、多くの場合、公共の安全の維持などのために、行政による迅速な対応が求められる場合に立法化されることとなるが、その時間的な切迫性もさまざまである。場合によっては、事前に何らかの通知がなされ、自主的な対応の機会が与えられることもある。たとえば、退去強制においては、退去強制令書の発布の後に相手方の自主的な退去が認められており（入管法52条4項）、感染症患者の強制入院においては、事前の入院勧告が規定されている（感染症法19条）。こうした場合は、実質的には、行政上の強制執行による場合と、かなり近似した制度となる。

　そのほか、事柄の性質により可能な範囲で、その実施の決定には、慎重な手続が求められることになる。一例を挙げれば、精神障害者の強制入院については、原則として、複数の指定医による診断が必要とされている。そのほか、実力行使を伴う立入り検査などについては、緊急性のあるものを除き、裁判官の許可状が必要とされるのが通例である。

　違法な実力行使によって私人が損害を被った場合、「公権力の行使」として、国家賠償の対象となるのはいうまでもない。実力行使は、「取消し」にはなじまないから、通常は取消訴訟や行政上の不服申立ての対象とはならないが、強制入院などの継続性のあるものについては、将来に向けて相手方を救済する趣旨から、それらの対象となると解されている（→ **コラム12-①** ）。

3　行　政　罰

行　政　刑　罰

　行政上の義務違反については、必ずしも行政上の強制執行によってその履行が確保されているわけではないが、その多くは、その不履行に罰を科し、その威嚇によって不履行が抑止されているのである。義務の不履行に対して、強制執行と並んで罰則が規定されている例も少なくない。行政上の義務の不履行の制裁として科される罰を「行政罰」と呼び、これには、懲役・禁錮（今後予定される改正後は拘禁刑）や罰金・科料などの刑法犯と同様な罰を科す「行政刑罰」と過料のみを科す「秩序罰」がある。罰を科すこと自体では個々のケース

で行政目的が実現されることにはならないが，義務の不履行を一般的に抑止する制度として，行政罰も行政の実効性確保の手段と言える。

行政刑罰については，個別法に特別の規定がないかぎり，過失や共犯など，刑法総則の規定が適用される。また，手続についても，現実には，関係行政機関の告発等が端緒となる場合も少なくないであろうが，原則として，刑事訴訟法の手続により，警察の捜査等に基づき，検察官が起訴して，裁判所の判決によって刑罰が科されることになる。ただし，軽微な道路交通法違反については，公安委員会の通告する反則金を納付すれば刑事訴追がなされない仕組みとなっているなど（道交法125条以下），行政刑罰に特別な手続が設けられている例もある。

秩　序　罰

住民基本台帳法所定の転入届を所定の期間内に市町村長に提出しなかった場合（住民台帳法52条2項）や会社法所定の登記などを怠った場合（会社法976条）など，軽微な手続上の義務違反などについては，その制裁として過料が科される。これを「秩序罰」と呼び，刑法総則の適用はない。過料も，裁判所によって科されるが，非訟事件手続法120条所定の簡易な手続による。このほか，地方公共団体の条例・規則への違反についても5万円以下の過料を科すことができるが，この場合は，地方公共団体の長による処分によって科される仕組みとなり，不服があれば，取消訴訟等によって争うこととなる（自治法14条，255条の3）。

コラム 5 -② 路上喫煙と過料

行政刑罰は，その科刑にいたる手続が煩雑であり，警察や検察の現実の運用も積極的とは言えないため，実効性に欠ける面がある。その点，地方公共団体による過料は，みずからの手で科すことができるため，機動的な運用が可能となる。たとえば，都市部の市町村等の多くは，一定地域の路上における喫煙を禁止し，違反者に過料を科す条例を制定している。その職員等が巡回して，発見した違反者に長名の過料の命令書を手渡すこととなるが，こうした運用は，行政刑罰においては不可能である。分権化の動きの中で，各地でさまざまな条例が登場してお

り，その実効性確保のための有力な手段として，こうした過料の活用も注目され
つつあるが，現状では5万円という地方自治法上の上限が障害となろう。

4　その他の実効性確保手段

加算税・課徴金

　金銭の賦課によって義務の不履行を抑止しようという制度は，これまで見た
執行罰や行政罰としての罰金などのほかにも，さまざまなものが存在する。た
とえば，所得税などに付加される加算税および重加算税（税通法65条以下）は，
税の申告を怠り，あるいは過少に申告した納税者に付加的に課される税である
が，税の申告義務の適正な履行を確保する制度と言える。そのほか，独占禁止
法などが規定する課徴金（独占禁止法7条の2）は，不公正な取引などによって
得られた不当な利益を国家が剥奪するための制度であるとともに，違法行為へ
の制裁として，義務の不履行を抑止する機能も有している。

　これらの義務履行確保のための金銭の賦課は，刑罰とは別種の制度であると
して，これと併科しても二重処罰の禁止には反しないとされているが（最大判
昭和33・4・30民集12巻6号938頁），同一の違法行為に対する制裁としての金銭
賦課であるとすれば，その併科の当否については，少なくとも立法論としては
議論の余地がある。わが国の刑罰権の発動が抑制的であったことを背景として，
今後は，むしろ，課徴金等の制度を充実すべきであるとの意見も有力である。

発展問題5-②　課徴金の性格

　独占禁止法による課徴金の制度は，昭和52年の法改正により，カルテルの摘発
による不利益を増大させ，カルテルの予防効果を強化することを目的として，既存
の刑事罰（独占禁止法89条以下）や損害賠償制度（同法25条）に加えて設けられ
たカルテル禁止の実効性確保のための行政的措置である。刑事罰との併科を正当化
するために，従来は，制裁ではなくカルテルによる経済的利益を剥奪するための制
度であると説明されてきたが，個々の事案ごとにその経済的な利益を算定すること
は容易でない。そのため，課徴金の額の算定は，カルテルの実行期間の対象商品や

役務の売上高に一定率を乗じる方式がとられている。

　その結果，カルテルによる利益と課徴金の額は，一致しないこととなり，損害保険会社によるカルテルについて，支払保険金額を差し引くことなく，期間中の保険料全体を売上額として，課徴金を算定することも適法であるとする判例もある（最判平成17・9・13民集59巻7号1950頁）。さらに，再度の違反に対して課徴金を加算したり，違反行為をみずから報告した場合にこれを減免するという制度が導入されるなど，課徴金制度を経済的な利益の剥奪だけで説明することは困難になっている。

違反者の公表など

　その他，現実に実効性確保の手段として機能している制度は，多種多様である。たとえば，自動車運転免許の例で理解できるように，許可や免許を要する活動に付随するさまざまな行政上の義務については，それらの停止や取消し（撤回）の制度がその履行確保に大きな役割を果たしている。

　義務に違反した者の氏名等を公表することも，違法行為についての一般の注意を喚起して被害の拡大を防止するという機能とともに，違法行為に対する一種の制裁として，違法行為を抑止し，あるいは中止させる効果が期待されている。こうした公表については，これを法令が明文で認めている例もあるが（特定商取引法7条2項など），こうした根拠なくなされている例も少なくない。さらに，特に地方公共団体においては，義務違反の場合のみならず，行政指導に従わない者についてまで公表が用いられる例も多くみられ，法治主義あるいは行政指導の限界といった観点からも，慎重な検討を要しよう。

　さらに，水道の給水などの行政サービスの拒否も，実効性確保の手段として用いられる可能性もある。しかし，水道料金の未納といった当該サービスに関わる義務違反に際しては，その提供を拒否できるのは当然であるが，住民税の滞納といった無関係な義務違反の履行確保手段としての提供拒否は，給水拒否には「正当の理由」を要するとする水道法15条などに照らし，違法とされる。このサービスの拒否も，公表と同様，むしろ行政指導に従わなかった場合に問題となる例が多いが，違法行為の場合以上に慎重でなければならないのは当然である（→ ケースの中で6-③ ）。

裁判による義務履行確保

　条例などを根拠とする行政上の義務の不履行について，行政上の強制執行が認められていない場合，地方公共団体等が義務者を被告として裁判を提起し，裁判所の手を借りて義務の履行を強制することはできるであろうか。市営住宅の家賃の未払いといった契約上の義務の不履行については，民事裁判によって履行を確保できるのは当然であり，実際の例も少なくない。問題は，行政行為である命令などによる義務の不履行の場合であって，こうした義務について，裁判による履行確保が可能であるかが問題となる。

　実際の例は少ないものの，従来の学説の多くは，その可能性を認めていた。しかし，最高裁は，行政上の義務の履行を求める訴訟は，裁判所の本来の権限である「法律上の争訟」に該当しないとして，こうした訴訟を不適法であるとしている。ただし，こうした考え方に対しては，なお批判が多い（→11章3）。

ケースの中で5-①　宝塚市パチンコ条例事件

　この訴訟は，条例に基づく工事中止命令の履行を相手方に求めて宝塚市の提起した訴訟である。すなわち，市の条例に基づくパチンコ店の禁止区域内において，ある業者が出店のための工事を開始したため，市が工事中止命令を出した。しかし，命令違反に対する条例上の罰則はなく，業者が工事を続行したために，市が工事の続行禁止を求める訴訟を提起したわけである。これについて，最高裁は，国または地方公共団体が財産権の主体として保護救済を求める訴訟は認められるが，「国又は地方公共団体が専ら行政権の主体として国民に対して行政上の義務の履行を求める訴訟は，裁判所法3条1項にいう法律上の争訟に当たら」ないとして，訴訟を却下している（最判平成14・7・9民集56巻6号1134頁）。この結果，このような訴訟を特別に認める法律を新たに制定しないかぎり，こうした手段は使えないこととなった。

第6章
非権力的な行政活動

1　行政指導

非権力的な行政活動の役割

　たとえば，ある種の営業活動について，ある県が環境の保全といった公益の見地から望ましくないと判断した場合，それを止めさせるために，どのような手段を採ることになるであろうか。もちろん，その根拠となる法令が存在するのであれば，営業停止命令といった行政行為によって業者に営業を中止する法的義務を課し，刑罰などを背景として，相手方の意思と関係なく，いわば「権力的」にこれを止めさせることができることとなる。

　しかし，こうした法令が存在せず，新たな条例等の早急な制定も難しいということになれば，県としては「非権力的」に対応するほかなく，相手方の任意の協力に期待して，その中止を求めることとなろう。あるいは，命令が認められている場合であっても，相手方の協力が期待できる場合などには，さしあたり，自発的な中止を求めるという方法が選択されるかもしれない。このような現象は，国と地方公共団体とを問わず，さまざまな行政分野において古くからみられるものであろうが，一般に行政が市民に対して強制力を伴わずに（法的義務を課さずに）一定の行動を求めることを「行政指導」と呼んできた。

行政指導の定義

　このような行政指導という現象自体は，必ずしもわが国に特有のものではないが，とりわけ，わが国においては，古くから各方面で，そこでの行政活動に特徴的な行動様式として，行政指導の存在が指摘され，その功罪が広く議論さ

れてきた。しかし，それだけに，行政指導として，さまざまな現象がイメージされ，その意味について一定の共通した理解が存在したわけではない。

　しかし，行政指導に関するルールをはじめて立法化した行政手続法は，その定義も明文化するに至っており，現在では，これが行政指導の一般的な定義ということになる。すなわち，そこでは，行政指導とは，「行政機関がその任務又は所掌事務の範囲内において一定の行政目的を実現するため特定の者に一定の作為又は不作為を求める指導，勧告，助言その他の行為であって処分に該当しないものをいう」とされているのである（行手法2条6号）。

法令との関係

　行政指導が「処分」すなわち行政行為ではなく，相手方に義務を課したり権利・自由を制約したりする効力を有しない以上，侵害留保説など，法律の留保に関する伝統的な見解を前提とするかぎり（→2章2），それをなしうる旨の個別の法律または条例の根拠は必要ないこととなる。行政手続法が「任務又は所掌事務」の範囲で行政指導を認めている趣旨も（行手法32条），裏返せば，個別の根拠法による拘束が存在しないことを前提としていると言える。現実にも，多くの行政指導が法的根拠なくなされているものと思われる。しかし，仔細に見れば，現実の行政指導と法令との関係は，多様である。

　まず，行政指導であっても，明文の法的根拠のあるものがある。いくつかの法律（国土利用法24条など）は，「勧告」や「助言」などの名称の下に，罰則などに担保されない行政指導に法的根拠を与え，その要件等を規定している。行政指導であっても，そこに一定の重みを与え相手方の遵守を促すなどの目的で，法的根拠が置かれることもありうるのである。こうした例は，条例には特に多くみられる。

　こうした法令上の「勧告」の中には，不利益処分の警告的な意味でなされる仕組みとなっているものが多くみられるが（騒音規制法12条など），こうした明文規定が存在しない場合であっても，行政行為に法的根拠が認められる場合に，それに代替するものとして行政指導がなされる例は少なくない。違法建築物に対して是正命令に代えて行政指導をなすというように，不利益処分に代わる行政指導は，広く見られるところである。さらに，許可等の申請拒否処分に代え

て申請取下げの行政指導をするといった実務も珍しくはない。いずれにしても，行政行為をなす法的要件が満たされている場合に行政指導をもって代えることは問題が少ないと言える。しかし，要件を充足しない場合，あるいはそれが微妙な場合に，行政行為ができないためになされる行政指導については，当然のことながら，のちに述べるような弊害を生じやすいこととなる。

　もちろん，先に述べたように，法令の規定と無関係になされる行政指導も少なくない。しかし，こうしたものの中にも，地方公共団体の要綱など，内部的なものとはいえ，一定のルール（行政指導指針）に沿って制度的になされているものもある。こうしたルールが存在する場合には，平等原則などを介して，これが行政指導の一定の制約となりうる。他方では，こうしたルールに沿うことなく，個別の事情に応じてなされる行政指導が存在することも，いうまでもない。

ケースの中で 6-① 　法的な仕組みと行政指導

　法律に明文化された勧告等であっても，それ自体としては，相手方への拘束力など，直接の法的効力を有しないこととなるが，こうした勧告等は，多くの場合，当該法律の構成している法的な仕組みの中に位置づけられ，その中で一定の役割を担っていることになる。先に触れた規制システムにおける不利益処分の警告としての役割などは，理解しやすい例であるが，より複雑な仕組みとなっている例もある。たとえば，都道府県の医療計画に合致しない病院の開設に対する医療法30条の11所定の知事による中止や病床数削減勧告は，それ自体には，拘束力はなく，相手方の病院開設等を止める効力はない。しかし，これに従わずに病院開設等を強行すれば，健康保険法65条4項2号によって保険医療機関の指定が拒否できる仕組みとなっており，保険診療のできない病院の経営は不可能に近いので，勧告を無視することは現実には極めて困難である。その意味では，この勧告は，病院のあり方を規制する法的な仕組みの中で，極めて重い役割を担っていると言える。こうした機能に着目して，最高裁は，この病床数削減の勧告について，その違法性を抗告訴訟で争うことができると判断している（最判平成17・10・25判時1920号32頁）。

その機能

　国や地方公共団体の行政機関は，日常的に生ずるさまざまな行政課題の解決を任務とするわけであるが，これに的確に対応するために行政行為などの手段

を法令が常に用意しているわけではない。こうした行政課題に対して迅速かつ柔軟に対応するためには，法的根拠を要しない行政指導は，不可欠の手段と言える。

　また，法的には行政行為による対応が認められている場合であっても，法的あるいは内部的な煩雑な手続を避けられること，相手方との無用の摩擦を避けられること，事後的に裁判等の紛争が生ずる心配が少ないこと，などのメリットから，むしろ行政指導が好んで用いられることとなる。いずれにしても，相手方の納得を得ながら行政活動を進めることは，何ら非難されるべきことではなく，こうした現象は，わが国に特有のものではない。

コラム6-①　新型コロナウイルス感染症対応と行政指導

　新型コロナウイルス感染症（以下「COVID-19」）の感染拡大のため，国や地方公共団体は，新たな課題への早急な対応を迫られることとなった。そもそも，COVID-19とインフルエンザは別な感染症であるため，感染発生時には，新型インフルエンザ等対策特別措置法（特措法）もCOVID-19に適用はなく，そのため，当初は，対策についての法的根拠を欠いたままで，各種の自粛要請等の行政指導がなされることとなった。その後，2020年春の法改正により，特措法の適用が可能となったが，同法も，市民生活の規制については，一般的な感染対策のための知事による「協力の要請」（24条9項），緊急事態下での知事による外出自粛等の「要請」や施設管理者に対する利用停止等の「要請」など，行政指導を主な手段としていた。利用停止等の要請に従わない場合については，さらに「指示」ができるが，それに従わなくても「公表」ができるにとどまった。こうした状況については，実効性を欠くとの批判があり，2021年春の法改正により，現行法では，こうした「要請」（45条2項）に従わない者には「命令」（同条3項）がなされ，これに従わない場合には，「公表」（同条5項）に加えて，「過料」（79条）が科されることとなった。同時に設けられた「まん延防止等重点措置」においても，類似の仕組みが設けられている。これらの「命令」は，いうまでもなく，もはや行政指導ではない。もっとも，その後の感染拡大においても，特措法を根拠とする要請とこれを根拠としない各種の自粛等を求める行政指導が混在し続けることとなった（→2章　**発展問題2-①**）。

その弊害

　反面，こうした「相手方の納得」は，現実には，建前にすぎないことも少なくない。たとえば，事業者とその監督官庁，許可等の申請者と許可官庁といった関係においては，報復的な取扱いをおそれる相手方としては，行政指導を拒むのは相当に困難と言える。また，行政目的の実現を急ぐ行政機関が不利益な取扱いをほのめかしたり，申請の審査を長引かせるなど，意図的に圧力をかけることも予想される。

　もし，実際上は相手方が行政指導を拒むことができないとすると，行政指導の名の下に，行政機関が法的根拠もなくみずからの意思に沿った行動を相手方に強要できることとなってしまい，法治主義は空洞化することにもなりかねない。とりわけ，行政指導については，形式・手続についてのルールもなく，密室でなされることが多いため，恣意的かつ無責任なものになりがちである。わが国の行政指導のあり方が内外から批判されてきたのは，このためである。

任意性の確保

　わが国の行政手続法は，行政機関による企業等の経済活動に対する恣意的な介入を防ぐことを主たる目的として立法化されたが（→8章1），その一環として，世界で初めて，行政指導の制約を明文化した。行政指導については，その内容を制約することは，極めて困難であるため，従来どおり，原則として自由な行政指導を認めた上で，それを強制することを戒めるというのが同法の基本的スタンスと言える。

　なお，以下の行政指導に関わる諸規定は，地方公共団体の職員による行政指導には適用されないこととされているが，それぞれの行政手続条例において，これにほぼ準拠する規律がなされている。ただし，行政指導の機能低下への憂慮を反映して，いくつかの条例においては，法とはやや異なった表現が選択されている。

　まず，一般的な原則として，行政指導が相手方の任意の協力によってのみ実現されるべきこと，行政指導に従わなかったことを理由として不利益な取扱いをしてはならないことが確認されている（行手法32条）。しかし，行政機関が行政指導をする以上，それに従うことを相手方に促すことは当然であり，どこ

からが任意性を損うこととなるかは微妙である。そこで，特に任意性が害されやすい二つのケースについて，行政指導の限界を定めている。まず，申請に関連する行政指導については，これに申請者が従う意思がないことを表明したにもかかわらず継続してはならないとする。いわゆる申請の留保による行政指導の強制を禁じた規定であり，最高裁判例を条文化したものである（同法33条）。

また，許認可等の権限に関連する行政指導については，行使できない，あるいは行使する意思のない権限の行使をことさらに示すことにより，これに従うことを余儀なくさせてはならないとする。水道の給水拒否などをほのめかした行政指導の強制を意識した規定と言える（同法34条）。逆に言えば，正当に行使しうる権限であれば，それを行使しうることを行政指導に際して示しうることは当然であるが，行政指導の際に権限を行使しうる旨を示すときは，当該権限の行使の根拠条項，要件，それに適合する理由を示すことが義務づけられている（同法35条2項）。その場合，その権限が実際に行使されても，行政指導に従わなかったことを理由とする不利益な取扱いに当たらないことも，もちろんである。

ケースの中で6-② 申請の留保と行政指導

　許認可などの申請者は，もともと許認可機関に対して弱い立場にあると言えるわけで，審査の引き延ばしなどの圧力の下に申請の取下げや変更などを求められれば，これを拒否することは難しいと言える。著名な最高裁判決の事案も，マンションの建築確認について，区が申請者に周辺住民との話合いを迫って，その審査を長期間にわたり留保したものである。

　判決は，話合いを求める行政指導をしたことや話合いの間の審査を見合わせたことは違法ではないとしたものの，話合いが不調に終わり，申請者が話合いを続けることを拒否してからまで，審査を留保し続けたことは違法であるとして，損害賠償の請求を認めている（最判昭和60・7・16民集39巻5号989頁）。その内容を踏襲したのが現在の行政手続法33条の規定ということになるが，この規定も，取下げ等の行政指導そのものを違法としているわけではなく，申請の留保などにより「権利の行使を妨げるようなこと」を違法としているにすぎないことには注意を要する。

ケースの中で 6-③ 教育施設負担金

　大都市周辺の多くの市町村において，道路や学校建設のための財源を確保するために，一定規模以上のマンションや団地を建設しようとする事業者に対して，教育施設負担金あるいは開発負担金と称する金銭の納付が求められてきた。そのほとんどは，条例の根拠がなく，内部的なガイドラインにすぎない「要綱」に基づくものであり，したがって，その請求は，拘束力のない行政指導にすぎないこととなる。しかし，現実には，建築確認の留保や水道の給水拒否をほのめかすなど，有形無形の圧力により，事実上，その納付を強制する例が少なくなかったといわれる。こうした負担金について，最高裁は，事業者の任意性を損なわなければ違法ではないとしたものの，水道法上も許されない給水拒否といった制裁措置を背景として，事実上，納付を強制することは違法であるとして，事業者による国家賠償請求を認容している（最判平成 5・2・18 民集 47 巻 2 号 574 頁）。

方式の制約

　また，不明確かつ恣意的な行政指導を防ぐ見地から，その方式についても制約を課している。まず，行政指導について，その趣旨，内容，責任者を明確にすることを求めている。さらに，行政指導の内容を証拠に残すため，口頭による行政指導については，相手方の要求があれば，原則として書面化しなければならないこととした（行手法 35 条 3 項）。また，複数の者を対象にする行政指導については，あらかじめ共通する内容を定め（行政指導指針），これを公表することも求められており（同法 36 条），これも恣意的な行政指導を防ぐことが目的と言える。ちなみに，この指針も，意見公募手続の対象に含まれている（同法 2 条 8 号ニ）。

救済の方法

　本来，行政指導は，相手方の権利義務に影響を与えるものではなく，これに相手方が任意に応じたというのであれば，その結果について，相手方の救済を考える必要はないとも言える。しかし，これまで見てきたように，現実には，行政指導の名目によって，義務のないことを事実上強制するといった行政実務が見られる以上，こうした行政指導の相手方に何らかの救済が考えられなければならない。行政指導の名目で，寄付金の納付や建築の断念などを事実上強制

されるといった場合である。

　さらに，相手方が任意に応じた場合であっても，行政指導の内容に誤りがあり，それによって相手方に損害が生じた場合などにも，相手方の救済は，不可欠である。たとえば，誤った行政指導に従って，本来は許容されるべき営業許可申請を断念した場合，逆に許容されない申請に無駄な労力を費やした場合などが考えられよう。

　こうした違法な行政指導によって，相手方が損害をこうむった場合，相手方に損害賠償請求が認められるべきことには，異論はない。この場合，行政指導は，本来的には「公権力の行使」とは言い難いが，これを広義に解する一般的な傾向を反映して，こうした場合についても，多くの判例において，国家賠償法1条による損害賠償請求が認められてきた（→18章2）。

　ただし，行政指導は，相手方の権利義務に法的な影響を与えないことから，一般には，取消訴訟などの対象となる「処分」には該当せず，取消訴訟などによる救済を求めることはできないと解されてきた。ただし，事後の不利益な取扱いと法的に結びついた行政指導については，これを取消訴訟の対象とする最高裁判決も登場している（→　ケースの中で6-①，12-⑤）。

中止の求めなど

　行政不服審査法の改正を機会に，2014年の行政手続法改正によって，行政指導についても，そのあり方に不服のある市民が行政機関にその是正を求める途が制度化された。まず，法令違反の行為の是正を求める行政指導で法律に根拠を有するものについて，その相手方は，それが法律の定める要件に適合しないと考えるときは，行政指導をした行政機関に中止その他の適当な措置をとることを求めること（中止等の求め）ができる。これに対して，行政機関は，必要な調査を行い，それが要件に適合しないと認めるときは，中止等の措置をとらなければならないとされる（行手法36条の2）。

　さらに，違法な事実を是正するためになされる行政指導で法律に根拠を有するものについて，これがなされていないと考える者は，何人も，その権限を有する行政機関に対して，当該行政指導をなすことを求めること（行政指導の求め）ができる（処分も同様）。この申出についても，行政機関は，必要な調査を

行い，必要があれば行政指導をしなければならないとされている（同法36条の3）。

ただし，いずれにおいても，行政不服審査法による審査請求などとは異なり，申出をした者に応答などを求める権利が認められているわけではない。また，対象となる行政指導が極めて限定されていることにも注意を要する。

2 行政契約

行政契約の多様性

非権力的手法，すなわち行政と市民との合意に基づいて行政目的が達成される場合としては，行政指導に相手方が単に事実上従うことによる場合のほかに，両者の間に契約が締結され，それが履行されるという形による場合がありうる。たとえば，市町村が開発業者に開発負担金と称する法令に根拠のない一種の寄付金の納付を求めることが広く行われてきたが，行政指導に応えて事実上納付される場合もあれば，両者間にある種の贈与契約が締結され，その履行としてこれが納付される例もある。後者の場合においては，契約である以上，両当事者間に権利義務関係が発生すると考えられるが，それが合意に基づくものであることから，行政指導による場合と同様，個別の法律の根拠は要しないと考えられてきた。

このような行政と市民との間で契約を締結することによって何らかの行政目的を達成するという手法は，さまざまな行政分野で広く利用されてきた。以下で見るように，その多くは，土地や物品の売買，仕事の請負，サービスの提供といった市民間と同じような経済活動に伴うものであり，基本的には民法上の契約であると考えられるが，開発負担金の例のように規制行政などに関連する行政活動に特有の契約形態もありうる。伝統的な区分によれば，前者は「私法上の契約」，後者は「公法上の契約」ということになる（→1章2）。

しかし，前者においても，行政が当事者となることの特殊性を反映して，契約の相手方や内容等について特別の制約が法令により課されるのが通例であるし，後者においても，契約である以上，民法の契約法理が排除されるわけではない。いいかえれば，前者においても，契約の自由あるいは私的自治の原則が

働く余地は，それほど大きくはないし，後者においても，法治主義の原則が貫徹しているわけではないのである。その制約も，その分野に応じて，さまざまであると言える。ちなみに，前者に関する紛争は民事訴訟で，後者に関する紛争は行政事件訴訟である実質的当事者訴訟で争うべきこととなろうが（→16章1），両者の手続に大差はなく，この面でも区別の実益は薄い。

行政手段の調達

　行政活動の実施のためには，土地，建物，物品，人などの手段を用意しなければならないが，こうした分野においては，ごく一部の例外を除き，行政は，もっぱら契約によって目的を達成することとなる。たとえば，公共用地については，土地収用という権力的手段が例外的に用いられる場合を除き，通常は売買契約によって調達されることになるし，物品は，もっぱら売買契約に基づき納入されることとなる。また，公務員の任命は行政行為であるが，公共工事などの多くの仕事は，請負契約によっている。

　こうした契約自体は，民法上の契約であり，民法の規定が原則として適用されることとなるが，行政が当事者となることから，税金の無駄遣いを防ぐ見地から，会計法や地方自治法など，財務会計法規による制約が課され，相手方の選定や価格の決定などのために，入札等の特別の手続が求められることとなる。また，行政目的に用いられていない普通財産である公有地の売払いや貸付けなども契約によるが，財務会計法規の制約があることは，同様である。

コラム6-② 　入札・談合・住民訴訟

　公共事業などの契約のあり方に関しては，周知のとおり，批判が多い。法的には，原則として，すべての業者が参加できる一般競争入札によるべきものが，多く指名競争入札や随意契約によってなされてきた。また，入札がなされる場合についても，談合による入札価格のつり上げが横行してきたといわれる。こうした会計法規に違反して締結された契約については，当然に無効ではないとされているものの（最判昭和62・5・19民集41巻4号687頁など），近年では，重大な法違反については，公序良俗違反として無効となるとされる傾向が強まっている。

　もっとも，こうした違法行為の多くは，行政側も加担あるいは黙認してきたといわれ，行政と相手方との間で，契約の効力が争われることは少ない。実際には，

地方公共団体については，その住民が住民訴訟（→16章2）によって攻撃することとなる。談合などによる契約について，職員や相手方の業者などへの損害賠償請求を求め，勝訴する例も目に付く（東京高判平成23・3・23判時2116号32頁など）。こうした動きにも押されて，一般競争入札の範囲の拡大，入札の経過の透明化などの，入札手続の改革も国や地方公共団体で進められてきた。

行政事務の委託

　これも行政手段の調達の一局面とも言えるが，行政事務の委託も，契約によって行われる。本来は市町村の行うべき業務である一般廃棄物の収集を業者に契約により委託する，などの例がある。近年では，行政改革や民営化の流れを受けて，駐車違反の取締りなどの公権力の行使の分野を含めて，さまざまな分野での民間委託が増加しており，それに伴い，委託のための契約のあり方も多様化している。

　また，行政事務の委託は，市町村相互間での学校教育の委託など（学教法40条），契約により行政主体相互間でなされる場合もある。しかし，これは行政権限帰属の変更となるから，法律の根拠を要する。

コラム6-③　PFIと事業契約

　国や地方公共団体の人的あるいは財政的なリソースの不足を反映して，さまざまな分野で行政活動のアウトソーシングが進行しているが，そこでも，地方公共団体等と民間事業者との間で，さまざまな形態の契約が締結される。たとえば，民間事業者がその資金とノウハウによって公共事業を行う方式であるPFI（Private Finance Initiative）は，平成11年に「民間資金等の活用による公共施設等の整備等の促進に関する法律」により，本格的に導入され，道路や病院等から刑事施設まで幅広く活用されている。この方式にも，さまざまな形態があるが，民間事業者が自らの資金で公共施設等を建設し，自ら運営して，利用料を徴収するといった形態も可能となる。事業者は，公募等によって選定され，地方公共団体等と事業契約を締結して，それに沿って事業を実施することとなる。一定規模以上の事業契約の締結には，議会の議決が必要とされる。

サービスの提供など

　次に，行政契約が多く見られる分野は，行政による市民に対するサービスの提供であり，利用者である市民との間での契約が多用される。公営水道の給水契約，公営交通の運送契約などが代表例と言える。公共施設の利用などについては，利用契約による例もあるが，地方公共団体の公の施設については，通常は使用許可によることとなっている（自治法244条の4）。補助金などの交付については，国においては，交付決定によることとされているが（補助金適正化法6条），地方公共団体においては，契約による例が多い。

　こうした分野においては，行政契約によるか行政行為によるかは根拠法の定めによることとなるが，これが存在しない場合には，行政契約と見るべきこととなる（→ **発展問題4-①** ）。しかし，契約による場合であっても，利用者等の平等かつ確実な受益を確保する観点から，料金や利用条件などは法令や利用規則などで一律に定められるのが通例であり，公共サービスなどにおいては，行政側の契約締結義務が定められる場合も少なくない（水道法15条）。いずれにせよ，契約内容に交渉の余地のない典型的な附合契約であり，契約の自由が働く余地はほとんどないと言える。

規制行政と契約

　以上のような契約は，本来的には市民相互間でも存在しうる契約であり，一方当事者が行政であるが故に特殊な制約が課せられているにすぎないとも言える。しかし，行政に固有の規制行政の分野においても，契約という手法が用いられることがある。その代表例が，いわゆる公害防止協定であり，工場などの進出に際して，地元の市町村と事業者との間において，事業者が公害防止等のための一定の措置をとる一方，市町村は進出に協力することとなどを約束する契約である。これは，合意によるものとはいえ，法令に根拠のない公害防止等のための義務を事業者に課すもので，公害規制という行政任務の手段として行政契約を利用するものと言える。こうした協定は，開発負担金協定など，まちづくりの分野などでも見られるものである。

　かつては，こうした協定に法的拘束力を認めることは法治主義を空洞化させることになりかねないとして，これを紳士協定にすぎないと解する見解もあっ

たが，今日では，その内容が具体的かつ相当なものであるかぎり，合意に基づく契約の拘束力を否定する必要はないとするのが通例である。しかし，ここでも，行政指導と同様に，契約締結に際しての任意性が確保されるべきことは，いうまでもない。

> ### ケースの中で6-④　公害防止協定の効力
>
> 　廃棄物処理業者Yは，廃棄物処理法所定の県知事の許可を得てX市内で産業廃棄物最終処分場を営んでいたが，かねてからX市との間で公害防止協定を締結しており，その中で施設の使用期限を平成15年末までとする旨を定めていた。しかし，その期限が過ぎてもYが施設の使用を継続しているため，X市は，その協定の履行として使用の中止を求めて提訴している。原審は，協定による期限の設定は，知事の許可に期限を付すに等しいなど，廃棄物処理法の趣旨に反するから，法的拘束力は認められないとして，請求を棄却した。しかし，最高裁は，知事の許可は業者に使用の継続を義務づけるわけではなく，業者が協定によって施設の廃止を約束することは自由であるから，同法の趣旨に反するという理由で期限の法的拘束力を否定することはできないとした。その上で，この期限の定めが公序良俗に反するか等の審理を尽くさせるため，事件を原審に差し戻している（最判平成21・7・10判時2058号53頁）。

> ### コラム6-④　建築協定
>
> 　規制行政の手段としての契約としては，行政が一方の当事者となる行政契約のほかに，市民間の協定に行政が認可を与えることにより，その効果を第三者に及ぼすという手法がある。建築基準法による建築協定は，一定区域内の土地所有者が区域内の建築物の用途や形態等について締結する契約であるが，市長等が認可すると，のちに土地を譲り受けた者等もこれに拘束されることとなる（建基法69条）。都市緑地法45条による緑地協定，景観法81条による景観協定も，同様の手法である。

第7章
行政活動と情報

1　行政情報の収集

行政情報の役割

　たとえば，市町村が学校教育法の定める小学校の設置運営という行政活動を実施する場合，地域の学齢児童に関するさまざまな情報を収集管理しておくことが必要となるし，それ以外にも，学校教育を実施するための膨大な情報を有することが前提となる。こうした情報を基にして学校が運営されていくこととなるが，学校を運営していく過程でも，児童についてのさまざまな情報がそこに集積することとなり，それが本人や他の児童の以後の教育に役立てられていくこととなる。

　他の多くの人間の活動と同様，あらゆる行政活動には，その前提として，何らかの情報が不可欠である。どのような行政活動であっても，その行政目的の必要に応じて，社会一般や関連する個人・企業等の情報を収集することから始まる。こうして収集された各種の情報は，その利用の便宜に即して，整理あるいは加工されて，保管される。そして，こうした情報を利用して，さまざまな行政活動が実施され，行政目的の実現が図られることとなる。さらに，行政活動自体が新たな情報を生み出すこととなるわけで，これらも集積されて，さまざまな形での利用にフィードバックすることとなる。そうした意味では，行政活動は，これを情報処理のプロセスと見ることも可能であろう。

　とりわけ，情報社会と呼ばれる現代においては，行政活動においても，情報の役割に注目が集まるのは，当然の成り行きと言える。情報技術の飛躍的な進歩は，行政活動における情報の収集・管理・利用のあり方にも大きな影響を及

ぼしつつある。行政活動における不適切な情報管理が市民に大きな不利益をもたらすといった危険も生じている。その結果，情報との関わり合いに着目した新たな行政活動の統制の仕組みが求められることとなる。

行政調査の必要性

　行政活動においては，それぞれの分野の必要に応じて，さまざまな情報が収集されることとなる。このうち，マクロの領域では，たとえば，国の経済政策の決定に際しては，経済情勢に関わる多くの情報が必要となるであろうが，こうした情報の多くは，刊行物等から収集されることとなろうし，独自の調査がなされるにしても，必ずしも行政に特有の手法が使われるわけではない。一方，ミクロの領域になると，たとえば，課税行政においては納税者の所得等の情報，社会保障行政においては受給者の生活状況に関する情報，食品衛生行政においては飲食店等の衛生状態に関する情報など，多くは特定の相手方に関する通常の手法では手に入らない情報が必要となる。そこで，さまざまな行政活動の過程において，多くの法令が行政機関に対して，質問，立入り検査，資料提出命令など，行政に独特の情報収集手段を規定している。このような行政目的の達成に必要な情報を行政機関が収集するための法的手段を「行政調査」と総称している。

　不十分な行政調査による誤った情報は，その結果としてなされる行政活動も誤らせる可能性が高い。これでは所期された行政目的は達成されず，相手方等に不測の不利益を及ぼすことも少なくない。また，違法な立入り検査など，不適切な行政調査そのものが相手方の権利を侵害することもありうる。行政調査のあり方は，行政目的の達成と相手方等の権利保護のいずれの観点からも，極めて重要な意味をもつのである。

任意調査と強制調査

　行政調査には，さまざまな態様がありうるが，相手方の任意の協力に期待するいわゆる「任意調査」によって，必要な情報が入手できることも少なくない。しかし，行政目的の達成のためには，相手方の任意の協力が得られない場合においても，何らかの強制力を用いて，一定の情報を入手する必要があることも

ありうる。こうした調査方法を一般に「強制調査」と呼ぶが，こうした調査については，法律の根拠を要することはいうまでもない。ただし，法が認める強制調査においても，その「強制」の程度は，さまざまである。

　まず，法が一定の者に何らかの報告の義務を直接に課している例は多く見られ（道交法72条1項など），また，一定の場合に，相手方に報告や資料の提出を行政機関が命ずることを認めている例も少なくない（大気汚染法26条，消防法4条など）。こうした場合の報告等の義務については，その義務違反に対しては刑罰が科されることとなっており，その意味で強制調査に含めることができるが，行政機関による実力行使などを考える余地はない。

　これに対して，法が立入り検査などの積極的な調査活動の権限を行政機関に認めている例もある（税通法74条の2第1項，廃棄物処理法19条，食品法28条など）。この場合についても，これに協力しない相手方に対しては刑罰が科されることは同様であり，これも強制調査であるということができるが，たとえば，抵抗を排除して立入り調査を実施するといった「強制力」の行使をも認めているかといえば，通常は否定的に解されている（間接強制調査）。ただし，警察官職務執行法6条1項に基づく犯罪防止のための警察官による立入りなどに関しては，その性質上，例外的に実力行使を含むものとされ（そのほか，入管法31条，税通法132条など），行政機関による実力行使として，いわゆる即時強制（→5章2），としての性格を有することになる（実力強制調査）。しかし，このような即時強制としての性格を行政調査一般が有するものでないことには，注意を要する。

その限界

　強制調査については，その要件や手続について，個別法にさまざまな規定があるが，古くから，憲法上の令状主義や供述拒否権などの適用の有無が議論されてきた（→　**発展問題8-③**　）。最高裁は，一般論としては，刑事手続だけでなく行政手続についても，これらが適用される可能性は認めているものの，税務調査における質問検査について，直接に刑事責任の追及を目的とするものではなく，物理的な強制を含むものではないなどの理由から，令状主義の適用を否定している（最判昭和47・11・22刑集26巻9号554頁）。しかし，実力強制調査については，前記の犯罪防止のための警察官の立入りのように緊急性のある

場合を除き，現行法上も，裁判官の許可状が必要とされるのが通例である（近年の立法例として，児童虐待防止法9条の3）。

一方，法が質問・検査などの調査活動の権限を行政機関に与えている場合であっても，罰則がおかれていない場合については，相手方の任意の協力によるほかはなく，任意調査ということになる（水道法17条1項など）。たとえば，警察官職務執行法2条に基づく挙動不審者への質問についても，これに応ずる義務は相手方にはなく，任意調査にとどまる。ただし，この職務質問については，最高裁は，立ち去ろうとする相手方を制止し，あるいは，相手方の承諾によらずに所持品検査をするなど，これに付随する一定の実力行使を認めており（最判昭和53・6・20刑集32巻4号670頁など），その限界に議論がある。

発展問題7-①　行政調査の違法と処分の効力

　統計調査のようなものを別にすれば，行政調査は，不利益処分をなすための情報収集を目的とする例が多い。その典型が税務調査であるが，行政調査が違法になされた場合，それに基づいてなされた処分が違法となるか否かが問題となる。違法な調査によって誤った事実認定がなされた場合については，処分が違法となるのは当然であるが，調査の違法のみを理由として，内容的には違法でない処分を違法とすることの是非については，手続の違法（→8章5）の場合と同様に，以前から議論がある。ここでも，近年は，調査の重大な違法については，処分の違法原因となりうるという見解が有力となっている。

刑事手続との関係

行政調査は，行政目的の実現のための制度であり，相手方の刑事処罰を直接の目的とするものではない。しかし，行政上の義務違反の多くには，行政刑罰が規定されており，行政調査が相手方の処罰につながることは少なくない。たとえば，課税処分のための税務当局の調査は，国税犯則事件としての相手方の処罰につながりうるし，不法投棄の措置命令のための県の調査は，廃棄物処理法違反での処罰につながりうる。

しかし，行政調査においては，相手方に報告・協力義務が課される例が多いなど，刑事手続とは異質の構造がとられているため，これを処罰と直結させる

と，憲法上の供述拒否権などと抵触するおそれが出てくる。そこで，現行法上は，行政調査と刑事手続は別個の手続であるとの建前をとり，前者を後者の手段としては利用できないこととしている（税通法74条の8，廃棄物処理法19条4項など）。しかし，関係行政機関が捜査機関に通報するといったことが少なくないなど，現実には，前者が後者の端緒となることは否定できず，その峻別は困難と言える。

前者で収集された証拠等を後者で利用できるか否かについても，その余地を最高裁は認めているが（最判平成16・1・20刑集58巻1号26頁），議論が分かれている。

2　行政情報の公開

情報公開の目的

これまで見てきたように，国や地方公共団体は，行政活動のために多くの情報を収集するが，さらに，行政活動自体の結果としても，そこには多くの情報が集積することとなる。まさに，国や地方公共団体は，巨大なデータバンクであると言える。言うまでもなく，そこに集積された行政情報は，究極的には市民全体の財産であり，行政目的に利用されるほか，特段の支障がないかぎり，市民の直接の利用にも供されるべきこととなる。

とりわけ，主権者である市民にとっては，生の行政情報に接することによって行政活動の実態を知ることは，選挙権の行使などの各種の手段によって，これをコントロールするための不可欠の前提と言える。民主主義あるいは国民主権の要請として，国民の「知る権利」や行政の「説明責任」が強調される理由も，ここにある。

さまざまな行政目的の円滑な達成という観点からも，行政活動に対する市民の理解と協力を要する場面は大きくなっており，その意味でも行政情報の市民との共有は不可欠と言える。いずれにしても，必要な行政情報は，行政機関自身の手によって積極的に市民に提供されるべきこととなろうが，現実には，これが実行される保障はない。むしろ，市民の目に触れることが行政職員等にとって不都合な情報も少なくないはずで，こうした情報を含めて，市民の請求す

る行政情報を開示することを義務づける情報公開制度が必要とされることになるのである。

行政情報公開制度

情報公開制度については，地方公共団体が国に先行して，1980年代前半から各地に広がり，現在では，ほとんどの地方公共団体が情報公開に関する条例を有している。国の行政機関については，各地の条例の経験なども踏まえて，1999年に行政機関情報公開法が制定され，ようやく情報公開制度が確立することとなった。以下，この法律による情報公開制度の概略を示しておく。地方公共団体の条例の多くも，現在では，ほぼ，これに準ずる内容となっている。

この法律が適用されるのは，国の全ての行政機関であるが，国会，裁判所は適用外である。独立行政法人や特殊法人等については，独立行政法人等情報公開法が適用される。こうした行政機関の職員が職務上作成または取得した文書，電磁的記録などで，組織的に用いられているもの（組織共用文書）が「行政文書」として，情報公開の対象となる（行政機関情報公開法2条）。

こうした行政文書については，「何人も」，行政機関の長に公開を請求できる（同法3条）。この請求には，当該文書と何らかの利害関係を有する必要はなく，また，外国人，未成年者などでも，請求できることとなっている。こうした請求があった場合には，行政機関の長は，原則として，30日以内に開示決定または不開示決定をしなければならないが（同法10条），のちに述べる不開示情報が含まれている場合以外は，開示しなければならないこととなる。文書の一部に不開示情報が含まれているときは，一部のみを開示することもある（同法6条）。

コラム7-① 行政機関情報公開法の課題

1999年の行政機関情報公開法の制定は，わが国の情報公開制度の発展において，画期的な意味を有するものであり，これに基づいて，多くの開示請求がなされてきた。しかし，なお，これを利用する立場からは，さまざまな面で，その使い勝手の悪さが指摘されてきた。これをうけて，2011年4月，当時の内閣により同法の大幅な改正案が国会に提出されたが，衆議院の解散により廃案となった。そこでは，「国民の知る権利」等が法目的として明記されたほか，主な内容は，

以下のとおりである。①公務員等の氏名の開示，②任意提供の法人等情報を不開示とする条項の削除。③国家・公共安全情報の開示について行政機関に裁量を認める条項の修正。④手数料の軽減。⑤開示決定期間等の短縮。⑥裁判におけるインカメラ審査の導入。⑦原告の裁判籍所在地の地方裁判所に裁判管轄を拡大すること，など。他方，行政の業務妨害ともなる大量請求などが目立ってきたこともあり，濫用的請求の禁止も明記されていた。

不開示情報

　先に述べたように，情報公開制度においては，請求された行政情報のすべてを開示するのが原則であるが，行政情報の中には，さまざまな理由から，市民への開示が適当でないものがあることもいうまでもない。その結果，開示すべき文書と不開示にすべき文書との選別が情報公開制度における最大の課題となる。行政機関情報公開法も，次の6種類の不開示情報を列挙し，これを含む文書については，例外的に不開示とできることとしている（同法5条各号）。

個 人 情 報

　まず，「個人情報」については，原則として不開示とされるが，これは，特定の個人が識別できる情報であれば足り，プライバシー情報など，他人に知られたくない情報に限定されるわけではない。この制度によれば，文書は万人に等しく開示されることになるため，本人からの請求であっても，個人情報を開示することは許されない。こうした個人情報についても，以前は本人への開示をこの制度により認めた例もあったが（最判平成13・12・18民集55巻7号1603頁），現在では，本人にものちに述べる個人情報保護制度の自己情報開示請求によってのみ開示されている（→7章3）。ただし，個人情報であっても，公にされることが予定されている情報，人の生命，財産等の保護のために必要な情報，公務員の職名および職務内容に関する情報は，開示されることとされている。

┃ ケースの中で7-① 　公務員の情報

　現在の法律は，公務員の職務に関する情報については，個人が識別できるもので

あっても，職名と職務内容を開示することを明文化しており，多くの条例も，これにならっている。しかし，判例は，これが明文化される以前の事件についても，公費による懇談会に参加した職員の役職や氏名について，個人情報には該当しないとして，その不開示を違法としている（最判平成15・11・11民集57巻10号1387頁）。ただし，その氏名は，現行法下では，公にする慣行がない限り，不開示となる。また，公務員の情報であっても，その職務に関わらない情報は，現行法の下でも，個人情報として不開示となる。ただし，出勤簿中の「休暇」の記載が私事とされる一方，「欠勤」は私事でないとされるなど，その判別は微妙である（最判平成15・11・21民集57巻10号1600頁）。

法人等情報

　法人等の団体に関する情報である「法人等情報」については，競争上の地位など，その正当な利益を害するおそれのある情報が不開示となるが，それ以外でも，不開示とする条件で任意に行政機関に提供された情報は，その条件が合理的であれば不開示となる。ただし，この法人等情報についても，人の生命，財産等の保護に必要な情報は，開示される。

ケースの中で7-② 　工場のエネルギー使用量の情報

　「エネルギーの使用の合理化等に関する法律」によって，エネルギーを多く使用する事業者は，燃料等や電気の使用量などを記載した定期報告書を経済産業大臣等に提出すべきこととされているが，大臣の委任を受けた地方の経済産業局長に定期報告書の開示が請求された。これに対して，同局長は，開示に反対した一部の事業者について，それが法人等情報に該当するとして不開示としたため，請求者が取消しを求めて出訴している。最高裁は，同日の二つの判決で，これらの情報は，それを基に事業所の製造原価や技術水準を推計することが可能なもので，これを開示すると，事業者は，より不利な条件の下で価格交渉や事業上の競争を強いられ，競争上の地位その他正当な利益を害される，として不開示を妥当と判断している（最判平成23・10・14判時2159号53頁）。

国家・公共安全情報

　国の安全を害したり，外交上の不利益を生じさせたりするおそれのある「国家安全情報」，さらには，公共の安全や秩序に支障を及ぼすおそれのある「公

共安全情報」も，不開示情報である。この法律においては，外務省，防衛省，警察庁なども対象機関に含まれており，それらの保有する行政文書も，これらの不開示情報などに該当するか否かが個別に判断されることとなる。ただし，これらの不開示情報においては，他と異なり，その該当性について，行政機関の長に一定の裁量の余地を認める表現がとられている。

事務・事業情報など

さらに，国や地方公共団体の内部または相互間の審議，検討，協議等に関わる「審議・検討情報」については，率直な意見交換等を損なうおそれ，国民に不当な混乱を生ぜしめるおそれ，特定個人に不当な利益や不利益を及ぼすおそれがある場合に，不開示となる。そのほか，国や地方公共団体の「事務・事業情報」であって，その開示によって，事務・事業の目的が損なわれ，あるいは，適正な執行に支障が生じるおそれがあるものも，不開示となる。

ケースの中で7-③　内閣官房報償費

内閣官房報償費は，国の事務事業を円滑かつ効果的に実施するために内閣官房長官の判断により機動的に支出される経費であるとされ，毎年度，十数億円が予算化されている。別名，官房機密費ともいわれるように，その使途は明らかにされておらず，国会対策費などとしても用いられているといわれる。それに関する文書の開示を行政機関情報公開法に基づき市民団体が請求したのに対して，国は，支出の相手方が明らかになると，その協力が得にくくなり，内閣官房長官の職務の適正な遂行に支障が生じるなど，事務事業情報などの不開示事由に該当するとして，そのほとんどを不開示とした。この決定に対して，最高裁は，支払いの相手方や具体的な使途が相当の確実性をもって特定されうる部分については，不開示を認めたものの，内閣官房長官の政策判断で支出できる政策推進費への繰入額や各月の支払合計などがわかるにすぎない部分については，その開示を命じている（最判平成30・1・19判時2377号4頁）。

情報の不存在

以上の不開示情報が含まれる場合のほか，請求された行政文書が存在しない場合にも，不開示決定がなされることとなる。存在しない文書の作成を請求す

ることはできない。また，請求された文書の存否自体が不開示情報に当たる場合（たとえば，特定人についての犯罪捜査記録の存否を答えると，その者が捜査対象となったか否かを答えることになる），その存否の応答自体を拒否できることとされている（行政機関情報公開法8条）。

ケースの中で7-④　沖縄密約文書事件

　開示請求された文書の存否が争われた事件としては，沖縄返還に絡む財政負担等についての日米政府間交渉の内容に関する文書の開示が外務大臣および財務大臣に請求された事件が有名である。この請求について，国側は，それを保有していないとして不開示決定をした。一審は，これらと同一の文書が既に米国で公開されていることなどから，その存在を認めて開示を命じている。これに対して，控訴審は，それが作成されたことは認めたものの，既に破棄された可能性等を否定できないとして，それを不存在と認めている。最高裁は，行政機関が文書を保有していることの主張立証責任は請求者が負うものであり，本件においては，文書の保管状況などからみて，本件文書が作成されたとしても不開示決定の時点まで保有していたとは推認できないとして，控訴審の判断を支持している（最判平成26・7・14判時2242号51頁）。

不開示への救済

　不開示決定に対しては，行政訴訟および行政上の不服申立てによって争うことができるが，後者の処理については，情報公開・個人情報保護審査会（→コラム7-②）への諮問が義務づけられている（行政機関情報公開法18条）。現実にも，特に各地の情報公開条例に基づく不開示決定に対しては，非常に多くの取消訴訟が提起されており，不開示情報該当性に関する最高裁の判例も少なくない。また，逆に，開示決定について，それによって利益を害される第三者が争う例もある（最判平成13・11・27判時1771号67頁など）。

コラム7-②　情報公開・個人情報保護審査会

　「情報公開・個人情報保護審査会設置法」に基づき，総務省に15名の委員からなる情報公開・個人情報保護審査会が置かれている。行政機関と独立行政法人等に対する情報公開請求や自己情報開示請求などについての不服申立てがなされた場合，不服申立てを受けた行政機関等は，原則として，この審査会に諮問し，答

申を受けて，裁決をすべきこととなる。審査会は，当該行政文書を実際に見分する（インカメラ審理）などの手続により，審査を実施し，答申する。行政機関等は，その答申に法的に拘束されることはないが，これを尊重すべきことは当然とされる。ちなみに，各地方公共団体においても，名称や組織に多少の違いはあるものの，それぞれの条例に基づき，類似の審査会が置かれている。

コラム7-③　インカメラ審理

　文書の開示の可否が争われている訴訟において，それを裁判所が判断するための最も簡便な方法は，もちろん，当該文書自体を見分することである。しかし，現実には，これは行われておらず，裁判所は，それを見分せずに判断を下している。なぜなら，裁判の証拠は当事者双方に開示されるのが原則であり，もし，裁判所が当該文書を証拠として見分することになれば，これが原告にも開示されてしまう結果となり，訴訟の意味が失われてしまうからである。そのためには，原告に開示することなく，裁判所のみが当該文書を見分する通常とは異なった手続が必要となる。こうした手続を「インカメラ（in camera）審理」と呼び，すでに不服申立てを処理する情報公開審査会などでは実施されているが，これを裁判手続にも導入すべきであるとする意見がある。しかし，当事者の吟味を経た証拠のみに基づき裁判を行うことは訴訟の基本原則であり，判決の書き方など，手続上も難しい問題が残る。そこで，最高裁も，インカメラ審理を行うことは，明文の規定がない現状では許されないとしている（最決平成21・1・15民集63巻1号46頁）。ただし，その導入を違憲としているわけではないので，今後の立法の課題ということになる。

3　行政情報の管理

情報管理の必要性

　いうまでもなく，行政調査など，さまざまな手段によって収集された情報は，行政活動に利用するため，さらには，情報公開による市民の利用のために，適正に保存・管理されなければならない。収集された行政情報が無秩序に散逸し，

廃棄され，あるいは流出するといったことがあっては，行政目的の達成に支障をきたすこととなる。このため，行政情報の管理に関しては，さまざまな法制度が存在する。

　たとえば，行政情報の伝統的な存在形態である公文書の管理に関しては，国や地方公共団体に公文書管理制度が存在する。国においては，2009年に統一的な公文書等管理法が制定され，公文書管理の基本的事項が定められたが，それに基づいて，各省庁等が文書管理規則を制定し，それぞれの保有する文書の管理方法や保存期間などについて定めることとされている。ちなみに，行政目的での使用が終了した国の公文書についても，歴史的に価値のあるものについては，国立公文書館法に基づき，国立公文書館において保存される。

個人情報の管理

　行政機関が保有する多様な情報の中でも，とりわけ厳格な管理が求められるのは，個人に関する情報である。租税の賦課徴収のためには，納税者の財産等に関する詳細な情報が不可欠であるが，一般に，国や地方公共団体は，各種の行政目的の実現のための活動の前提として，極めて大量かつ多様な個人情報を収集し保管している。こうした情報の中には，個人の名誉やプライバシー等に係る重要な情報も少なくないはずで，これが外部に漏洩し，あるいは不適正に利用されるといったこととなれば，本人に重大な被害が及ぶこととなりかねない。とりわけ，コンピュータ等が普及した現代においては，こうしたリスクは，極めて大きくなる。

　もちろん，個人情報の不適正な管理等によるリスクは，行政機関に固有なものではなく，民間企業などによる漏洩なども多く報道される。しかし，「自己情報のコントロール権」といった考え方が示すように，個人情報の使い方は，本来，本人が決定すべきものであるが，行政機関については，行政目的の実現のために，場合によっては，強制調査といった手段により，これを収集し利用することが認められている。こうした観点からは，行政機関は，その収集し保管した個人情報については，民間企業以上に厳格な管理をすべき責任を負っているといわなければならない。そこで，個人情報保護法は，民間企業等における個人情報の管理と並んで，国や地方公共団体の行政機関等における個人情報

の管理を規律する規定をおき，その厳格な管理を担保している。

発展問題7-②　マイナンバー制度と個人情報

　2013年に制定された「行政手続における特定の個人を識別するための番号の利用等に関する法律（マイナンバー法または番号法）」によって，全国民に「個人番号」（法人については法人番号）が付されることとなった。そして，税務，社会保障，災害対策などのために国や地方公共団体などが保有する個人情報は，この個人番号を利用して管理されることとなった。これによって，たとえば，納税申告書と支払元からの提出書類を容易に照合して過少申告を防止できるなど，正確で効率的な行政事務処理が期待できることになる。しかし，この個人番号を含む個人情報（特定個人情報）が流出あるいは悪用されると，本人に大きな被害が及ぶことになりかねない。そこで，同法は，こうした特定個人情報について，目的外利用や外部提供を厳しく制約するなど，通常の個人情報より厳格な管理を要求している。さらに，その管理や保護措置などを行政機関が評価する制度も設けられている。

個人情報保護制度の沿革

　行政機関の保有する個人情報の保護に関しても，情報公開と同様，その整備は地方公共団体が先行し，その内容はさまざまであったが，1980年代から，多くの地方公共団体で個人情報保護条例が制定されてきた。これに対して，国において，こうした制度が整備されたのは，2003年の行政機関個人情報保護法による。この法律は，個人情報保護全般の原則と民間部門の個人情報保護制度について定めた個人情報保護法の成立を機に制定されたもので，同時に独立行政法人等個人情報保護法も制定されている。これによって，行政機関の保有する個人情報の保護については，情報公開制度と同様，国については法律，地方公共団体については従来どおり条例により規律するという制度となった。

　しかし，近年になると，ビッグデータ（→　**コラム7-④**）などの個人情報を有効に活用する等の見地から，民間と国・地方公共団体の個人情報保護制度が不整合であることは不都合であるという声が強まった。これを受けて，2021年に個人情報保護法が改正されて，同法に行政機関に関する個人情報保護の規定（第5章　行政機関等の義務等）がおかれることとなった。そして，行政機関

個人情報保護法と独立行政法人等個人情報保護法が廃止され，2022 年には，国の行政機関等について，これらの個人情報保護法の規定が適用されることとなった。さらに，これらの個人情報保護法の行政機関等に関する規定は，2023年から地方公共団体にも適用されることとなり，これによって，各地方公共団体の個人情報保護条例は，一部の独自規定等の余地は残るものの，ほぼ，その役割を終えることとなる。なお，これに併せて，個人情報の管理について，民間部門の監督に加えて，国や地方公共団体の行政機関等の監視についても，2016 年に設置された個人情報保護委員会が権限を有することとなった。

コラム7-④　ビッグデータの活用と法改正

　医療機関は，患者の病歴や治療等に関する大量の電子データを保有しており，これを集約して分析すれば，新たな治療法の開発などが期待できる。さらに，交通機関の保有する乗客の移動等に関する電子データも，その集約と分析によって，さまざまな営業活動に利用できることとなるなど，こうした大量の電子データ（ビッグデータ）の利用は，今後の産業の発展に大きな役割を果たすものと期待されている。しかし，これらのデータは，もともとは個人の識別できる個人情報であるから，これを集約するためには匿名化することが必要であり，これが厳格になされなければ，本人の権利が害される恐れもある。そこで，2015 年に個人情報保護法が改正され，匿名化の方法や個人識別行為の禁止など，「匿名加工情報」の利用のルールが立法化された。

　これに併せて，国の保有するビッグデータについても，その利用を促進すべきであるとして（オープンデータ），当時の行政機関個人情報保護法も改正され，民間事業者等の提案により保有個人情報を匿名化して提供する制度が導入された。この行政機関等匿名加工情報の制度は，2021 年改正の個人情報保護法にも受け継がれ（同法 109 条以下），地方公共団体（とりわけ都道府県と政令都市）にも適用されることとなる。

行政機関等による個人情報の取扱い

　以下，個人情報保護法による行政機関等による個人情報の取扱いに関する規律を簡単に見ておくと，まず，この制度の対象となる「行政機関等」には，ほぼすべての国の行政機関，地方公共団体の機関，独立行政法人などが含まれ

（2条11項），それらの職員が職務上作成・取得して組織的に用いるために保有する「行政文書等」に記録された「個人情報」である「保有個人情報」が保護の対象となる（60条1項）。ちなみに，「個人情報」とは，生存する個人に関する情報であって，「特定の個人を識別することができるもの」などをいう（2条1項）。

　さて，行政機関等は，こうした個人情報については，業務等に必要な限りで利用目的を可能な限り特定して保有しなければならず（61条），特に本人から直接に収集する場合には，あらかじめその目的を本人に明示しなければならないとされる（62条）。また，偽りその他不正な手段で取得してはならない（64条）。こうして収集された保有個人情報については，行政機関等は，その正確性が確保されるように努めなければならず（65条），その滅失や漏洩などを防止する措置をとらなければならない（66条）。そして，不適正な方法で利用してはならず（63条），原則として，その利用目的以外の目的のために利用したり，外部に提供することは許されない（69条）。特に，保有個人情報を電子計算機などで検索できるように体系化した「個人情報ファイル」については，その保有について，あらかじめ個人情報保護委員会に通知しなければならず，保有するファイルを記載したファイル簿を作成して公表しなければならないこととされている（74条，75条）。

　一方，個人情報を扱う行政機関等の職員は，その業務で知りえた個人情報の内容をみだりに他人に知らせたり，不当な目的に利用してはならない（67条）。特に，職員等が正当な理由なく個人情報ファイルを提供したときや不正の目的で保有個人情報を提供または盗用したときなどについては，罰則が設けられている（176条）。

本人の関与

　さらに，行政機関等が保有する個人情報の保護のためには，その内容や用途に関する本人による監視の機会が保障されなければならない。そこで，本人に自己についての保有個人情報の開示を求める権利が認められており，この請求がなされると，請求者の生命や健康等を害するおそれがある場合，第三者の個人情報が併せて記載されている場合，行政機関等の事務事業の適正な遂行に支

障をきたす場合など，法定の不開示事由に該当しない限り，行政機関の長等は，これを開示しなければならない（78条）。ちなみに，こうした「個人情報」は，情報公開制度によっては，（本人に対しても）開示されることはなく，この自己情報の開示請求によって本人のみに開示されることとなる（→**2**）。さらに，開示された保有個人情報の内容が事実と異なると思料するときは，本人は，その訂正を請求することができる（90条）。また，保有個人情報の不適切な保有，利用，提供がなされていると思料するときは，本人は，その利用停止等を請求することもできることとされている（98条）。

　これらの請求が拒否された場合などには，本人は，これらの処分を行政不服審査法による審査請求や行政事件訴訟法による抗告訴訟により争うことができるが，国の行政機関の長等に対する審査請求の処理については，情報公開請求の場合と同様に，原則として，総務省の情報公開・個人情報保護審査会（→ **コラム7-②** ）への諮問を要する（105条1項）。地方公共団体の機関に対する審査請求については，それぞれの条例の定める審査会等への諮問がなされることになる（同条3項）。

ケースの中で7-⑤　刑事施設被収容者の診療記録の本人開示

　診療記録は，患者本人の個人情報であるが，診療への不信等から，法や条例に基づき，国公立病院の診療記録の開示が本人から請求される例が少なくなく，本人開示請求の典型例ともいえる。こうした診療記録は，以後の本人の治療に支障を及ぼすなどの特段の不開示理由（個人情報保護法78条1項2号など）がなければ，本人に開示されるべきこととなる。一方で，刑事事件の裁判や刑の執行等に関する保有個人情報（刑事裁判等関連事項）については，本人の開示請求等の対象から除外されている（124条1項）。これは，前科等が記載された開示文書を提出させることによる就職差別等を予防するためであるといわれる。

　近年の事件においては，未決拘禁された者が拘置所内での診療の記録の開示を請求しており，前記の規定と同内容の行政機関個人情報保護法（当時）の除外規定が適用されるか否かが争われているが，原審は，刑事裁判に係る個人情報であるとして，その適用を認めている。これに対して，最高裁は，①同法の前身である（旧）電子計算機個人情報保護法においては，刑事裁判等関連事項と並んで，病院等における診療関連事項一般も開示対象から除外されていたこと，②刑事施設内と病院等における診療の性質は異なるものではないことから，旧法においては，刑事施設内

の診療も後者の事項に属するものと解されること，③新法の制定に際して，診療関連事項が開示対象から除外されないこととなったが，その際，刑事施設内での診療についての個人情報を開示対象から除外することが検討されていないこと，などから，同法においては，刑事施設における診療記録は，開示対象から除外されていない，と判示している（最判令和3・6・15民集75巻7号3064頁）。

第**3**編　行政活動に対する制約原理

　行政権には，公益達成のために多様な権力的または非権力的な権限が認められる一方，かかる権限が不法に行使されないようにするため，法治主義や「法律による行政の原理」には，極めて重要な役割が託されている。しかし，こうした行政法の基本原理は，それだけではかなり漠然とした考え方であるので，行政活動の法適合性確保のために，これをいかに実効的な法規範として機能させるかが課題となる。そこで，本編では，行政活動に対する具体的な統制ないし制約のための法原理のあり方を，さまざまな視点から取り上げることにする。

　従来の行政法は，まず，行政作用の内容面に対する実体法的な規律づけには熱心であった反面，行政手続の適正確保という点では手薄だった。そのような実体法中心の考え方だけで，行政作用を適正にコントロールし国民の権利自由を十分に擁護することは，可能なのだろうか。かかる反省を踏まえ，今日では適正手続保障のための法制度が整ってきているが，それは一体どのような行政手続を定めたものなのだろうか。他方，行政活動の適法性を内容面で規律する実体法的法規範によるコントロールは，今日どのような状況にあるのだろうか。また，そのような行政法規範の中には，法の一般原則と呼ばれるルールや通達・訓令等の内部規範も含まれるのだろうか。

　本編は，以上のような疑問に答えることを目的としている。いずれも，従来の行政法総論の枠組みでは，法治主義論の中に組み込まれてきたテーマである。しかし，複雑化をきわめ裁量性を高める傾向にある現代行政を前にして，実効的な適法性審査を確保しようとするならば避けて通ることのできない重要な論点を本編で取り出し，集中的に論じることとしたわけである。

第8章
手続法的コントロール

1 手続法的コントロールとは何か

適正手続保障の意味

今日の法治主義について語る場合に真っ先に注目すべきなのは，行政活動の内容面での法の支配を重視する実体法的な法治主義と並んで，適正な行政手続保障により手続面でも法の支配を実現しようとする傾向にあることである。

ここで適正な行政手続保障には二つの意味が含まれている。一つは，不利益処分や許認可申請に対する処分等のように個々の国民の権利自由に直結する行政活動について，公正で透明性のある手続を保障するという意味である（権利保護型手続保障）。もう一つは，個々の国民の権利自由の保護とは別に，行政立法や政策決定・計画決定のプロセスを公正かつ透明なものとすることによって，民主主義的決定過程の公正性と透明性を確保するという意味である（民主主義的プロセス保障）。

従来の法治主義では，このような手続保障の必要性が重視されていなかった。というのは，伝統的な法治主義では，議会制定法である法律が，行政処分その他公権力行使の要件や効果等の実体面の規律を行うことが，主たる関心事とされたからである。そして，実際の行政作用がかかる法律による実体法的規律に違反することにより国民の権利自由を違法に侵害する場合には，裁判所が，行政訴訟や国家賠償訴訟において，当該行政作用が適法であるか否かに関する司法審査を通して事後的救済を図ることに，主眼を置いた法制度が採用された。

このような法律に基づく事前の実体法的規律と裁判所による事後的救済を基軸にした考え方は，一面では，行政の適法性確保および国民の権利の保護救済

という役割を果たしてきた。しかし，実体法的な規律と裁判所による事後的救済だけでは，十分な権利保護と行政作用の適正性を確保できない場合が生じる。

> **コラム 8 -①** 「法治国家」と「法の支配」
>
> 　明治憲法下での実体法中心の法治主義の考え方に影響を及ぼしたのは，19世紀後半にドイツで確立したヨーロッパ大陸法的な「法治国家」（Rechtsstaat）思想であった。
>
> 　これに対し，事前手続重視の考え方は，英米諸国の法制度において早くから確立した。英米両国におけるコモンローの伝統の下では，行政活動も，一般の私人の活動と同様に，等しく「法の支配」（Rule of Law）に服すべきであると考えられていたため，私人間の紛争が訴訟等の司法手続を通して解決されるのと同じように，行政処分その他の行政作用も，司法手続類似の公正な手続に則って行われるべきであると考えられてきた。かかる手続重視の思想の下で，英米両国では，国民の権利自由を制約する処分等の際に，行政機関の公平性（impartiality）確保，適正な事前告知と公正な審問（notice and hearing）という一連の手続的適正保障を重視する考え方が，20世紀中葉には確立したと考えられている。
>
> 　わが国でも，日本国憲法の下で，アメリカ憲法の影響の下に英米法的な適正手続保障を重視する考え方が導入された。その結果，今日のわが国の行政法は，大陸法的な実体法重視の考え方を基盤としながら，英米法的な手続法重視の思想を加味した考え方の上に立脚することとなった。

なぜ適正手続保障が必要か

では，行政活動について，なぜ，適正手続保障が必要不可欠なのだろうか。

第1に，一般的抽象的な法律の規定による内容面の規律だけでは，個々のケースの具体的事情や不利益処分等により自己の権利利益に影響を受けることとなる私人の個別的事情が十分に考慮されないため，不十分な情報や誤った事実認識の下で不利益的な処分等が行われるおそれがある。したがって，個々の行政作用の適法性や妥当性を確実に実現しようとするならば，実体面に主眼を置いた法律上の規律だけではなく，処分の相手方その他の国民に弁明等による防御の機会を与えたり，意見を聴取したりする事前手続が欠かせない（手続保障の実体的適正確保機能）。

第2に，国民の権利自由を十分に保護するためにも，行政処分等による損害
や権利侵害が生じる前の段階での手続参加により防御や意見表明の機会を保障
する必要がある（手続保障の権利保護機能）。裁判所による事後的救済が可能で
あるとしても，相手方は，勝訴判決を得て権利自由を回復するまでに既に重大
な不利益を被っているのであるから，それだけで十分な権利保護が確保された
とは到底言えないからである。

　第3に，個々の行政作用に際して，内容面だけではなく手続面でも適正な処
遇を受けることは，個人の尊厳の保護にとって不可欠の要請であると考えられ
るし，また，法治主義や法の支配の原理には，かかる手続的保護の思想が内在
しているとも考えられる（手続保障自体の保護法益性）。

憲法との関係

　わが国では，日本国憲法の下で，適正手続保障の必要性が認識されるように
なった。その結果，個別の行政関係諸法律で，侵害的な処分や行政強制および
許認可申請等の手続の一部に，理由付記，聴聞（意見聴取），令状交付，意見書
提出等の事前手続に関する規定が定められた。しかし，統一的な行政手続法制
が確立するには，1993年の行政手続法制定を待たなければならなかった。

　その間，判例は，理由付記，聴聞その他の意見聴取手続，諮問手続等を定め
た個別法律規定を手がかりに，それぞれの手続規定を形骸化させず実質化させ
るための数多くの判断を示してきた（特に，後述の許認可申請の際の意見陳述手続
に関する個人タクシー事件上告審判決，および，許認可申請に関する諮問の際の公聴会
手続に関する群馬中央バス事件上告審判決参照）。しかし，憲法規定との関係につ
いての明確な判断は，長い間示されなかった。これを明確化したのは，1992
年の成田新法事件上告審判決（最大判平成4・7・1民集46巻5号437頁）である。

　この事件で，最高裁は，不利益的処分について告知，弁明，防御の機会を保
障しない法律といえども，必ずしも違法ではないと結論づけた。しかし，憲法
31条に基づく手続保障の対象については，刑事手続のみならず行政手続にも
及びうることを明確に認めたのである。

　新東京国際空港（成田空港）については，過激派による破壊活動から安全性を確保するための法律として，「新東京国際空港の安全確保に関する緊急措置法」（現在名「成田国際空港の安全確保に関する緊急措置法」）が制定された。この法律の2条3項に基づき指定された規制区域内にある団結小屋等の工作物について，多数の暴力主義的破壊活動者の集合場所や爆発物・火炎びん等の製造・保管場所として使用されまたはそのおそれがあるとの理由により，期限を付した使用禁止が命じられたのに対して，かかる処分に当たって事前の告知，弁解，防御の機会を与える法律上の規定がなく，実際にも，そのような措置がとられなかったことが，手続上違法ではないかが争われた。

　最高裁は，結論としては，本件のごとく当該空港の安全性を確保すべき高度かつ緊急の必要性が認められるケースでは，告知，弁解，防御の機会を保障することなく本件のような使用禁止命令を行ったとしても違法ではないとの判決を下した。しかし，「憲法31条の定める法定手続の保障は，直接には刑事手続に関するものであるが，行政手続については，それが刑事手続ではないとの理由のみで，そのすべてが当然に同条による保障の枠外にあると判断することは相当ではない」として，行政手続も，部分的には憲法31条による手続的保障の範囲内にあることを肯定した。

　他方で，最高裁は，行政手続には刑事手続と性質上の差違があることも重視し，行政目的に応じた手続の多様性を許容している。その結果，憲法31条の保障が及ぶべき場合でも，「処分の相手方に事前の告知，弁解，防御の機会を与えるかどうかは，行政処分により制限を受ける権利利益の内容，性質，制限の程度，行政処分により達成しようとする公益の内容，程度，緊急性等を総合較量して決定されるべきものであって，常に必ずそのような機会を与えることを必要とするものではない」と述べた。これにより，行政手続については，憲法上の保障の内容が一義的に定まっているわけではないこと，したがって，不利益処分といえども常に告知，弁解，防御の機会の付与が要求されるわけではないことが，明確化されたわけである。

発展問題8-① 行政手続保障の憲法上の根拠

　適正な行政手続保障の憲法上の根拠については，①憲法31条説，②憲法13条説，③手続的法治主義説の三つの説が唱えられてきた。憲法31条説は，司法裁判手続に近づける方向で行政手続の充実化を図ろうとする場合には説得力のある考え方であるが，同条はもともと刑罰手続を想定した規定であることから，かかる同条のルーツに由来する制約をいかにして克服するかが，課題となる。また，憲法13条

説には，刑事手続との関連づけを回避できるというメリットがあるが，「生命，自由及び幸福追求に対する国民の権利」保障という憲法13条の定め方からは，確保すべき手続的公正の内容および程度を決するための手がかりを得ることが困難であり，明確さに欠ける面がある。

これに対し手続的法治主義説は，特定の憲法規定を援用せず，憲法の大前提である法治主義の現代的意味づけとして，行政作用の適正手続保障を読み込もうとする考え方である。手続的法治主義から直ちに特定の手続的保障内容を引き出すことは困難であるが，手続的法治主義説は，行政手続の適正化のための立法指針として機能することは可能であり，実際，1993年の行政手続法制定の際の立法理念としての役割を果たした。

行政手続法制定の意義

ところが，わが国では，行政手続に関する一般法はなかなか制定されなかった。現行の行政手続法が制定されたのは1993年である。

行政手続法は，「処分，行政指導及び届出に関する手続並びに命令等を定める手続に関し，共通する事項を定めることによって，行政運営における公正の確保と透明性……の向上を図り，もって国民の権利利益の保護に資すること」（行手法1条1項）を目的とした法律である。「公正」の確保と並んで「透明性」の向上を掲げた点に，この法律の趣旨が明瞭に示されている。同規定には，「透明性」について，「行政上の意思決定について，その内容及び過程が国民にとって明らかであること」という定義が明示されており，かかる立法趣旨は，後述の許認可等の審査基準や標準処理期間の設定・開示，不利益処分の処分基準の設定・開示，理由の提示，情報提供や関係文書の閲覧等の一連の規定に具体化されている。

このような権利保護型手続の整備に重きを置いた法律の制定は，実体法に偏重した従来の法治主義の考え方に対する修正を意味しており，わが国の行政法制の中で画期的な意義を有している。

コラム8-② 民主主義的プロセス保障は不十分

行政手続法制定の背景には，適正手続保障を充実させようとする考え方とともに，経済規制を緩和しようとする国内外からの働きかけもあり，そのような外的

要因が行政手続法制定を促進したという一面があることも見逃せない。その意味で，行政手続法は，個人や企業の自由な活動に対する裁量的事前規制の比重を低減させ，それによって生じる紛争は訴訟等の事後的解決に委ねるという考え方（「事前規制から事後救済へ」）とも関連している。

その結果，行政手続法は，申請に対する許認可等の処分や不利益処分および規制的行政指導等に対し，主に直接の相手方の権利保障を意図した法律として制定された。個々の手続規定の面でも，基準の設定と開示，処分理由の提示，申請に対する許認可等の手続の適正化と迅速化等を中心とした規定が盛り込まれた。その反面，公聴会や計画決定手続等の民主主義的プロセス保障については，十分な規定が設けられなかったのである。

行政手続法は何を定めた法律か

行政手続法は，行政処分（「申請に対する処分」および「不利益処分」），行政指導および届出に関するさまざまな規定を定めている。これらの行政作用を対象に，権利保護型手続保障を主たる目的に制定された法律である反面，民主主義的プロセス保障については十分な規定を設けていない。

このうち行政指導に関する諸規定については，行政指導を扱う章（→6章）で解説しているので，以下では，処分に関する手続を中心に解説するとともに，届出についてはコラムで触れるに止める（→ **コラム8-③**）。

ただ，2005年改正により，行政手続法には，「命令等」の制定の際の意見公募手続に関する規定（行手法38条以下）が新設された。これは，それまでは閣議決定に基づく事実上の制度として実施されてきた行政立法の際のパブリック・コメントを，対象範囲を行政立法ばかりではなく審査基準，処分基準，行政指導指針にまで拡張し，また手続的にも再整備した上で法制化したものである。この改正により，行政手続法における民主主義的プロセス保障が強化されたことに注目する必要がある（→3章**1 意見公募手続**および10章**2 通達・訓令の外部法化**）。

2　申請処分手続

申請処分手続と不利益処分手続

　行政手続法は，「処分」概念について，「行政庁の処分その他公権力の行使に当たる行為をいう」（行手法2条2号）として，抗告訴訟における「処分」（行訴法3条2項）と同様の定義を定めた上で，処分の適正手続確保のための規律の対象を，「申請に対する処分」と「不利益処分」に絞っている。

　このうち「申請に対する処分」とは，法令上の申請権に基づく申請を受けて行政庁が行う「許可，認可，免許その他の自己に対し何らかの利益を付与する処分（以下「許認可等」という。）」（行手法2条3号）のことである。種々の営業や事業に関する許可や免許，バス運賃や鉄道料金の認可等の許認可に限定されず，生活保護の開始決定や社会保険の給付決定のような公的サービス給付決定等も含まれる。

審査基準の設定・開示

　申請処分手続については，まず，「審査基準」の設定および開示が義務づけられる（行手法5条1項・3項，2条8号ロ参照）。規定上は，審査基準を「定めるものとする」（行手法5条1項）とされているが，法令の規定を具体化・詳細化する基準が必要であると考えられる場合には，特に支障がない限りこれを定めることを義務づける趣旨の規定であると解されている。

　次に，審査基準の内容は，各処分の性質に照らして「できる限り具体的なものとしなければならない」（行手法5条2項）。基準内容の具体性を要求することにより，申請者には申請の結果について見通しの良さを確保し，行政庁には自由裁量の余地を少なくしようとする趣旨である。さらに，開示方法について，法律は，「公にして」（同条3項）おくことを要求するに止まり，事前に何人も自由に見られる状態に公表することまで要求する趣旨ではない。とはいえ，窓口等で閲覧等の要求がある場合には，閉庁時間帯等を除きいつでも閲覧できる状態に置いておく必要がある。

　以上の諸規定により，審査基準および後述の処分基準のあり方につき統一的

な手続規定が確立したが，その先駆的意義を有する判例が，個人タクシー事件（→ ケースの中で8-②）に関する判決である。

ケースの中で8-② 個人タクシー判決

　この事件では，道路運送法の規定に基づく個人タクシー事業免許に関する申請拒否処分の手続的適法性が争われた。この事件で，最高裁は，「本件におけるように，多数の者のうちから少数特定の者を，具体的個別的事実関係に基づき選択して免許の許否を決しようとする行政庁としては，事実の認定につき行政庁の独断を疑うことが客観的にもっとも認められるような不公正な手続をとってはならないものと解せられる」とした（最判昭和46・10・28民集25巻7号1037頁）。

　この事件では，「当該事業の遂行上適切な計画を有するものであること」，「当該事業を自ら適確に遂行するに足る能力を有するものであること」等の免許要件を定めた道路運送法の規定（当時の道運法6条1項3号〜5号）の適用が問題となったが，判決理由は，このように法律が抽象的な免許基準を定めているにすぎない場合には，「内部的にせよ，さらに，その趣旨を具体化した審査基準を設定し，これを公正かつ合理的に適用すべく，とくに，右基準の内容が微妙，高度の認定を要するようなものである等の場合には，右基準を適用するうえで必要とされる事項について，申請人に対し，その主張と証拠の提出の機会を与えなければならないというべきである」と述べた。そして，本件で行われた聴聞（当時の道運法122条の2）では，法律所定の抽象的な免許基準をさらに具体化した審査基準に沿って申請人に十分な主張・立証の機会を与えなかったため，判決は，免許拒否処分を違法として取り消した。複数申請人を相手になされる競願的な許認可手続について，最高裁として初めて適正手続保障の必要性を認めるとともに，具体的な手続内容を明確化した判決である。

　他面，この判決の判例理論としての射程範囲は，複数申請人間の競争関係を想定した許認可に関する事案に限定されている。これに対し，行政手続法は，社会保険の給付申請等まで含め申請処分手続全般に審査基準の設定を求めるとともに，不利益処分に関する基準設定（→ 3 処分基準の設定・開示）も求めており，判例の考え方を拡張している。また，上記判例の射程範囲は，個々の法律に規定された意見陳述手続に関するケースに限定されていたが，行政手続法は，この制約も取り払い，基準の設定・開示に関する一般手続を定めたのである。

拒否処分の理由の提示

申請拒否処分と不利益処分は，相手方に不利益的効果をもたらす処分である

という点で共通している。行政手続法は，申請拒否については「申請者」に対し，不利益処分については「名あて人」に対して，処分と同時に処分理由の提示を行うことを義務づけた（行手法 8 条 1 項・14 条 1 項）。

　何のために，処分理由の提示を義務づける必要があるのだろうか。それについては，①行政庁が相手方にとって不利益に働く処分を行う際に，その理由を同時に開示することによって，行政庁の判断から恣意を排除し公正かつ慎重な行政判断を確保させる（恣意排除・適正性確保）とともに，②処分の相手方が不服申立てや訴訟により争うための主張立証の手がかりを与える（争訟機会の実質保障）という，二重の理由によるとされてきた。その意味で，処分理由の提示は，行政庁の権限行使の適正を確保し相手方の権利保護を図る上で不可欠であるが，従来は，個別法律ごとの理由付記に関する規定がまちまちで，同程度の不利益的処分でありながら理由付記に関する規定の存否によって正反対の扱いがなされるという事態が生じていた。行政手続法は，こうした不合理を解消し，不利益処分と申請拒否処分については一律に理由の提示を義務づけたわけである。

　ところで，①恣意排除・適正性確保および②争訟機会の実質保障という，理由の提示に期待される二重の機能の重要性にかんがみるならば，提示される理由の内容は，処分の実質的理由づけを示すものでなければならないはずであり，単に形式的な理由を提示すればすむというものでないことは明らかである。このように提示される理由内容の実質性を確保させようとする考え方は，行政手続法制定前において個別法に基づく理由付記の適法性が争われた判例の蓄積により，既に確立していた。

　かかる判例は，当初は，審査請求のような争訟裁断行為に関する理由付記が適正かつ十分であるか否かが争われた事件において示された（最判昭和 37・12・26 民集 16 巻 12 号 2557 頁）が，同様の考え方は，その後，一般の行政処分の理由付記についても表明された。その結果，書面による処分の場合の理由付記の内容については，いかなる事実関係に基づき当該処分が行われたかが理由付記の記載自体から了知できるものでなければならないという考え方が，確立した判例理論となっている。

　理由付記を形骸化させずにその実質化を図ろうとする以上のような判例理論は，行政手続法上の「理由の提示」に関してもそのまま妥当する。

　一般旅券発給申請に対して外務大臣が拒否処分を行う際の理由付記の内容が争われた事件において，最高裁は，理由付記制度の上記二重の趣旨目的を明示的に述べた上で，一般旅券発給拒否処分通知書に付記すべき理由は，「いかなる事実関係に基づきいかなる法規を適用して一般旅券の発給が拒否されたかを，申請者においてその記載自体から了知しうるものでなければならず，単に発給拒否の根拠規定を示すだけでは，それによって当該規定の適用の基礎となった事実関係をも当然知りうるような場合を別として，旅券法の要求する理由付記として十分でないといわなければならない」と判示した（最判昭和60・1・22民集39巻1号1頁）。そして，かかる基準に照らして理由付記が不備であると判断された場合，当該処分は理由付記の不備を理由に違法として取り消される。理由付記の場合，上述の二重の機能の重要度に照らして，理由付記の不備が直ちに当該処分の取消事由となるのである。

発展問題8 -② 処分理由の追完と差替え

　理由付記については，付記された理由が不十分で違法である場合は，後に何らかの形で十分な理由が知らされたとしても，当初の理由付記の瑕疵が治癒されることはなく違法であると解されている。所得申告漏れを理由に更正処分が行われたケースで，更正通知書の理由欄に記された理由によっては申告漏れとされた所得の具体的な算出根拠を知りえない場合には，後に提起された審査請求に対する裁決書に詳細な理由が提示されたとしても，理由付記の瑕疵は治癒されず依然として違法であるとした判例（最判昭和47・12・5民集26巻10号1795頁）がある。

　このように，処分理由の追完による瑕疵の治癒が認められないのは，なぜだろうか。理由付記は，行政庁の判断における恣意排除と適正性確保および相手方への争訟機会の実質保障のために要求される。処分時に付記される理由が不十分なもので足りるとすれば，以上のような理由付記制度の目的は，根本から損なわれてしまうからである。したがって，反面では，処分時に提示された理由自体は十分なものであれば，後になって他の理由を追加したり他の理由と差し替えることも，当該新たな理由自体が適切なものであれば違法ではないことになる。そのような趣旨を明らかにした最高裁判例として，法人税更正処分の理由付記に関する最判昭和56・7・14（民集35巻5号901頁）があるほか，情報公開申請に対する拒否処分の際の理由付記について，取消訴訟の場での処分理由の追加的主張を認めたもの（最判平成11・11・19民集53巻8号1862頁）もある。

　もっとも，このように処分理由の追加および差替えを緩やかに認める考え方の妥

当性については，疑問の余地もある。なぜなら，理由付記や理由の提示の適正手続保障としての重要性にかんがみると，理由の追加や差替えを無条件に認めるべきではないと考えられるからである（この問題の詳細については，→14章 1，特に 発展問題14-① ）。

標準処理期間，申請到達主義

行政手続法は，申請処分固有の手続として，申請処理に要する日時について申請者の見通しを確保するとともに，申請に対する適切かつ迅速な処理を確保するため種々の手続を設けた。

まず，標準処理期間の設定および公表が義務づけられる。「標準処理期間」とは，申請が事務所に到達してから許認可等の処分をするまでに「通常要すべき標準的な期間」であり，行政手続法は，標準処理期間の設定を努力義務として要求するとともに，これにより設定された標準処理期間については，提出先の事務所への備付け等による開示を義務づける（行手法 6 条）。

申請が事務所に到達したときは，行政庁は，遅滞なく当該申請の審査を開始しなければならない（行手法 7 条前段）。これは，形式的要件を満たした申請の提出先への到達をもって適法な申請がなされたとし，また，かかる到達を起点に当該申請に関する審査を速やかに開始することを命じるものである。申請の効力発生時に関する到達主義の採用を意味しており，届出についても同様の到達主義が採用されている。従来の行政実務では，行政指導に従わせるため，適法な申請や届出がなされたにもかかわらず受理を拒否したり，受理したにもかかわらず長期にわたって審査の実施を怠り棚上げしてしまう等の問題があったのを，改めさせることを狙った規定である。また，申請書の記載事項に不備があったり必要書類の添付がない等の形式上の要件に適合しない申請については，申請者に補正を求めるかまたは申請拒否処分を行うかいずれかの措置を，速やかに講じなければならない（同条後段）。

コラム 8 -③ 届出に関する到達主義の採用

届出制は，人の自由な活動を制限する程度が許認可等よりも低い制度として，多くの法律や条例において採用されている。一例として，国立公園の特別地域等

の区域内での工作物の建築，木竹の伐採，動植物の捕獲・採取には許可を要する（自園法20条～22条）のに対し，特別地域等以外の区域すなわち普通地域における同様の行為については，届出で足りる（同法33条）。届出をせず無断でこうした行為を行えば30万円以下の罰金に処せられる（同法86条5号）し，届出を行ったとしても，行為によって公園内の自然景観が害されるおそれがある場合等は，風景保護のための禁止・制限その他必要な措置命令の対象となり，かかる措置命令に違反すると50万円以下の罰金刑に処せられる（同法33条2項，85条）。届出制とはいえ，人の権利自由を制約する不利益的行政作用の一環なのである。

したがって，無届けによる処罰を免れるためには適法な届出をなさなければならないが，行政手続法は，「形式上の要件」を満たした届出が，届出先である機関の事務所に「到達」（行手法37条）したときに，適法な届出としての効果の発生を認めている。これにより，届出が形式上の要件を具備しているにもかかわらず内容面を理由に届出の受理を拒んだり，「預かり置く」という名目で放置したり，返戻したりする余地を排除しようとする趣旨である。

その他の審理促進策

複数の行政庁に申請された複数の処分が問題となる場合には，行政庁間での相互連絡等によって処分の遅延防止に努めることが求められる。たとえば都市計画区域内の土地に廃棄物処理施設を設置するために処理施設の設置許可（廃棄物処理法15条1項）とともに開発行為の許可（都計法29条1項）を必要とする場合や，パチンコ店を新築開業するために風俗営業の許可（風営法3条1項）とともに建築確認（建基法6条1項）を必要とする場合，同一人が複数の許認可申請を複数の行政庁に提出し，それぞれの行政庁の審査に同時に服する可能性がある。このような場合，申請を受けた行政庁は，関連申請が他の行政庁で審査中であることを理由に，許認可等の審査または判断を「殊更に遅延させるようなこと」を禁じられるとともに，複数行政庁間での相互連絡および申請者からの説明の共同聴取等により，「審理の促進に努める」ことが求められる（行手法11条）。

他方，申請の結果に関する見通しを確保するために，申請者は，申請後の審査の進行状況や「処分の時期の見通し」，および申請前には申請書の記載や添付書類に関する情報等の申請関連情報の提供を求めることができ，行政庁には，

これに応じる努力義務がある（行手法9条）。

公聴会の開催等

　申請者以外の利害関係人等の意見を反映させるための手続として，行政手続法は，「申請者以外の者の利害を考慮すべきことが当該法令において許認可等の要件とされているものを行う場合」について，公聴会の開催等に関する規定を設けた（行手法10条）。これは，許認可等の法令上の要件として第三者の利害が考慮されている場合は公聴会の開催等がありうるという趣旨である。一例として，鉄道特急料金の値上げの認可に対して，当該特急の利用者の利害を考慮して公聴会その他の意見聴取の機会が設けられるべきであるとされる可能性が生じる。産業廃棄物処理施設の設置・稼働により健康被害等の影響を受ける可能性のある近隣住民等も，公聴会開催等の対象となりうる。しかし，この規定は，行政庁に努力義務を課したに止まるし，公聴会以外の意見聴取措置との選択可能性も残されていることに留意しなければならない。

コラム8-④　申請処分と意見陳述手続

　行政手続法は，申請処分手続については聴聞や弁明の機会の付与等の意見陳述手続を導入しなかった。したがって，個別の法律に特別の規定がない限り，申請処分について意見陳述手続が義務づけられることはない。

　これに対し，前述の〈個人タクシー事件〉上告審判決は，判決理由の中で，多数の申請者の中から一部の者に事業免許を付与するケースで各申請が審査基準を充足しているか否かを判断するに際しては，申請者に十分な主張・立証のための聴聞手続を保障すべきであると説示していた。この判決は，当時の道路運送法に規定された意見聴取手続が実際には形式的に運用され，申請者に主張・立証の機会を保障しなかったことが適正手続の趣旨に反し違法であると判断した。したがって，聴聞等に関する手続規定が存在しないケースについて申請者に主張・立証の機会を保障すべきであるという趣旨ではないし，また，法律で聴聞等に関する手続規定を設けなければ適正手続違反であるという趣旨でもない。

　しかし，手続的法治主義を重視する今日的視点から上述の判決理由の意図を最大限に活かそうとするならば，申請処分についても聴聞または弁明の機会の付与を義務づけるという選択肢もありえたように思われる。

3　不利益処分手続

不利益処分とは何か

「不利益処分」とは，法令に基づき行政庁が行う「特定の者を名あて人として，直接に，これに義務を課し，又はその権利を制限する処分」で，事実上の行為，申請拒否処分，相手方の事前同意の下に行われる処分等を除いたもの（行手法 2 条 4 号）である。営業許可の取消しや営業停止処分，公害発生源である工場に対する改善命令，違法建築物の除却や是正を命じる処分等がある。

処分基準の設定・開示

不利益処分についても，行政手続法は，基準の事前設定および理由の提示に関する規定を設けており，この点では申請処分手続の場合とほぼ同様の考え方を採用した。ただ，処分の性質の違いに応じて，若干の差異があることに留意する必要がある。

まず不利益処分の基準については，「不利益処分をするかどうか」および「どのような不利益処分とするか」に関する「処分基準」（行手法 2 条 8 号ハ）の設定および開示に関する規定が定められている。処分基準の内容については，各処分の性質に照らして「できる限り具体的なものとしなければならない」（行手法 12 条 2 項）とされる点，また開示方法については，「公にして」（同条 1 項）おくことを要求するに止まるという点で，申請処分の場合と異ならない。

しかし，処分基準の設定および開示はともに努力義務とされている点で（行手法 12 条 1 項），申請処分の場合とは異なる。不利益処分の場合，違法営業活動を理由にした許認可の取消しや汚染物質の違法排出行為を理由にした操業停止処分等のように，違反内容や処分事由が多様であらかじめ処分基準で明確化しておくことが困難な場合がありうること，そのため，処分基準を事前に明らかにすると脱法行為や隠蔽行為を誘発する場合がありうること等の事情による。その限りではやむをえないが，そのような事情が認められない不利益処分に関しては，すみやかに処分基準を設定し公にしておくことを義務づける趣旨の規定であると解される。

理由の提示

　不利益処分の理由の提示について，行政手続法は，行政庁に，処分と同時に「名あて人」に対し当該処分の理由を示すことを義務づけている（行手法14条1項）。これも，申請拒否処分の場合とほぼ同様である。また，当然のことながら，いかなる事実に基づき当該処分が行われたかが提示された理由の記載自体から了知できるものでなければならない，という判例の考え方（→　**ケースの中で8-③**）は，不利益処分の場合にも妥当する。

　もっとも，理由提示を行わないまま不利益処分をなすべき「差し迫った必要」がある場合には，当該処分を直ちに行った上で，事後に理由の提示を行うことも許容される（行手法14条1項ただし書・2項）。具体的には，食品や医薬品に著しい有害性が判明したため緊急に営業停止命令や許認可の取消しを行う必要が生じた場合等が，かかる例外的場合に当たるといえよう。

　ところで，理由の提示に関しては，処分基準が設定ないし公にされている場合には，処分理由において，当該処分基準をどのように適用して当該処分に至ったか（「適用関係」という）を明示すべきではないかが，新たに問題となる。行政手続法は，申請処分と不利益処分の双方について，審査基準・処分基準の設定・開示と理由の提示という二つの手続を同時に導入したが，処分時に相手方に提示される理由の中で，事前に審査基準・処分基準として設定された基準の適用関係が明示されるならば，当該基準が処分に際して実際に適正に適用されたかを検証することが可能となり，それに応じて，処分の際の行政庁の判断もより慎重でかつ適正なものとなる。つまり，基準の事前設定と理由の提示という二つの手続が相まって，より確固たる適正手続保障に資することが期待できるのである。**ケースの中で8-④**は，不利益処分について，そのような二つの手続の関連づけの重要性を物語る判例として重要である。

> **ケースの中で8-④　処分基準の適用関係を明示すべき場合**
>
> 　処分基準が設定され公にされている場合において，不利益処分の理由の中で当該処分基準の適用関係を示さなかったことが理由の提示（行手法14条1項）の要件を欠き違法である，とした最高裁判例（最判平成23・6・7民集65巻4号2081頁）がある。

本判決は，建物の耐震構造等について建築基準法令に定められた基準に不適合な設計および構造計算の偽装を行った一級建築士に対して，国土交通大臣が免許取消し（撤回）の懲戒処分を行ったこと等に対して，取消訴訟が提起されたという事案に関するものである。建築士法には，免許取消しをなしうる場合として，関係法令違反や「業務に関して不誠実な行為をしたとき」という一般的な定めがあるに止まる（建築士法 10 条 1 項）。これに対し，通達で定められた処分基準（「建築士の処分等について」）には，懲戒事由に該当しうる数十種類の行為類型に応じて，文書注意，戒告，業務停止 1 ヶ月未満，同 1 ヶ月，同 2 ヶ月から 11 ヶ月，同 1 年，免許取消し等の多様な処分類型が定められるという形で，「多様な事例に対応すべくかなり複雑な」基準が定められていた。ところが，本件の処分理由では，処分原因となる事実と建築士法の根拠規定を記載したに止まり，処分基準の適用関係は示されなかったため，理由の提示の要件を満たしているかが争われた。

　最高裁は，どの程度の理由の提示を要するかについて，まず，「当該処分の根拠法令の規定内容，当該処分に係る処分基準の存否及び内容並びに公表の有無，当該処分の性質及び内容，当該処分の原因となる事実関係の内容等を総合考慮して決定すべきである」という判断枠組みを示した。その上で，本件処分の場合，一級建築士の資格剥奪という「重大な不利益処分」に当たるところ，本件処分基準のような「複雑な基準」の下では，処分原因事実と根拠法条を提示しただけでは，「いかなる理由に基づいてどのような処分基準の適用によって免許取消処分が選択されたのかを知ることはできない」として，行政手続法 14 条 1 項本文の趣旨に照らし，理由提示としては不十分であると結論づけた。本判決の考え方は，申請拒否処分の際の理由の提示（行手法 8 条 1 項本文）にも応用可能である。

聴　　聞

　次に，不利益処分に特有の手続として，意見陳述手続が要求される。

　行政手続法は，不利益処分全体を不利益の程度の高い一定類型の不利益処分とその他の不利益処分との 2 類型に区別し，前者には，口頭による意見陳述を中心とした「聴聞」の実施を義務づけるのに対し，後者には，書面による意見陳述を原則とした「弁明の機会の付与」の実施を義務づけている。

　このうち聴聞手続の対象となるのは，不利益処分の中でも，許認可を取り消す処分や相手方の法的地位や資格を剥奪する処分等のように，相手方に特に重大な不利益を生じさせる処分として法定されたもの（行手法 13 条 1 項 1 号）である。

聴聞は，事前の告知と口頭での意見陳述を中軸にした手続である。まず事前の告知として，聴聞期日までの「相当な期間」を置いて，名あて人となるべき者に対し，予定される不利益処分の内容，根拠法令，原因事実，聴聞実施の期日・場所等の通知（行手法15条1項）がなされた上で，聴聞期日には口頭による審理が行われ，行政庁が公開を相当と認めない限り非公開で行われる（行手法20条6項）。行政庁には，手続の冒頭で不利益処分の内容，根拠法令，原因事実を説明すべき義務が課されるのに対し，当事者（行手法16条1項）および参加人（行手法17条2項）には，意見を陳述し，証拠書類等を提出し，主宰者の許可を得て行政庁の職員に質問を発する権利等が認められる（行手法20条1項・2項）ほか，聴聞終結までの期間中，関係文書の閲覧請求権が認められる（行手法18条1項〜3項）。

聴聞終結後，主宰者は速やかに聴聞調書と報告書を作成し，行政庁に提出しなければならない（行手法24条。ただし，聴聞期日における審理が実際に行われた場合の聴聞調書は，各期日ごとに作成される）。行政庁が不利益処分を行うに際しては，当該調書の内容および報告書に記載された主宰者の意見を「十分に参酌」することが義務づけられているという点が重要である（行手法26条）。

弁明の機会の付与

弁明の機会の付与は，聴聞の場合に比べて軽度の不利益処分が予定される場合（行手法13条1項2号）に行われる意見陳述手続である。法令違反を理由に行われる営業停止処分，公害発生源の工場の事業者に対する改善命令，違法建築物の除却命令等が，この手続の対象となる。書面主義が原則とされているため，行政庁が例外的に「口頭ですることを認めたとき」に口頭手続がとられるほかは，弁明書（「弁明を記載した書面」）の提出により行われるが，証拠書類等の提出は可能である（行手法29条1項・2項）。

前述の〈成田新法事件〉上告審判決は，工作物の使用禁止処分について事前の弁明・防御の機会を一切保障しない成田新法の規定も憲法違反ではなく，適法であると結論づけたが，行政手続法の下で同様の事件が発生したならば，処分基準の設定・開示や処分理由の提示等とともに，弁明の機会の付与が要求されることとなる（ただし，成田国際空港の安全確保に関する緊急措置法8条参照）。

違法是正のための処分等の求め

以上に説明した諸手続は，いずれも，不利益処分の相手方である国民を保護するための手続であるが，これとは別に，法令違反の事実を是正するための処分等を行うように，行政庁等に要求することも可能である。この手続によれば，「法令に違反する事実がある場合において」，その是正のために必要な処分または法律に基づく行政指導がなされていないと思料する者は，当該処分をする権限を有する行政庁（行政指導の場合は当該行政指導をする権限を有する行政機関）に対し，法令に違反する事実の内容や行うべき処分または行政指導の内容等を記載した申出書を提出し，その是正のための「処分又は行政指導」を行うように求めることができる（行手法36条の3）。この規定は，2014年の行政不服審査法改正に伴う行政手続法の改正により新設された。

この手続を利用できる者の範囲は，「何人も」とされており，法令違反の事実により自己の権利利益を害された者に限定されない。また，是正のための措置として求めることのできる処分の内容も，不利益処分には限定されない。しかし，第三者の違法な行為等により自己の権利利益を害された場合には，この手続に従って行政庁に対しその事実を申し出て，当該第三者に対して不利益処分などの規制権限を適正に行使するように求めることが可能となる。なお，違法是正のための行政指導に関しては，→6章1 是正の求め。

4 行政手続法ではカバーされない手続

個別法に基づく行政手続

行政手続法は，処分（申請に対する処分および不利益処分），行政指導，届出および命令等の制定に関する適正手続確保を目的とした法律であるので，それ以外の行政活動については適用されないことが前提となる。他方，行政手続法は行政手続に関する一般法であり，特定の行政分野ごとに独自の手続体系が確立している場合には，個別法ごとの手続的規律に委ねた方が妥当な場合がある。そこで，処分や行政指導についても法律で特別の規定が定められていれば，行政手続法の適用はその限りでは排除される（一例として道交法104条1項および104条の2第1項・4項参照）。

　行政手続法は，罰金等による間接的強制が働く税務調査のように，不利益的性格を有するものの行政処分や行政指導には該当しない行政活動については視野の外に置いているため，個別法に基づく手続が定められない限り，適正手続保障の枠外に置かれる可能性がある。この場合，相手方のプライバシーおよび防御権保障の要請と行政調査の実効性確保の要請との対立を，いかにして両立させるかが問われている。特に，間接強制調査（罰則によって強制される調査）として行われる行政調査のあり方が問題となる（→7章1）。

　この問題が争われた〈荒川民商事件〉では，税務職員の質問検査権（当時の所得税法234条1項）の行使に際して，質問検査の具体的な範囲，程度，時期，場所等を事前に相手方に告知し，相手方の防御を可能とする措置を講じるべきか否かが争われた。最高裁は，こうした質問検査の実施細目は，法令に特段の定めがない場合には，「社会通念上相当な限度にとどまるかぎり，権限ある税務職員の合理的な選択に委ねられている」との考え方を示し，それ故，事前に質問検査の日時場所を通知したり調査理由や必要性を告知することは要求されないとの判断を示した（最決昭和48・7・10刑集27巻7号1205頁）。もっとも，2011年の国税通則法改正により，現在は，質問検査（調査）の日時，場所，目的，調査対象等の事前通知が原則となっている（税通法74条の9。なお，同法74条の10および74条の13参照）。

地方公共団体の行政手続

　また，行政手続法は，地方公共団体の機関がする処分および行政指導ならびに地方公共団体の機関に対する届出については，一括して適用除外としている。もっとも，地方公共団体の場合でも法令に基づく行政処分や届出については，行政手続法が適用されることに留意すべきである（行手法3条3項）。他方，条例や規則に基づく処分や届出等についても，行政運営における公正の確保と透明性の向上という行政手続法の目的は実現されるべきである。そこで，行政手続法は，地方公共団体に対して，国の法令に基づかない処分や届出および行政指導についても，同法の規定の趣旨にのっとり条例等で適正な手続整備を進める努力義務を課している（行手法46条）。実際，ほとんどの地方公共団体において，行政手続法の趣旨に沿った行政手続条例が制定されている。

処分および行政指導に関する手続規定の適用除外（行手法3条1項）

行政手続法3条1項は，同法が処分および行政指導について定めた手続規定（行手法第2章〜第4章の2の諸規定）の適用を一括除外している。これにより適用除外されるのは，国会の両院または一院や地方公共団体の議会の議決に基づく処分，裁判所の裁判によって行われる処分等のように，憲法上行政権の範囲外に位置づけられた機関が行う処分，検察官や司法警察職員が行う刑事手続処分や行政指導等のように，刑事手続またはそれに相当する手続として固有の手続が整備されている処分，その他行政手続に関する一般法の適用には馴染まない特殊な処分（各種の国家試験や検定，公害紛争処理の裁定や特許審判，感染症・公害・犯罪等の発生を現場で防止するための即時強制等）等である。国公立学校の学生，刑務所等刑事施設の被収容者，公務員等かつては特別権力関係に服するとされた者に対する処分や行政指導，外国人の出入国や難民認定等に関する処分や行政指導も，同様に一括適用除外の対象となっている（行手法3条1項7号〜10号）。

不利益処分手続に特有の規定の適用除外（行手法13条2項など）

不利益処分に特有の適用除外として，行政手続法は，同法所定の意見陳述手続（聴聞または弁明の機会の付与）の適用が一律に除外されるケースを定める。これにより，公益上緊急の必要による不利益処分，施設設備の技術的基準の遵守を命じる処分で客観的な認定方法で確認可能なもの，金銭給付に関する不利益処分（国税の更正処分や決定処分，地方税納税の告知，健康保険等の保険料納付額決定，独占禁止法上の課徴金，労災補償給付決定の減額処分等）等について（行手法13条2項1号〜5号），意見陳述手続に関する規定の適用が除外される。

また，個々の法律で行政手続法の規定の適用除外が定められている場合があることにも，注意しなければならない。たとえば，生活保護の不利益的な変更や停止・廃止の決定には，処分基準や理由の提示に関する規定（行手法12条，14条）は適用されるが，それ以外の行政手続法第3章の規定は適用されない（生活保護法29条の2）。

計画決定手続の未整備

　行政手続法は，主に国民の権利自由を具体的に制限する処分や行政指導を規律対象とすることにより，国民の権利自由を適正に防御するための手続の確保を意図した法律であり，その意味では，あくまでも自由主義的法治主義の実現を手続法的見地から担保しようとするものである。その結果，近隣住民や一般消費者等の第三者の利害に関わる手続は，「申請に対する処分」の際の公聴会（行手法10条），聴聞手続への利害関係人参加（行手法17条）および参加人の文書等閲覧請求権（行手法18条1項）に関する規定があるに止まる。

　他方，行政立法手続については，2005年改正により意見公募手続として立法化が図られたが，土地利用計画等の計画決定手続の整備は，本法の対象外とされている。利害関係者や周辺住民等の第三者の利益に影響を及ぼす計画確定手続について，現行法では，個々の法律で手続規定が設けられているに止まる。土地収用の事業認定や収用裁決および都市計画の決定の際に行われる公告・縦覧・意見書提出および公聴会の開催等の手続（収用法23条〜25条，都計法16条，17条等参照），河川管理者が，計画的な河川整備実施のため区間を指定して定める河川整備計画の決定の際に行われる，公聴会の開催その他の一連の意見聴取手続（河川法16条の2第4項等）等がある。

　こうした計画決定手続は，個々の法律によって手続内容がまちまちであり，利害関係者その他の第三者の参加権保障についても差異があるため，今後，標準的な計画決定手続の法制化が課題となっている。

> **発展問題 8 -④　計画決定以外の民主主義的参加手続**
>
> 　計画決定以外にも，公的サービス利用者や地域住民その他広い範囲の人々に影響を及ぼす行政決定については，これら第三者による意見陳述のための参加を認める法制度の整備が不可欠である。現行法の例としては，鉄道事業や道路運送事業の料金の上限設定認可の際の意見聴取手続（鉄事法65条，道運法89条），廃棄物処理施設の設置許可の際の告示・縦覧および利害関係者等に認められる「生活環境の保全上の見地からの意見書」提出等の手続（廃棄物処理法8条4項〜6項，15条4項〜6項）がある。また，環境保全のための手続である環境影響評価書作成に至るプロセスの中では，方法書および準備書の作成の際の公告・縦覧および「環境の保全の見地からの意見を有する者」による意見書の提出，準備書作成の際の説明会の開

催等の手続がとられる（環境影響評価法7条～10条，16条～20条）。

　計画決定手続とともに，民主主義的プロセス保障の拡充という視点から法制化が期待される分野である。

5　手続的瑕疵の効果

手続的違法は直ちに処分の取消しをもたらすか

　行政処分が行政手続法その他の法律所定の手続に違反して行われた場合，かかる手続的瑕疵は，当該処分の効力にいかなる帰結をもたらすであろうか。上述のように，理由付記の瑕疵に関する判例理論は，理由付記の欠けた処分や不十分な理由付記については処分自体の違法性をもたらし，その結果取り消すべきであるとの結論を採用してきた（→2 拒否処分の理由の提示）。手続的瑕疵も処分内容に関わる瑕疵と同様に処分自体の違法をもたらすと考えるならば，理由付記以外の手続に関する違法の瑕疵も，すべて処分自体の取消しを帰結すると考えるべきであろう。

　しかし，従来の判例学説はそのような見解を採用してこなかった。特に最高裁判例は，問題となっている手続的瑕疵がかりに存在しなかったならば異なる処分がなされる可能性が現に存在したか否かによって，異なった結論を導く可能性を認めている。その考え方に従えば，異なった処分がなされる可能性が現にあるならば，当該処分は違法として取り消すべきであるのに対し，その現実的可能性がない場合は，必ずしも当該処分自体を違法として取り消す必要性はないという結論になる。

　このように手続的瑕疵の法的効果を内容上の瑕疵の場合とは異なった判断枠組みで捉える考え方を，判例上明確に採用したのが，群馬中央バス事件上告審判決（最判昭和50・5・29民集29巻5号662頁）である。

ケースの中で8-⑤　群馬中央バス事件

　この事件では，競争関係にある複数の事業者が定期バス事業（一般乗合旅客自動車運送事業）の免許申請を行った事案で，その中の一事業者に対して行われた免許

拒否処分の手続的違法性が争われた。判決は，道路運送事業免許の際の諮問機関である運輸審議会が開催した公聴会について，「関係者に対し，決定の基礎となる諸事項に関する諸般の証拠その他の資料と意見を十分に提出してこれを審議会の決定（答申）に反映させることを実質的に可能ならしめるようなものでなければならない」と判示した。これは，実質的意味のある公聴会審理を，適正手続保障の一環として要求する趣旨にほかならない。

　しかし，他面で，この判決は，手続的瑕疵のある処分といえども，当該瑕疵が仮に存在しなかったならば異なる処分がなされる現実の可能性がない場合は処分自体を違法として取り消すべきではない，という考え方を表明した。この点で，この判決は，手続的瑕疵の法的効果を制限する可能性を認めたリーディングケースでもある。

手続の重要度に応じて考えよう

　もっとも，この事件で問題となった公聴会審理における手続的瑕疵は，申請者が提出した事業計画の基本部分に関する主張立証の機会はひとまず保障した上で，事業計画の個々の問題点に即して追加的・補充的な主張立証の機会を十分に確保する措置を怠ったという程度の比較的軽微な瑕疵であった。逆に，重要度の高い手続に瑕疵がある場合には，処分自体も違法として取り消される可能性が生じるのである。そこで，かかる手続的瑕疵の軽重を考慮に入れた結果，今日では，個々の手続の重要度や個々の手続的瑕疵が相手方の権利保護に及ぼす影響度に応じて，場合分けをして考えようとする傾向にある。

　詳細は省略するが，①制度の根幹に関わる手続的瑕疵については，結果いかんにかかわらず処分自体の取消原因とすべきであるのに対し，②それ以外の手続的瑕疵については，軽微な瑕疵にすぎず，それだけでは取消原因とはならない場合もあれば，中間的な扱いを認めて，個々具体的事情に応じて手続的瑕疵の存否が処分の結果や内容を左右する可能性があるときに限り処分自体の取消原因となる場合もある，といった区別をする考え方が，一般に受け容れられているのである。

　審査基準の設定・開示義務に違反して行われた不許可処分について，取消判決が下された数少ないケースとして，那覇地判平成 20・3・11（判時 2056 号 56 頁）を見てみよう。事案は，行政財産たる港湾施設内の土地について，農畜水産物等の保管業を営む原告会社が冷凍倉庫建築のための目的外使用許可の申請を行ったのに対し，一部事務組合で当該港湾施設の管理者である那覇港管理組合が不許可処分を行ったというものである。本件では，那覇港管理組合が目的外使用許可に関する審査基準を設定していなかったことから，行政手続法 5 条に違反するかが争われた。

　判決は，まず，審査基準の設定・公表は，「行政庁の判断の慎重・合理性を担保してその恣意を抑制するとともに，申請者の予測可能性を保障し，また不服の申立てに便宜を与えることにより，不公正な取扱いがされることを防止する趣旨のもの」であることを理由に，審査基準の設定・公表義務の懈怠の重大性を指摘した。また，なかでも行政財産の目的外使用許可の場合，行政の恣意を排し不公正な取扱いを防止するため「審査基準の設定とその公表の必要性は高い」とも，述べている。また，行政財産の目的外使用許可に関する法律の一般的な規定（自治法 238 条の 4 第 7 項）に加えて，詳細な審査基準を定める必要があるかという問題について，判決は，特に，「許認可等の性質に照らしてできる限り具体的な」審査基準の設定を求める行政手続法 5 条 2 項の規定を根拠に，審査基準の設定を不必要とする管理組合側の主張を斥けた。

　さらに，審査基準の設定・公表義務の懈怠が当該不許可処分の取消しを帰結すべきかという問題について，判決は，特に理由の提示（行手法 8 条）と審査基準との密接不可分の関係に着目して，次のように判示した。すなわち，理由の提示が審査基準の存在を前提とするものであることは「明らか」であり，それ故，理由の提示を欠いた処分は取消しを免れないのと「同様の趣旨により」，審査基準の設定・公表を欠いてされた処分もまた，「取消しを免れない」というのである。理由付記に関する確立した判例理論をベースに，審査基準の設定・開示手続上の瑕疵から処分の取消しが帰結するというロジックを，明快に示した判決例である。

第9章
実体法的コントロール

1 実体法的コントロールとは何か

行政判断のプロセス

　行政活動は，通常，解決を必要としている個々の案件とそれを規律している法令その他の行政法規との間を何度も往復しながら，当該行政活動の適法性について一定の結論に到達することによって行われる。しかし，かかる試行錯誤のプロセスを論理的に捉え直すと，行政活動は，一般に，個々の案件を精確に把握するため事実関係を認定し（事実認定），当該案件に関係する行政法規範の解釈を通して当該案件に即した具体的かつ明確なルールを導き出し（行政法規解釈），その上で当該案件に当該ルールを適用することによって結論を導き出す（法適用），という筋道をたどって行われる。

　とりわけ国民の法的地位を変動させるような個別具体的な処分や強制が行われるケースでは，当該事案の事実関係が根拠法規その他の法令所定の要件に合致するか否かを判断し（要件適合性の判断），その上で，法令が許容した処分や強制行為等を行うか否かの決定，許容された処分等が複数にわたる場合にはその中から適切な処分等を選択するという判断（法的効果の決定・選択）が行われる。しかも，これら一連の行政判断は，当該法令が実現しようとする公益目的に合致したものでなければならない（法目的適合性）。

実体法的コントロール

　以上のような一連の行政判断プロセスは，これを一口でいえば，行政作用の内容面での法適合性に関する判断である。この意味での実体法的適法性を確保

するための統制手法には，司法審査をはじめとしてさまざまなものがあるが，本書では，これらの統制手法を実体法的コントロールと呼ぶことにする。いうまでもなく，これは，前章で扱った手続法的コントロールと対をなす関係にある。

司法的コントロールの重要性

行政作用に対する実体法的コントロールは，行政活動の過程で行政機関みずからが適法性確保のために率先して行うことが要請されるし，また，そのために特別に設置された第三者機関や合議制機関が行政機関内部における自律的作用として行うことが適切である場合もある。

しかし，客観的で信頼できる実体法的コントロールを確保するためには，司法権という行政組織から独立の国家機関による適法性審査を確保することが不可欠である。したがって，行政作用に対する実体法的コントロールの中心は，裁判所による適法性審査でなければならない。そこで，以下では，行政作用の実体面での適法性をめぐる行政庁の判断と裁判所による適法性審査との関係を軸に話を進めることとする。

判断代置型司法審査と裁量審査

個々の行政紛争に関する事実の認定および関係行政法規の解釈は，裁判所が行うことの可能な司法権本来の役割である。上述の適法性判断プロセスの中で，行政機関が認定した事実関係がそもそも間違っていたとか，行政機関の行政法規解釈が誤っていたとかという場合は，法の趣旨目的に真っ向から矛盾することになるわけであるから，裁判所は，全面的な適法性審査を行ってこれを違法とする判断を下すべきだということになる。また，行政庁の判断が客観的で科学的な判断や病理学的判断によって決定づけられ，行政庁独自の判断が入り込む余地がない場合にも，行政裁量は否定される。この点で，熊本水俣病について，公害健康被害の補償等に関する法律に基づき行われる公害病の認定または認定拒否（公害補償法 4 条 2 項）の判断に裁量的判断の余地を否定した最高裁判例（最判平成 25・4・16 民集 67 巻 4 号 1115 頁）は，そのようなケースの典型例として重要である。このような裁判所による適法性判断の仕方を，行政法学では

判断代置型司法審査と呼んでいる。

　しかし，法令その他の行政法規の趣旨内容に不明確な部分が存在しなければ全く問題ないわけであるが，現実には，多かれ少なかれ法令の規定を単純に当てはめることのできない場合が少なくない。そのような行政法規の解釈について争いが生じた場合に，行政庁の自由な判断を優先させて司法的コントロールを限定すべきか，それとも裁判所による適法性審査（司法的コントロール）の範囲を可能な限り広く確保すべきかが問題となる。特に問題となるのは行政裁量に対する司法審査のあり方である。

2　行政裁量について何が問題となるか

覊束と裁量の区別

　法治主義の理想を徹底させると，あらゆる行政活動は，権力的な活動か非権力的な活動か等といった違いに応じて程度の差はあれ，法治主義にのっとって行われるべきであり，特に「法律による行政の原理」に服すべきだということになる。しかし，行政が国民の福祉の実現という課題に適切に応えるには，杓子定規の活動に甘んじるわけにはいかないのであって，社会的需要の変化や具体的状況に応じた柔軟な対処が要請される場合が少なくない。したがって，行政作用に対する法的統制のあり方を考える際には，法による規律や制約を可能な限り徹底させる必要とともに，必要に応じて自由な判断の余地を残しておくこともまた要請される。

　行政法学では，法の規律による縛りが徹底し行政機関の自由な判断の余地が一切否定される場合を「覊束」と呼び，逆に，行政機関の自由な判断が最大限許容される場合を「裁量」と呼んでいる。

　法による覊束と行政裁量との関係については，個々の行政法規の趣旨や行政活動の性質等に応じて相互に適正なバランスを確保する必要があり，現実の行政作用も多くの場合，多かれ少なかれ覊束された部分と裁量を許容する部分との双方を含んでいる。したがって，一個の行政作用をまるごと法により覊束された覊束行為とし，あるいは逆に，まるごと自由な裁量的判断が許容された自由裁量行為として扱うということは，今日ではほとんど考えられない。特に，

法令所定の要件等に関する規定がいかに不明確または要件規定が全く欠けている場合（白地要件規定）であっても，平等原則や比例原則等の法令以外のさまざまな法的制約があるために，純然たる自由裁量行為を想定するということはほとんど不可能である。

とはいえ，覊束と裁量という区別が意味をなさなくなったというわけではない。一つの行政作用をまるごと覊束行為または裁量行為に振り分ける考え方は今日通用しないが，行政庁の権限行使のプロセスにおける個々の局面によっては，法による密度の高い覊束が及んでいる局面もあれば，法の覊束が希薄で行政の自由な判断の余地が広めに確保される局面もあるだろう。重要なのは，行為の性質や行政法規の趣旨に応じて，かかる個々の局面ごとに法の覊束の程度と行政裁量の幅を的確に把握し，適法性確保のための法治主義的統制の可能性を確保することである。

発展問題 9 −① 覊束裁量行為

　行政裁量に関する古典的理論は，覊束行為と自由裁量行為を，それぞれ法令による覊束が最も厳格で裁量の余地のない行為と逆に自由裁量の範囲が最も広く認められる行為を意味する概念として対置させた上で，その中間に，「覊束裁量行為」という独自の行為類型の存在を想定した。

　かかる三分説における覊束裁量行為とは，法令上は不明確な多義的概念を用いた規定が定められていたり，あるいは要件規定を全く含まないような白地要件規定であったりした場合でも，それは行政庁の自由裁量を広く容認する趣旨なのではなく，行政の自由な判断に対して一定の客観的な制約が及んでいると解される行政作用のことである。

　この場合に認められる法的制約は，問題となっている法令の趣旨目的や憲法規範等から導かれることもあれば，当該行政活動が国民の権利自由を制限・剥奪する内容の活動であるか否かといったかたちで，当該行為の性質から導かれることもある。特に後者の考え方は，法令の規定上いかに自由な行政判断を広く容認しているように見える場合でも，侵害行政に当たる行政活動については可能な限り自由裁量の余地を狭く限定しようとする自由主義思想に基づく学説であった。この学説は，法令の規定の文言を重視する文言説と並ぶ明治憲法期の代表的学説の一つであり，性質説と呼ばれていた。

司法権による裁量統制

　行政裁量に対する統制方法には，裁量権行使の過程への相手方や市民の参加といった方法や，議会やオンブズマン等の第三者機関による監視制度の運用等，さまざまな方法が考えられる（→　**コラム10-②**）。しかし，法的見地からは，個々の裁量権の行使または不行使が法令の規定や法治主義の趣旨に適合的であるか否かという問題が最も重要であり，そのような視点からは，適法性の統制の担い手である司法権による裁量審査を適正に確保する必要がある。

　司法権による適法性審査に当たっては，そもそも行政裁量が認められるケースに当たるか否かが問題となる。この局面で裁量的判断の余地がなく，行政庁による事実認定や行政法規解釈に過誤があると判断された場合には，裁量権を云々する以前に違法とされる。これに対し，裁量的判断の余地があるとした場合にはじめて，その行使が具体的状況の下で裁量権の踰越濫用に当たらないかが問題となる。つまり，司法権による行政裁量統制では，裁量権の存否および裁量権行使における踰越（逸脱）または濫用の存否という二つの問題が争われるのである。

要件裁量と効果裁量

　まず，裁量権の存否が問題となる場合は，法令の規定に多かれ少なかれ不明確で多義的な表現が用いられていることが前提となる。

　一例として，たとえば国家公務員法82条1項は，国家公務員に対する懲戒処分に関する規定であるが，それによれば，国家公務員法等の法令違反の場合や職務上の義務違反などの場合のほか，公務員が「国民全体の奉仕者たるにふさわしくない非行のあった場合」には，「免職，停職，減給又は戒告の処分をすることができる」と定められている。この規定では，「国民全体の奉仕者たるにふさわしくない非行」があったか否かという要件面で懲戒権者の判断に裁量が認められるか否か，また認められるとした場合，どの程度の幅をもった裁量が認められるかが問題となる。このような要件認定の局面で認められるか否かが問題となる裁量のことを，行政法学では従来，「要件裁量」と呼んできた。

　他方，何らかの懲戒処分を行うための要件は備わったとしても，次に，実際に懲戒処分を行うか否か，また，いかなる種類の懲戒処分を選択するかが問題

となる。その際には，停職処分であれば停職期間や減給処分であれば減給額の決定も含めて，懲戒権者に裁量の余地が認められるか否か，また認められる場合には，どの程度の幅をもった裁量が認められるかが問題となる。このように，いかなる法的効果をもたらすかという意味での効果の局面で認められるか否かが問題となる裁量のことを，行政法学では「効果裁量」と呼んできた。

　以上のように，行政裁量の存否およびその幅の広狭という問題は，要件裁量と効果裁量双方について問題となりうる。上述の例以外でも，たとえば運転免許の取消しまたは停止に関する道路交通法103条1項の規定や，パチンコ店その他風俗営業に対する許可の取消しまたは営業停止に関する風営法26条1項の規定の適用に際しても，要件裁量と効果裁量の存否および幅の広狭が問題となるのである。

裁量権の踰越（逸脱）と濫用

　以上のような法令の規定を適用して多少とも自由な判断を加えつつ行われた裁量権の行使が，個々の事実関係の下で果たして適正に行使されたか否かが，次に問題となる。通常ならば停職1ヶ月程度ですまされている公務員としての非違行為を理由に，当該公務員を免職処分に処する場合，当該処分が実は当該公務員に対する個人的恨みや当該公務員の思想信条に対する悪感情に起因しているのであれば，懲戒制度本来の目的に反して裁量権が濫用されたということになる（裁量権の濫用）し，また，当該処分が通常の懲戒処分の場合に比べて余りに過酷であり均衡を著しく失しているのであれば，裁量権の範囲を逸脱したことになる（裁量権の踰越または逸脱）。

　このように，行政の自由裁量が認められる場合でも，実際に裁量的な権限を行使するに当たっては最小限の制約として遵守しなければならない限界があるのであって，それを超えて行使すれば裁量権の踰越（逸脱）または濫用に当たるとして違法との評価を受けることとなる。そして，こうした考え方は，行政事件訴訟法30条において明文の規定として採用されているのである。

覊束と裁量の区別の相対化

　以上のように，司法権による裁量統制においては，そもそも裁量の余地が認

められるケースに当たるか否か，また，裁量の余地が認められるとした場合に当該裁量的権限の行使が具体的状況の下で裁量権の踰越濫用に当たるか否かという，二つの問題が争われる。

　ところが，行政裁量の存否の区別は，今日，大幅に相対化しているという点に留意しなければならない。というのは，覊束と裁量という区別は，元来，法による縛りと行政の自由な判断余地とがそれぞれ極端化した場合を示すためのモデル概念であって，現実の行政活動の多くはその中間のいずれかの場所に位置づけられるからである。また，社会の変化に伴って行政には多様で弾力的な対応が要請される場合が増大すると，もともと覊束行為の典型と考えられてきた課税処分について多少とも裁量判断の余地が認められたり，逆に，自由裁量が広く認められると考えられてきた公共輸送事業に関する許可制度の運用について，一定の司法審査が及ぶようになっているのである。

　以上のような経緯により，今日では，裁量権の存否自体を厳密に問題にするのではなく，法令の規定に不明確な部分が含まれている場合には多かれ少なかれ行政裁量の余地があることをいったん認め，その上で，当該裁量権の行使に踰越濫用がないかという問題を司法審査の主たる対象にしようとする傾向が支配的である。その結果，行政作用に対する司法審査全般において，裁量権の踰越濫用型審査が果たす役割は著しく増大している。

裁量審査のあり方

　以上のように，覊束と裁量の区別が相対化したことに伴って，司法権による裁量統制において裁量権の踰越濫用型審査が占める比重は，今日著しく増大している。その結果，一方では，行政裁量を非常に広く許容し裁判所による適法性審査を狭い範囲に限定しようとする判例傾向が支配的である。これに対し，より充実した適法性審査を可能とするためのさまざまな試みもなされており，したがって今日では，裁量審査の方法および密度をめぐって対立したさまざまな考え方が並存しているというのが実情である。

　しかし，以上のような錯綜した状況にもかかわらず，裁量審査に当たっては，いたずらに法令の規定文言のみを重視するのではなく，一方では法の趣旨目的を適正かつ十分に考慮する（①法の趣旨目的の考慮）のでなければならない。他

方，争われている事柄の性質に適合的で（②事柄の性質の考慮），裁量権行使により制約される権利自由の重要度に応じた（③権利自由の重要度の考慮）判断を行う必要がある。さらに，個々の裁量権行使が法の趣旨目的に反するか否かを適正に審査するには，当該権限行使の内容面の法適合性とともに，手続面および行政判断過程が全体として適正であるか否かという視点からの判断（④手続面と実体面の適正なバランス）も，要請される。

── 発展問題9-② 裁量審査の作法 ──

　本文では，裁量審査の際に念頭に置くべき四つの視点を挙げたが，それぞれの視点について補足説明を行うこととしよう。

　①法の趣旨目的について。法令の規定文言は，当該法令の趣旨目的を把握するための最も重要な手がかりとなる。しかし，規定文言はあくまでも法令の規定の趣旨を把握するための手がかりにすぎない。したがって，当該行政作用を取り巻く客観的事情の変化や関係法令の変容を踏まえた合理的な判断の結果，法の趣旨目的と規定文言との間に微妙な食い違いが生じることはありうる。そのような場合，規定文言が不明確であることや白地規定であることのみを絶対視して，杓子定規な解釈により広範な行政裁量を認めるということがあってはならない。

　②事柄の性質について。個々の行政活動の専門技術性や政治的・政策的性格を尊重する必要がある一方，行政の専門技術的判断や政治的・政策的判断には，一歩間違えば恣意や独断に陥る危険がつきまとっていることにも留意しなければならない。したがって，行政の判断の専門性や政治性・政策性を尊重しつつも，行政判断の公正中立性および説明責任が十分に果たされているか否かをバランスよく考慮した裁量審査手法を，工夫する必要がある。

　③権利自由の重要度について。侵害行政や権力行政については，法令の規定文言上は行政庁の自由な裁量的判断を広く認めているように見える場合でも，可能な限り行政裁量を抑制する方向で法令解釈を行わなければならない。かかる制約は，人の権利自由を制約したり一方的に変動させるような行政作用については，事柄の性質上，行政の自由な判断余地を可能な限り狭く解すべきであるという考え方に立脚している。

　④手続面と実体面の適正なバランスについて。今日支配的な判例理論では，実体面の審査については踰越濫用型審査にほぼ一本化するのに対し，手続面や判断過程面では適法性審査を充実化させる傾向にある。しかし，実体面での適法性審査の密

度を高めることによってバランスのとれた実効的な裁量審査が可能となる，という点にも留意すべきである。

　以上のように複眼的な視点をもつことは，裁量審査に際して留意すべき共通の作法である。したがって，次の 3 で紹介するさまざまな判例についても，裁判所が，これらの要素をバランス良く考慮し，個々の事案の性質に即した適正な裁量審査を行ったか否かが問われることとなる。

3　裁量審査は実際どのように行われているか

広い裁量権を容認する判例

　今日までの司法判例における裁量統制のあり方は，裁量権の踰越濫用型審査による適法性審査の対象を狭く限定する方向で運用してきたために，行政裁量を比較的広めに許容し，その結果，裁量権の踰越濫用に該当し違法と判断できるケースをごく例外的な場合に限定しようとする傾向にある。

　本節では，まず，このような従来の判例傾向を「広い裁量を容認する判例」と呼んで，代表的な判決例を挙げながらその実態と問題点を述べることとする。その上で，そのような支配的な判例理論によって課せられた制約を打破し，司法権による適法性審査の幅を拡げようとするさまざまな試みとして，判断過程統制型審査および実体的裁量審査の密度に関する判例および学説の状況を紹介する。

踰越濫用型裁量審査の二面性

　裁量権の踰越濫用型審査は，自由裁量の可能性がいかに広く認められた行政権限であっても，裁量権の踰越または濫用の存否に関する審査が最小限の司法審査として確保されるべきであることを意味している。この意味で，裁量行為にも踰越濫用型審査が及ぶことを定めた行政事件訴訟法 30 条の規定には，自由裁量行為には一切の適法性審査の可能性を排除してきた「裁量不審理原則」を克服したという意味がある。

　しかし，その反面，踰越濫用型審査は，元来は行政の自由裁量を前提とした

司法審査手法である。そのため，かかる審査手法の適用対象を多様な行政活動に拡大することは，裁量行為の範囲の拡張を意味することとなり，それに応じて，裁判所による適法性審査の密度を希薄化することを意味する。

このように，踰越濫用型審査には，最小限の適法性審査の可能性を確保し法治主義の実現を補完する面があるとともに，司法審査の幅を抑制する面もあるのである。

どのようなケースで広い裁量権が容認されてきたか

一例として，外国人の政治活動を理由に行われた在留期間更新の不許可処分について，広範な自由裁量が認められた代表的なケースとしてマクリーン事件（最大判昭和 53・10・4民集 32 巻 7 号 1223 頁）がある。

この事件で問題となった法律の規定は，在留期間の更新許可について，「在留期間の更新を適当と認めるに足りる相当の理由があるときに限り，これを許可することができる」と定めた「出入国管理及び難民認定法」21 条 3 項の規定である。この規定をそのまま読めば，許可権者である法務大臣に非常に広い裁量権を認めているようにも見えよう。しかし，外国人の在留制限は人身の自由に対する重大な制約であるから，古典的裁量論の考え方に従えば羈束裁量行為として密度の濃い司法審査が認められる可能性もあった。

ところが，最高裁は，外国人には，入国はもとより，引き続き在留することを要求する権利が保障されているわけではないとの理由により，法務大臣の広範な自由裁量を認めた。そして，かかる裁量的な許可権限の行使に対する裁判所の審査を裁量権の踰越濫用型審査に限定するとともに，法務大臣の判断が「全く事実の基礎を欠き又は社会通念上著しく妥当性を欠くことが明らかである場合」に限って裁量権の踰越濫用があったものとして違法となるとした。

このように広い裁量権を認めた上で裁判所による適法性審査の対象を踰越濫用型審査に限定し，実際にもごく例外的な場合にしか裁量権の踰越濫用の存在を認めないという判例傾向は，公務員に対する懲戒免職処分の適法性が争われた神戸税関判決（最判昭和 52・12・20 民集 31 巻 7 号 1101 頁）や高校日本史の教科書検定の適法性が争われた教科書検定第一次訴訟判決（最判平成 5・3・16 民集 47 巻 5 号 3483 頁）等で相次いでいる。

　行政活動の相手方が法的にいかなる地位にあるかが，行政裁量の幅を決定づけてしまうことがある。本文で述べたように，在留許可制度および在留期間更新の許可制度は，在留外国人にとっては往来の自由等人身の自由の根幹を左右するものであるため，かりに外国人の在留に強い権利性が認められるとしたならば，行政裁量の幅は大きく縮減される可能性がある。しかし，マクリーン事件について，最高裁は，外国人にも表現の自由が保障されるとしても，それは，在留期間中の政治活動が在留期間の更新を許可するか否かの判断の際に不利に評価されない保障まで含むものではないと述べている。

　この判決が，更新許可権限に非常に広い裁量を認めた上で，裁量権の行使に踰越濫用は存在しないと結論づけた背景には，外国人に対する表現の自由の保障と在留制度の運用とを切り離そうとする考え方があるのである。しかし，在留期間の更新許可申請の審査に際して不利益に考慮されるような言論行為について，それでも表現の自由は確保されたと言えるかについては，大いに疑問の余地がある。

　公務員の勤務関係は，かつては「公法上の特別権力関係論」と呼ばれる理論が適用される典型的ケースであった。

　公法上の特別権力関係論は，戦前および戦後の一時期まで，公務員の勤務関係のほか，公営造物の利用関係，刑務所に収容された受刑者や被勾留者の在監関係等を説明するために主張された学説である。これらのケースの共通項は，何らかの理由で国や地方公共団体との間で特別の支配服従関係に置かれた私人には，公権力一般に認められる支配関係（一般権力関係）とは異なった，特別の包括的な支配関係が成立するという考え方であった。その結果，行政側には，個々の行政目的の達成のため必要かつ合理的な範囲では，法令の根拠規定なしに，相手の権利自由を制限するための規則制定権や違反者に対する懲戒権等の包括的な支配権が認められた。また，公務員や国公立学校の生徒・学生に対する懲戒処分については，免職や退学に至らない範囲では，裁判所による適法性審査の可能性が否定された。

　この理論は，今日ではほぼ克服されている。なぜなら，公務員や学生にも，人格的自律性や権利義務主体としての法的地位が憲法上保障された今日では，法律の根拠なしに包括的支配権を容認する理論が受け入れられる基盤は失われている。また，国家公務員法その他の公務員関係法令や学校教育法その他の教育関係法令に基づき，

公務員や生徒・学生の権利義務が詳細に定められている今日では，公法上の特別権力関係論の存在理由も失われているからである。

とはいえ，公務員に対する懲戒処分に広い裁量権を認め，司法審査の範囲を最大限に限定しようとする今日の判例傾向からは，特別権力関係論と類似の発想方法が今もって残存しているのではないか，という疑問が払拭できない面もある。

発展問題 9-④　部分社会論と行政裁量

「部分社会論」とは，一般社会の中にあって相対的に独自の社会関係を形成する組織や団体に，当該社会関係の特質に応じて合理的な範囲内において構成員の権利自由を制限する自律的権限を認める考え方であり，公法上の社会関係か私法上の社会関係かの差に関わりなくそのような独自の規律権を認める点で，公法上の特別権力関係論とは異なっている。しかし，「一般市民社会にあってこれとは別個に自律的な法規範を有する特殊な部分社会」とみなされた学校等の団体には，その設置目的を達成するため必要な範囲で生徒・学生等の権利自由の制限を内容とする学則等を定め実施する自律的・包括的な権能が認められ，また，その適用により生じた紛争に関する司法審査の可能性も制限される。この点で，部分社会論は，公法上の特別権力関係論と共通の機能を果たしている。

実際，この理論を適用した富山大学経済学部事件判決（最判昭和52・3・15民集31巻2号234頁）では，国立大学専攻科の学生に対する修了認定について司法審査の可能性を肯定する一方，修了認定の前提となる個々の科目の単位認定については，「純然たる大学内部の問題として大学の自主的，自律的な判断に委ねられるべき」であるとして，司法審査の対象から除外された。

部分社会論には，さらに，自律的な規範定立権および内部的紛争について司法審査を免れる可能性を，部分社会とみなされた民間の組織や団体にまで拡張したという面があることも見逃せない。私立大学における学生の政治活動の制限を定めた学則の規定およびそれを適用して行われた退学処分について学校長の自由裁量を広く認めたものとして，昭和女子大学判決（最判昭和49・7・19民集28巻5号790頁）があるが，この判決は，裁量審査という局面に限定してではあるが，部分社会論が司法審査の範囲を縮減する役割を果たしたケースである。

最小限の適法性審査

他方で，踰越濫用型審査には，自由裁量がいかに広く認められる場合でも最

小限の適法性審査を確保させるという機能もある。そのような機能は、同じく高校日本史の教科書検定の適法性が争われた教科書検定第三次訴訟判決において、限定的ながら発揮されている。この判決では、戦時中における日本軍細菌戦部隊の非人道活動に関する教科書の記述の削除を求めた検定意見には、学説状況に照らして「看過し難い過誤があり、裁量権の範囲を逸脱した違法がある」との判断が示された（最判平成9・8・29民集51巻7号2921頁）。検定意見の適法性が争われた数多くの記述箇所の中のごく一部に限ってではあれ、不利益取扱いの前提となった事実認識の過誤を理由に裁量権の踰越濫用があったと認定されたケースとして、重要である。

審査密度を高めようとする判例

以上のように、踰越濫用型裁量審査手法には、自由裁量権の行使に対して最小限の適法性審査を確保するという役割は認められるが、その前提として、行政の自由な判断可能性を広く容認している。そのような踰越濫用型審査がもつ二面性を踏まえるならば、より実効的な裁量審査を可能とするためのさまざまな方法を工夫する必要がある。そのような新たな試みとして、裁量的な行政判断の手続面や結論に至るまでの判断過程の適正さの検証に力点を置いた審査手法で、手続的審査ないし判断過程統制型審査と呼ばれるものがある一方、裁量的行政活動の内容面でも、司法審査の密度を高めるためのさまざまな試みがなされている。

判断過程統制型裁量審査

判断過程の統制とは、行政庁が一定の意思決定や行動へ到達するまでの調査、審議、判断等の一連のプロセスが適正かつ公正に進行したか否かを、裁判所が審査しようとするものである。

この審査手法に従えば、かかる判断過程の全体としてまたはその節目節目において公正性や合理性に欠ける点があるときには、法の趣旨に反する違法な行政活動であると結論づけることが可能となる。その意味で、不利益処分についての告知・聴聞や理由付記が適正に行われたか否かといった個々の行政手続が適正に履行されたか否かを問題とする適正手続保障とは、趣を異にした考え方

である。しかし、判断過程統制型審査手法には、前章で紹介した個人タクシー判決や群馬中央バス判決等、手続的審査方法を実現した判例理論の考え方を、判断過程全体の適正性確保へ拡張したという側面があることも見逃せない。

判断過程統制型司法審査を実際に適用した判例として、日光太郎杉事件控訴審判決（東京高判昭和48・7・13判時710号23頁）がある。この判決は、行政判断過程の適正性に関する審査を、判断過程における考慮要素および利益衡量の適正性に関する問題と捉え、行政判断過程の個々の局面を分節化することにより、説得力のある裁量審査手法の創出に寄与した。

日光太郎杉判決以降、考慮義務および適正利益衡量を軸にした裁量審査により行政決定を違法と結論づける裁判例は存在しなかったが、1990年代後半以降、画期的な諸判決が相次いでいる。たとえば、アイヌ民族の聖地とされた土地をダム用地として行われた収用事業の認定の適法性が争われた二風谷ダム事件について、事業認定には裁量権の逸脱濫用があり違法であるとの判断を示した地裁判決がある（札幌地判平成9・3・27判時1598号33頁）。この判決では、少数先住民族であるアイヌ民族にとって当該土地がもっている民族的・文化的・歴史的・宗教的諸価値がダム建設により失われる危険性について、十分な調査研究を怠ったまま事業認定が行われた点に、本来最も重視すべき諸要素・諸価値の考慮に欠けるところがあったとの判断が示された。考慮義務や適正利益衡量の義務が果たされたかという問題が、そのための調査研究が十分行われたか否かという、より具体的なレベルの問題として審査されたという点が重要である。

ケースの中で9-① 日光太郎杉事件

この事件では、国道拡幅のために日光東照宮の寺域の一部を国道用地として収用しようとする収用事業の認定に、違法の瑕疵がないか否かが争われた。法律規定との関係では、「事業計画が土地の適正且つ合理的な利用に寄与するものであること」という事業認定の要件（収用法20条3号）を満たすか否かが争われた。

控訴審判決は、これについての行政庁の判断に自由裁量の余地を認める一方、被収用地は日光国立公園特別保護地区内の土地に当たり、「太郎杉」等樹齢200年を超える杉の大木群を含むかけがえのない歴史的、文化的、宗教的、自然的価値を有するものであることを重視し、その結果、事業認定に関する適法性審査のあり方について、「本来最も重視すべき諸要素、諸価値を不当、安易に軽視し、その結果当

然尽すべき考慮を尽さず，または本来考慮に容れるべきでない事項を考慮に容れもしくは本来過大に評価すべきでない事項を過重に評価し，これらのことにより……判断が左右されたものと認められる場合」には，裁量権の逸脱濫用に当たり違法となるという考え方を採用した。そして，当該事件についても，被収用地がもっている上記諸価値を不当安易に軽視する一方，目前に迫っていた東京オリンピック開催に伴う観光客誘致の要請，日光奥地の林業開発の必要性や直前にあった暴風雨被害の規模等，本来考慮すべきではないまたは過大に評価すべきではない事項を過重に考慮し評価したものとして，裁量権の逸脱濫用があったとの結論を導いた。

最高裁判例による採用

　その後，判断過程統制型裁量審査の考え方は，最高裁判例によっても採用されている。この点を判決理由の中で明確化したのが，小田急高架化訴訟に関する上告審の本案判決（最判平成 18・11・2 民集 60 巻 9 号 3249 頁）である。

　この事件では，都市高速鉄道という都市施設の整備（本件の場合，具体的には高架化と複々線化）のための都市計画決定の適法性が争われた。最高裁は，このような施設整備に関する都市計画の決定または変更は，行政庁の「広範な裁量」に委ねられるとし，このような都市計画の決定または変更が裁量権の踰越濫用に当たり違法となるのは，「その基礎とされた重要な事実に誤認があること等により重要な事実の基礎を欠くこととなる場合」，または，「事実に対する評価が明らかに合理性を欠くこと，判断の過程において考慮すべき事情を考慮しないこと等によりその内容が社会通念に照らし著しく妥当性を欠くものと認められる場合」に限られる，という考え方を提示した。裁量権の踰越濫用型審査に関する従前の判断枠組みと比較すると，判断過程における適切な考慮事項の考慮の有無が，社会観念に照らしての著しい妥当性の有無の判断へつながる理由の一つとされた点が，新しい要素である。以上のような判断枠組みが，広い裁量を前提とした裁判所の適法性審査の手法として定着し，今日にいたっている。

> **ケースの中で 9 -②　小田急高架化訴訟**
>
> 　市街地における鉄道や自動車専用道路の建設事業計画の適法性が争われた事件では，計画決定に際して考慮すべき利益として騒音等によって害される生活環境利益を重視し，受忍限度を超える著しい騒音等の被害が解消されないことをもって，考

慮すべき事項の考慮を欠いたものとして裁量権の逸脱濫用を結論づけた判決例も出現している（小田急高架化訴訟に関する第1審・東京地判平成13・10・3判時1764号3頁，圏央道あきる野インター事件に関する第1審・東京地判平成16・4・22判時1856号32頁）。もっとも，このような判例の傾向は今のところ下級審判決に限られており，小田急高架化訴訟においては，最高裁が，第1審判決をくつがえす判断を下している（最判平成18・11・2民集60巻9号3249頁）。

　その結果，行政庁の判断に広い裁量を認める一方，裁量権の行使として行われる行政庁の判断過程で考慮すべき多様な利益や価値の総合的衡量を経て，裁量権の踰越濫用があり違法だと結論づける裁判例も生まれている。

ケースの中で9-③　広島県教組教研集会事件

　教職員組合が，教育研究集会に使用する目的で公立中学校の教室等の施設使用の許可を申請したが，拒否されたという事案で，最高裁は，学校施設の使用許可の判断について教育委員会に広い裁量を認める一方，さまざまな事項への適切な考慮が現になされたか否か等を総合的に判断した結果，裁量権の踰越濫用があったとして違法と結論づけた（最判平成18・2・7民集60巻2号401頁）。教職員組合による教研集会開催のための使用は，学校施設の本来的目的とは異なる利用という意味で，目的外使用に当たる。したがって，使用を認めても特段の支障がない場合でも，教育委員会には使用許可の判断に広い裁量が認められる。とはいえ，教研集会には教員の自主的研修としての側面があり，教科科目に関する分科会等での研究討議のために教育設備や実験器具等が備わった学校施設の利用を認めることは理にかなっており，そのため，従来は特段の支障がないとして学校施設の使用が長年にわたり認められてきたこと等の事情を，適切に考慮すべきであった。にもかかわらず，右翼団体の街宣車による街宣活動から生じる悪影響や教職員組合による国の文教政策への批判等，本件の事実関係の下では「重視すべきでない考慮要素を重視」し，他方，上記諸事情等の「当然考慮すべき事項」を十分に考慮しなかった。以上を理由に，本件の使用不許可は裁量権の踰越濫用に当たり違法であるとされたわけである。

ケースの中で9-④　裁量審査における具体的事情の総合的勘案

　考慮すべき事項と考慮すべきでない事項を個々の事案の具体的事情に即して総合的に勘案した結果，裁量権の逸脱濫用を導いた最高裁判例として，最判平成19・12・7（民集61巻9号3290頁）がある。事案は，採石事業者が，採石場から切り出された岩石を搬出するための桟橋を一般公共海岸区域（海岸法2条2項）内に設

置しようとして，県の土木事務所長に占用許可（同法37条の4）の申請を行ったところ，不許可となったというものである。

　最高裁は，一方では，行政財産としての性格を有する一般公共海岸区域内の土地の占用許可に関する海岸管理者の判断に裁量性を認め，その結果，「申請に係る占用が当該一般公共海岸区域の用途又は目的を妨げないときであっても……海岸法の目的等を勘案した裁量判断として占用の許可をしないことが相当であれば，占用の許可をしないことができる」と述べている。他方で，最高裁は，当該占用許可権限の行使に際して考慮すべき要素と考慮すべきでない要素を具体的事実関係に即して総合的に勘案した結果，裁量権の逸脱または濫用があると結論づけた。ここで勘案すべき事情として本判決が言及する点は多岐にわたるが，中でも，本件桟橋が，「比較的容易に撤去することができ，これを設けることによって本件海岸の形質に重要な変更が加えられるものではない」こと，採石場自体が水産資源の生息環境に悪影響を生ずるものではないことが判明していたこと，事業者に対して関係市町村や地元漁協の同意を得ることを求める等，海岸管理者側に理不尽な対応があったこと，本件桟橋を設置できなければ採石場経営には採算性が見込めなくなる反面，本件桟橋の設置が環境や交通に与える影響はほとんどないこと等が勘案された。裁量審査に当たっては，個々の事案に即した多様な具体的事情の総合的勘案が必要不可欠であることを示す典型例である。

「考慮すべき事項」と「考慮すべきでない事項」

　上記の裁判例（ ケースの中で9-③， 9-④ ）を見ると，裁判所による判断過程統制型裁量審査は，今日，行政庁の裁量権行使において「考慮（または重視）すべき事項（または要素）」と「考慮（または重視）すべきでない事項（または要素）」が適切に考慮されたか（または考慮されなかったか），また，複数の考慮事項相互間の比較衡量（または「重みづけ」とも言う）が適切に行われたか，という問題に着目した審査方法として定着していることが，理解できるであろう。判断過程統制型裁量審査とは，ひと言で言えば考慮事項審査にほかならないと言えよう。

　したがって，判断過程統制型裁量審査においては，いかなる事項や要素あるいは利益をもって，「考慮すべき」または「考慮すべきでない」とすべきかが重要である。個々の事案において，何をもって「考慮すべき事項」または「考慮すべきでない事項」と捉えるか，また，それぞれの事項の範囲を広く捉える

か，それとも狭く捉えるかに応じて，裁量権の踰越・濫用の有無の判断が左右され，結論が異なってくる可能性が生じる。

　こころみに，海面を埋め立てて大規模施設を建設しようとする事業者Ａが，Ｂ県知事から公有水面埋立法２条１項に基づく免許を受けて埋立てを行う際に，護岸工事に伴う環境保全措置の一環として，貴重なサンゴ類保護のため採捕の上移植する必要が生じた，というケースを例に考えてみよう。

　ＡはＢ県知事に対して，漁業法・水産資源保護法等に基づくサンゴ類採捕の許可申請を行ったが，Ｂ県知事は，相当の期間が過ぎても当該許可を行わない。Ｂ県知事は，なぜ，当該許可をなそうとしないのか。それは，埋立計画水域内の相当広い面積を占める区域内に大規模な軟弱地盤が存在することが判明し，埋立て完了後における災害防止等の安全性を確保するには，大規模な地盤改良工事を実施する必要が生じたからである。当該地盤改良工事は，埋立免許の時点では予定されていなかった新たな工事であるため，埋立事業全体について，公有水面埋立法13条の２第１項に基づく変更許可を受けなければならない。ところが当該地盤改良工事は大規模で，最先端の工法と莫大な費用を要することが明らかであり，当該工事実施により周辺海域の自然環境を害する可能性もある。このため，当該変更許可が得られるか不確実であり，ひいては当該埋立事業の実現可能性も疑われる状況となっている。

　以上のようなケースにおいて，Ｂ県知事は，サンゴ類採捕の許可申請に対する許否の判断の際，いかなる事項を考慮すべきだろうか。一方で，サンゴ類移植のための採捕は，埋立免許に基づき実施される護岸工事に伴い必要となる環境保全措置の一環として行われる，という点を考慮しなければならない（考慮事項①）。他方，事業計画の変更が許可される見込みないし蓋然性とその程度，さらに当該埋立事業が完成まで到達する見込みとその程度もサンゴ類採捕の許否判断に際して「考慮すべき事項」の範囲に含まれる，と考えるべきではないだろうか（考慮事項②）。しかし，考慮事項②に関しては，裁判官の間で見解が分かれた最高裁判所判例が存在する（最判令和３・７・６民集75巻７号3422頁。
→　ケースの中で9-⑤　）。

ケースの中で9-⑤　辺野古新基地建設に関連したサンゴ類特別採捕許可申請事件

　本文で想定した事例は，普天間飛行場に代わる米軍基地建設のため名護市辺野古崎に隣接する水域（以下，「本件水域」という）を対象に沖縄防衛局が実施する公有水面埋立事業をめぐり，国・沖縄県間で争われる一連の訴訟の中の一事案をモデルにしているが，事実関係等を相当変更するとともに簡略化している。実際の訴訟との最大の違いは，埋立免許（公水法2条1項）を申請し当該免許を受けたのも，また，護岸工事を実施しその一環としてサンゴ類採捕の許可申請をしたのも，すべて民間事業者としている点にある。実際の辺野古訴訟では，国の官庁（沖縄防衛局）が埋立承認（公水法42条1項）を受けて埋立事業を実施しているのであり，またサンゴ類採捕許可を申請したのも沖縄防衛局である。

　また，当該訴訟は，地方公共団体の機関である沖縄県知事が，国の機関である農林水産大臣が「国の関与」として行った「是正の指示」（自治法245条の7第1項）が違法であると主張して，地方自治法251条の5第1項に基づき当該大臣を被告として提起した訴訟である（→16章3　機関訴訟）。

　さて，埋立承認後，本件水域内の辺野古崎東側（大浦湾側）において，軟弱地盤が広範囲に存在することが判明し，当該「軟弱区域」を対象に承認出願時の「設計の概要」では予定されていなかった地盤改良工事を実施する必要が生じた。これにより，当該事業の「設計の概要」の変更について，沖縄県知事の承認（公水法13条の2第1項，42条3項）を得る必要が生じた。他方，サンゴ類の採捕は，「設計の概要」に記された護岸工事の実施に伴い必要な環境保全のための調査研究等を目的に行われるものであり，漁業法や水産資源保護法（これらの法律の委任規定を受けて県知事が定めた漁業調整規則を含む）の規定に基づき，「特別採捕許可」による規制対象となる行為である。なお，大浦湾側でサンゴ類が生息する場所は本件軟弱区域外に存在し，特別採捕許可申請の対象となったサンゴ類はすべて，本件軟弱区域外に生息する。

　以上のような事実関係の下で，特別採捕許可申請に対する許否判断に際して，県知事は，「設計の概要」変更（以下，「設計概要変更」という）が承認される見込み（蓋然性）とその程度，および本件埋立事業の目的が達成される見込みとその程度を，要考慮事項の範囲に含めて判断すべきだろうか。特別採捕許可の許否判断に際して「考慮すべき事項」の範囲を広く解すべきか否かをめぐって，裁判官の間で見解が分かれたのである。

　一方の多数意見（法廷意見）は，地盤改良工事のために新たに設計概要変更の承認を受ける必要が生じたとしても，本件埋立事業は承認を受けて有効に存在するこ

とを理由に，沖縄防衛局は，軟弱区域外の水域における護岸工事を「適法に実施し得る地位」を有することを強調する。また，サンゴ類移植のための採捕は，護岸工事の実施に伴い必要となる環境保全措置であり，当初の埋立承認の出願時に提出された図書に適合的な保全措置が採られる限り許可すべきものであるとする。その結果，設計概要変更の承認がなされる「見込み」がないとの「考慮」から，サンゴ類採捕許可申請に対し許可をなそうとしない県知事の判断は，「当然考慮すべき事項」を十分考慮しない一方，「考慮すべきでない事項」を考慮するものであって，「社会通念に照らし著しく妥当性を欠いたもの」と結論づけた。以上のように，法廷意見は，設計概要変更が承認される見込みの有無や程度は，サンゴ類採捕の許否判断において「考慮すべき事項」の範囲外にある，という立場から判断した。

　他方の反対意見は，護岸工事やサンゴ類採捕が本件埋立事業の実施のために行われるものであるとしても，サンゴ類採捕の許否の判断は，漁業調整や水産資源の保護培養を目的とした漁業法等の趣旨に沿ってなすべきものであることを強調する。また，許可を受けてサンゴ類を移植したとしても，その後設計概要変更が承認されず，その結果本件埋立事業の目的を達成しえない事態になれば，「さんご類の生息箇所のみの工事」は「無意味」になること，またサンゴ類の移植は通常「極めて困難」であり，移植後大半のサンゴ類は死滅することが予想されるため，採捕・移植はサンゴ類に対して「重大かつ不可逆的な被害を生じさせる蓋然性が高い」ことを指摘する。その上で反対意見は，サンゴ類の採捕を許可すべきだとするには，設計概要変更の申請が承認され大浦湾側の埋立事業が実施される「相当程度の蓋然性」がなければならないとする一方，農水大臣による是正の指示の時点では，設計概要変更が承認される蓋然性につき適切に判断するための「情報」が不十分であったという認識を示し，以上を理由に，採捕の許可をなそうとしない知事の判断に違法はない，と結論づけた。以上のように，反対意見は，設計概要変更が承認される「蓋然性」の有無や程度はサンゴ類採捕の許否判断において「考慮すべき事項」の範囲内にある，という立場から判断した。

　このように反対意見は，設計概要変更が承認される蓋然性を「要考慮事項」と解したが，かかる反対意見の立場から見れば，サンゴ類採捕許可申請を受けた県知事が，「本件護岸工事という特定の工事のみに着目して」判断を下したとすれば，当該判断は，「木を見て森を見ず」の弊に陥ったものにならざるをえない。本事案において「考慮すべき事項」の範囲をこのように限定しようとする考え方は，結局，「考慮不尽」により，「裁量権の範囲の逸脱又はその濫用」に当たるとされる（宇賀克也裁判官の反対意見）。宮崎裕子裁判官の反対意見も，宇賀反対意見に「全面的に同調」した上で，「設計の概要」変更が承認される蓋然性をもって，サンゴ類

採捕の許否判断における「要考慮事項」であると考えるべき理由を，さらに詳細に論じている。

辺野古新基地建設をめぐる一連の訴訟全般について　→　**コラム16-②**。

基本権侵害

次に，行政判断の内容面の適法性に関しても，より密度の高い適法性審査を行おうとする判決例が出現している。

まず，行政作用によって害される私的権利私益が憲法上高い価値を有する権利に該当する場合には，当該行政作用に対する裁判所による裁量審査の密度は高くなる傾向がある。特に，人の生命・身体・健康あるいは人身の自由や信教の自由等のように，一般に高度の人権的価値を認められその保障範囲も比較的明確な権利利益に対する重大な侵害が問題となる場合には，たとえそれが行政庁の自由裁量の余地のある権限行使に関する場合であっても，比較的厳格な司法審査が行われてきた。

なかでも，人の生命・身体・健康に対する重大な侵害可能性が問題となったケースとして，原子炉の設置許可要件の一つである安全性の審査に関する伊方原発訴訟判決（最判平成4・10・29民集46巻7号1174頁）がある。この事件では，許可申請された原子炉施設の基本設計における安全性が争われた。

判決は，まず，かかる安全性の審査には，高度かつ最新の科学的専門技術的知見に基づく総合的判断が必要であることを理由に，かかる安全性の審査は，専門家委員会の科学的専門技術的知見に基づく意見を尊重して内閣総理大臣（現行法では，専門性をも有する国の機関である原子力規制委員会。原子炉等規制法23条1項，43条の3の5）が行う「合理的な判断」に委ねるというのが法の趣旨であると述べた。これにより，事実上，許可権限庁の専門技術的裁量を容認したのである。しかし，判決は，他方で，原子炉に事故が発生した場合には人の生命健康への直接かつ重大な侵害の発生が予測されることを考慮し，原子炉の安全性審査には特に慎重な判断が求められるとの立場から，専門家委員会による安全性審査の過程に不合理な点があってはならないとした。そして，裁判所による審査は，①専門家委員会が依拠した安全性に関する具体的審査基準の内容，および②当該審査基準を適用して行われた委員の調査・審議・判断の過程と

いう二つの局面を対象に，「現在の科学技術水準」に照らして不合理な点がなかったか否かを審査しなければならないと判示した。

この判決は，安全性に関する具体的審査基準の内容およびその適用過程の合理性を司法審査の対象にしようとする点で，実体的審査密度を拡充させるとともに，上述の判断過程統制型審査との連携を目指したケースでもある。

ケースの中で 9 -⑥　エホバの証人剣道実技参加拒否事件

基本権的価値の高い権利利益の侵害について裁判所が比較的厳格に裁量審査を行ったもう一つの例として，信仰の自由に対する重大な侵害の適法性が争われたエホバの証人剣道実技参加拒否事件に関する最高裁判例を挙げておこう。この事件では，信仰上の教義を理由に公立の高等専門学校での剣道実技授業への参加を拒否したために行われた原級留置処分および退学処分が，違法と判断された（最判平成8・3・8民集50巻3号469頁）。

この判決では，剣道実技が体育科目にとって必須のものとは考えられないことや，剣道実技に代わる措置をとる可能性について十分な配慮が払われなかったことも考慮された。しかし，それ以上に，剣道実技授業への参加拒否の理由は「信仰の核心部分と密接に関連する真しなもの」であり，不利益処分を背景に当該剣道実技への参加を強いることは「自己の信仰上の教義に反する行動を採ることを余儀なくさせられる」性質のものであったことが，本件処分が違法と結論づけられた最も重要な理由であった。

ケースの中で 9 -⑦　「林試の森」事件

最高裁が，都市計画事業における用地選択の適法性について密度の高い裁量審査を行った例として，「林試の森」事件がある（最判平成18・9・4判時1948号26頁）。

この事件では，農林省（当時）の付属機関である林業試験場の跡地を東京都の都市公園に指定する都市計画決定の際に，旧林業試験場の南門と同じ地点に公園南門を設けるとされ，当該南門と区道とに挟まれた民有地が，公園へのアクセス路として公園区域に組み込まれた。その後，都の認可申請に基づき，当該アクセス路整備のための都市計画事業が，建設大臣（当時）により認可された。ところが，当該民有地の西隣には農林本省宿舎として利用されている国有地があり，当該国有地をアクセス路として利用することも不可能ではなかったため，上記民有地を選択したことが適法であるか否かが争われた。

最高裁は，都市公園等の都市施設の区域選定に当たっては，当該都市施設を「適切な規模で必要な位置に」配置する必要があり，民有地に代えて国公有地の利用が可能であることも，かかる都市施設配置の合理性を判断する際の「一つの考慮要素となり得る」との見解を示した。そして，本件の場合，南門の位置選定の合理性を適正に判断するには，本件国有地をアクセス路として利用することが旧林業試験場の樹木に悪影響を及ぼすか否か等について十分に審理すべきであったにもかかわらず，かかる考慮を払うことなく本件民有地を公園区域に組み込んだことは，裁量権の逸脱濫用に当たり違法となる可能性があると結論づけた。

　本判決は，都市施設用地として国公有地と民有地双方の利用が可能である場合には，用地選択の合理性についても密度の高い司法審査が及ぶことを示したものであり，公用収用における「公益上の必要」性（収用法20条4号）の判断に際しても参考となる。もっとも，本判決も，民有地利用が可能となるケースを，国公有地の利用によっては行政目的を達成できない場合に限定しようとする趣旨ではないことにも，留意する必要がある。あくまでも，国公有地利用の可能性を「一つの考慮要素」として，用地選択の合理性を決すべきであるとしたに止まるわけである。

目 的 違 背

　次に，法が本来想定していた目的とは異なる目的のために行政権限が行使された場合には，目的違背を理由に当該行政活動が違法とされる可能性が生じる。とりわけ，個々の法令に定められた要件や効果に関する規定との関係では直ちに違法とはみなしえないが，一連の行政活動のプロセス全体を見ると，明らかに本来の法目的とは異なった目的のために権限が行使されたと考えられる場合が問題となる。

　そのようなケースの典型例として，個室付浴場業の営業開始を阻止するために，200メートル以内の場所にあった空き地（小学校の廃校跡地）を児童遊園とみなし児童福祉法に基づき児童福祉施設としての設置認可を行い，さらに，当該個室付浴場業を開始した原告に対して，児童福祉施設から200メートル以内の場所での個室付浴場業の営業を禁じた風営法の規定に違反するとして営業停止を命じた県知事の一連の行為の適法性が争われた事件に関する判決（最判昭和53・5・26民集32巻3号689頁）がある。

　この事件では，児童福祉施設設置認可および営業停止処分という二つの処分は，それぞれ児童福祉法および風営法の根拠規定に照らして直ちに違法とはみ

なしえないものであった。しかし，最高裁は，当該児童福祉施設設置認可処分
は，もっぱら特定の個室付浴場業の開設を阻止しようとする目的から，個室付
浴場業の営業を制限する風営法の制度を利用したものであるとみなし，それゆ
え「行政権の著しい濫用」に当たり違法であると判断して県に賠償を命じた。

　この判決も，判断過程統制型裁量審査の枠組みの中に目的違背という要素を
組み込むことにより，密度の濃い実体的審査を実現したものと言える。

「法の一般原則」違反

　さらに，平等原則，比例原則，信義則（信頼保護），権利濫用等の援用により，
裁量権行使に対する密度の高い実体的審査を確保することが可能な場合がある。
こうした「法の一般原則」については，次の**4**で詳しく解説する。

4　法の一般原則

「法の一般原則」とは何か

　「法律による行政の原理」を前提に考えれば，国民に対する関係で行政活動
を制約し法的に規律づける法規範の主要部分は，法令すなわち，法律およびそ
の施行のために制定された法規命令である。しかし，前の**3**で述べたように，
憲法で保障された基本的人権が行政裁量権の行使を厳格に制約する可能性が認
められるし，また，それ以外のさまざまな一般的な法原則にも，行政活動を制
約する法規範としての役割が認められてきた。

　そのような「法の一般原則」として行政活動を制約するものとしては，平等
原則，比例原則，権利濫用の禁止，信義則（信頼保護原則）等が考えられる。
それぞれの法原則は，もともとは憲法典や民法典等の規定に由来するが，いず
れも，行政活動を規律する「法の一般原則」としての法的拘束性を認められて
きた。以下では，特に平等原則・比例原則・信義則を取り上げて解説する。

平　等　原　則

　平等原則は，合理的な理由なく人種，信条，性別，社会的な地位や出身等に
よって差別的に取り扱うことを禁じる考え方であり，憲法14条1項に由来す

る法の一般原則である。平等原則は，法律や政令・省令等の立法行為だけではなく，行政行為や事実行為その他の個別的行政活動をも拘束するものであり，これに違反する行政作用は違法となる。

　もっとも，いかなる場合に平等原則に反し違法となるかは，具体的状況に応じてケースバイケースで判断せざるをえない場合が多い。また，平等原則違反か否かは，個々の根拠法令の趣旨に反するか否かという問題と密接不可分の関係にある場合が多く，そのようなケースでは，平等原則には一切言及せずに，もっぱら根拠法令違反のみを理由に違法判断がなされることがある。

コラム 9-②　隠れた違法理由としての平等原則

　第 3 章では，婚外子に対する児童扶養手当の受給資格者から「父から認知された児童」を除外した施行令の規定が違法とされたケース（最判平成 14・1・31 民集 56 巻 1 号 246 頁）を紹介した（→ **ケースの中で 3-②**）。この判決の理由は，婚外子の中で認知された児童のみを児童扶養手当の支給対象から除外する施行令の規定は，父による現実の扶養を期待することができない類型の児童を児童扶養手当の支給対象に含めようとする児童扶養手当法の委任規定（児扶手法 4 条 1 項 5 号。現行の 4 条 1 項 1 号ホに相当する規定）の趣旨に反するというものであって，平等原則違反を直接の理由とするものではなかった。しかし，このような個別の法律規定の解釈の背後には，認知された婚外子を合理的理由なく不利に扱うことは平等原則の趣旨に反するという実質的価値判断が潜んでいる，と解することも可能である。

比 例 原 則

　比例原則は，国民の権利自由を剥奪または制限する国家機関の権限行使について，その必要を生じさせた不法状態や相手方の義務違反の程度との間に適正なバランスが確保されることを要求する法原則である。比例原則は，一般に，以下の二つの局面で問題となる。

　第 1 に，上述のような不利益的な国家活動には，それを正当化する十分な必要性がなければならない。この意味の比例原則は，不法状態や相手方の義務違反が些細なものである場合にまでいたずらに不利益的な権限行使を行うべきで

はないという考え方に基づくものであり，行政目的の達成にとって必要不可欠な権限行使のみを許容する考え方である。

第2に，何らかの公権力発動が許容される場合でも，当該公権力発動による権利自由の制限の程度は，その理由となった不法状態や相手方の義務違反の程度や態様と適正なバランスを保ったものでなければならない。些細な義務違反に対していきなり極めて重大な不利益処分を行うことは，この意味の比例原則違反となる可能性がある。これは，行政活動における目的と手段の間に適正なバランス確保を要求する考え方であり，これに従えば，一定の行政目的達成のため用いることのできる手段が複数存在する場合には，当該目的の達成にとって必要かつ妥当な程度のものを選択しなければならず，過大な手段を選択することによって相手に過剰な不利益を及ぼすようなことがあってはならないということになる。

比例原則は，以上のように国民の権利自由に対する剥奪・制限を最小限に抑制しようとする考え方であり，憲法との関係では，個人の尊重および自由権等への最大限の尊重を国に命じた憲法13条に由来する。しかし，比例原則に違反するか否かの判断は，個々の根拠法令の趣旨に反するか否かの判断と重なる場合が多く，そのような場合には，比例原則に言及せずに法令違反の判断がなされる可能性が生じる。また，特に義務違反に対する制裁的処分の場合等には，厳密にどの程度の制裁であれば比例原則の範囲内にあるとみなしうるかが問題となり，かかる問題については，具体的状況に応じたケースバイケースの判断が必要となる。

‖ **ケースの中で9-⑧**　　生活保護廃止処分が比例原則違反とされたケース ‖

　　子供4人を抱え生活保護を受けていた母子家庭の母親が，自動車の所有・借用および仕事以外での運転を禁止する旨の福祉事務所長の指示（生活保護法27条1項参照）に違反し，借用による自動車運転を繰り返したとして，生活保護廃止処分を受けた事件について，保護廃止処分のように最も重大な処分は重きに失し，裁量権の逸脱に当たり違法であるとした判決例がある（福岡地判平成10・5・26判時1678号72頁）。

　　生活保護では，従来から，自動車保有は最低限度の生活に相応しくないものとされ，身体障害者が通勤・通学・通院等に使用する場合以外は使用を認めない運用が

なされてきた。判決も，上記指示の内容自体は違法ではないと述べ，また当該指示に違反する行為に対して，保護の変更や停止等「より軽い処分」を選択することは可能とした（生活保護法62条1項・3項参照）。しかし，保護廃止のように被保護者の最低限度の生活保障を奪う重大な処分が許容されるには，それに相当する程度の重大な違反行為がなければならないという考え方を表明した。

そして，判決は，本件の場合，原告世帯に対する保護の必要性は高い上に，福祉事務所長の指示の表現およびその運用実態には硬直的な面があり，保護廃止理由とされた自動車使用行為の一部には許容される余地のあるものも含まれていたこと等を理由に，本件保護廃止は過剰な処分であったと結論づけた。この判決は，比例原則という表現こそ用いてはいないが，当該原則を，相手方世帯の要保護性の有無を重視する生活保護制度の趣旨に即して適用した例と言える。

ケースの中で9-⑨　過料の金額は不正免脱額の2倍が妥当か3倍が妥当か

スーパー銭湯を経営する法人である原告が，排水管の量水器を迂回させる不正配管により下水道使用料の支払いを5年近くにわたって免れたとして，免脱額1881万円余の追加徴収とは別に，原告およびその代表者であるAに対して，免脱額の3倍相当額の過料の支払いが命じられたケースがある。この事件で，名古屋地裁は，本件不正免脱行為は「その情状が悪質でないとはいえない」としつつも，当該ケースでは不正免脱額の2倍相当額の過料で足りるとして，これを超える部分については裁量権の逸脱に当たり違法であると判示している（名古屋地判平成16・9・22判タ1203号144頁）。

地方自治法は，詐欺その他不正の行為により使用料等の徴収を免れた者に対しては，条例で，その金額の5倍相当額以下の過料を科する規定を設けることを可能としており（自治法228条3項），本件の春日井市も，条例で，5倍相当額を上限とする過料処分を可能とする規定を定めていた。したがって，不正免脱額の3倍相当額の過料処分は，法律および条例の規定上はありうることである。

しかし，判決は，代表者Aは，不正配管の事実を認識したにもかかわらず異議を述べることなく容認していたという事実は認定したが，A自身が不正配管や不正免脱行為にどの程度積極的に関与したかは不明であり，また，不正発覚後，Aは速やかに不正配管の撤去・復旧工事を行うとともに，不正免脱分の追加納付にも全面的に協力していること等を考慮すると，過料金額は免脱額の2倍相当が妥当であると結論づけた。

制裁としての過料の額は不正免脱額の3倍と2倍のどちらが妥当かというのは，ケースごとの個別事情によってしか判断できない問題である。本判決は，この微妙

な問題に正面から取り組んだ興味深い例である。

裁量審査基準としての信義則

　信義則や権利濫用法理は，元来民法典に定められた法原則であるが，状況次第では，行政活動にも妥当する「法の一般原則」たる性質を有している。上述の個室付浴場業判決は，見ようによっては，行政作用に権利濫用理論を適用した例であると捉えることが可能である。また，信義則は，行政裁量が非常に広く許容される権限行使の場合でも，正義公平の見地から相手方の法的地位の保護を図るための法原則として機能することが多い。

ケースの中で9-⑩　　在留資格の不利益変更と信義則

　信義則の適用を通して裁量審査を実質化した興味深い例として，外国人に対する在留資格の不利益変更の経緯が問題となったケースがある。

　この事件（最判平成8・7・2判時1578号51頁）では，日本人の配偶者としての資格で在留を認められた外国人男性が，婚姻関係が事実上破綻したため相手方が提起した婚姻無効確認訴訟および離婚請求訴訟の被告として訴訟活動を継続している間に，法務大臣が，在留資格を「日本人の配偶者」から短期在留資格へ変更し在留期間も90日間に短縮してしまった。その上で，法務大臣が，その後何回目かの更新許可申請に対し不許可処分を行ったことが，違法であると判断された。在留資格の変更は，本来，当該外国人からの申請に基づき行われなければならない（入管法20条2項）が，この事件では，本人の意思に関わりなく本人から変更申請があったものと装って行われていた。また，この事件で更新不許可が行われた時期は，妻側が提起した婚姻無効確認訴訟が原告（妻側）敗訴で確定した後，引き続き妻側が提起した離婚請求訴訟が係争中の時点であった。

　以上のような事実関係を前提に，判決は，在留資格の短期滞在への変更が有効か否かに関する判断は留保した上で，上述の在留資格変更の経緯にかんがみれば，「少なくとも……信義則上」，短期滞在資格による在留を一旦許可した上で，「日本人の配偶者」として滞在を継続すべき相当の理由があるか否かについて，法務大臣または裁判所の判断を受ける機会を与えるべきであったと述べている。そして，そのような「公権的判断」を受ける機会を失わせた点に，信義則違反による裁量権の逸脱・濫用があると結論づけた。

「法律による行政の原理」との関係

　以上のように，信義則や権利濫用法理等の「法の一般原則」が，行政裁量という「法律による行政の原理」が十分には貫徹しない部分を補完し，行政に対する法の支配を拡充する役割を果たしている。他方，前節では，基本的人権としての価値が高く保障の範囲も比較的明確である生命・身体・健康や信仰の自由等の権利に対する侵害が問題となるケースで，行政裁量権の行使が比較的厳格に制約され高い密度の司法審査が行われる傾向にあることを述べた。このように，憲法で保障された基本権や民法その他の法分野で発達してきた「法の一般原則」が，裁量権の行使を制約し司法審査の拡充に寄与しているのである。

　他面で，「法の一般原則」の適用には，行政への相手方の信頼利益の保護や大局的な正義公平の実現のために，法令の規定の杓子定規の適用を排除するという側面もある。このため，法の「一般原則」の適用に際しては，「法律による行政の原理」に対立する場合も生じうる。2章で紹介した浦安の不法係留鉄杭事件判決（→　**ケースの中で2-②**　）は，そのような対立が表面化した一例と言える。なぜなら，この判決は，緊急避難的措置という理由で，法令上は違法である強制的な除去措置を，少なくとも公金支出に関しては適法な措置として容認したからである。

　以上のように，「法の一般原則」の適用には，「法律による行政の原理」を補完する面とともに，これに対立する面も並存している。そこで，以下では，裁量統制以外の分野に視野を拡げながら，法の一般原則の一例として信義則適用の是非をめぐる問題を検討することとしよう。

計画行政における信義則

　許認可処分等を求める申請に対して，公務員が単なる処分時期の見通しに関する情報を提供するに止まるような場合，このような情報提供に契約と同等の拘束力を認めることができないのはいうまでもない。判例には，公務員の採用内定通知について，これは単に採用発令を支障なく行うための準備手続にすぎず，公務員への採用を期待しうる法律上の利益を付与するものではないとして，その法的拘束性を否定したケース（最判昭和57・5・27民集36巻5号777頁）がある。このように書面による採用内定通知についてすら，契約ないし確約とし

ての法的拘束性は認められ難いのである。

　しかし，計画行政などの分野では，単なる情報提供や準備手続としての限度を超えて，一定期間にわたり継続的に行われた交渉や指導勧告により行政と相手方との間に一定の信頼関係が形成されたと認めうる場合がある。このような場合に，かかる信頼関係を行政の一存で破壊するような行為は，相手方の信頼利益を不当に侵害するものとして違法となる可能性が生ずる（→ **ケースの中で 9-⑪**）。

ケースの中で9-⑪　宜野座村（沖縄県）工場誘致政策変更事件

　この事件では，工場誘致政策を推進し特定の企業に対する勧誘行為を積極的に行ってきた村長が選挙で敗れ，誘致政策反対を主張した候補者が新村長に就任したことにより，誘致政策が転換され，工場建設への村の協力が期待できなくなったとして，誘致された企業が村に対して求めた損害賠償請求について，最高裁はこの請求を認容した（最判昭和56・1・27民集35巻1号35頁）。

　もっとも，地方自治体にとって，選挙という民主的政治過程を経た政策転換は本来自由になしうるはずであるし，企業にとっても，自由な経済活動に伴うリスクを負担するのは企業自身であるというのが原則である。判決も，この点を考慮し，「地方公共団体のような行政主体が一定内容の将来にわたって継続すべき施策を決定した場合でも，右施策が社会情勢の変動等に伴って変更されることがあることはもとより当然であって，地方公共団体は原則として右決定に拘束されるものではない」と述べている。しかし，①当該施策の推進が，相手方への個別具体的な勧告や勧誘等の働きかけを伴うものであり，かつ，②かかる勧告や勧誘に応じた相手方の活動が，相当長期にわたる当該施策の継続を前提としてはじめてこれに投入した資金や労力に相応する効果を生じる性質のものである場合には，当該施策への信頼利益は法的に保護されるべきであると判示した。そして，最高裁は，誘致政策の変更により「社会観念上看過することのできない程度の積極的損害」を被った企業に，工場用地の整備および設備の購入費等として既に支出した損害分について賠償請求を認容した。保護に値する信頼利益の要件として，単に継続的な政策決定への信頼というだけでは足りず，①行政側からの個別具体的な勧告・勧誘等の働きかけ，および，②資金投入の効果予測との関係で当該政策の長期継続性への期待可能性が存在することという二つの条件で絞った点が重要である。

租税法律主義と信義則

　誘致政策の変更に関するケースは，工場誘致のための補助金支給等の優遇措置を特に禁止する法令は存在しないので，「法律による行政の原理」との正面からの抵触が問題とはならない。このため，信義則の適用や信頼利益の保護による救済が比較的認められやすい。

　これに対し，租税法律主義（憲法84条）という形で「法律による行政の原理」が厳格に要求されてきた税法分野では，法令の厳格な適用よりも信義則や信頼利益保護を優先させることには，慎重さが求められる傾向にある。そのような傾向を示すケースとして，青色申告承認を得ないまま永年にわたって青色申告を繰り返してきた事業者の信頼利益を保護すべきか否かが争われた未承認青色申告事件に関する最高裁判決がある（→　**ケースの中で9-⑫**　）。

　ケースの中で9-⑫　　未承認青色申告に信義則の適用が否定されたケース

　　この事件の事実関係は，実兄でかつ養父に当たる店主が経営する酒店で永年にわたり事実上経営を任され，店主名での青色申告を代行していた原告が，店主の死後に店を引き継いだ後は自己名義での青色申告を継続していたが，5年目になって，当該青色申告の承認は前店主名で取得していたものであり原告自身は青色申告承認を取得していなかったことが判明したため，過年度にさかのぼって更正処分および過少申告加算税の賦課決定処分を受けたというものである。

　　かかる課税処分の適法性について，最高裁（最判昭和62・10・30判時1262号91頁）は，まず，青色申告承認の効力は承認を受けた本人が当該業務を継続する限りにおいて存続する一身専属的なものであり，「たとえ納税者が青色申告の承認を受けていた被相続人の営む事業にその生前から従事し，右事業を継承した場合であっても，青色申告の承認申請書を提出せず，税務署長の承認を受けていないときは，納税者が青色申告書を提出したからといって，その申告に青色申告としての効力を認める余地はない」と述べた。これにより，青色申告承認の一身専属性という税法規定の趣旨を厳格に解する立場を表明したわけである。

　　その上で，判決は，租税法律主義の原則が貫かれるべき租税法律関係においては，「信義則の法理」の適用については「慎重」でなければならないとして，「租税法規の適用における納税者間の平等，公平という要請を犠牲にしてもなお当該課税処分に係る課税を免れしめて納税者の信頼を保護しなければ正義に反するといえるような特別の事情」がない限り，信義則適用の余地はないと述べた。そして，信義則

適用を許容する「特別の事情」の存在が認められるには，①税務署側から「信頼の対象となる公的見解」が示され，かつ，②納税者が当該公的見解を信頼しその信頼に基づいて行動したことについて「納税者の責めに帰すべき事由」がないことが不可欠であるとして，信義則の適用に対し極めて厳格な要件を要求したのである。

　この判決の考え方は，租税法律主義という形で「法律による行政の原理」が特に厳格な形で貫かれるべきであると考えられてきた税法分野に関する限り，基本的に妥当である。もっとも，信義則の適用を許容する要件である「特別の事情」との関係では，信頼の対象となる「公的見解」が示された場合に限定した点について，そこまで狭く限定することには批判の余地がある。また，いかなる見解の表明であれば「公的見解」があったことになるのかも，検討課題として残されている。

信義則適用のジレンマ

　このように，信義則と「法律による行政の原理」との対抗関係が生じる場合に，法令の規定の厳格な適用よりも信義則の適用による救済を優先させるならば，法令の規定を一律に適用される他の国民との関係で，不平等や不公平が生じるおそれがある。また，信義則のような「法の一般原則」には元来きめの細かい運用にはなじまない面があるため，その緩やかな適用を認めることには恣意的権限行使につながる危険性がある。したがって，行政への信頼の保護のために信義則を適用することには，慎重な態度が要請される。

　もっとも，法令の規定は，一般に，行政と国民との個別具体的な関係のすみずみまでを配慮して定められたものではない。したがって，行政による具体的な働きかけの中から形成された信頼関係を無視して法令を杓子定規に適用するならば，法令適用における平等・公平の実現という大きな正義の実現のために行政法関係における個別的正義の実現を犠牲にすることとなる。法治主義の理念には，本来，そのような個別的法関係における正義公平の実現という意味も含まれているはずであることを考慮するならば，「法律による行政の原理」を徹底させたからといって法治主義の理念がすべて実現されるわけではない。

　このように，「法律による行政の原理」は，元来，その徹底によっても実現しえない部分があるという意味で，限界を抱えている。したがって，場合によっては法令の規定の厳格な適用を除外してでも正義公平の理念の実現を図るための一手段として，信義則の適用を優先させるべき場合もあるのである。

ケースの中で 9 -⑬　国民年金に関する国籍要件事件

　税法以外の分野では，法令の規定に多少抵触してでも信義則適用による信頼利益保護の要請を優先させた下級審判例（東京高判昭和 58・10・20 判時 1092 号 31 頁）も存在する。この判決は，国民年金の受給資格を日本国籍を有する者に限定する旨の国籍要件が法定されていた時代に，在日韓国人が自治体の国民年金勧奨員の勧誘に応じて国民年金に加入し，保険料の支払いもすべて終了したにもかかわらず，国籍要件を欠くため受給資格がないとの理由で年金支給を拒否されたという事件に関するものである。

　判決は，被保険者資格があるものと信じ，それを前提に保険料の支払いを続けたことにより形成された信頼関係を覆してまで，国籍要件を維持・貫徹する公益上の必要性は認められないとの理由で，支給拒否処分を取り消した。この判決は，国民年金加入の具体的な経緯およびその後の保険料支払いの実態に照らすと，国籍要件を定めた法令の規定を優先させ相手方の信頼利益を犠牲にすることには，およそ正当化しえない不正義感が伴うことを重視したものと言える。また，国民年金の場合は保険料負担と給付の間に対価的関係が成立する点で，租税法律関係とは質的に異なる面があることを考慮するならば，税法分野における極めて慎重な姿勢とは両立可能な判断であるといえよう。

コラム 9 -③　相手方の地位を不当に害することのないように配慮すべき義務

　信義則等「法の一般原則」と言われる法規範の中身は，必ずしも常に明確なわけではない。そのような規範内容の流動性を考えるための好個の題材として，紀伊長島町水道水源保護条例事件に関する最高裁判決（最判平成 16・12・24 民集 58 巻 9 号 2536 頁）がある。本件は，産業廃棄物中間処理施設の建設計画に対して，条例で設置が禁止された規制対象事業場に該当する旨の認定処分が行われたという事案である。当該処分の取消しを求める設置事業者の訴えについて，最高裁は，当該処分に際して，町当局には，事業者と「十分な協議を尽くし」，地下水使用量を抑制するように「適切な指導」を行い，相手方の「地位を不当に害することのないよう配慮すべき義務があった」というべきであるとして，当該認定処分がかかる義務に違反してなされた場合には違法となるとの考え方を示した。

　本件条例は，水源の汚濁または枯渇の防止を目的として予め水源保護地域を指定し，当該地域内での産業廃棄物処分場等の設置に際して町長との協議を義務づけるとともに，水源の汚濁または枯渇をもたらすおそれがあると町長が認定した

事業場（規制対象事業場）については，設置を禁止するというものである。判決は，当該条例に協議に関する規定があることに注目し，「規制対象事業場認定処分が事業者の権利に対して重大な制限を課すものであることを考慮すると，上記協議は，本件条例の中で重要な地位を占める手続であるということができる」として，協議手続の重要性を強調している。その上で，当該事案について，判決は，本件条例は産廃処理施設の設置計画が明らかになった後に制定されたものであり，町には，当該産廃処理施設設置の必要性と水源確保の要請とを調和させる措置を講ずる機会があった等の具体的事情に鑑みると，上述の協議手続において，上述のような相手方の立場に「配慮すべき義務」に違反する事実がなかったか否かを判断する必要があると結論づけた。信義則や適正手続保障のいずれとも捉え難い，新たな行政の行為規範の萌芽が垣間見えるような判決例である。

　なお，以上の理由により，原審（控訴審）による請求棄却判決は破棄され，原審への差戻しとなった。本事案で焦点となったのは，水道水源の枯渇防止のため地下水使用量を限定すべきかという問題であったが，差戻し後控訴審は，町当局が，設置事業者に対し，かかる問題があることを理解させるための協議や指導をなすべき義務を負っていたにもかかわらず，これを怠ったとの理由づけにより，当該処分を取り消す旨の判決を下した（名古屋高判平成 18・2・24 判タ 1242 号 131 頁）。

第10章
組織法的コントロール

1　組織法的コントロールとは何か

内部的コントロール

　行政活動は，国民に対する権力的または非権力的な働きかけとして行われる側面と同時に，行政主体内部における複数の行政機関の間の相互作用としての側面を伴っている。行政行為，行政強制，行政指導等により国民の権利自由が違法に侵害される場合には，訴訟提起を通して，裁判所という行政にとって外部にある国家機関による適法性の審査が行われる。上級機関や第三者機関への不服申立ても，訴訟に準じた審査手段と捉えることができる。そして，以上のような外部的コントロールと並んで，行政主体内部における機関相互間のコントロールが存在する。本章で組織法的コントロールと呼ぶのは，このような内部的コントロールのことである（→1章3）。

　複数の行政組織や行政機関の相互関係が問題となる場合としては，以上のような同一行政主体内部の関係と並んで，異なる行政主体間の相互関係も問題となる。市町村や都道府県の事務処理について，大臣その他国の行政機関が助言勧告，是正要求，同意，許認可，指示等により関与する場合が，典型的である（自治法245条以下参照）。ただ，かかる行政主体間の関係については，地方自治法等に固有の問題があるので，本章で特に扱うことはしない。

　そこで，主に同一の行政主体の内部関係を念頭に置いた場合，行政機関相互の関係の中には，上級機関と下級機関との間の指揮命令関係と機関相互間の水平的な連携調整関係とがある。そして，組織法的コントロールは，上下の垂直的な関係を通して行使されるとともに，水平的な機関相互の連携調整関係を通

しても行われる。

指揮命令と職務命令の関係

　上級機関が下級機関に対して行う指揮命令は，当該下級機関としての職務を
遂行している公務員にとっては，職務命令としての性格を有している。

　公務員法上，職務命令を受けた公務員には服従義務が生じる（国公法98条1
項，地公法32条）が，かかる服従義務は，当該職務命令の内容がいかに違法な
ものであっても生じるものなのか，また，それに従わない行動をとった公務員
の法的地位には，いかなる変動が生じることになるかが問題となる。こうした
問題は，公務員の勤務関係に関わるため，行政組織の内部的関係として処理で
きる性質の問題ではない。国家公務員法や地方公務員法その他の公務員関係法
上の権利義務に関わる問題として，裁判所による適法性コントロールに全面的
に服することとなる。

発展問題10-①　公務員は違法な職務命令への服従を義務づけられるか

　職務命令について，公務員には服従義務が課せられる。指揮命令の一環として職
務命令が行われる場合，職務命令への服従は，行政の権限行使や事務処理における
統一性・公平性の確保にとって不可欠だからである。したがって，公務員が当該職
務命令は違法であると思ったとしても，直ちに服従義務がないとすることには無理
がある。

　しかし，公務員には法令遵守義務もある（職務命令への服従義務と同じく国公法
98条1項，地公法32条参照）。また，いかに違法な職務命令にも従う義務がある
とすると，その違法性に気づきうる立場にあった公務員がみすみす違法な行政を見
逃し，その結果国民の権利自由を損なうことにもなる。さらに，当該違法を容易に
知りうる立場にあったとすれば，後になって，重大な過失ありとして被害者から公
務員個人の責任を問われる可能性が（裁判で認容されるか否かはともかく）あるし，
また，国家賠償法1条2項に基づき国家賠償の求償を命じられる可能性もある。そ
のような不利益を受忍させることは，公務員の権利保障から見ても妥当ではない。

　以上の点を考慮すると，少なくとも重大な違法性が明らかな指揮命令や職務命令
に対しては，服従義務は生じないと考えるのが妥当である。

行政組織法の外部法化

行政組織内部における権限行使や事務遂行の適正性は，基本的には，組織内部における指揮監督と相互調整を通して確保される。しかし，実際には，内部関係のあり方が国民の権利自由に影響を及ぼすことが少なくない。行政活動における内部関係と外部関係は，多くの場合密接不可分の関係にあるため，内部的活動が，実際にはしばしば，外部的効果を発揮するのである。そこで，組織法的関係についても，司法審査の可能性も含めて法治主義的コントロールを及ぼすべきではないかとか，第三者機関や外部機関による監視の目を確保する必要があるのではないかが問題となる。こうした現象は，行政組織法の外部法化と呼ぶことができる。2で扱う通達・訓令をめぐる諸問題は，外部法化が問題となる典型的なテーマである。

さらに，3で扱う行政評価は，行政組織内に独自に設置された評価機関が，さまざまな行政機関における業務の実施状況や政策の立案および実施状況について監視し評価を加えることにより，行政の適正性を確保しようとする制度である。この制度は，元来，行政機関相互間で行われる内部的コントロールの一種であるが，そのような組織法的統制の手法が客観化され，国民の監視の目が届く形で制度化されているという点が，組織法の外部法化という視点から見て重要である。

2　通達・訓令をめぐる法問題

通達・訓令とは何か

行政組織の内部では，各行政機関による事務遂行の適正性や法令適用の統一性を確保するために，上級機関には，下級機関に対してさまざまな形式による指示，命令，示達等を発することが認められる（行組法14条2項，自治法154条参照）。こうした上下の機関間の内部行為は，上級機関の指揮監督権の一環として発せられるものであり，それにより発せられるさまざまな指示，命令，示達等を総称するために，行政法学では，通達・訓令という用語を用いてきた。

通達・訓令には，個々具体的ケースを対象に発せられるものと，より一般的な内容を有するものとがある。後者の中には，法令と同様の条文形式で定めら

れるものも含まれるが，そのような通達・訓令も，あくまでも行政組織内部で
しか法的拘束力を認められないものであり，行政規則の一種である（→3章1）。
したがって，後述のように，通達・訓令には，行政と国民の間での法的拘束性
が否定されており，また，法的拘束性があることを前提に訴訟提起の対象とす
る可能性も否定されてきた。

コラム10-① 通達・訓令・規程

　通達も訓令も，同一行政組織の中で上級機関が下級機関に対して発する内部規
範であるという点では共通しており，法学的視点からは，この二つを区別する意
味はない。ただ行政実務上，訓令は，下級機関に対する命令や指示として発せら
れるものであり，文書または口頭によると解されるのに対し，通達は，下級機関
の所掌事務を規律する法令の解釈・運用に関する指針を文書で示達することによ
り，事務執行の統一性を確保しようとするものと解されているようである。かか
る説明によっても両者の違いは曖昧であるが，通達の場合は，必ずしも命令であ
る必要はなく現場担当官の参考に供すべきものも含まれるという点と，文書によ
るという点に，力点があるようである。

　他方，通達・訓令は，行政実務では，通知，通牒，規程等さまざまな表現で呼
ばれることもある。このうち規程は，比較的限定された行政組織内部における執
務体制や細かな運営指針を条文形式で定める場合等に用いられるようである。た
だ，規程の中には，「国家公務員倫理規程」（平成12年政令101号）のように政
令で定められたものや，「国家公務員等の旅費支給規程」（昭和25年大蔵省令45
号）のように省令で定められたものもあるので，注意しよう。

建前と現実

　通達・訓令は本来，行政組織内部でしか法的拘束力をもちえない規範である
から，国民に対しては，本来何らの法的な拘束力も影響力ももちえないはずで
ある。ところが，かかる法的建前に反して，通達・訓令は，現実には，国民の
法的地位に対して重大な影響を及ぼすことが少なくない。そして，租税行政や
建築規制行政等いくつかの行政分野では，「通達行政」とか「要綱行政」等と
揶揄される事態が生じている。

こうした行政実態には，高度の専門技術性や行政需要の変化への迅速かつ柔軟な対応が要請される今日の行政活動にとって必要な面があるが，他面で，法治主義や「法律による行政の原理」という法的建前に反する面があることは否定できない。したがって，通達・訓令等の行政規則が果たしうる積極的機能を尊重する一方で，その実際の運用の適正化を図る必要がある。そのためには，通達・訓令等を純粋に内部的規範の世界に閉じこめておくのではなく，多少とも，行政手続や行政訴訟等国民との外部関係を対象とした法治主義的統制の世界に呼び込む必要が生じる。学説では，このような内部規範の外部法化を唱える主張が今日次第に高まっている。

しかし，以下に見るように，支配的な判例理論は，依然として通達・訓令の内部規範性に忠実な態度を貫いているのに対し，下級審判例の中には，通達・訓令の外部法化を部分的に認める例も出現している。

法的拘束性の否定

判例によれば，通達・訓令はもっぱら行政組織の内部規範にすぎず，国民の法的地位にとって法的には何の意味もないものであるとされる。このように通達・訓令に一般国民に対する関係での法的拘束性を否定する支配的判例理論の考え方は，以下の三つの現れ方をする。

第1に，行政活動が直接的には通達・訓令の定めに従って行われたとしても，それだけで直ちに当該行政作用が違法なものとなるわけではない。実際，通達で新たに示された指針に従って行われた課税処分は，明確な法律規定ではなく通達の規定に従った処分であることから違法となるか否かが争われたパチンコ球遊器物品税課税事件（→ **ケースの中で10-①** ）について，最高裁は，通達に従った課税処分だからといって直ちに違法となるわけではないという考え方を明らかにしている。これは，法令の規定と課税処分との間に介在した通達・訓令は，単なる内部行為にすぎず，法的には何の意味もないという理由に基づいた結論である。

ケースの中で10-①　パチンコ球遊器物品税課税事件
本文で紹介したパチンコ球遊器物品税課税事件では，通達改正を契機にパチンコ

台が課税されるようになったことの適法性が争われた。事件当時存在した物品税法という法律では，物品税の課税物件に「遊戯具」が定められていたが，この「遊戯具」にはパチンコ台も含まれることとする旨の通達改正が行われたため，これによって開始されたパチンコ台への課税処分が適法であるか否かが，この事件では争われた。

最高裁は，「本件の課税がたまたま所論通達を機縁として行われたものであっても，通達の内容が法の正しい解釈に合致するものである以上，本件課税処分は法の根拠に基づく処分と解する」ことができるから，違憲・違法ではないという判断を下した（最判昭和 33・3・28 民集 12 巻 4 号 624 頁）。この判例の考え方からすれば，課税根拠法規である物品税法の規定と当該課税処分との間に存在する通達・訓令には，当該課税処分の相手方である事業者に対する関係で何らの法的な意味も認められないことになる。したがって，当該課税処分は，通達の内容に従ったからといって直ちに適法となるわけではないし，また逆に，直ちに違法となるわけでもないというのである。

発展問題10-② 通達・訓令の適法性審査は従来から行われてきた

通達・訓令は，行政と国民の間では法的に何の意味もない。そうだとしたら，通達・訓令の適法性を裁判所が審査する可能性はありえないかというと，決してそうではない。行政権限の運用指針を定めた通達・訓令がある場合，当該行政権限の行使が実際には，ほぼ当該通達・訓令の定めに従って行われることとなるため，当該通達・訓令が適法か否かによって，具体的権限行使が適法か否かも決まってしまうからである。実際，通達・訓令の内容が法令の解釈・運用の指針として何ら違法ではないとの理由づけにより，個別的処分等を適法と結論づける判決例は，租税事件等を中心に数多く存在する。

これに対し，通達・訓令が法令違反で違法であるとの判断を前提に，個々の行政活動を違法と結論づけるケースもある。一例として，公立学校の入学式や卒業式における日の丸掲揚・君が代斉唱時の起立やピアノ伴奏を命じる教育委員会通達を違法と認定した上で，教職員には，かかる違法な通達実施のための職務命令に従う義務がないとの確認等を求めた訴えについて，認容判決を下した例がある（東京地判平成 18・9・21 判時 1952 号 44 頁）。もっとも，本件では，その後，控訴審が，本件通達および職務命令を適法と認定し当該判決をくつがえし（東京高判平成 23・1・28 判時 2113 号 30 頁），上告審もこの控訴審の判断を支持した（最判平成 24・2・9 民集 66 巻 2 号 183 頁）ため，当該通達を違法とする第 1 審の判断は維持され

なかった（→ **ケースの中で15-⑥**）。しかし，控訴審も当該通達の適法性の判断を行い，また上告審も，合憲性（憲法19条の思想および良心の自由の保障に反するか否か）に限ってではあるが当該通達の適法性の判断を行っているという点では，第1審判決と異ならない。第1審も控訴審・上告審も当該通達の適法性審査を行ったが，その結論は分かれたのである。

　また，被爆者援護法の規定（被爆者援護法27条1項・2項）に基づく健康管理手当の支給認定を受けた後，移住先であるブラジルに帰国したブラジル在住の原爆被爆者が，未払い分の健康管理手当の支給を求めた訴訟がある。この事件では，旧厚生省の通達（昭和49年衛発第402号通達）が，支給認定を受けた被爆者が国外に出国すると受給資格を失うとの運用方針を定めていたため，かかる通達の適法性が争われた。また，当該402号通達に従って手当が支給されない期間が長期間にわたっていたため，5年間の特例的短期消滅時効（自治法236条1項・2項）の適用により，健康管理手当の請求権が消滅したか否かも争われた。最高裁は，402号通達を違法と断じた上で，本件のように，国や自治体が，法令違反の通達によって国民の具体的な権利行使を妨げるような一方的かつ統一的な取扱いを行った場合には，信義則上，短期消滅時効の主張は原則として許されないとの判断を示し，手当支給を命じた（最判平成19・2・6民集61巻1号122頁）。

自己拘束性の否定

　第2に，通達・訓令には，行政自身にとっての自己拘束性も否定される。通達・訓令は行政と国民との関係では法的には無の存在と考えられるため，行政が，第1の場合とは逆に通達・訓令の内容に反する活動を行ったとしても，それが法令の規定や趣旨に適合的なものである限り直ちに違法となるわけではないとされる。この意味で，通達・訓令には，それを発した行政自身を拘束する自己拘束性が，否定されるのである。この考え方からすれば，通達・訓令で設定された審査基準や処分基準に反する内容の不許可処分や不利益処分が行われたとしても，それだけで直ちに当該処分が違法になるわけではない。

　このように通達・訓令の自己拘束性を否定する考え方は，外国人に対する在留期間の更新不許可処分の適法性が争われたマクリーン事件に関する最高裁判決において，端的に示された（最大判昭和53・10・4民集32巻7号1223頁）。この事件では，在留許可の更新に関して法務省内の担当部局がみずから設定した

運用基準への適合性が争点の一つとなったが，判決は，傍論部分において，「行政庁がその裁量に任された事項について裁量権行使の準則を定めることがあっても，このような準則は，本来，行政庁の処分の妥当性を確保するためのものなのであるから，処分が右準則に違背して行われたとしても，原則として当不当の問題を生ずるにとどまり，当然に違法となるものではない」と述べることにより，内部的裁量基準の自己拘束性を否定したのである。

取消訴訟提起可能性（処分性）の否定

通達・訓令の内部規範性から導かれる第3の帰結として，訓令・通達の取消し等を求める行政訴訟の提起可能性は，内部行為にすぎないことから否定される。この点を再確認した近時の最高裁判決として，公立学校の入学式や卒業式における日の丸掲揚・君が代斉唱時の起立やピアノ伴奏を命じる教育委員会通達の取消しを求めた訴えについて，その提起可能性を否定した判決（最判平成24・2・9民集66巻2号183頁）がある（→12章の**表1**⑭判決。なお，発展問題10-②も参照）。ここでは，取消訴訟等の対象となりうる行為の性質に関する訴訟要件を充足したか否かが問題となる。このテーマ（処分性）の詳細については，→12章**3**。

ケースの中で10-②　墓地埋葬通達事件

通達・訓令の処分性が否定されたケースとして，墓地埋葬通達事件に関する最高裁判決（最判昭和43・12・24民集22巻13号3147頁）がある。

「墓地，埋葬等に関する法律」は，墓地の管理者に死者の埋葬等に関する応諾義務を課しており，埋葬等を求められたときは「正当の理由」がなければ拒否できないと定めている（墓地法13条）。そこで，墓地を経営する寺院が異なる宗教や宗派に属する者の埋葬を拒否することは，「正当の理由」による埋葬拒否に当たるか否かが問題となる。伝統仏教宗派と新興宗派との間で埋葬拒否をめぐるトラブルが頻発したため，当時の厚生省は，通達により，宗派の違いは「正当の理由」に該当しないとの解釈を公にした。これにより，宗派の違いを理由に埋葬を拒否した者には罰金その他の刑事罰が科される可能性が現実のものとなった。そこで，伝統仏教宗派に属する寺院の住職等が当該通達の取消しを求める訴えを提起した。

しかし，最高裁は，通達は内部規範にすぎないことを理由に，「国民の権利義務，

法律上の地位に直接具体的に法律上の影響を及ぼす」ものではないとして，その処分性を否定した。したがって，宗派の違いが「正当の理由」に当たるか否かについて，最高裁の判断が示される機会は失われたのである（→12章の**表1**⑫判決）。

通達・訓令の外部法化

通達・訓令等の行政規則が基本的には行政組織の内部規範であり，直ちに国民の法的地位に法的効力を及ぼすものではないとする点では，今日ほぼ共通の理解が成立している。しかし，個々の通達・訓令の内容および当該通達・訓令をめぐる具体的事実関係によっては，国民に対する実質的影響の中身や強度に応じた適正手続や救済手段が講じられるべき場合がある。そのような視点から近時の法制度や判例・学説を見ると，以下の3点にわたって，通達・訓令の外部法化と言えるような状況も生じている。

行政手続法の諸規定がもたらすインパクト

第1に注目すべきなのは，処分や行政指導に関する基準ないし指針の設定と公表に関する行政手続法の諸規定である。

行政手続法によれば，行政庁は，原則として，処分や行政指導の指針となる基準として，審査基準，処分基準または行政指導指針をあらかじめ設定し，公にしておく必要がある（行手法5条，12条，36条）（→8章**2**および**3**）。こうした基準のほとんどは，通達・訓令等の行政規則で定められる。そして，行政手続法上の基準としての性格を有する定めであれば，当該基準に従った判断を下せば不合理な結果を招くこととなる等の特段の事情がない限り，当該基準（審査基準や処分基準）に従った許認可等や不利益処分がなされるべきであるし，行政指導の場合も，基本的に同様に考えるべきだろう。そうすると，行政手続法上の基準には，特段の事情がない限りという条件付きで，一定の法的拘束力が認められていると考えることができる。

この点で，風営法違反を理由にパチンコ屋に対して行われた営業停止処分について，営業停止の期間経過後も，処分後3年間は当該処分の取消しを求める訴えの利益は存続する，という判断を示した最高裁判決（最判平成27・3・3民集69巻2号143頁）が参考になる。この事案では，公安委員会が定めた処分基

準の中で，処分後3年の間に繰り返し違反行為がなされた場合の営業停止処分について，停止期間を倍にする等の加重措置が定められていた。最高裁は，このように不利益処分の量定を加重する処分基準の定めに着目し，処分後3年経過するまでの期間中の訴えの利益を認めたのである（→ **ケースの中で13-⑧**）。

　その理由として，最高裁は，処分基準の定めと異なる取扱いをすることは，「特段の事情がない限り」裁量権の踰越濫用に当たることになり，その意味で，「当該行政庁の後行の処分における裁量権は当該処分基準に従って行使されるべきことがき束されて」いるからだと論じている。つまり，処分基準には法規命令のような厳格な法的拘束性は認められないが，処分基準として設定され公表されたものであることから，特段の事情がない限りでの法的「き束」性が認められるべきだとしたのである。

　他方，2005年行政手続法改正により導入された意見公募手続の対象となる「命令等」の中には，法律に基づく政令・省令等の法規命令と並んで，審査基準，処分基準および行政指導指針も含まれる（行手法2条8号）（→**3章1 意見公募手続**）。

　以上のような行政手続法の諸規定および近時の判例の考え方を踏まえると，少なくとも行政手続法の対象となる処分や行政指導に関しては，基準や指針の設定のための行政規則がなかば外部法化されていると言えよう。

自己拘束性承認の可能性

　第2に，近時の学説の中では，通達・訓令に外部効果ないし法規命令に準じる効力を部分的に認める考え方が有力な主張として唱えられている。確かに，行政組織内部の指揮監督を介して，現実には，訓令・通達の内容が確実に実現され，国民の権利自由に対し重大な影響を及ぼしているという現実を直視するならば，法治主義の健全な実現のためには，内部規範性という通達・訓令本来の性質は否定しないとしても，司法的救済の可能性はそれから区別して考えるべき場合がある。

　そのような司法的救済を肯定するための理由づけとして，行政庁が通達・訓令等により一旦設定し当該行政組織の中で定着し恒常的に適用されてきた内部規範については，平等原則および適正手続保障の見地から自己拘束性を承認す

べきであるという考え方がある。近時では，こうした視点から内部基準の自己
拘束性を認めた判決例も出ている。

ケースの中で10-③　黙示の内部基準の自己拘束性

　内部的ルールの外部法化という視点からは，不法残留イラン人家族に対し在留特
別許可を付与せず行われた退去強制令書発付処分が，違法として取り消された事件
（東京地判平成 15・9・19 判時 1836 号 46 頁）が注目される。

　判決は，退去強制令書発付処分に際して考慮すべき事項および考慮すべきでない
事項の範囲は，基本的には法律の趣旨に基づいて決すべきものであるとしたが，他
方，「外国人に有利に考慮すべき事項について，実務上，明示的又は黙示的に基準
が設けられ，それに基づく運用がされているときは，平等原則の要請からして，特
段の事情がない限り，その基準を無視することは許されない」と判示した。そして
当該内部基準において考慮すべきものとされている事情を考慮せずにされた処分は，
「特段の事情がない限り，本来重視すべき事項を不当に軽視したものと」して違法
となるとした。この事件の場合，長期かつ平穏な在留を継続して来た外国人につい
ては，優先的に在留特別許可を与えるという黙示の基準が，法務省内部において成
立していたにもかかわらず，この基準を無視し在留特別許可を与えないまま行われ
た退去強制令書発付処分は，違法であると結論づけた。

　明示的な内部基準ばかりではなく，黙示的な内部基準についても行政への自己拘
束性を肯定した点で，従来にない判断を示した例である。もっとも，この判決自体
は，その後，控訴審および上告審によってくつがえされている。

処分性承認の可能性

　さらに，行政内部法の外部法化を示唆する第3の点として，通達・訓令の適
法性を直接争うための取消訴訟等の提起可能性（処分性）についても，当該通
達・訓令の取消しを求める以外に妥当な救済手段が存在しない等の事実関係の
特性に応じて，場合によっては処分性を肯定する判決例も現れていることが注
目される。

ケースの中で10-④　六折函数尺販売禁止通達事件

　通達の処分性を認めた下級審判決として，やや古いケースであるが，六折函数尺
販売禁止通達事件に関する東京地裁の判決（東京地判昭和 46・11・8 行集 22 巻

11 = 12 号 1785 頁）がある。

　この事件では，木材取引用の六折函数尺が，「取引上又は証明上の計量」に尺貫法を用いることを禁止した計量法の規定に違反するとして，その販売を行わせないように関係部局に対して命じた通商産業省重工業局長（当時）の通達に対して，製造・販売業者が提起した取消訴訟の適法性が争われた。判決は，通達そのものを争わせなければ，その権利救済を確保しえないような「特殊例外的な場合」には，通達それ自体に対する取消訴訟の提起も許されるとの考え方の下に，当該通達の処分性を認めた（→12 章 3）。

3　行政評価

行政評価とは何か

　行政評価とは，行政組織内部に置かれた評価機関が，各行政機関における業務の実施状況について評価・監視し，また，業務実施の前提となる政策の立案および実施状況について事前および事後の評価を加えることにより，行政運営の適正化や効率化を促そうとする制度である。

　国レベルでの行政評価制度としては，総務省が国の各行政機関の業務の実施状況に関して合目的性や効率性の確保のため実施してきた評価および監視がある。これは，従来から，総務省行政評価局が組織法上の規定（総務省法 4 条 1 項11 号。また 12 号・13 号参照）に依拠して行ってきたものであり，かつては行政監察と呼ばれていたものである。

コラム10-② オンブズマン

　行政に対する苦情や不満を迅速に解決するための制度として，オンブズマンが注目されている。オンブズマンは，事実関係の調査や問題解決のため高度の独立性と強力な権限を付与された機関として，国や地方公共団体が独自に設置するものである（→ 17 章 8）。

　オンブズマンは，スウェーデン等の北欧諸国で古来から発達してきた制度であり，議会や行政組織の中に設けられた特別の第三者機関が，その役割を果たしてきた。1970 年代以降，北欧以外のヨーロッパ諸国にも拡がりはじめ，各国ごと

のさまざまな呼び方のオンブズマンが，行政活動に伴って生じた苦情や不服を迅速かつ強力に解決する役割を演じている。たとえばフランスのオンブズマンは，メディアトゥールという。

　わが国でも同様の立法化を求める主張があるが，国レベルでは実現していない。地方公共団体では，条例等に基づき設置されたオンブズマンやオンブズパーソンが存在する。他方，行政全般をカバーするのではなく，介護保険等の社会福祉分野や公教育等の分野ごとの苦情解決制度として，オンブズマンを制度化しようとする主張もある。さらに，市民運動の側から行政活動を監視するための市民オンブズマンの活動も，今日では活発に展開されている。

　これに対し，効果的かつ効率的な行政運営を推進するため，各行政機関における業務実施の前提となる政策の決定および実施状況に関して行われる評価制度として，国の各行政機関および総務省が実施する政策評価制度がある。政策評価は，「行政機関が行う政策の評価に関する法律」（平成13年法律86号）により創設された制度である。

政策評価の仕組み

　「行政機関が行う政策の評価に関する法律」が政策評価の対象としている「政策」とは，「行政機関が，その任務又は所掌事務の範囲内において，一定の行政目的を実現するために企画及び立案をする行政上の一連の行為についての方針，方策その他これらに類するもの」（政策評価法2条2項）であり，相当緩やかな定義である。政策評価は，かかる方針や方策等の根本に遡って評価を下し，必要に応じて当該政策の変更や廃止を促すものである。

　同法所定の政策評価の一つとして，各行政機関が必要性・効率性・有効性確保の観点から（政策評価法3条1項）みずからの政策について行う事前および事後の評価がある。またこれと並んで，総務省が，複数の行政機関に共通の政策について統一性または総合性確保のために実施する「政策の評価」，および，同じく総務省が，各行政機関において適正に実施すべき政策評価が実際には行われていないとみなしたときに，その「客観的かつ厳格な実施を担保するため」に実施する「政策の評価」がある（政策評価法12条）。後者すなわち総務省

が実施する政策評価の場合，総務大臣には，関係行政機関の長に対して，当該評価の結果を政策に反映させるために必要な措置をとるべきことを勧告するとともに，当該勧告内容を公表し，それに対して各行政機関がとった措置について報告を求める（政策評価法17条）等の権限が認められる。

　以上のように，同法に基づく政策評価は，行政組織内部的な評価という基本枠組は維持している。しかし同時に，総務省という異なる行政機関による政策評価と勧告および公表等の措置を組み合わせることによって，ある程度の外部性を具備した政策評価が可能となる。これにより，評価結果をその後の政策の決定・変更および遂行に適切に反映させることが意図されている（政策評価法1条参照）。

第2部
行政救済法

第4編　行政争訟法

　行政がその権限を違法に行使し，あるいはその権限行使を違法に怠ったため国民に被害を与える場合，国民は，いかなる法的手段により行政活動の違法性を争うことができるのだろうか。この問題を検討するのが，「行政救済法」である。

　行政救済法は，違法な行政活動を防止・是正するための「行政争訟法」と，行政活動によって私人が被った損害を補填するための「国家補償法」とに大別される。いずれも私人の申立てに基づき，行政機関あるいは裁判所が，当該行政活動の適法性について審査し，違法と認定すれば当該違法の是正や損害の補填を命じることにより，私人を救済するものである。

　違法な行政活動による権利利益の侵害に対し私人を救済することが，行政救済法の第1の目的である。しかし，違法行政を是正し「法律に基づく行政の原理」を確保することも，第2の目的として重要である。なお，行政手続の適正化による違法行政の事前防止も重要だが，これについては第8章を参照しよう。

　行政争訟制度には，裁判所による「司法上の救済」（行政訴訟のほか民事訴訟も含まれる）と並んで，違法または不当な行政活動の再審査を行政機関に求める「行政上の救済」（苦情処理，行政上の不服申立て等）もある。

　以下では，「司法上の救済」から解説をはじめることにしよう。

第11章
行政訴訟法の全体像

1　行政事件訴訟の意義・沿革

　一般に，他人の違法な活動によって自己の権利利益の侵害を受けた（あるいは受けるおそれのある）者は，裁判所に訴えて，自己の権利利益の救済（損害の防止，違法の是正，損害賠償など）を求めることができる。これは「裁判を受ける権利」（憲法32条）に基礎づけられる基本原理である。

　この原理は，国や公共団体の活動を対象とする場合にも妥当する。すなわち，違法な行政活動によって自己の権利利益が侵害される（おそれがある）場合には，国民は，行政活動の違法を争い，自己の権利利益の救済を求めて裁判所に出訴することができ，かつ，十分に実効的な救済が与えられなければならない。この原理の下で制度化されたのが，現在の行政訴訟制度である。

行政訴訟制度の沿革

　行政活動の違法を争う訴訟制度をどのように制度化するのかについては，各国の歴史的事情によって差異がある。フランスやドイツでは，行政裁判所と普通裁判所の二元的システムがとられ，公権力の行使の違法を争う裁判は行政裁判所で行われることとなっていた。しかし英米では，行政活動の違法を争う裁判も基本的に普通裁判所が担当する体制をとってきた（ただし，個別の制定法で特別の訴訟手続が定められることが多い）。

　戦前のわが国では，独仏流の二元的裁判制度を受け継ぎ，行政裁判所の管轄となる公法事件と普通裁判所の管轄となる私法事件が区別され，実体法の解釈原理としても公法・私法二元論が支配してきた（→　**コラム11-①**　）。

　1889年に制定された大日本帝国憲法61条は,「行政官庁ノ違法処分ニ由リ権利ヲ傷害セラレタリトスルノ訴訟ニシテ別ニ法律ヲ以テ定メタル行政裁判所ノ裁判ニ属スヘキモノハ司法裁判所ニ於テ受理スルノ限ニ在ラス」と規定し,行政訴訟を扱うのが行政裁判所であることを明らかにしていた。これはドイツとりわけプロイセン型の行政裁判所制度を採用したもので,公法に関する事件は行政裁判所,民刑事法に関する事件は普通裁判所という,二元的裁判システムをとることを示したものである。これを受けて,1890年に行政裁判法が制定された。

　行政裁判法によれば,行政裁判所は東京に一つ設置され,第1審かつ最終審であった。行政裁判所の裁判は終身官として身分が保障された長官および評定官により行われるが,長官および評定官は30歳以上で5年以上高等行政官の職または裁判官の職を務めた者から任命された。行政裁判所は組織的には行政権に属し,上級行政庁による行政監督という側面が強かった。行政裁判所に出訴できる事項は法令で定めることになっており,1890年に定められた「行政庁ノ違法処分ニ関スル行政裁判ノ件」(明治23年法律第106号)は,出訴できる事項として「租税滞納処分ニ関スル事件」など五つの事件を限定的に列記していた。

　このように,戦前の行政裁判システムは,公法・私法二元論に基づく行政裁判所によって担われたが,行政監督としての性格が強く,出訴事項も限定されているなど,今日の行政訴訟制度と比べると,国民の権利救済の視点から見ると不十分な点も見られた。

　戦後のわが国では,英米流の司法国家の体制にならって,行政裁判所を廃止し,行政活動の違法を争う裁判も普通裁判所が担当することとなった(この変化を「司法国家」への転換ということがある)。しかし他方で,行政活動の違法を争う行政事件訴訟の訴訟手続については,戦前の伝統を受け継いで,一般の民事訴訟手続とは異なる「行政事件訴訟手続」が維持されている。

　英米流の一元的裁判システムの土台に,仏独流の行政訴訟手続を乗せたまま展開してきたというのが,わが国の行政訴訟制度の一つの特徴である。

行政事件訴訟法の成立・展開

　日本国憲法76条は「すべて司法権は,最高裁判所及び法律の定めるところ

により設置する下級裁判所に属する」（憲法76条1項），「特別裁判所は，これを設置することができない。行政機関は，終審として裁判を行ふことができない」（憲法76条2項）と定めた。この憲法原理の転換にしたがって，行政訴訟も普通裁判所が審理する英米型制度への移行がはかられた。

　1947年に行政裁判法は廃止され，応急措置として「日本国憲法の施行に伴う民事訴訟法の応急的措置に関する法律」が制定された。これは全部で8ヶ条からなる短い法律であり，行政訴訟に関しては，行政処分の取消しまたは変更を求める訴えの出訴期間を規定するだけであった。

　その後，行政訴訟に関する特別法を制定する必要が主張され，1948年には「行政事件訴訟特例法」が，そして1962年に現在の「行政事件訴訟法」が制定された。「行政事件訴訟法」はその後長く改正されないままであったが，2004年に，「国民の権利利益のより実効的な救済手続の整備」を目指して改正された。

行政訴訟制度の意義

　行政事件訴訟法は，「抗告訴訟」，「当事者訴訟」，「民衆訴訟」，「機関訴訟」の四類型からなる「行政事件訴訟」（以下では一般の呼び名に倣って「行政訴訟」という）について定めている。それぞれの訴訟類型の内容については，後に説明するところであるが，その前に，なぜ，このような特別の「行政訴訟」が認められるのかについて検討しておきたい。

　行政活動といっても多種多様なものがあるので，行政活動の違法を争う訴訟形式は必ずしも「行政訴訟」に限られない。たとえば，国や公共団体が私人と同一の資格で行う財産取引において紛争が生じた場合には，当該行政機関の活動の違法性は基本的に民事訴訟によって裁断される。また，公務員の汚職や不正行為などが刑事事件となった場合には，当該公務員によってなされた行政活動の違法性が刑事訴訟で争われる場合もある。このような場合には，民事訴訟法や刑事訴訟法で処理すれば足りると言える。しかし，これらの場合と違って，課税処分や運転免許停止処分や営業許可申請への拒否処分などの典型的な行政活動の場合には，行訴法が定める「抗告訴訟」によって当該行政活動の違法性が争われる。

抗告訴訟という特別の訴訟類型・手続

「抗告訴訟」とは「行政庁の公権力の行使に関する不服の訴訟」（行訴法3条1項）をいう。行政事件訴訟法は，行政活動の中でも特に「公権力の行使」に関わる行為について，「抗告訴訟」という特別の訴訟類型と訴訟手続を定めているわけである。

行政活動の違法性を審査する訴訟手続として，民事訴訟とは異なる行政訴訟手続がなぜ必要とされるのかに関しては，学説でもさまざまな議論がある（次項参照）。英米では，行政活動の違法性を争う特別の訴訟手続も展開しているが同時にコモンロー上の訴訟手続によっても行政活動の違法性が審査される。独仏では行政活動の違法性を審査する特別の裁判所システムが発展している。わが国の「行政訴訟」制度も，これら諸外国の影響を受けて歴史的に成立してきたものであって，その評価は論者によってさまざまである。

公権力の行使の特質

行政訴訟に特有の訴訟手続が必要な理由として，通常考えられるのは，行政訴訟の対象となる行為がもつ特殊性にある。行政機関による「公権力の行使」は，通常の市民間関係では見られない特別の活動形式であり，さまざまな特質をもっている。

たとえば，①通常の市民間関係では，法律関係は原則として両当事者の合意によって成立するが，行政法関係においてはしばしば国・公共団体による一方的判断によって法律関係が形成され，国民の権利・自由が制約される。②「公権力の行使」は，公益に関わり，多数の関係者が関与する場合もあり，その法関係の安定性を確保する必要性が高い。③その効力も一般に広く及ぶことが多いので，「公権力の行使」の違法性を判断する判決も対世効をもたせる必要がある。また，④「公権力の行使」に関しては基本的に法律でその要件，手続，効果などが定められており，これら法律に従って行われるべきことが期待されているので，「公権力の行使」の違法は，法律により定められた行為規範違反を争うものとするのが合理的である。

このような公権力の行使の特殊性を考慮するならば，その違法性を争う訴訟手続について民事訴訟手続とは異なる特別手続を認めることには合理的な理由

を認めることもできるであろう。言い換えれば，どのような合理的な理由により，いかなる特別扱いをしているのかを学ぶことが，行政訴訟法の課題であるとも言える。

行政訴訟と民事訴訟の関係

行政訴訟という特別の訴訟形式を認めているのは，その方が，行政活動の実効性，適法性を確保し，国民の権利を実効的に救済することに役立つと考えられるからである。しかし果たして，特別の訴訟手続を認めることが国民の権利救済により実効的であるのかどうか，あるいは，特別の訴訟手続を認めることが逆に国民の権利救済を妨げることがないかどうかについて，常に注意する必要がある。

通説によれば，行政訴訟で争うべき問題を民事訴訟で争ったり，民事訴訟で争うべき問題を行政訴訟で争ったりすることは許されないとされている（これを「行政訴訟の排他性」ということがある）。そのために，行政訴訟と民事訴訟の選択問題，行政訴訟の守備範囲がどこまで及ぶのかという問題が，理論的にも実際上も重要となっている。確かに訴訟形式の選択の問題は重要だが，同時に，訴訟形式の選択がややこしいために国民の権利救済が妨げられるようなことがあってはならないことも確認しておくべきであろう（→ **コラム11-②**）。

コラム11-②　救済手段のキャッチボール

行政活動の違法を争う特別の訴訟手続を定めることが，救済方法の多元化を認めるのであればよいが，救済方法の排他性の観念と結びついて，原告の救済の視点から見て問題となることもある。

たとえば，「公権力の行使」に関しては抗告訴訟で争うべきであって原則として民事訴訟で争うことができないというのが今日の通説である。この説のリーディングケースとなったのは，ゴミ焼却場設置に反対する住民が東京都知事を被告として提起した設置の取消訴訟を，ゴミ焼却場の設置は取消訴訟の対象となる「公権力の行使」にあたらない（すなわち訴訟要件を満たさない）として不適法とした判決（最判昭和39・10・29民集18巻8号1809頁）である。ただ，この場合には，東京都を被告としてゴミ焼却場設置の差止訴訟などの民事訴訟で争うことが考えられるので，取消訴訟が不適法とされても特に不都合はないと言える。

しかし，救済手段の選択の困難が原告の権利救済の障害となることもある。たとえば，大阪国際空港の運用によって騒音・振動被害を受けた周辺住民が国を被告として夜9時以降の離発着の禁止を求めた民事差止訴訟について，第1審（大阪地判昭和49・2・27判時729号3頁），第2審（大阪高判昭和50・11・27判時797号36頁）はこれを適法としていたが，最高裁は「航空行政権」という「公権力の行使」の取消変更ないしその発動を求めるものであると解して，「行政訴訟の方法により何らかの請求をすることができるかどうかはともかくとして」民事訴訟は不適法であるとした。

　公害を発生する公共施設の操業差止めは従来から民事訴訟で可能とされてきたものであった。ところが最高裁は，上告審の段階で急に「航空行政権」なるものを持ち出して，訴えを却下してしまった（最大判昭和56・12・16民集35巻10号1369頁）。この最高裁判決には学説から強い批判がある。救済方法の選択という入り口段階で原告を迷わせるような法理は，「実効的な権利救済」の視点から是正してゆくべきであろう。

2　行政訴訟の類型

主観訴訟と客観訴訟

　行政事件訴訟法によれば，行政訴訟には，「抗告訴訟」，「当事者訴訟」，「民衆訴訟」，「機関訴訟」の四類型がある。

　このうち，「抗告訴訟」と「当事者訴訟」は，原告となる者の主観的権利利益の保護を目的として提起される訴訟であって，「主観訴訟」と呼ばれる（抗告訴訟と当事者訴訟の違いについては後述する）。これらの訴訟は「裁判を受ける権利」を基礎に認められるものであって，「法律上の争訟」性（→3）を満たし，かつ，行政事件訴訟法の定める訴訟要件（→12章・13章）を満たせば，個別法律の授権がなくとも認められる。

　これに対して，「民衆訴訟」と「機関訴訟」は，自己の権利利益の侵害がなくとも，個別法律の定める者が原告となって行政活動の違法を争うことが認められる訴訟であり，これを認める特別の法律がない限り認められない。客観的法秩序の適法性を確保するために立法政策上認められた訴訟であるので，これ

らの訴訟を「客観訴訟」と呼ぶ。

民衆訴訟の例としては，公職選挙法の定める選挙訴訟や地方自治法が定める住民訴訟があり，機関訴訟の例としては，地方自治法が定める地方議会と長の訴訟や法定受託事務の代執行訴訟などがある。客観訴訟の詳しい内容，許容性等については，16章2・3で説明する。

抗告訴訟の類型

行政事件訴訟法は「抗告訴訟」の類型として，「取消訴訟」，「無効等確認訴訟」，「不作為の違法確認訴訟」，「義務付け訴訟」，「差止訴訟」の5種の訴訟を挙げている（行訴法3条2項・3項は「処分の取消しの訴え」と「裁決の取消しの訴え」を分けているが，訴訟の構造は変わらないため，以下では合わせて「取消訴訟」と総称する。両者の区別については，**コラム11-③** 参照）。それぞれの訴訟については後に詳しく説明するところであるが，ここではとりあえず，各訴訟について具体的なイメージをもってもらうために，概括的な説明をする。

コラム11-③ 「処分の取消しの訴え」と「裁決の取消しの訴え」

「処分の取消しの訴え」は「行政庁の処分その他の公権力の行使に当たる行為」の取消しを求める訴訟であり，「裁決の取消しの訴え」は「審査請求，異議申立てその他の不服申立てに対する行政庁の裁決，決定その他の行為」の取消しを求める訴訟である。裁決等も，法的性質としては行政庁の処分の一類型であるが，不服申立手続の中で認められる行政処分であるので，不服申立手続と行政訴訟手続の関係を明確にするために，行訴法では両者を区別している。

「処分の取消しの訴え」と審査請求との関係については，取消訴訟の訴訟要件のところで説明する（→12章1 **不服申立前置主義**）。また「処分の取消しの訴え」と「裁決の取消しの訴え」の関係については，取消訴訟の審理プロセスのところで説明する（→14章1 **原処分の違法の主張制限**）。

取 消 訴 訟

取消訴訟は，「公権力の行使」としての行政処分が違法になされた場合に，その取消し，すなわち処分がなかった状態に戻すことを求める訴えである。課

税処分の取消訴訟，運転免許取消処分の取消訴訟，違法建築物の除却命令の取消訴訟，営業許可の不許可処分に対する取消訴訟などがその例である。

　戦前の行政裁判法の下では行政訴訟とは取消訴訟のことであったが，現在の行政事件訴訟法の下でも取消訴訟は抗告訴訟の中心を占める訴訟として取り扱われている。すなわち，行政事件訴訟法の諸規定は，まず取消訴訟について定め（行訴法8条〜35条），その他の抗告訴訟については取消訴訟についての規定を準用するという形をとっている（行訴法38条）。

　典型的な「公権力の行使」は，何らかの公共的な目的を達成するために，法律の根拠に基づき，法律で定めた要件，手続に従って，私人の権利利益を制限する形で行使される。私人は，（合憲の）法律の定めに従って適法になされる限り，権利利益の制限に服する義務がある。しかし，「公権力の行使」が法律の要件，手続等に違反して行われた場合には，私人はこれに服従する義務はない。取消訴訟は，行政処分の違法を確認し，処分がなかった状態（権利利益の制限がなかった状態）に戻すことで原告を救済しようとする訴訟である。

　侵害的行政処分を受けた者にとっては，それがなかった状態に戻ることで権利利益の救済がはかられるから，取消訴訟が適切な救済手段となる。しかし，営業許可の不許可処分に対する取消訴訟や生活保護の申請に対する拒否処分の取消訴訟などでは，拒否処分が取り消されても申請段階に戻るだけであるので，それだけでは十分な救済にならない可能性がある。すなわち，拒否処分の取消訴訟において，拒否処分の理由が裁判所によって否定されても，また別の理由で拒否処分が下されることもありうる。このような場合には，端的に，給付処分の義務付け訴訟を認めるべきであろう。2004年の行政事件訴訟法改正では，後述の「義務付け訴訟」が法定された。

　取消訴訟は行政訴訟のなかでも最も中心的な訴訟であるので，以下の章で詳しく検討する（訴訟要件である「訴訟の対象」については12章で，「原告適格と訴えの利益」については13章で，「取消訴訟の審理，判決，仮の救済」については，14章で検討する）。

無効等確認訴訟

　「無効等確認の訴え」は，処分・裁決の存否または効力の有無の確認を求め

る訴訟をいう。課税処分の無効確認訴訟や原子力施設設置許可処分の無効確認訴訟など，その例は取消訴訟の場合と重なっている。

　取消訴訟とは別の無効等確認訴訟がなぜ必要なのかについては，以下のように説明できる。すなわち，取消訴訟は，原則として，処分等があったことを知った日から6ヶ月以内に提起しなければならない（行訴法14条）。この出訴期間制限は，行政処分の内容の早期実現をはかり，行政法関係の安定性を確保するために認められたものである。しかし，出訴期間経過後はたとえ違法な行政処分であっても取消訴訟で争えないことになるので，取消訴訟だけでは原告の救済の視点から問題が生じることがある。そこで「重大」かつ「明白」な瑕疵をもつ行政処分は当初から無効であるという理論（→4章3）に基づいて，出訴期間の制限を受けずに行政処分の効力を否定できる無効確認訴訟が例外的に認められる。このように無効確認訴訟は，出訴期間の経過後に認められる，時機に後れた取消訴訟という性質をもっている。

　行政処分が無効であれば，誰であれ処分の効力を否定できるはずであり，処分の無効を前提とする現在の法律関係に関する民事訴訟や当事者訴訟を提起できる。税金を支払った後に課税処分が無効であることを理由として不当利得返還訴訟を提起する場合などがその例である。したがって無効確認訴訟は，処分の無効を前提とする現在の法律関係に関する訴えによって目的を達成することができない場合に限って提起することが認められる（行訴法36条）。無効確認訴訟の活用例および行政処分の無効を前提とする民事訴訟・当事者訴訟については，それぞれ15章1および16章1で検討する。

不作為の違法確認訴訟

　「不作為の違法確認の訴え」とは，法令に基づく申請に対して不作為が続いている場合に，不作為が違法であることの確認を求める訴訟である。建築確認の申請に対して周囲の住民から反対があることを理由に不作為が続く場合や，水俣病の認定申請に対して何ら応答がない場合などに提起される。不作為が違法であると確認されると，行政庁は何らかの応答をなすことが求められる。2004年の行政事件訴訟法改正によって「義務付け訴訟」が法定されたので，原告の救済のためには，不作為の違法確認訴訟と併合して，許可や給付の義務

づけを求める義務付け訴訟を提起することも考えられる。詳しくは15章3で検討する。

義務付け訴訟

義務付け訴訟には，次の二つのタイプがある。

ア）第1のタイプは，許認可等の申請に対して行政庁が不作為あるいは拒否処分をなしたときに，行政庁に許認可等をすべきことを命ずることを求める訴訟（申請満足型義務付け訴訟。申請型義務付け訴訟といわれることもある）である。具体例としては，生活保護開始処分の義務付け訴訟や幼稚園入園処分の義務付け訴訟などがある。

イ）第2のタイプは，規制権限の発動として行政庁に一定の処分をすべきことを命ずることを求める訴訟（直接型義務付け訴訟。非申請型義務付け訴訟といわれることもある）である。具体例としては，周辺住民による原子力発電施設に対する改善命令の義務付け訴訟や違法建築物の除却処分の義務付け訴訟などが考えられる。

義務付け訴訟は，2004年以前には，法定外抗告訴訟（抗告訴訟の一種ではあるが行政事件訴訟法には挙げられていない類型の行政訴訟を「無名抗告訴訟」ないし「法定外抗告訴訟」と呼ぶ）の一種としてその許容性が論じられてきたが，2004年の行政事件訴訟法改正で新たに法定された。義務付け訴訟の性質や今後の活用可能性について，15章3で検討する。

差止訴訟

差止訴訟とは，侵害的な行政処分がなされようとしているときに，事前に，行政庁に処分をしてはならないことを命ずることを求める訴訟である。2004年以前には，法定外抗告訴訟の一種として，刑務所での丸刈り処分の差止訴訟などが判例法上認められてきたが，2004年の行政事件訴訟法改正で新たに訴訟形式として法定された。侵害的性質をもつ行政処分や権力的事実行為などに対する事前の救済手段として意義がある。訴訟要件などについては15章4で検討する。

訴訟類型の意味と法定外抗告訴訟

　以上のように，2004年の行政事件訴訟法改正によって行政訴訟の類型が豊富になった。これは，現代行政と国民の関係が多様となり，行政法関係における国民の権利救済のあり方も多様な手段が求められるようになったことと対応している。

　すなわち，給付行政の進展の中で，給付拒否決定の取消訴訟だけではなく，給付決定の義務づけを求める訴訟が必要とされ，あるいは，生命・健康・環境等を保護する規制行政の進展の中で，規制によって保護される利益をもつ者が規制の不十分さを争う手段として，規制措置の義務づけを求める訴訟が必要とされてきたのである。このように，各訴訟類型の差異は，行政法関係における権利救済の実効性を確保するための，救済手段の差異としても説明できる。

　「抗告訴訟」は「公権力の行使に関する不服の訴訟」として概括的に定義されているから，国民の権利救済にとって必要があれば，以上の訴訟類型のほかに，新しい救済手段，すなわち，新しい「法定外抗告訴訟」も想定することができる（→15章5）。

当事者訴訟

　行政事件訴訟法は，主観訴訟としての行政訴訟のもう一つの類型として「当事者訴訟」を挙げている。行政事件訴訟法4条は，当事者訴訟を，ア）形式的当事者訴訟と，イ）実質的当事者訴訟の二つのタイプに分けて規定している。

　ア）形式的当事者訴訟とは，実質的には行政処分（私的当事者間の権利関係を確認・形成する行政処分）の違法性を争う訴訟であるが，法律により，私的当事者間での権利義務を争う訴訟として構成されているものをいう。収用委員会の裁決内容である補償額に不服がある土地所有者が起業者を被告として損失補償額の増額を求めて提起する訴訟（収用法133条2項・3項）などがその例である。

　イ）実質的当事者訴訟とは，「公法上の法律関係に関する訴訟」であり，公務員の地位確認訴訟や損失補償請求訴訟などがその例として挙げられる。

　実質的当事者訴訟は，争いの対象となっている法律関係が「公法関係」であるのか「私法関係」であるのかによって民事訴訟と区分されるが，公法私法二元論を基本的に否定してきた戦後の行政法理論の下ではもはや独自の意義はな

いという学説も有力であった。しかし，2004年の行政事件訴訟法改正により，「行政処分」として構成できない行政活動の違法性を広く争う受け皿として当事者訴訟を活用すべきであるという方向が確認されたので，今後の活用可能性が改めて注目されている。この点に関しては，16章1で検討する。

　以上に述べてきたことをまとめれば，行政訴訟の全体像は下の図のように図示することができる（なお「争点訴訟」については，**コラム16-①**を参照）。

行政訴訟の全体像についての図

	民事訴訟（争点訴訟を含む）		
主観訴訟	行政訴訟	当事者訴訟	実質的当事者訴訟 形式的当事者訴訟
		抗告訴訟	取消訴訟 無効等確認訴訟 不作為の違法確認訴訟 義務付け訴訟 差止訴訟 法定外抗告訴訟
客観訴訟	民衆訴訟		
	機関訴訟		

3　行政訴訟の構造と司法権

行政訴訟と司法権

　行政訴訟は裁判所による権限の行使であり，広い意味での司法権の行使として捉えることができる。裁判所法3条は「裁判所は……一切の法律上の争訟を裁判し，その他法律において特に定める権限を有する」と規定する。通説は，抗告訴訟と当事者訴訟を，裁判所法3条でいう「法律上の争訟」として，民衆訴訟と機関訴訟を「その他法律において特に定める権限」として説明する。

　行政訴訟制度の具体的なあり方は，基本的に，憲法の枠内で，国会が立法によって決定するところである。行政訴訟制度と憲法の関係については二つの角度から考えることができる。

第1は，裁判を受ける権利との関係である。行政訴訟は国民の裁判を受ける権利を具体的に保障するものであるから，憲法は，行政訴訟制度が国民の権利利益の救済制度として十分に実効的な制度であることを要請する。

　第2は，三権分立との関係である。行政訴訟（特に抗告訴訟と当事者訴訟）も司法権の一部として行使される以上，司法権に内在する限界に服することが要請される。それと同時に，行政活動に対する司法審査（および違憲立法審査権）を通じて，行政権（立法権）の法的統制をはかることが期待される。

行政訴訟と裁判を受ける権利

　裁判を受ける権利の視点からは，以下の2点が問題となる。

　第1は，国民が容易に裁判所にアクセスすることができるかという問題である。たとえば，行政訴訟を提起することのできる裁判所が全国に一つであるとか，出訴期間が1週間だとかいうことになれば，憲法違反の疑いが出てくるであろう。わが国の行政訴訟制度に対しては，違憲であるとまでは言えなくても，訴訟要件が過度に厳格であるために国民が利用しにくいものになっているとの批判が見られ，2004年の行政事件訴訟法改正で，原告適格要件の緩和，出訴期間の延長，教示制度の新設などの改正につながった。

　第2は，違法な行政活動によって国民が権利利益の侵害を受けたときに十分に実効的な救済がなされるかという視点である。権利が侵害されているのに適切に救済する訴訟形式が存在しないとか，仮の救済制度が存在しないとかいうことになれば，憲法の趣旨から問題が指摘されるであろう。この点に関しても，2004年の行政事件訴訟法改正で，従来の制度の不備が指摘され，義務付け訴訟や差止訴訟の法定，仮の救済手段の整備などの改正が行われた。それぞれの改正内容については，以下の各章で説明する。

行政訴訟と司法権の限界

　行政訴訟，とりわけ主観訴訟である抗告訴訟と当事者訴訟は，「法律上の争訟」性があることを前提とする。「法律上の争訟」性は，「事件」性といわれることもある。

　旧行政事件訴訟特例法の下での事件であるが，警察予備隊の設置が憲法に違

反するとして警察予備隊の設置・維持に関する一切の行為の無効確認を求めた訴えについて，最高裁（最大判昭和27・10・8民集6巻9号783頁）は，「司法権が発動するためには具体的な争訟事件が提起されることを必要とする。我が裁判所は具体的な争訟事件が提起されないのに将来を予想して憲法及びその他の法律命令等の解釈に対し存在する疑義論争に関し抽象的な判断を下すごとき権限を行い得るものではない」と述べて，訴えを不適法とした。

司法権発動の前提に具体的事件性を要求するのはアメリカ型の司法審査の流れをくむ考え方であって，司法権に固有の普遍的原理というわけではない。しかし，以下のような理由から，司法権発動の前提に具体的事件性（「法律上の争訟」性）を要求する通説・判例の立場には根拠があるというべきであろう。①原告の権利利益の侵害が明確になる具体的事件の段階になって救済を認める必要性も明確になる。②具体的な事実の適用の適否も含めて考慮することで法の正しい意味が明確になる。③抽象的な段階での司法部門の介入は政治的紛争に裁判所を巻き込み，本来の任務である国民の権利利益の救済にかえって障害となる可能性がある。

しかし，以上の事情は，裁判所が具体的事件性のない紛争について裁判することを一切禁じているわけではない（→16章 **2・3**）。

「法律上の争訟」性

最高裁によれば，「法律上の争訟」とは，「①当事者間の具体的な権利義務ないし法律関係の存否に関する紛争であって，かつ，②それが法令の適用により終局的に解決することができるもの」（最判昭和56・4・7民集35巻3号443頁）をいう（①②は引用者）。①の要素を欠く場合には，取消訴訟の対象としての行政処分性を欠くとして却下されることもある。②の要素を欠くことを理由に訴えが却下されたものとして，国家試験における合格・不合格の判定をめぐる争い（最判昭和41・2・8民集20巻2号196頁）や，政府の経済政策の誤りを問う争い（最判昭和57・7・15判時1053号93頁）などがある。

司法権の発動の前提に「法律上の争訟」性を要求するのは，裁判所が国民の訴えを待って法的基準に従って紛争を処理する特殊な国家機関であること，裁判所の本来の任務が国民の権利救済にあることなどに由来する。したがって，

一定の紛争が「法律上の争訟」になるのかどうかについては，裁判所の基本任務との関係で判断されるべきである。

たとえば，従来，地方議会内部での懲罰措置等に関する紛争は，いわゆる「部分社会」内部の紛争であって，（それが議員の除名処分のように一般市民法秩序と関連するものでない限り）基本的に司法審査の対象とならないとされてきた（最大判昭和35・3・9民集14巻3号355頁）。しかし，岩沼市議会事件大法廷判決（最大判令和2・11・25民集74巻8号2229頁）は，従来の判例を変更し，議員に対する懲罰としての出席停止措置が司法審査の対象となることを明らかにした。重要な判例であるので，少し詳しく見ておこう（→ **ケースの中で11-①** ）。

ケースの中で11-① 　議員に対する懲罰としての出席停止措置と司法審査の対象

本件は，議会での発言が不穏当であったとして23日間の出席停止の懲罰を受けた市議会議員が，出席停止措置の違法・違憲性を訴え，出席停止措置の取消し（さらに出席停止に伴う議員報酬減額分の支払い）を求めた事例である。第1審（仙台地判平成30・3・8民集74巻8号2246頁）は，前掲最大判昭和35・3・9に従い，議員に対する懲罰は司法審査の対象とならないとして訴えを却下したが，第2審（仙台高判平成30・8・29判時2395号42頁）は，出席停止による議員報酬減額は「もはや議会の内部的な問題にとどまらず，一般市民法秩序と直接の関係を有するものであって，法律上の争訟に当た」るとして第1審判決を取り消した。その上告審が本件判決である。

最高裁は，以下のように述べて，出席停止措置の適法性をめぐる紛争が司法審査の対象となることを認めた。すなわち，「出席停止の懲罰は，上記の責務〔住民の代表としてその意思を当該普通地方公共団体の意思決定に反映させるべく活動する責務〕を負う公選の議員に対し，議会がその権能において科する処分であり，これが科されると，当該議員はその期間，議会及び委員会への出席が停止され，議事に参与して議決に加わるなどの議員としての中核的な活動をすることができず，住民の負託を受けた議員としての責務を十分に果たすことができなくなる。このような出席停止の懲罰の性質や議員活動に対する制約の程度に照らすと，これが議員の権利行使の一時的制限にすぎないものとして，その適否が専ら議会の自主的，自律的な解決に委ねられるべきであるということはできない」。「そうすると，出席停止の懲罰は，議会の自律的な権能に基づいてされたものとして，議会に一定の裁量が認められるべきであるものの，裁判所は，常にその適否を判断することができるとい

うべきである」（傍点は引用者が付加）。

　最高裁が，議員報酬との関係に触れることなく，一般的に「常に」，議員に対する出席停止措置が司法審査の対象となることを認めたことの意義は大きい。が，その論理に関してはさらなる説明が必要である。宇賀克也裁判官は，その補足意見において，「地方議会議員に対する出席停止の懲罰の取消しを求める訴えが，①②の要件〔法律上の争訟を判定する二つの要件。本文参照〕を満たす以上，法律上の争訟に当たることは明らかであると思われる」としている。ただ，「議員としての中核的な活動」は，従来は（議員という職にある者の）権限ないし権能であると考えられてきているので，これができなくなることが，直ちに議員個人の主観的権利の侵害となるのか否かに関しては明確ではないところがある。宇賀裁判官は，「地方議会議員を出席停止にすることは，地方議会議員の本質的責務の履行を不可能にするものであり，それは，同時に当該議員に投票した有権者の意思の反映を制約するものとなり，住民自治を阻害することになる」と本判決の結論を擁護している。この点を積極的に受け止め，本判決を，「主観訴訟的構成から客観訴訟（機関訴訟）的な構成にシフトした」と解する論者もある。本判決の論理とその射程に関しては今後の展開が注目されるところである。

　なお，最高裁の「法律上の争訟」性の判断に疑問が寄せられる例もある。たとえば，行政上の義務の履行を求める民事訴訟が「法律上の争訟」性を欠くとされた（最判平成14・7・9民集56巻6号1134頁）が，これに関しては，学説上批判が多い。この事件では，業者の建築の自由を制限する条例の適法・違法が争点となっていたのであるから，業者の権利救済を重視するならば，「法律上の争訟」として裁判所が判断すべきであったといえよう（→ **ケースの中で5-**①）。

第12章
取消訴訟の対象

　取消訴訟の対象となる行為は，裁決（行政上の不服申立てを受けてなされる行政庁の決定を裁決という）のほか「行政庁の処分その他公権力の行使に当たる行為」（行訴法3条2項。以下では「行政処分」と総称する）と定められている。本章では，行政活動のうちで，どのような行為が「行政処分」として捉えられるのかを検討する。

　「行政処分」の違法性を争うためには，原則として，取消訴訟やその他の抗告訴訟によらなければならないというのが行政事件訴訟法の基本的な仕組みである。したがって，どのような行為を「行政処分」として捉えるのかという問いは，取消訴訟や抗告訴訟の活用範囲をどう考えるのかの問いにつながっている。取消訴訟の対象となる行為をめぐって学説・判例上の争いが絶えないのは，抗告訴訟の役割をどう理解するのかについてさまざまな見解がありうるからである。

　「行政処分」ではない行為を対象として取消訴訟を提起しても，その訴えは，訴訟要件を欠く訴えとして却下される。そこで，取消訴訟の対象の検討に入る前に，まず，取消訴訟の訴訟要件について説明し，次に，取消訴訟の対象となる行為について検討してゆきたい。

1　取消訴訟の訴訟要件

訴訟要件

　訴訟要件とは，当該訴えを裁判所の審理の対象とするために必要とされる要件である。社会内にはさまざまな紛争があり，そのすべてを裁判所で審理することは不可能でもあり，妥当でもない。そこで裁判所は，裁判所が取り上げる

にふさわしい法的紛争，取り上げることのできる訴えだけを審理の対象とする。そのための交通整理の基準が訴訟要件である。

　民事訴訟では，訴訟要件はそれほど厳格ではないが，行政訴訟では，一般に，訴訟要件が厳格であり，訴訟要件を欠くとして訴えが却下されることも多い。新聞などで「住民の訴えが，またも門前払い！」などとして報道されている場合がこれに当たる。諸外国と比べてわが国の行政訴訟では，訴訟要件が極めて厳格であり，そのために国民が行政訴訟を活用できていないのではないかということが問題とされている。

　行政事件訴訟法は，取消訴訟の訴訟要件として，「裁判所管轄」，「訴えの対象適格（処分性）」，「訴えの利益（原告適格と狭義の訴えの利益）」，「被告適格」，「出訴期間」，「不服申立前置」の6点を定めている。「訴えの対象適格（処分性）」と「訴えの利益（原告適格と狭義の訴えの利益）」に関しては，議論も多く判例も多数積み重ねられているので，それぞれ独立して，本章**2**と次章で説明することにして，以下では，残りの四つの訴訟要件について説明する。

裁判所管轄

　取消訴訟は，被告の普通裁判籍の所在地または処分庁・裁決庁の所在地を管轄する地方裁判所に提起するのが原則である（行訴法12条1項）。すなわち，被告が国の場合には，東京地方裁判所（行政事件を専門に取り扱う部会が置かれている）に提起できるほか，処分庁が国の地方出先機関である場合などには処分庁の所在地を管轄する地方裁判所にも提起できる（なおそのほかに，特別の規定として行訴法12条2項・3項を参照）。

　また，2004年改正により，国や独立行政法人が被告となる場合には，「原告の普通裁判籍の所在地を管轄する高等裁判所の所在地を管轄する地方裁判所」（特定管轄裁判所）にも提起できることになった（行訴法12条4項）。たとえば，処分庁の所在地が東京であっても，原告が兵庫県に住んでいるならば，大阪地裁にも提訴できるというわけである。行政機関情報公開法で導入された考え方が2004年改正によって抗告訴訟全体に拡張されたものである。

被 告 適 格

取消訴訟の被告となるのは処分・裁決を行った行政庁・裁決庁の所属する国または公共団体である（行訴法 11 条 1 項）。たとえば，税務署長による所得税更正処分の取消訴訟の被告は国であり，都道府県知事が行った廃棄物処理場の設置不許可処分の取消訴訟の被告は当該都道府県であり，政令指定都市の建築主事が行った建築確認の取消訴訟の被告は当該政令指定都市である。

ただし，指定法人等による行政処分のように，処分庁が国または公共団体に組織的に所属していない場合には，当該行政庁が被告となる（行訴法 11 条 2 項）。たとえば，日弁連が行った弁護士に対する懲戒処分の取消訴訟の被告は日弁連であり，指定確認検査機関（建基法 77 条の 18 以下参照）が行った建築確認の取消訴訟の被告は当該指定確認検査機関になる。

被告適格を誤った訴えは却下されるが，原告が故意または重大な過失によらずに被告とすべき者を誤った場合には，申立てにより被告の変更が認められる（行訴法 15 条）。原告は訴状に行政庁を記載することが求められるが，記載漏れは却下理由とされず，被告が行政庁を特定して裁判所に明らかにするとされている。

2004 年改正以前は，被告となるのは当該行政処分（裁決）を行った行政庁（裁決庁）であった。どのような機関が行政庁であるのかは個々の法律の仕組みの中で決められているが，国民の目から見てわかりにくい場合も多々あった。そこで 2004 年改正によって，行政庁から行政主体に被告適格が変更されたのである。2004 年改正は，主として原告の便宜を図る趣旨であると説明されているが，被告適格の変更によって抗告訴訟と当事者訴訟との間にあった垣根が低くなったことの意義は大きいとも指摘されている。

なお，処分庁は取消訴訟において「裁判上の一切の行為をする権限を有する」（行訴法 11 条 6 項）ので，実際の訴訟の進行はそれまでとはさほど異ならない。

出 訴 期 間

取消訴訟は，処分・裁決があったことを知った日から 6 ヶ月以内に提起しなければならず，また，処分・裁決の日から 1 年間が経過すると提起することが

できない（行訴法14条1項・2項。前者を主観的出訴期間，後者を客観的出訴期間ということがある）。ただし，天災等による遅れなどの「正当な理由」があるときは，以上の期間制限の例外が認められる。

なお，「処分又は裁決があったことを知った日」とは，原告が当該処分・裁決を現実に知った日をいうが，その判定が争われることがある。社会通念上処分のあったことを原告が知りうる状態に置かれたとき（処分が記載された書類が原告の住所に配達された時など）には，反証のない限り，処分があったことを知ったものと推定される。また，行政処分について公告によることが法律上定められているときは，公告が適法になされた時に，処分があったことを知った日として扱われている。

行政処分によって形成される行政法関係は公益や多数者の利益に関わることが多く，それがいつまでも争えるとすると行政法関係の画一性，安定性を欠くことになるので，一定期間の経過をもって行政処分を争えないと定めたものである。これを行政行為の不可争力として説明することがある。

なお，取消訴訟以外の抗告訴訟には，出訴期間制限規定の準用はない。

不服申立前置主義

一般に，行政上の不服申立てと取消訴訟のいずれを選択するのかは，原告の自由に任せられている（自由選択主義。行訴法8条1項本文）。しかし，個別の法律で審査請求手続の前置が義務づけられている場合には，審査請求手続を経ないで提起された取消訴訟は却下される（不服申立前置主義。同条1項ただし書）。たとえば，地方公務員に対する不利益処分に不服があれば，人事委員会または公平委員会に対して審査請求をすることができ，当該不利益処分に対する取消訴訟は，審査請求に対する裁決を経た後でなければ提起することができない（地公法49条の2，51条の2参照）。

不服申立前置主義は，大量処分の統一的処理の要請（税通法115条1項本文等参照），専門的判断の必要（公害補償法108条等参照）などの理由で認められ，そのために特別の第三者機関が設置されることもある（関税法91条等参照）。しかし，個別法で不服申立前置主義を定めている数は多く，その中には十分な合理的根拠のないものもあると，かねてから批判があった。そして，2014年の行

政不服審査制度改正の一環として不服申立前置主義の見直しが進められ，個別法による前置主義が大幅に廃止・縮小された（詳細については，**コラム17-①** を参照）。

　不服申立前置主義が個別法律によって定められていても，「審査請求があった日から3箇月を経過しても裁決がないとき」，「処分，処分の執行又は手続の続行により生ずる著しい損害を避けるため緊急の必要があるとき」，「その他裁決を経ないことにつき正当な理由があるとき」には，裁決を経ないで処分の取消訴訟を提起できる（行訴法8条2項）。これらの場合にまで不服申立手続の前置を強制する合理性はないからである。

教　　示

　取消訴訟を提起するための訴訟要件は相当厳格かつ複雑であり，これが行政訴訟を利用しにくいものにしている一因であると思われる。そこで2004年改正により，行政庁は処分の相手方に対して，被告，出訴期間，不服申立前置主義が定められているときはその旨を，書面で，教示しなければならないことが定められた（ただし，当該処分を口頭でする場合には教示の義務を負わない。行訴法46条1項。なお，同条2項も参照）。この教示制度は，もともと行政不服審査法に定めがあったものであるが，それが行政事件訴訟法にも取り入れられたわけである。なお，この教示制度は，形式的当事者訴訟についても定められているが（同条3項），取消訴訟以外の抗告訴訟については適用されない（不作為の違法確認訴訟や義務付け訴訟や差止訴訟ではそもそも処分がなされていないので処分と同時に行う教示制度は適用されない）。

　教示を怠る場合や誤った教示をなした場合についての規定はないが，行政不服審査法における教示制度の場合（→17章2参照）にならって，原告に不利益がないように解釈されることになる。

2　取消訴訟の対象——判断基準

取消訴訟の対象と行政処分性

　取消訴訟の対象となる行為は，裁決のほか「行政庁の処分その他公権力の行

使に当たる行為」（行訴法３条２項）と定められている。「行政処分」には講学上の行政行為が含まれる（「行政行為と行政処分」について，**コラム４-①** を，行政行為の定義と具体例について４章１・２を参照）こと，「その他公権力の行使に当たる行為」には継続的な権力的事実行為がこれに該当することについては争いがない（→ **コラム12-①**）。問題は，行政行為と継続的・権力的事実行為のほかに，いかなる行為が取消訴訟の対象となるのかということである。これを「行政処分」性をめぐる問題という。

コラム12-①　権力的事実行為の取消訴訟

　事実行為には法的効果がないので，事実行為について法的効力を遡及して消滅させる取消訴訟を観念することはできないという見解もある。しかし，2014年改正前の行政不服審査法は，「この法律にいう『処分』には，……公権力の行使に当たる事実上の行為で，人の収容，物の留置その他その内容が継続的性質を有するもの……が含まれるものとする」（旧行審法２条１項）と定めて，継続的・権力的事実行為についての不服申立てを認めていた。行訴法の解釈としては，継続的・権力的事実行為を含む一定の権力的事実行為は，「その他公権力の行使に当たる行為」に該当するものとして，行訴法の対象となると解するのが通説・判例である。

　権力的事実行為は，法律に基づき，法律で定められた要件・手続にしたがって適法に行われる限り私人に受忍義務がある。そこで，事実行為の取消訴訟を法律による受忍義務の解除を求める訴訟として説明する見解がある。もっとも，このような技巧的な説明をしなくても，事実行為の取消訴訟は，機能的には，違法宣言訴訟として，その積極的な役割を肯定すればよいとも言える。

　また，2004年行訴法改正によって非申請型義務付け訴訟や差止訴訟が法定されたが，これらの訴訟の対象となる「一定の処分」には一過性の権力的事実行為も含まれると解される（→ **ケースの中で15-⑦** 参照）。

古典的アプローチ

　何が取消訴訟の対象となる「行政処分」であるかは，行政法学において古くから争いがある難問である。

　最高裁は，ゴミ焼却場の設置行為の取消しを求めた訴訟において，行政事件

訴訟特例法にいう「行政処分」を以下のように定義・説明している。この定義が，その後，行政事件訴訟法上の「行政処分」性を判別する基準として（特に下級審において，しばしば）援用されてきている。

「行政庁の処分とは，……行政庁の法令に基づく行為のすべてを意味するものではなく，公権力の主体たる国または公共団体が行う行為のうち，その行為によって，直接国民の権利義務を形成しまたはその範囲を確定することが法律上認められているものである……。そして，かかる行政庁の行為は，公共の福祉の維持，増進のために，法の内容を実現することを目的とし，正当の権限ある行政庁により，法に準拠してなされるもので，社会公共の福祉に極めて関係の深い事柄であるから，法律は，行政庁の右のような行為の特殊性に鑑み，一方このような行政目的を可及的速かに達成せしめる必要性と，他方これによって権利，利益を侵害された者の法律上の救済を図ることの必要性とを勘案して，行政庁の右のような行為は仮りに違法なものであっても，それが正当な権限を有する機関により取り消されるまでは，一応適法性の推定を受け有効として取り扱われるものであることを認め，これによって権利，利益を侵害された者の救済については，通常の民事訴訟の方法によることなく，特別の規定によるべきこととしたのである」（最判昭和39・10・29民集18巻8号1809頁）。

この説明にある定義は，ⓐ公権力性，ⓑ国民の権利義務への直接的規律（あるいは具体的規律）性の2点をメルクマールにして「行政処分」性を判断しようとしたものということができる。上の2点を基準に「行政処分」性を判断するアプローチを，以下では，古典的アプローチと呼ぶことにする。

古典的アプローチの背景にある考え方

古典的アプローチの背景には，上の説明にもあるように，行政法関係と民事法関係を峻別し，行政法関係の特殊性を強調する見解がある。すなわち，私人間には見られないような公権力の行使こそ行政活動の特色なのであり，そのような行政活動の違法性を争うには特別の訴訟形式である取消訴訟によるべきであるというのが，古典的アプローチの基礎にある考え方である。

そして，古典的アプローチによる「行政処分」の定義は，講学上の行政行為の概念（→4章）とも対応したものであった。すなわち，かつての行政法学に

よれば，行政行為には公定力（＝権限ある機関がこれを取り消さない限り有効として通用する力）があり，この公定力を排除するための特別の訴訟が取消訴訟であるとされたのである。古典的アプローチの純粋形においては，取消訴訟の対象となる行政処分は公定力を有する行政行為（＋権力的事実行為）であり，それに限定されていたのである。

古典的アプローチの修正

しかし，古典的アプローチの基礎にあった古い見解は，今日では，そのままの形では維持されていない。

公権力性？

そもそも，公権力性といっても，その実体は必ずしも明らかではない。公権力性を，同意に基づかずに一方的に法律関係を変更することに求めたとしても，このような一方的行為は私人間にも見られるところである（契約の解除等）。また実定法によって行政行為であると考えられている行為の中には，類似の行為を私人間で契約形式で行っていることも少なくない（公民館の使用許可と民間施設の利用契約，生活保護の支給決定と私人間での贈与契約など）。結局，規制行政における命令的行為などの典型的な権力的行政行為のほかに，非権力的行為であっても，行政不服申立ての対象となることが認められているなど，実定法制度の仕組みの中で行政訴訟の対象となることが予定されている行為は，「公権力の行使」であるとみなされているわけである。

国民の権利義務への直接的規律性？

国民の権利義務への直接的規律性というメルクマールも，必ずしも明解なものではない。たとえば，法令による国民一般に対する規制と，個別行政処分による特定人に対する具体的規制との中間には，法令による一般的規制を具体的事項に限定する法規命令や，特定地域の住民に対して一定の法的拘束力を有する規制を定める土地利用計画などのような，両者のいずれともいえそうな規制のタイプがある。さらに，規制的行政指導のように，それ自体は法的拘束力を有しないが，事実上の規制力をもつ行為に対する取消訴訟を認めた方がよい局

面も考えられる。実際の判例で「行政処分」性が争われているのはこうした類型の行為であり，詳細は，後に判例の展開を見るところで検討する。

公定力？

また，行政行為の公定力についても，制度を離れた先験的・抽象的な公定力を考えることはできない。今日では，結局，公定力とは，①一定の行政庁の行為の違法性（効力）を争うには取消訴訟によるべきであること，および，②一定の行政庁の行為については取消訴訟でしかその違法性（効力）を争えないことを説明するための用語にすぎないとされている（なお，従来は，①と②の命題をほぼ同義に説明してきたけれども，論理的には両者は区別すべきであろう。この点は後に触れるところである）。

こうして，公定力を有する行政行為に対する公定力排除のための特別の訴訟が取消訴訟であるという理解（従来の説明）から，取消訴訟でしか争えない行為にはその結果として公定力があるという理解（今日の説明）へと，古典的アプローチの背景にあった見解は修正されているのである。

3 取消訴訟の対象——判例の展開

処分性をめぐるこれまでの判決例

古典的アプローチの背景にあった見解は修正されているとはいえ，最高裁は，今日もなお，ⓐ公権力性，ⓑ国民の権利義務への直接的（具体的）規律性という二つの要素を軸に「行政処分」性を判断する古典的アプローチを，基本的には，なお維持しているということができる。古典的アプローチの再検討の可能性については後に検討することにして，以下では，とりあえず，古典的アプローチの大枠のもとで判断されたこれまでの判決例を概観しておこう。

まず，講学上の行政行為とされている権力的な行為について「行政処分」性が争われることはない。また，法律が明示的に行政不服審査法上の不服申立ての対象となることを認めている行為についても「行政処分」性は肯定できる。それゆえ，これまで「行政処分」性が争われてきたのは，行政立法，行政計画，行政契約，行政指導などの，行政行為以外の行政活動である。

形式的行政処分という用語は，論者によって異なる意味で用いられることがあるので注意を要する。たとえば，私人間では見られないような典型的な権力的行政行為を「実体的行政処分」と呼び，私人間でも類似の行為が見られる（私人間では対等平等な当事者間の契約としてあらわれる）行為ではあるが，法律の仕組みの中で行政処分とされている行為（生活保護給付決定，公民館の使用許可決定など）を（制度上の）「形式的行政処分」と呼ぶ分類がある。また，法制度上は行政処分であるかどうか明確ではないが，救済の必要上，法解釈によって取消訴訟の対象とされるものを（法解釈上の）「形式的行政処分」と呼ぶ者もいる。

実体的行政処分と法制度上の形式的行政処分は，実定法上，行政処分であることが明らかであると考えられるので，原則として取消訴訟で争うことになり，取消訴訟の排他的管轄に服する（したがって「公定力」があると言える）。しかし，法解釈上の形式的行政処分は，原告の救済の必要から取消訴訟の対象としただけであるので，取消訴訟の排他的管轄に服すると考える必要はないのではないかと思われる。

最高裁判決を中心にこれまでの判決例を整理すれば次のようになる。（→次頁の**表1**参照。以下，本章では表の番号で各判例を引用する）。以下では，代表的な行為形式ごとに，「行政処分」性の有無がいかに判断されてきたのかを検討する。

法律・法規命令

法律の制定や政省令の制定のような立法行為は，一般的抽象的な規範を定立する行為であるので，通常は，国民の権利義務への個別的規律性を欠くとして，処分性を否定される。また，法律については，法律の違憲性を具体的な適用の場面を抜きにして抽象的に争う訴訟は「法律上の争訟」性を欠くので許されないという判例（最大判昭和27・10・8民集6巻9号783頁〔警察予備隊違憲訴訟〕）がある。

法規命令や法律の違法（ないし違憲）を争うためには，それらが具体的場面で適用された段階で，その適用段階の具体的処分の違法を争う取消訴訟を提起して，その中で法規命令や法律の違法を主張するのが通常のやり方であり，また通常はそれで原告にとっても十分な救済となる。たとえば，最判平成24・

表 1　行政処分性に関するこれまでの主要な判決例……○肯定，×否定

条例，法規命令，一般処分		
①	○	最判平成 14・1・17 民集 56 巻 1 号 1 頁（二項道路の一括指定）
②	×	最判平成 14・4・25 判自 229 号 52 頁（公立小学校の廃止を定める条例）
③	×	最判平成 18・7・14 民集 60 巻 6 号 2369 頁（水道料金の値上げを定める条例）
④	○	最判平成 21・11・26 民集 63 巻 9 号 2124 頁（公立保育所の廃止を定める条例）
⑤	×	最判平成 25・1・11 民集 67 巻 1 号 1 頁（医薬品のネット販売を禁止する省令）
土地利用計画		
⑥	×	最大判昭和 41・2・23 民集 20 巻 2 号 271 頁（土地区画整理事業計画）
⑦	×	最判昭和 57・4・22 民集 36 巻 4 号 705 頁（用途地域の指定）
⑧	○	最判昭和 61・2・13 民集 40 巻 1 号 1 頁（土地改良事業の事業施行認可）
⑨	○	最判平成 4・11・26 民集 46 巻 8 号 2658 頁（第二種市街地再開発事業計画）
⑩	○	最大判平成 20・9・10 民集 62 巻 8 号 2029 頁（土地区画整理事業計画）
内部的行為		
⑪	×	最判昭和 34・1・29 民集 13 巻 1 号 32 頁（消防長の同意）
⑫	×	最判昭和 43・12・24 民集 22 巻 13 号 3147 頁（墓地埋葬法上の解釈通達の変更）
⑬	×	最判昭和 53・12・8 民集 32 巻 9 号 1617 頁（新幹線工事実施計画の認可）
⑭	×	最判平成 24・2・9 民集 66 巻 2 号 183 頁（君が代斉唱を命ずる教育委員会通達）
法律的見解の個別的表示，行政指導		
⑮	×	最大判昭和 36・3・15 民集 15 巻 3 号 467 頁（海難審判庁による原因解明裁決）
⑯	×	最判昭和 38・6・4 民集 17 巻 5 号 670 頁（保険医に対する戒告）
⑰	○	最判昭和 54・12・25 民集 33 巻 7 号 753 頁（税関長による輸入禁制品該当通知）
⑱	×	最判昭和 57・5・27 民集 36 巻 5 号 777 頁（公務員の採用内定通知の取消し）
⑲	×	最判昭和 57・7・15 民集 36 巻 6 号 1169 頁（交通反則金の納付通告）
⑳	×	最判平成 7・3・23 民集 49 巻 3 号 1006 頁（公共施設管理者の開発不同意）
㉑	○	最判平成 16・4・26 民集 58 巻 4 号 989 頁（輸入届出者に対する検疫所長の通知）
㉒	○	最判平成 17・4・14 民集 59 巻 3 号 491 頁（登録免許税の過誤納金の還付の拒否）
㉓	○	最判平成 17・7・15 民集 59 巻 6 号 1661 頁（病院開設中止勧告）
㉔	○	最判平成 24・2・3 民集 66 巻 2 号 148 頁（土壌汚染対策法上の施設廃止通知）
給付行政における給付拒否決定		
㉕	○	最判平成 15・9・4 判時 1841 号 89 頁（労災就学援護費不支給決定）
公共施設の設置，供用		
㉖	×	最判昭和 39・10・29 民集 18 巻 8 号 1809 頁（ゴミ焼却場の設置）

4・2（民集66巻6号2367頁）では，生活保護変更処分の取消訴訟の中で，生活保護額変更の原因となった老齢加算廃止省令の違法性が争われている。

　しかし，具体的な適用の段階を待たずに，特定の者に直接に具体的な法的効果を発生させる法律や法規命令については，具体的適用の段階を待たずにこれらを争う取消訴訟が認められることがある（下級審であるが，保険診療の医療費を引き上げる告示について処分性を認めた判決として，東京地判昭和40・4・22行集16巻4号708頁を参照）。

　もっとも，近年の最高裁は，法規命令を直接に争う取消訴訟を認めるのではなく，当事者訴訟（法規命令に従う義務不存在確認訴訟など）で法規命令の違法性を争うことを認めている。

　たとえば，⑤判決の事案では，薬事法改正に対応して改正された厚生労働省令が医薬品のネット販売を禁止する規定を置いたところ，現にネット販売をしている業者が，ⅰ）当該規定にかかわらず，医薬品のネット販売をすることのできる権利ないし地位を有することの確認訴訟と，ⅱ）当該規定の無効確認ないし取消訴訟を提起した。下級審（東京地判平成22・3・30判時2096号9頁，東京高判平成24・4・26判タ1381号105頁）は，ⅰ）の訴訟の適法性を認めたが，省令改正の処分性を否定して，ⅱ）の訴訟を却下し，最高裁もこの結論を認めている（→ **ケースの中で3-③**）。

発展問題12-①　環境基準・排出基準の行政処分性

　行政機関が定める一般的な基準の違法性を争った訴訟として，環境基準の取消訴訟の例がある。旧公害対策基本法9条1項に基づき，大気に関する環境基準が定められていたが，そのうちの二酸化窒素についての基準が緩和された（旧基準は1時間値の1日平均値が0.02 ppm以下，原則5年以内に達成とされていたが，新基準では1時間値の1日平均値が0.04〜0.06 ppm以下，原則7年以内に達成とされた）ので，公害地域に住む住民らが，新基準を定めた環境庁告示の取消しを求めて出訴した事例である。

　第1審（東京地判昭和56・9・17判時1014号26頁）および第2審（東京高判昭和62・12・24行集38巻12号1807頁）は，環境基準が緩和されれば，大気汚染防止法上の総量規制基準の運用等にも事実上の影響を及ぼすことは認めつつも，環境基準自体は国民の権利義務，法的地位に対する法効果を有しないことを理由に，行

政処分性を否定し，取消訴訟を却下した。この判決には学説上の批判もあるが，環境基準が政府の公害対策を進める際の政策目標にすぎないことからすれば，処分性を肯定するのは困難といえよう。

それでは，仮定の問題であるが，大気汚染防止法などの公害規制法に基づいて定められる具体的な排出基準（大気汚染法3条，5条の2，水質汚濁法3条等参照）を定める行為に対する取消訴訟は認められるのであろうか。排出基準は環境基準とは異なり法的拘束力のある基準であり，違反に対しては改善命令や刑罰が予定されている。そこで，規制の対象となる企業等が，排出基準が法律の授権の範囲を超えて過度に厳しすぎるとして，あるいは，公害地域の住民達が，排出基準が過度に緩すぎて大気汚染防止という法律の目的を達成できないとして，排出基準設定行為の取消訴訟を提起することが考えられるのである。

このような訴訟は，わが国ではまだ提起されていないが，アメリカでは，同様の訴訟が判例法上，あるいは制定法により広く認められている。それではわが国ではどう考えられるだろうか。判例・通説によれば，おそらく，このような訴訟は処分性を欠く訴えとして却下されるのではなかろうか。排出基準には法的拘束力があるとはいえ，国民一般を対象とする一般的基準であって，特定企業に対して（あるいは特定の住民に対して）向けられたものではないからである。

もっとも，新しい排出基準に従うために莫大な設備投資費用が必要であるといった場合には，規制対象となる企業は，違法と考えている新基準に従って設備投資費を投入すべきか，あるいは新基準に従わずに刑罰の危険を冒すかというジレンマ状態に置かれることになるので，このような場合には紛争の成熟性を認めて，排出基準設定行為の取消訴訟，あるいは，（当事者訴訟としての）新基準に従う義務不存在確認訴訟等を肯定する解釈の余地もあるであろう（アメリカではこのような解釈から，一定の場合に，具体的事件に基準が適用される前に基準自体の違法を争う訴訟を肯定している）。この点は，今後の検討課題であるといえよう。

条例に対する取消訴訟

条例に対する取消訴訟が，国民の権利義務への直接的（具体的）規律性を欠くという理由で却下された例として，②判決がある。公立小学校の廃止は，条例で定めた後にそれを具体化する行政処分が予定されていない（すなわち廃止条例の可決だけで廃止が決定される）ので，現に小学校に通っている児童の権利義務への直接的規律性は肯定する余地がありそうであるが，代替する公立小学

校が存在することから権利侵害がないとされたものである。

　もっとも，公立保育所の場合には，どの保育所に入るのかを保護者が選択することが認められているために，下級審判決では，保育所を選択する権利が侵害されるとして，公立保育所の廃止を定めた条例の行政処分性を認めており（大阪高判平成18・1・20判自283号35頁，大阪地判平成17・10・27判自280号75頁など），最高裁も④判決で，公立保育所の廃止を定める条例の処分性を肯定した（→　**ケースの中で12-②**　）。

　最高裁は，③判決で，水道料金の値上げを定める条例の処分性を否定している（→　**ケースの中で12-①**　）ので，③判決と④判決とを比較して条例の処分性についての判断基準を考察することは重要である。③判決の事例では，値上げの対象が住民一般であること，個々の料金決定の段階で条例の違法性を争えることなどの事情があるが，④の事例では，廃止の対象が当該保育所の児童に限定されていること，条例が可決されるとその後の処分を待つことなく直ちに廃止が決まることなどの事情がある。これらの事情の違いが，両者の区別をもたらしたと考えられる。

ケースの中で12-①　水道料金値上げ条例の処分性

　条例の「行政処分」性が争われた例として，簡易水道事業給水条例に対する無効確認訴訟の事件がある。八ヶ岳のふもとにある高根町には夏場だけ利用される別荘が多数存在するが，夏場だけの利用であっても水道の基本設備は整備する必要があり，夏場のピーク時を基準に水道の供給体制も作る必要がある。そこで従来から別荘地住民と住民票のある町民とで水道料金に差をつけていたが，1998年に別荘地住民に対して水道基本料金の大幅な値上げを定めた条例改正を行ったために，平等原則に違反するとして条例の無効確認訴訟が提起された。

　第1審（甲府地判平成13・11・27判時1768号38頁）および第2審（東京高判平成14・10・22判時1806号3頁）では，条例の制定により直ちに（その後の具体的処分を介することなく）値上げが決定することを理由に，条例の行政処分性は肯定されていたが，③判決で，最高裁は，「本件改正条例は，旧高根町が営む簡易水道事業の水道料金を一般的に改定するものであって，そもそも限られた特定の者に対してのみ適用されるものではなく，本件改正条例の制定行為をもって行政庁が法の執行として行う処分と実質的に同視することはできない」と判示して，条例の行政処分性を否定した。もっとも最高裁は，別荘地住民と町民との水道料金の区別は

不当な差別的取扱いに該当するとして，改正条例に基づく債務の不存在確認訴訟で原告の請求を認容している。

ケースの中で12-② 公立保育所廃止条例の処分性

近時，財政危機への対応策として，多くの自治体で公立保育所を廃止して民間保育所に移行させる動きが見られる。これに対して廃止対象となった保育所に通う児童ならびに父兄が，民営化による保育水準の低下や移行措置の不十分さを憂えて民営化に反対し，廃止条例の取消訴訟を提起することがある。④判決もそのような事例の一つである。

最高裁は，④判決において，以下のように述べて，廃止条例の処分性を肯定した。「条例の制定は，普通地方公共団体の議会が行う立法作用に属するから，一般的には，抗告訴訟の対象となる行政処分に当たるものではないことはいうまでもないが，本件改正条例は，本件各保育所の廃止のみを内容とするものであって，他に行政庁の処分を待つことなく，その施行により各保育所廃止の効果を発生させ，当該保育所に現に入所中の児童及びその保護者という限られた特定の者らに対して，直接，当該保育所において保育を受けることを期待し得る上記の法的地位を奪う結果を生じさせるものであるから，その制定行為は，行政庁の処分と実質的に同視し得るものということができる」。

さらに最高裁は，取消訴訟には取消判決の第三者効が認められていることを指摘して，個別の民事訴訟等で廃止条例の効力を争うことと比較しての取消訴訟のメリット（なお，一般に取消訴訟のメリット・デメリットについては，**発展問題12-③** を参照）を強調している。この点が処分性判断においてどの程度重視されたのかは不明であるが，処分性判断において取消訴訟の機能について考慮したものとして，今後の展開が注目される。

行政計画

行政計画といっても多種多様なものがあるが，ここでは特に，計画の公告に伴って計画地域内の住民の権利・利益に侵害的効果が及ぶ土地利用計画（拘束的計画。3章3参照）の処分性が問題となる。

拘束的都市計画には，非完結型都市計画（市街地再開発事業計画や土地区画整理事業計画のように計画に従って都市開発事業が進み，最終的に権利変換や換地処分で終了するもの）と完結型都市計画（市街化調整区域や用途地域を定める都市計画のように土地利用制限を定める都市計画）がある。最高裁は以前には，いずれの都市計

画についても，原則として（土地収用の前提となる事業認定と同じ法効果をもつ場合などを除いて）処分性を否定していたが，⑩判決で判例を変更し，前者の土地区画整理事業計画の処分性を肯定した（→　**ケースの中で12-③**）。

ケースの中で12-③　　**土地区画整理事業計画の処分性**

　⑥判決で最高裁は，土地区画整理事業計画の処分性を否定した。この⑥判決は，その後長く都市計画の処分性を否定した先例として受けつがれてきた。その論理は以下のようなものであった。土地区画整理事業計画が公告されると計画地域内の権利者に一定の建築制限が課せられる（区画整理法76条参照）が，最高裁は，それは付随的効果にとどまるとした（付随的効果論）。また，事業計画自体は将来変更される可能性があり青写真にすぎないことも指摘されていた（青写真論）。⑥判決の論理によれば，計画による権利制限の適法性については，それが顕在化した段階（建築確認等を申請して拒否された段階や除却命令等を受けた段階や換地処分の段階）で争えばよいということであった。

　しかし，計画に従って事業が実施され，地域の現状が一変した後に計画が違法であることが確認されても救済としては遅すぎる（計画が違法であることを理由として換地処分が違法となっても，現状変更が困難な場合には事情判決が下されることになる。事情判決に関しては，14章2を参照）といわざるをえないので，学説では，計画の違法性を事前に裁判所で争える何らかの訴訟を工夫すべきであるということが強く主張されてきた（→　**発展問題12-②**）。

　⑩判決で，最高裁は⑥判決を否定し，土地区画整理事業計画の処分性を肯定した。その論理は以下のようなものである。土地区画整理事業計画が公告されると施行地区内権利者に一定の権利制限が生じ，特段の事情がない限り事業計画に従って区画整理事業が進み，最終的に換地処分に至る。「施行地区内の宅地所有者等は，事業計画の決定がされることによって，前記のような規制を伴う土地区画整理事業の手続きに従って換地処分を受けるべき地位に立たされるものということができ，その意味で，その法的地位に直接的な影響が生じるものというべきであり，事業計画の決定に伴う法的効果が一般的，抽象的なものにすぎないということはできない」。この最高裁判決は，⑥判決の青写真論を変更し，「換地処分を受けるべき地位に立たされる」という法的効果を認め，この段階での紛争の成熟性を認めたものということができる。

　さらに，最高裁は，権利の実効的救済の視点から上の結論をサポートしている。すなわち，換地処分等がされた段階での取消訴訟では事情判決の可能性が高く，

「宅地所有者等の被る権利侵害に対する救済が十分に果たされるとはいい難い。そうすると，事業計画の適否が争われる場合，実効的な権利救済を図るためには，事業計画の決定がされた段階で，これを対象とした取消訴訟を認めることに合理性があるというべきである」。

大法廷判決の射程範囲：非完結型都市計画の処分性

　土地区画整理事業計画の処分性を認めた⑩判決によって，今後，いかなる計画について，どこまで処分性が認められることになるのであろうか。⑩判決の射程範囲が問題となる。

　⑩判決以前にも，最高裁は，具体的な法制度の解釈として，計画の処分性を肯定したことがある。たとえば，⑧判決では，土地改良法において都道府県営の土地改良事業の事業計画決定が行政不服審査法の対象となる行政処分とされていることから，同様の機能を果たす市町村営の土地改良事業施行認可についても処分性を肯定し，⑨判決では，計画の公告があれば土地収用法上の事業認定があったものとみなす法律の構造に着目して，事業認定と同様に第二種市街地再開発事業計画の決定・公告の処分性を肯定していた。⑩判決は，「換地処分を受けるべき地位に立たされる」点に着目して土地区画整理事業計画の処分性を肯定したが，その論理は事業認定の処分性を肯定してきたこれまでの判例の延長上にあるとも言える（すなわち事業認定によって計画地域内の土地所有者は「収用を受けるべき地位に立たされる」）。この論理からすれば，最終的に権利変換が予定されている第一種市街地再開発事業計画の処分性も肯定されるものと思われる。

完結型都市計画の処分性

　それでは市街化調整区域や用途地域を定める都市計画，あるいは都市施設の位置等を定める都市計画の処分性はどうなるのであろうか。最高裁は，これまで，完結型都市計画について処分性を否定してきた。たとえば⑦判決では，工業地域に指定されたために病院の増設ができなくなった者が工業地域への指定の取消しを求めたところ，最高裁は，地域指定による建築制限は不特定多数に対する一般的制限であるとして，用途地域指定の処分性を否定した。⑩判決の

涌井紀夫裁判官の意見は，区画整理事業計画の公告により施行地区内の権利者に権利制限がかかることを処分性肯定の論拠とするものであり，このような論理であれば，同じく計画の公示・公告により権利制限がかかる完結型都市計画についても処分性を肯定することができる。しかし⑩判決の法廷意見はこのような論理をとっていない。したがって，⑩判決は，完結型都市計画について処分性を否定したこれまでの先例をくつがえしたわけではない（この点につき⑩判決の藤田宙靖裁判官の補足意見も参照）。

発展問題12-②　土地利用計画の違法性を争う方法

　土地利用計画の違法性をいかなる訴訟で争わせるべきかは難問である。

　一つの考え方は，計画の処分性を肯定して，取消訴訟や無効確認訴訟で争うことを認めることである。この場合には，取消訴訟を認めることからくる制度的制約（出訴期間，排他的管轄）が原告の救済を妨げないか，あるいは逆に，請求認容判決の第三者効が原告以外の関係者の権利を不当に制約しないかなどの点が問題となろう。

　もう一つの考え方は，当事者訴訟としての確認訴訟で争うことを認めることである。この場合には，原告との関係でのみ問題が処理されるので判決が出しやすいということができるが，統一的処理を行うべき計画行政の違法是正のあり方として妥当であるかが問われよう。

　いずれにしても，一番問題なのは，計画の違法性として何が考えられるかである。土地利用計画は住民の意見を踏まえて専門的・政策的判断として決定される。したがって土地利用計画の違法性は，計画の根拠となったデーターの著しい不正確さや，計画策定手続における著しい不公平などがあった場合に限定されるのではないだろうか。とすれば，立法論としては，計画策定手続における住民参加をより実質的なものに整備して，計画策定から一定期間に限って関係者住民が計画自体の違法性を争う訴訟を特別に認め，一定期間が経過してからは，その後の新たな事情がない限り，原則として計画の違法性を争えないとする制度が考えられる（ドイツの計画確定手続と訴訟がそのような制度の例である）。特別の訴訟制度が整備されるまでの救済手段としては，個別事情に応じて，当事者訴訟を認める方法が現実的であるのかもしれない。

内部的行為

　法的効果を有する決定であっても，それが外部に向けられたものではなく行政の内部的行為であると解される場合には処分性が否定される。

　⑪判決では，建築許可の要件となっている知事に対する消防長の同意が取り消されたことに対する取消訴訟において，同意は行政機関相互の行為であるので処分ではない（国民の権利義務への直接的（具体的）規律性を欠く）とされている。

　⑬判決では，運輸大臣が日本鉄道建設公団（鉄建公団）に対してなした工事実施計画の認可の取消しを周辺住民が求めた事案において，本件認可は上級行政庁が下級行政庁に対してなす監督処分の性質を有するものであるから処分性を欠くとされている。

通達，解釈基準

　上級行政機関が行政活動の統一を図るために下級行政機関に対して法令の解釈基準を通達その他の形式で示すことがよくある。通達で示された解釈は上級行政庁の指揮監督権を背景として行政内部においては法的拘束力を有し，現実の行政活動の指針となっている。しかし通達は，行政内部での運用指針にすぎず，国民の権利義務に対する法的拘束力はないので，処分性が否定されるのが通例である。また，通常は，通達に従ってなされた不利益処分を争う中で通達の違法性を主張できるということも処分性否定の理由となる。

　⑫判決は，異教徒であることを理由として墓地埋葬の申出を拒否できるとしてきた従来の通達を変更して拒否できないとした新通達の取消訴訟を寺院が提起した事例であるが，上記のような理由から処分性が否定されている（→ **ケースの中で10-②**）。

　もっとも，一般論としては上記の命題を前提としつつ，例外的に通達の取消訴訟を認めた下級審判決もある。東京地判昭和46・11・8（行集22巻11=12号1785頁）は，函数尺の製造・販売が計量法違反になるという解釈通達によって，取引先業者から函数尺の買い入れの解約などの損害を受けている業者が通達の違法を訴えて取消訴訟を提起したもので，通達によって直接的な利益侵害を受けていること，何らかの不利益処分を待って争うことでは救済として遅いこと

などが，処分性肯定の理由となっている（→ ケースの中で10-④）。

　⑭判決の事案では，公立学校の入学式・卒業式などで起立して君が代を斉唱すべきことを教職員に対して命じた通達（教育委員会から各校長に対して発せられる）および職務命令（各校長から各教職員に対して出される）の違憲性・違法性が争われている。東京高裁（東京高判平成23・1・28判時2113号30頁）は，本件では通達の取消訴訟または無効確認訴訟および執行停止の方がより直截的で適切な救済手段であるとして，君が代斉唱義務不存在確認訴訟の確認の利益を否定したが，⑭判決で，最高裁は，通達は行政処分に当たらないとして通達の取消訴訟を否定し，当事者訴訟としての君が代斉唱義務不存在確認訴訟の確認の利益を肯定した（→ ケースの中で15-⑥）。

法律的見解の個別的表示，行政指導

　行政機関が一定の見解を外部に表示する行為であって，それ自体には私人の権利義務を左右する法的効果を有しない場合には，国民の権利義務への直接的（具体的）規律性を欠くことを理由として処分性が否定される（⑮・⑯判決，⑱〜⑳判決など参照）。行政指導も，同じく国民の権利義務への直接的（具体的）規律性を欠くことおよび権力性がないことから処分性が否定されるのが通例である。

　しかし最高裁判決の中には，法制度の仕組みの中で，当該法的見解の表示や行政指導が，相手方の権利利益を侵害する不利益処分と直結している場合や，相手方の権利利益を侵害する法的効果を実質的に（事実上）有していると解釈される場合に，当該法的見解の表示や行政指導の処分性を認めたものも存在する。

　⑰判決は，税関長による輸入禁制品該当通知の処分性を認めている。輸入禁制品該当通知は，輸入しようとしている貨物が禁制品に該当するとの税関長の判断を輸入申告者に通知し，その自主的な善処（輸入の断念）を期待してなされるもので，それ自体は輸入禁止を命じる法的効果を有さない。しかし最高裁は，通知がなされた貨物には輸入許可が得られず，輸入許可なしに貨物を輸入することもできないので，通知により本件貨物を適法に輸入できないという法律上の効果があるとして，処分性を認めている。

また，㉑判決では，食品の輸入届出をした者に対する当該食品が食品衛生法に違反するという検疫所長の通知は，それにより当該食品の輸入許可が受けられなくなるという法的効力を有するとして，通知の処分性を認めている。

　⑰判決や㉑判決のいう「法的効果」は，古典的アプローチでいうところの「国民の権利義務への直接的（具体的）規律性」よりは緩やかなものであり，古典的アプローチからの脱却の芽を見ることができる。しかし，税関長の通知や検疫所長の通知によって輸入不許可の実質的な判断がなされているという法律の仕組みを前提とするならば，輸入の不許可決定の取消訴訟ではなく，それぞれの判断の適否を直接に争わせる取消訴訟を認めたこれらの判決は，原告の救済にとっても，行政の実態に照らしても適切なものと評価できる。

　もっとも，最高裁判決の中には，原告の法的権利を侵害していると思われるのに，処分性を否定した判決もある。⑳判決がそうである（→ **ケースの中で12-④**）。

ケースの中で12-④　　公共施設管理者の同意

　市街化調整区域などで開発行為を行う者は，都市計画法上の開発許可を受ける必要があり，開発許可を申請するためには，開発予定地にある道路や下水道などの公共施設の管理者（通常は市町村長）と協議し，その同意を得なければならない（都計法32条）。同意書は開発許可申請に不可欠な添付書類であるので，同意が得られない場合には開発許可が得られないことになる。そこで，⑳判決の原審である仙台高裁（仙台高判平成5・9・13行集44巻8＝9号771頁）は，同意がないことによって後続の開発許可申請ができなくなるとして，不同意の処分性を認めた。しかし最高裁は，「同意を拒否する行為は，公共施設の適正な管理上当該開発行為を行うことは相当でない旨の公法上の判断を表示する行為ということができる。この同意が得られなければ，公共施設に影響を与える開発行為を適法に行うことはできないが，これは，法が……要件を満たす場合に限ってこのような開発行為を行うことを認めた結果にほかならないのであって，右の同意を拒否する行為それ自体は，開発行為を禁止又は制限する効果をもつものとはいえない」と判示して，不同意の処分性を否定した。

　最高裁判決の論理は，開発の自由も公共施設管理者の同意があってはじめて生まれるものであるという制度理解によると考えられるが，不同意が恣意的に行われた場合の救済手段を適切に与えない点で問題があるように思われる。

なお近年，公共施設管理者の不同意の処分性を肯定し，不同意通知の違法性を認める下級審判決（高松高判平成25・5・30判自384号64頁）が生まれている。同判決で高松高裁は，先例である⑳判決との関係について，⑳判決後の最高裁が処分性の範囲を拡げていること，⑳判決後に都市計画法が改正され公共施設管理者の同意に一定の基準が定められたことを挙げて，⑳判決の法理がそのまま妥当するものではないと判示しており，注目される。

　行政処分性を肯定すべきかどうかは，具体的な状況において，原告の救済手段として取消訴訟が適切であるのかどうかにかかっているとも言える。最高裁判決の中にも，従来の古典的アプローチの枠を越えて，処分性の拡大を認めた判決がある（→　ケースの中で12-⑤　。ケースの中で6-①　も参照）。

ケースの中で12-⑤　　行政指導に処分性を認めた判決

　㉓判決は，それ自体は法的拘束力を有さない行政指導である病院開設中止勧告の行政処分性を認めた点で極めて注目すべき判決である。

　医療法は病院の設置を許可制とし，病院として必要とされる設備・人員の整備された病院について設置を許可する仕組みをとっている。同時に，都道府県ごとに定められた地域医療計画に従った病院の計画的配置の観点から，病床過剰地域においては病院の開設を抑制すべく，知事が病院開設希望者に対して開設中止勧告をなす運用もなされている。この勧告の法的性質は行政指導であり，勧告に従わない病院も設置が許可される。しかし，病院建設後に，勧告に従わない病院に対しては健康保険法に基づく保健医療機関としての指定を認めないという（通達に基づく）運用がなされていた。

　このような実態を背景として，最高裁は，開設中止勧告に従わない病院に対しては「相当程度の確実性をもって」保健医療機関の指定を受けることができず，また，保健医療機関としての指定がなければ病院経営が困難であることから，病院開設を計画している者は，病院開設中止勧告を受けた段階で，当該勧告の取消訴訟を提起できると判示している。従来の古典的アプローチのもとでは，保健医療機関としての指定を拒否された段階で，指定拒否処分の取消訴訟を提起すればよいということになりそうである（本件の下級審判決はこのような立場だった）が，最高裁はそのようなアプローチはとらずに，勧告の処分性を肯定したのである。

　この最高裁判決のアプローチは，従来の古典的アプローチとは相当異なる判断枠組みで処分性を判断しようとしたものであるが，最高裁自体は，判例変更をしたとは述べていない。しかし，藤田裁判官は，㉓判決と同様の事案（病床数削減勧告の

処分性を肯定）での補足意見において，新しいアプローチの背景について次のように説明している。すなわち，今日の行政活動は，「行政指導その他，行政行為としての性質を持たない数多くの行為が，普遍的かつ恒常的に重要な機能を果たしていると共に，……これらの行為が相互に組み合わせられることによって，一つのメカニズム（仕組み）が作り上げられ，このメカニズムの中において，各行為が，その一つ一つを見たのでは把握し切れない，新たな意味と機能を持つようになっている」。そのような今日の行政活動においては，処分性判断についての「従来の公式」をそのまま「採用するのは，適当でない」。

　なお，㉓判決のあと，差戻審（富山地判平成 19・8・29 判タ 1279 号 146 頁，名古屋高金沢支判平成 20・7・3 判タ 1281 号 181 頁）では勧告は違法であるとして取り消されている。しかし裁判で争っている間に原告の病院開設予定地での不足病床は 0 床となっており，病院の適正配置を理由とする保健医療機関の指定拒否は適法とされている（最判平成 17・10・25 判時 1920 号 32 頁参照）ために，原告が当初から望んでいた病院開設が実現するかどうかは明確ではない。処分性を肯定することが最終的に原告のいかなる救済につながるのかも検討してゆくべきであろう。

　⑰判決や㉑判決，さらに㉓判決などの最高裁の動向に照らせば，従来処分性が否定されてきた事例においても，改めて再検討する余地があるものが存在するように思われる（とりわけ，⑲判決や⑳判決に対しては学説上批判が強く，見直されるべき必要性も高い。**ケースの中で12-④**を参照）。また，逆に，このように処分性を緩やかに理解することになれば，取消訴訟の排他性をどのように考えればよいのか，また，行政手続法上の行政処分とはどういう関係にあるのか，取消訴訟と当事者訴訟の関係はどうなるのかなど，改めて検討すべき問題点が生じてきている。

給付拒否決定

　給付行政における行政主体と私人との関係は，基本的に，規制行政におけるような命令・強制の関係ではなく，対等・平等な関係として捉えることができる。したがって，給付関係における行政の活動形式も，行政処分ではなく契約であることが多い。しかし，法律により，給付の開始や停止が行政処分の形式で行われることがある。

　たとえば，生活保護の支給拒否決定や支給取消決定などに不服がある者は行

政不服審査法に基づき不服申立てをすることができ，さらに不服があれば取消
訴訟で争うことが認められる（生活保護法64条〜69条）。このように法律で行政
処分としての扱いをしているような場合には「行政処分」性が認められる（公
民館の使用許可，公営住宅の入居決定，幼稚園への入園決定など，事例は数多い）。

　それでは給付の基準が法令ではなく要綱や通達で定められている場合には，
どのように考えられるだろうか。一般論としていえば，要綱や内部的基準によ
る給付は，法律上の制度ではないので，給付拒否や給付の変更の決定を取消訴
訟で争うことは認められないことになろう（東京高判平成元・7・11行集40巻7
号925頁参照）。しかし，㉕判決では，通達と要綱で具体的な支給条件が定めら
れている労災就学援護費の支給について，それが労働者災害保険補償法の全体
の仕組みの中で予定されている事業であることから，不支給決定の処分性が肯
定されている。

公共施設の設置，利用，管理

　ゴミ焼却場施設の設置，利用，管理行為は，議会による設置決定や予算の承
認，建設工事の請負契約の締結，建設工事，供用開始決定，日常の管理行為な
どの一連の行為からなる。いずれも特定個人に対する公権力の行使という側面
を含まないので，ゴミ焼却場施設の設置を取消訴訟で争っても処分性が否定さ
れるのが通例である（㉖判決）。

　もっとも，かつて，歩道橋の設置に係る一連の行為を一体としての行政処分
と見て，公法的規律に服させようと意図した下級審判決があった（東京地決昭
和45・10・14行集21巻10号1187頁参照）が，一例にとどまる。公共施設から生
じる公害を懸念しての訴訟であれば民事訴訟が考えられるので，特に取消訴訟
を工夫しなければならない必要性は少ない。

　もっとも，公共工事が都市計画事業認可に基づいて行われる場合や，公共工
事のなかで土地の収用が行われる場合などでは，事業認可の取消訴訟や収用裁
決の取消訴訟などが提起され，その中で公共工事の違法性が争われることがあ
る（→ **ケースの中で9-①**，**9-②** などを参照）。

4 取消訴訟の対象──今後の課題

処分性をめぐる問題の意味すること

　処分性をめぐる判決例は多数あって，それらを統一的に理解するのはなかなか容易ではないが，具体的な状況の中で原告の救済がどうあるべきかという視角から，自分の頭でしっかりと考えることが大切である。判例の述べる抽象的な判断基準を丸暗記しても，問題を的確に把握したことにはならない。以下では，処分性をめぐる問題で実質的に何が争われているのかという角度から，これまでの判例や学説を整理しておきたい。

処分性で争われている実質的争点の多様性

　これまで処分性が争われてきた判決例をながめてみると，行政処分性という問題の枠組みで，実はいくつかの異なる問題が争われていることが分かる。少なくとも以下の3点は区別すべきであろう。

「法律上の争訟」性の有無

　第1は，裁判の対象となる「法律上の争訟」性（事件性）が存在するのかどうかという問題である。「法律上の争訟」性は，もちろん行政処分性とは別に判断されることも多いが，処分性の枠組みで判断されることもある。条例や法規命令などの一般的規範の適法性を争う訴訟は，処分性を欠くとして却下されることが多いが，「法律上の争訟」性を欠く訴えという処理も可能である。内部的行為をめぐる紛争も「法律上の争訟」性と行政処分性の両方の角度から検討できる。そして，実質的に見て「法律上の争訟」性を欠く訴えについては，行政訴訟が提起できないだけではなく民事訴訟によっても救済されない。ここには救済の必要のある法的紛争自体が不在であるとされているからである。

民事訴訟との役割分担

　第2は，民事訴訟（あるいは当事者訴訟）との振り分けの基準として行政処分性が機能していることがある。「公権力の行使」に関する不服の訴訟は抗告訴

訟である取消訴訟で，非権力的な行政活動に関する不服は民事訴訟や当事者訴訟で，というのが一般的な振り分け基準である。この場合，もしも民事訴訟や当事者訴訟で十分な救済が与えられるのであれば，あえて行政処分性を肯定しなくてもいいのではないかということが言える。公共施設の設置に関する紛争や給付行政活動に関する紛争は，基本的に民事訴訟で争えば足りるということもできる（→ **発展問題12-③** ）。

発展問題12-③ 取消訴訟のメリット・デメリット

　民事訴訟と比較しての取消訴訟のメリットとしては，①適法性統制機能（取消訴訟では処分の違法性が審理対象となり，それを規律する法規との適合性が審査される），②早期権利保護機能（取消訴訟は被害が発生する前に提起できる），③紛争の一挙解決機能（取消訴訟では，紛争の原因となった行政処分を取り消すことで，紛争の一挙解決を図ることができる），④第三者救済機能（法関係の相手方ではない第三者の原告適格を認めることで，取消訴訟は第三者の権利利益を救済することができる）などが指摘されている。また，デメリットとしては，①取消訴訟の排他性から民事救済が否定されることがあること，②取消訴訟には出訴期間制限や仮の救済の制限などがあることなどが挙げられる。処分性の有無が争われている事例において，処分性を肯定して取消訴訟を認めるべきかどうかは，以上のようなメリット，デメリットをも考慮に入れながら，個別的に行うべきである。

紛争の成熟性

　第3は，訴えの対象としての紛争の成熟性の問題である。たとえば拘束的な土地利用計画はその公告により特定範囲の者に権利制限をもたらすので，計画が制定・公布された段階で当該権利制限の適法・違法を争う機会があってもよい。最高裁は⑩判決で非完結型都市計画の処分性を肯定したが，完結型都市計画の処分性については認めていない。しかし，後者の場合でも，後の段階まで待っていては権利救済として不十分な事情があれば，紛争の成熟性を認めることも十分に考えられる（→ **発展問題12-②** ）。

　紛争の成熟性は，法律上の争訟性の問題とも関連するが，一連の行政過程のどの段階で訴訟を認めるべきかという訴訟のタイミングの問題である。また，紛争の成熟性が認められる場合には，次に，いかなる訴訟での救済を認めるべ

きかが問題となる。民事訴訟（あるいは当事者訴訟）か行政訴訟かの振り分け問題がここでも出てくるが，いずれにしても，救済の必要性が認められる場合には，何らかの実効的な救済手段が考えられる必要がある。

取消訴訟の救済本位的活用

学説・判例の中には，「行政処分」性を広く解釈して，行政計画や行政指導や公共施設の設置などを取消訴訟の対象として認めてゆくべきであるという見解（取消訴訟を救済本意的に活用する見解）がある。しかし，取消訴訟の対象とした行為については，逆に取消訴訟に付随する諸制限（出訴期間制限，仮処分の禁止，取消訴訟の排他性など）が及ぶ可能性があることから，安易に取消訴訟の対象を拡大するのは問題であるとの指摘もある。

救済手段の排他性

伝統的な行政法学においては，取消訴訟と当事者訴訟・民事訴訟とは二者択一的に考えられており，取消訴訟の対象となる行為は，原則として（無効でない限り），取消訴訟でしか争えないとされてきた。しかしこのような取消訴訟の排他性を明文で指示した規定はない。㉓判決のように，行政指導であるが取消訴訟の対象ともなる行為を判例法理で認めるならば，改めて取消訴訟の排他性の根拠や妥当範囲が再検討されるべきであろう。

コラム12-③ 是正訴訟の提案

日弁連は，2004年の行政事件訴訟法改正をめぐる議論の過程で，「行政決定の違法の確認とその是正を求める訴訟」（＝是正訴訟）を提案していた。これは，行政処分，行政計画，行政立法，行政指導など国民の権利利益に影響を及ぼす行政の決定を広く訴訟対象として捉え，かつ，侵害される権利利益の性質に応じて適切な救済を裁判所が与えることを可能とするものであった。同時にこの是正訴訟は，民事訴訟との選択可能性も認めるものであった。是正訴訟のアイデアは，従来の行政訴訟の捉え方に根本的な反省を加え，国民の権利救済に多様な手段を認めようとしている点で注目すべきものであったが，この提案は2004年改正に盛り込まれることはなかった。

第13章
取消訴訟の原告適格と訴えの利益

　取消訴訟を提起する資格を取消訴訟の原告適格という。行政事件訴訟法9条1項は，「処分の取消しの訴え及び裁決の取消しの訴え（以下「取消訴訟」という。）は，当該処分又は裁決の取消しを求めるにつき法律上の利益を有する者……に限り，提起することができる」と定めている。ここでいう「法律上の利益」をどのように理解すべきかが，「原告適格」論として，本章で検討する問題である。

　また，いったん原告適格が認められた後に時間の経過等があって，もはや処分を取り消す必要がなくなった場合には，訴えの利益が消滅したとして訴えは却下される。どのような場合に訴えの利益が消滅したことになるのかは，「（狭義の）訴えの利益」論として，これも本章で検討される課題である。

1　原告適格の判断基準

なぜ原告適格が制限されるのか？

　「法律上の利益」をどう理解すべきかを検討する前に，原告適格を制限する規定がおかれている理由について考えてみよう。行政活動の違法性を裁判所で争う原告に一定の資格を要求するのは，わが国だけではなく，諸外国においてもみられるところである（さしあたり，「行政訴訟に関する外国法制調査」ジュリ1250号（2003年）144頁以下を参照）。それでは，そもそもなぜ，取消訴訟を提起する資格を限定する必要があるのだろうか。さしあたり，以下の三つの理由が考えられる。

　第1の理由は，取消訴訟の目的からくる限定である。取消訴訟は，国や公共団体の違法な「処分その他公権力の行使に当たる行為」により自己の権利利益

を侵害された者がその権利・利益の回復を求めて提起するもの（いわゆる主観訴訟）であるので，原告となるには，行政活動により自己の権利利益の侵害を受けたことが前提となる。単なる正義感や公共心だけに基づいて提起する訴訟は原告適格を欠く訴えとして却下される。

　第2の理由は，司法権の本質に由来する限定である。通説によれば，司法権は，具体的な事件を前提として，相対立する当事者間の権利義務に関する具体的な紛争に法律を適用して紛争を解決する作用と考えられている。したがって具体的な権利利益の侵害がないのに，抽象的に法令の違憲を争う訴えは事件性を欠く訴えとして却下される。

　第3の理由は，実際上の考慮に基づく限定である。行政活動に関連して紛争が生じる場合に，それら紛争の解決を全て司法権の任務とすると，限られた人員と予算で運営されている裁判所の能力を超えてしまうかもしれない。行政の適法性を確保するという目的を重視するならば，行政活動の違法を争う資格をできるだけ多くの者に認める訴訟制度が望ましいとの考え方もありうるかもしれないが，そのような訴訟制度の下で多数の訴えが裁判所に集中する結果，裁判所が機能不全に陥らないかも考慮すべき要素であろう。

　以上のように，実定法制度において原告適格が制限されていることには一応の理由がある。しかし他方で，違法行政に対する裁判所によるチェック機能を重視する立場からすれば，原告適格をできるだけ広く認める考え方も成り立つであろう。したがって，以上に挙げた理由も絶対的なものではなく，とりわけ第1と第3の理由は政策的な理由であるから，個々の事件での「法律上の利益」の解釈においては，行政の適法性保障とのかねあいで，柔軟に理解されるべき場面も生じる。

処分の相手方と処分の第三者

　課税処分の取消訴訟や運転免許停止処分の取消訴訟のように，自己に対する侵害的な処分の取消しを求めて処分を受けた者が取消訴訟を提起する場合には，原告適格があることは争われない。また，生活保護支給の申請をした者が拒否決定の取消訴訟を提起する場合や，営業許可の申請者が不許可処分の取消訴訟を提起する場合も原告適格が認められる。このように，処分を受けた相手方が

当該処分の取消訴訟を提起する場合には，原告適格は認められるのが通常である。

　原告適格の有無が争われるのは，処分の相手方ではない第三者が他人に対してなされた処分を争う場合である。たとえば，電力会社に対してなされた原子力発電施設の設置許可に対して周辺住民が取消訴訟を提起した場合に周辺住民は原告適格を有するか，ゴルフ場開発のために業者に対して出された開発許可を周辺住民が争う場合に周辺住民に原告適格は認められるか，などである。

　第三者の原告適格の有無が争われる場合にも，まずは行政事件訴訟法9条1項の定める「法律上の利益」の有無が判断基準となる。同時に，2004年の行政事件訴訟法改正により行政事件訴訟法9条2項に「相手方以外の者について前項に規定する法律上の利益の有無を判断するに当たって」考慮・勘案すべき諸要素が明記されたので，これからは，行政事件訴訟法9条2項の考慮要素を踏まえて「法律上の利益」の有無を判断することになる。

ケースの中で13-① 　競願者の原告適格

　形の上では第三者の原告適格が問題となっているようにみえるけれども，実質的にみれば処分の相手方としての原告適格が問題となっていると考えられるケースとして，競願者の原告適格のケースがある。

　たとえば，同一の周波数帯での放送局免許をめぐって競願関係にあるAとBがあり，Aに対して免許付与処分，Bに対する免許拒否処分がなされたとき，最高裁は，Bは「自己に対する拒否処分の取消しを請求しうるほか，競願者……に対する免許処分の取消しをも訴求しうる」と判示している（最判昭和43・12・24民集22巻13号3254頁）。この事件では，Bが免許拒否処分の取消訴訟を提起した事例であったために，原告適格が争われたわけではなく，直接的な争点は取消判決の拘束力としてAへの免許処分の取消し効果が生じるのかどうか（すなわち訴えの利益が消滅しないかどうか）であったのであるが，論理的には，BがAに対する免許付与処分を争う原告適格をもつことを認めたものとも言える。すなわち競願関係にある場合には，競願者への免許付与処分が自己に対する免許拒否処分と同視され，競願者に対する処分の取消しを求める「法律上の利益」は，行政事件訴訟法9条2項の枠組みではなく，自己に対する免許拒否処分の取消しを求める「法律上の利益」があるのと同様の論理で肯定されているのである。

「法律上の利益」とは何か

さて，行政事件訴訟法9条1項が定める「法律上の利益」をどう理解すべきかに関して，従来，学説では，「法律上の保護利益説」と「法的保護に値する利益説」との対立があった。前者は通説・判例のとる立場であり，処分の根拠となった法律が原告の主張する利益を保護している趣旨を含むかどうかで原告適格の有無を判断しようとするものである。後者はかつての学界での有力説で，処分の根拠法律の解釈にとらわれずに端的に原告の主張する利益が裁判によって保護するに値するものかどうかで原告適格の有無を判断しようとするものである。

9条2項の追加

原告適格の範囲をどのように考えるべきかという論点は，2004年の行訴法改正における重要論点の一つであった。諸外国と比べても従来のわが国の原告適格基準が厳格すぎるので緩和すべきであるという点については，改正法の立案関係者の間での大まかな一致があったようである。日弁連などからは，行政事件訴訟法9条1項の「法律上の利益」の文言を「法的利益」のような文言に変えて，原告適格の緩和を文言上も明確に示すべきであるという改正提案がなされていたが，結局，9条1項の文言は変えず，9条2項の考慮要素が明記されるということになった。

「法律上の保護利益説」と「法的保護に値する利益説」の対立については，2004年の改正でどちらかに決着がついたというわけでないとされている。もっとも，両説の対立は主として理念的なものであり，現実の解釈論として見た場合には両説の違いはそれほど大きいものではない。裁判例は「法律上の保護利益説」で固まっているので，訴訟実務としては，「法律上の保護利益説」の枠組みにしたがって事案を分析することが求められる。

今後は，とりあえず，行政事件訴訟法9条2項の考慮要素を柔軟に考えることで，実際上妥当な結論を導くことが期待されているものと言える。行政事件訴訟法9条2項の考慮要素は，これまでの判例法理を受けたものである。そこで次に，原告適格に関するこれまでの判例を概観し，原告適格の有無を判断するための今後の基準を考察してみたい。

2 原告適格——判例の展開

判決例の概観

最高裁は，一貫して，「法律上の保護利益説」にたち原告適格の有無を判断してきた。もっとも，同じく「法律上の保護利益説」にたって判断する判決例の間にも，時期により，また事案の性質に応じて，判断要素に変化が見られる（主な判決例については，**表2**を参照。以下の本文では，表の番号で各判例を引用する）。

表2 原告適格に関するこれまでの主要な判決例……○肯定，×否定

①	×	最判昭和 34・8・18 民集 13 巻 10 号 1286 頁（質屋営業許可を争う周辺の既存業者）
②	○	最判昭和 37・1・19 民集 16 巻 1 号 57 頁 （公衆浴場の営業許可を争う周辺の既存業者）
③	×	最判昭和 48・1・19 民集 27 巻 1 号 1 頁（町名変更決定を争う当該地域住民）
④	×	最判昭和 53・3・14 民集 32 巻 2 号 211 頁（公正競争規約の認定を争う主婦連）
⑤	○	最判昭和 57・9・9 民集 36 巻 9 号 1679 頁（保安林指定解除を争う周辺住民）
⑥	×	最判昭和 60・12・17 判時 1179 号 56 頁（公有水面埋立免許を争う周辺海域の漁民）
⑦	○	最判平成元・2・17 民集 43 巻 2 号 56 頁（定期航空運送事業免許を争う周辺住民）
⑧	×	最判平成元・4・13 判時 1313 号 121 頁（特急料金改定認可を争う定期通勤者）
⑨	×	最判平成元・6・20 判時 1334 号 201 頁（史跡指定解除処分を争う考古学者など）
⑩	○	最判平成 4・9・22 民集 46 巻 6 号 571 頁（原子炉設置許可の無効を争う周辺住民）
⑪	○	最判平成 6・9・27 判時 1518 号 10 頁（パチンコ店営業許可を争う周辺の病院）
⑫	○	最判平成 9・1・28 民集 51 巻 1 号 250 頁（開発許可を争う周辺住民）
⑬	×	最判平成 10・12・17 民集 52 巻 9 号 1821 頁（パチンコ店営業許可を争う周辺住民）
⑭	×	最判平成 11・11・25 判時 1698 号 66 頁（都市計画事業認可を争う周辺住民）
⑮	×	最判平成 12・3・17 判時 1708 号 62 頁（墓地経営許可を争う周辺住民）
⑯	○	最判平成 14・1・22 民集 56 巻 1 号 46 頁（総合設計許可を争う周辺住民）
⑰	○	最大判平成 17・12・7 民集 59 巻 10 号 2645 頁（都市計画事業認可を争う周辺住民）
⑱	×	最判平成 19・10・19 民集 59 巻 10 号 2645 頁（病院開設許可を争う周辺の医師）
⑲	△	最判平成 21・10・15 民集 63 巻 8 号 1711 頁 （場外車券販売施設設置許可を争う周辺の病院—肯定—，周辺住民—否定—）
⑳	○	最判平成 26・1・28 民集 68 巻 1 号 49 頁（一般廃棄物処理業許可を争う既存業者）
㉑	○	最判平成 26・7・29 民集 68 巻 6 号 620 頁 （産業廃棄物処分業の許可を争う周辺住民）

初期の判例

　初期の判決においては，最高裁は，ⓐ当該処分の根拠法規が原告の主張する利益を個別的に保護する趣旨を含むか否かで原告適格の有無を判断してきており，かつ，ⓑ公益と個別的利益を対立的に捉えて，当該処分の要件規定が公益を保護している場合には原告適格を認めない，とする解釈をとってきた（→ **ケースの中で13-②** ）。

　ケースの中で13-②　　**主婦連ジュース訴訟**

　　原告適格に関する最高裁の初期の考え方は，主婦連ジュース訴訟（④判決）によく現れている。この事件では，公正取引委員会が果汁協会らに対して行った果汁飲料等の表示に関する公正競争規約の認定の違法性が争われた。主婦連とその代表者が，認定が違法であるとして公正取引委員会に不服申立てを行ったが，不服申立適格がないとして却下されたので，却下決定の取消しを求めて提訴した。

　　最高裁は，不服申立てをするためには「当該処分により自己の権利若しくは法律上保護された利益を侵害され又は必然的に侵害されるおそれのある者」であることが必要であるとし，ここで「法律上保護された利益とは，行政法規が私人等権利主体の個人的利益を保護することを目的として行政権の行使に制約を課していることにより保障されている利益であって，それは，行政法規が他の目的，特に公益の実現を目的として行政権の行使に制約を課している結果たまたま一定の者が受けることとなる反射的利益とは区別されるべきものである」と述べて，景表法や独占禁止法が保護する利益は公正な競争秩序の維持という公益であって，個々の消費者が受ける利益は反射的利益にとどまると判示し，主婦連の不服申立適格を否定した。この判決は直接には不服申立適格に関するものであるが，その後，原告適格に関する基準も同様に考えるべきであるとされてきている。

行訴法改正前の判例の展開

　上のような最高裁の判断枠組みは，今日でもなお基本的には維持されていると言えるが，その後の判決において原告適格を広げるための解釈上の工夫が見られる。

法律の趣旨目的，関連法規の趣旨目的の考慮

　第1に，法律上の保護利益を考察する場合の「法律」として，処分の根拠法

規のみならず当該法律の趣旨・目的も考慮し，かつ，当該法律の関連法規の趣旨・目的も考慮することで，保護法益を広げる工夫がみられる。

　たとえば，⑦判決では，定期航空運送事業の免許基準は，事業計画が「経営上及び航空保安上適切なもの」であるかどうかであるが，この基準を適用する上で，航空法の目的（航空機の航行に起因する障害の防止を図ることをその直接の目的の一つとしている），さらに，国際民間航空条約の第16付属書として採択された航空機騒音に対する標準および勧告方式に準拠した法改正の経緯にも着目して，「航空保安上適切なもの」との基準には航空機騒音による障害の防止の視点も含まれていると解釈している。さらにこの解釈を補強するために，関連法規である航空機騒音障害防止法3条に基づく運輸大臣（当時）の権限についても触れた上で，「以上のような航空機騒音障害の防止の観点からの定期航空運送事業に対する規制に関する法体系をみると，法は，前記の目的を達成する一つの方法として，あらかじめ定期航空運送事業免許の審査の段階において，当該路線の使用飛行場，使用航空機の型式，運航回数及び発着日時など申請に係る事業計画の内容が，航空機の騒音による障害の防止の観点からも適切なものであるか否かを審査すべきものとしている」として，騒音被害を受ける可能性のある周辺住民の原告適格を肯定している。

公益であると同時に個別的利益でもある利益の承認

　第2に，公益と個別的利益を対立的に捉えてきた従来の枠組みを修正し，「当該処分を定めた行政法規が，不特定多数者の具体的利益を専ら一般的公益の中に吸収解消させるにとどめず，それが帰属する個々人の個別的利益としてもこれを保護すべきものとする趣旨を含むと解される場合には，かかる利益も右にいう法律上保護された利益に当た〔る〕」（⑩判決など多くの判例で見られる）との解釈をとってきている。

　行政法規のほとんどは公益保護を目的としている。ここで公益と個人的利益を対立させ，公益を保護する法律が個別的利益を保護していないと解釈されると，ほとんどの場合において原告適格をもつ者が認められないことになるが，公益と同時に個別的利益も保護するという二重構造を認めると，原告適格の範囲が拡大することになる。

被侵害利益の内容，性質の考慮

　第3に，個別的利益性の有無は，「当該行政法規の趣旨・目的，当該行政法規が当該処分を通して保護しようとしている利益の内容・性質等を考慮して判断すべきである」（⑩判決など多くの判例で見られる）とされている。ここで，利益の内容・性質への考慮が求められていることは，被侵害利益に着目する「法的保護に値する利益説」への近接を示すものとして，注目すべきであると言える。

　これまでの判例では，公益に吸収解消されない個別的利益の具体例として，騒音被害からの利益（⑦判決，⑰判決等），防災利益（⑩判決，⑫判決等），静穏な環境の下で病院業務を運営する利益（⑪判決），一定地域内で一般廃棄物処理業を営む営業上の利益（⑳判決），有害物質の排出による健康または生活環境に係る著しい被害を受けない利益（㉑判決）などが認められている。人格的利益の場合には個別的利益性が認められやすいということができるが，法律の構造上，保護の趣旨が導ける場合には，必ずしも人格的利益に限定されていないことが分かる。

ケースの中で13-③　原子炉設置許可を争う周辺住民の原告適格

　行政処分により侵害される利益が生命・身体上の利益である場合には，最高裁は，原告適格を認めることに積極的である。たとえば，⑩判決では，原子炉設置許可処分の無効確認訴訟において，周辺住民の原告適格を認めた。2012年改正前の原子炉等規制法によれば，設置許可の基準は，申請者が「必要な技術的能力」があること（当時の原子炉等規制法24条1項3号），および，「原子炉施設の位置，構造及び設備が核燃料物質……，核燃料物質によって汚染された物……又は原子炉による災害の防止上支障がないものであること」（当時の原子炉等規制法24条1項4号）などと定められていた。最高裁は，これらの規定の趣旨は原子炉事故の防止であり，これらの規定の設けられた趣旨，これらの規定が考慮している被害の性質等にかんがみると，「右各号は，単に公衆の生命，身体の安全，環境上の利益を一般的公益として保護しようとするにとどまらず……右事故等がもたらす災害により直接的かつ重大な被害を受けることが想定される範囲の住民の生命，身体の安全等を個々人の個別的利益としても保護すべきもの」と判断して，原子炉から約29キロメートルないし約58キロメートルの範囲内に居住している住民の原告適格を認めた。

具体的判断の困難

原告適格に関する行訴法改正前の最高裁の判例法理は，一応，以上のように整理できる。しかし，具体的な局面での法理の適用はなかなか難しい。そうした一例として，パチンコ店営業許可を周辺住民が争う場合を考えてみよう。

ケースの中で13-④　パチンコ店営業許可を周辺住民が争う原告適格

　パチンコ店営業は風営法によって規制されているので，風営法上の保護利益が何かが問題となる。最高裁は，⑬判決において，風営法の規制目的が善良の風俗と清浄な風俗環境を保持し，青少年の健全な育成を図ることとした上で，「右の目的規定から，法の風俗営業の許可に関する規定が一般的公益の保護に加えて個々人の個別的利益をも保護すべきものとする趣旨を含むことを読み取ることは，困難である」と述べて，パチンコ店の周辺の住居地区住民がパチンコ店の営業許可の取消訴訟を提起する原告適格を否定している（⑬判決）。他方で，最高裁は，風営法が病院の周辺をパチンコ店営業の制限地域としていることを根拠に，パチンコ店の周辺にある病院がパチンコ店の営業許可の取消訴訟を提起する原告適格をもつことを認めている（⑪判決）。

　最高裁によれば，風営法施行令が，病院その他の「施設の周囲おおむね百メートルの区域内の地域を風俗営業の制限地域とすべきことを基準として定めて」おり，「この規定は，当該特定の施設の設置者の有する個別的利益を特に保護しようとするものと解される」ので，パチンコ店の周辺にある病院は原告適格が認められる。しかし，同じく施行令が，「『住居が多数集合しており，住居以外の用途に供される土地が少ない地域』を風俗営業の制限地域とすべきことを基準として定めて」いても，「一定の広がりのある地域の良好な風俗環境を一般的に保護しようとしている」にとどまるとして，パチンコ店周辺の住居地区住民の原告適格は認められない，とされる。

　しかし，このような区別が合理的なものであるのかどうかには議論の余地がある。たとえば，パチンコ店が住宅地区に隣接して設置される場合を考えよう。今仮に，住宅地区に住むAさんの居宅から15メートルの距離，周辺のB病院から70メートルの距離に設置されようとしているとする。病院からの距離制限があるのでこの病院は風営法に違反している可能性がある。しかし，最高裁判決に従えば，この場合にもしも病院経営者がパチンコ店設置許可を争わないとすれば，誰も設置許可を争えないことになる。パチンコ店設置により受ける周辺環境悪化の影響はB病院よりもAさんの方が深刻であろうことが予想され，そして法律とその施行条例は住居系

地区内（施行規則では周辺）でのパチンコ店設置を禁止しているにもかかわらず，病院からの距離制限規定があるが住宅からの距離制限規定がないために，このような結論になってしまうのである。法律による保護利益説を形式的に適用することの問題点を示すものと言えよう。

3　行訴法改正後の展開と今後の課題

出発点としての行訴法 9 条 2 項

　原告適格を広く認める判例が展開してきた基準を受けて，それらを考慮要素として明記したのが 2004 年改正で付加された行政事件訴訟法 9 条 2 項である。すなわち，9 条 2 項は，第三者の原告適格を判断する上で，「根拠となる法令の規定の文言のみによることなく」，①「当該法令の趣旨および目的」，②「当該処分において考慮されるべき利益の内容および性質」，を考慮することを求めている。さらに，③（①の考慮に当たっては）「当該法令と目的を共通にする関係法令の趣旨および目的を参酌すること」，④（②の考慮に当たっては）「当該処分が違法な場合に害されることとなる利益の内容および性質ならびにこれが害される態様および程度」をも勘案することとされている。

　第三者の原告適格の有無は，今後，この行政事件訴訟法 9 条 2 項に規定された考慮要素を踏まえて解釈されることになる。さしあたり，以下の点が問題となる。

判例変更と新たな判例の可能性

　第 1 に，行政事件訴訟法 9 条 2 項が挙げる考慮要素はそれまでの最高裁判例の中で確認されてきたものでもあるが，判例法理を固定化しようとしたものではなく，判例法理の到達点を出発点として，今後さらに原告適格を広く認める方向で解釈されることが期待されているということである。先に見てきたように，最高裁判例自体が質的変化を遂げてきているので，新規定（行訴法 9 条 2 項）に基づく判例変更もありうるところである。

小田急事件最高裁判決

　行政事件訴訟法 9 条 2 項を踏まえての，最高裁による解釈例として小田急事件判決（⑰判決）があるので，次にそれを詳しく検討してみよう。

　本件は，小田急線の一部を複々線化し，幹線道路との立体交差を可能とするために高架化する事業についての都市計画事業認可処分に対して，当該事業によって騒音や振動の被害を受けるおそれのある周辺住民が提起した取消訴訟である。第 1 審および第 2 審は，それまでの最高裁の先例である⑭判決に従って，事業地内の不動産に権利を有する者は認可の取消しを求める原告適格を有するが，事業地周辺住民には原告適格がないと判示していた。これに対して最高裁は，大法廷においてこれまでの先例を覆して，「都市計画事業の事業地の周辺に居住する住民のうち当該事業が実施されることにより騒音，振動等による健康又は生活環境に係る著しい被害を直接的に受けるおそれのある者は，当該事業の認可の取消しを求めるにつき法律上の利益を有する者として，その取消訴訟における原告適格を有する」という判断を下した。

　最高裁の論理をたどれば，大略，以下のようになる。都市計画事業の認可基準は「事業の内容が都市計画に適合」することである（都計法 61 条 1 号）が，当該都市について公害防止計画が定められているとき，都市計画は公害防止計画に適合したものでなければならない（都計法 13 条 1 項柱書括弧書）。また東京都では環境影響評価条例を定めて，事業実施に伴う公害の防止に対する適正な配慮を求めており，対象事業が都市計画事業である場合には条例による手続を都市計画決定手続に併せて行うものとしている。以上のような法律構造を指摘して，最高裁は，「都市計画事業の認可は，都市計画に事業の内容が適合することを基準としてされるものであるところ，前記アのような都市計画に関する都市計画法の規定に加えて，前記イの公害対策基本法等の規定の趣旨及び目的をも参酌し，併せて，都市計画法 66 条が，認可の告示があったときは，施行者が，事業の概要について事業地及びその付近地の住民に説明し，意見を聴取する等の措置を講ずることにより，事業の施行についてこれらの者の協力が得られるように努めなければならないと規定していることも考慮すれば，都市計画事業の認可に関する同法の規定は，事業に伴う騒音，振動等によって，事業地の周辺地域に居住する住民に健康又は生活環境の被害が発生することを防止

し，もって健康で文化的な都市生活を確保し，良好な生活環境を保全することも，その趣旨及び目的とするもの」と判示して，東京都の環境影響評価条例が定める「対象事業に係る関係地域」内に住む住民に，本件都市計画事業認可を争う原告適格を認めたのである。

　この最高裁判決は，行政事件訴訟法改正の趣旨を踏まえて，新たに追加された行政事件訴訟法 9 条 2 項の定める考慮要素に基づき判断することにより，原告適格の範囲を拡張したものとして，一般に高く評価されている。しかし，最高裁の示した法律解釈は緻密ではあるが相当に技巧的な印象を与える面もあることは否定しがたい。

リスクからの保護義務論

　藤田宙靖裁判官は，補足意見において，本件事業認可自体は周辺住民の権利・義務に直接の変動をもたらすものではなく，原告らが主張する健康上の被害も処分自体からではなく都市計画施設の利用行為から生じるのであるから，それにもかかわらずなぜ原告適格が認められるのかとの疑問が生じうると問題提起した上で，その回答として，事業認可をする行政庁には，その将来の利用から生ずるリスクから住民を保護する義務があるとの理論を展開している。この「リスクからの保護義務」がいかなる根拠で認められるものであるのか，本判決を契機にさらなる議論が求められるところである。

従来の形式的解釈への批判

　第 2 に，「法律上の利益」という文言を変更せずに考慮事項を書き込むだけという 2004 年の改正手法に対しては批判もありうるところであるが，少なくとも，原告適格を従来以上に広く認めるべきであるという点では，行政事件訴訟法改正を準備した立案関係者の間では合意があったとされている。行政事件訴訟法 9 条 2 項があえて「根拠となる法令の規定の文言のみによることなく」と述べているのは，従来の判例がともすれば処分の根拠となる要件規定を形式的に解釈してきたことへの批判を含んでいる。

　行政事件訴訟法 9 条 2 項が考慮することを要求している諸要素は，原告適格の有無を判断する上で問題となりそうな主要な要素を全て列挙しており，これ

らの要素の解釈次第で原告適格の範囲は相当拡大することも可能であろう。

コラム13-①　関係法令とは何か

今後どこまで原告適格が拡大するのかを判断する一つの鍵は，「関係法令」の範囲をどのように考えるべきかにあるであろう。行政事件訴訟法改正を審議した国会審議では，許認可の際に環境影響評価の結果が考慮されることを求めている法制度の下では，許認可の取消訴訟の原告適格を判断するうえで，環境影響評価法も関係法令の一つとなり，環境影響評価で考慮されるべき項目に関して個別的利益をもつ者も原告適格を認められる可能性があること，具体的には公有水面埋立免許を周辺の漁業従事者が争う場合にも原告適格があることが，政府委員によって答弁されている。

新潟空港事件（⑦判決）では，航空機騒音障害防止法が定期航空運送事業免許を争う原告適格を判断する上での関係法令とされ，小田急事件（⑰判決）では，東京都環境影響評価条例が都市計画事業認可を争う原告適格を判断するための関係法令であるとされた。このほかに，どのような場合にどのような関係法令がありうるのかは個別の法制度ごとに検討しなければならない。

原告適格の拡大に消極的な近年の最高裁判決

行政事件訴訟法改正後の最高裁が常に原告適格を広げることに好意的であるわけではない。原告適格の拡大に消極的な判断を示した近年の判例として⑲判決がある（→ **ケースの中で13-⑤** ）。

ケースの中で13-⑤　場外車券販売施設設置許可を争う周辺住民の原告適格

⑲判決の事案は以下の通りである。大阪市の街中に，自転車競技法に基づく競輪の場外車券販売施設の設置が計画された。同施設は，鉄骨7階建て，地下1階の建物（高さ29.2メートル，延べ床面積8121.30平方メートル）であり，年間340日の営業が予定され，1日に1700人の来場が見込まれている。そこで周辺住民が，同施設の設置により生活環境が悪化し青少年の教育上の支障が生じ平穏な環境の下で学校や病院を運営する利益が侵害されるとして，設置許可の取消訴訟を提起した。自転車競技法には具体的な許可基準は定められていないが，自転車競技法施行規則15条1項には当時「学校その他の文教施設及び病院その他の医療施設から相当の

距離を有し，文教上又は保健衛生上著しい支障を来すおそれがないこと」（以下「位置基準」という），「施設の規模，構造及び設備並びにこれらの配置は……周辺環境と調和したものであ」ること（以下「周辺環境調和基準」という）などの許可基準が定められていた。大阪地裁（大阪地判平成 19・3・14 判タ 1257 号 79 頁）は周辺住民の原告適格を否定したが，大阪高裁（大阪高判平成 20・3・6 判時 2019 号 17 頁）は，これらの規定および設置許可申請書で周辺 1000 メートル以内の医療施設等の位置・名称を記載した付近見取り図の添付を求めていたことに着目して，善良な風俗および生活環境に対する著しい被害を受けないという具体的な利益を法律による保護利益であると認めて，施設の敷地から 1000 メートル以内に居住する周辺住民の原告適格を認めた。

　これに対して最高裁は，⑲判決で，以下のように述べて，施設敷地から 120 メートル離れたところで開業している歯科医院開設者や 200 メートル離れたところで開業している病院開設者の原告適格を認めるとともに，それ以外の住民や病院利用者等の原告適格は否定した。

　（位置基準について）「場外施設は，多数の来場者が参集することによってその周辺に享楽的な雰囲気や喧噪といった環境をもたらすものであるから，位置基準は，そのような環境の変化によって周辺の医療施設等の開設者が被る文教又は保健衛生にかかわる業務上の支障について，特に国民の生活に及ぼす影響が大きいものとして，その支障が著しいものである場合に当該場外施設の設置を禁止し当該医療施設等の開設者の行う業務を保護する趣旨をも含む規定であると解することができる。したがって，仮に当該場外施設が設置，運営されることに伴い，その周辺に所在する特定の医療施設等に上記のような著しい支障が生ずるおそれが具体的に認められる場合には，当該場外施設の設置許可が違法とされることもある……当該場外施設の設置，運営に伴い著しい業務上の支障が生ずるおそれがあると位置的に認められる区域に医療施設等を開設する者は，位置基準を根拠として当該場外施設の設置許可の取消しを求める原告適格を有するものと解される」。しかし「場外施設の周辺において居住し又は事業（医療施設等に係る事業を除く。）を営むにすぎない者や，医療施設等の利用者は，位置基準を根拠として場外施設の設置許可の取消しを求める原告適格を有しないものと解される」。

　（周辺環境調和基準について）「同基準が，場外施設周辺の居住環境との調和を求める趣旨を含む規定であると解したとしても，そのような観点からする規制は，基本的に，用途の異なる建物の混在を防ぎ都市環境の秩序ある整備を図るという一般的公益を保護する見地からする規制というべきである。また，『周辺環境と調和したもの』という文言自体，甚だ漠然とした定めであって，位置基準が上記のように

限定的要件を明確に定めているのと比較して，そこから，場外施設の周辺に居住する者等の具体的利益を個々人の個別的利益として保護する趣旨を読み取ることは困難といわざるを得ない。……したがって，被上告人らは，周辺環境調和基準を根拠として本件許可の取消しを求める原告適格を有するということはできないというべきである」。

⑲判決は，パチンコ店営業許可を周辺住民が争った⑪判決，⑬判決と基本的に同じ発想に立つ判決である。病院開設者の原告適格は認める（⑪）が住民の原告適格は否定する（⑬）という判例法理に対しては学説上批判が強く，⑬判決の見直しが望まれていた（→ **ケースの中で13-④** ）が，最高裁は⑲判決で，以前の判例を踏襲することを明確にした。

「個別的利益」性のゆくえ

第3に，従来の最高裁判例では，法律による保護利益は法律が個別的利益としても保護している利益であるという枠組みが維持されていたが，行政事件訴訟法9条2項自体は「個別的利益」という文言をつかっていない。また，行政事件訴訟法9条2項が挙げる考慮要素の中でも，当該処分が違法な場合に「害されることとなる利益の内容及び性質並びにこれが害される態様及び程度」の考慮を求めているところも注目される。これらの点は，今後原告適格を拡大する方向で行政事件訴訟法9条2項を解釈する場合に特に手がかりとなるところであるといえよう。

消費者保護行政や都市計画行政などでは，消費者の利益や地域住民の利益が保護利益として考えられている。これらの利益は，個人的利益というには拡散的・分散的ではあるが，当該法制度によって一定層の個人が享受する利益であるという側面もある。そこで学説では，これらの利益を「共同利益」と名付けて原告適格の基礎に置く考え方も提唱されている。近年になって，下級審判決ではあるが，地域住民の「景観を享受する利益」を個別的利益とみなして原告適格を認めた判決がでている（→ **ケースの中で13-⑥** ）。原告適格の判断において，どこまで利益の「個別性」を求めるべきなのかが，今後の検討課題となる。

ケースの中で13-⑥ 公有水面埋立免許を争う地域住民の利益

広島県福山市の鞆の浦は，岸壁の雁木，港中央の常夜燈，高台の船番所跡などの

歴史的な港湾風景・建造物が残る景勝地である。この一部を埋立て道路や駐車場を整備する開発計画が発表されたために，鞆の浦の歴史的な景観保護を訴えて開発に反対する運動が生まれた。反対運動の一環として，地域住民が原告となって公有水面埋立免許の差止訴訟が提起されたが，広島地裁（広島地判平成21・10・1判時2060号3頁）は地域住民の原告適格を認め，さらに原告の請求を認容したので，全国的に注目された。

　公有水面埋立法4条1項3号は「埋立地の用途が……環境保全に関する国又は地方公共団体……の法律に基く計画に違背せざること」を埋立免許の免許基準とし，瀬戸内海環境保全特別措置法およびそれに基づく政府の基本計画は知事が埋立免許を付与するに当たって瀬戸内海の自然景観の保全等について配慮すべきこと等を定めている。広島地裁は，以上の法構造の下で，鞆の浦の歴史的景観も法律によって保護されている利益であるとする。そして，景観利益が私法上の法律関係において法律上保護に値する利益であることを認めた最高裁判決（最判平成18・3・30民集60巻3号948頁），公有水面埋立法が埋立免許付与に際して利害関係者が意見を述べることを認めていることなどを根拠に，鞆の浦の景観利益が「国民の財産」として保護すべき公益であるばかりではなく，地域住民の個別的利益としても考えられるとしたわけである。画期的な判断であるが，この点についてはおそらく議論の残るところであり，今後の展開が注目されるところである。

ま　と　め

　結局，第三者の原告適格がどこまで認められるかは，以上の考慮要素を踏まえて，個別の法制度の解釈論として示されることになる。行政制度が何のために存在するのか，行政制度によっていかなる利益の保護がはかられているのか（この点に関連して，病院開設許可を争う周辺の病院の原告適格を否定した⑱判決を参照），その利益を裁判上主張する者としていかなる者がふさわしいのかなどを，それぞれの行政制度の目的と構造に即して理解することが求められる。

発展問題13-①　公益の裁判的保護と団体訴訟

　取消訴訟の原告適格は，違法な行政活動により「自己の権利利益の侵害を受けた者」に認められるものであるから，たとえば文化財保護利益や地球環境保護利益のように，国民全体あるいは人類全体の利益保護を目的として行われる行政活動の違法を争う手段として取消訴訟を活用しようとすれば，そこには自ずから限界がある

といわざるをえない（⑨判決を参照）。また，景観利益や地域環境保護利益や消費者の利益についても，そこには国民一般とは区別されて，一定の利害関係を有する関係者の一群が想定できるが，その数は多く，個別具体的利益と言えるかどうか疑問もある。そこで，環境利益や消費者の利益のように，多数の関係者が関心をもつ利益に関する行政活動について，その違法性を裁判所で争う方法や原告適格の範囲が問題となる。

諸外国の経験を見ると，この点に関する法制度は二つのタイプに分かれるようである。第1のタイプは，原告適格を広く認めて，あくまで主観訴訟の枠組みの中で裁判的保護を工夫するものである。たとえばアメリカにおいては，野生の森林での開発許可が違法に行われた場合に，当該森林に毎週出かけてその景観を楽しみ森林内でリクレーション活動をしていた者にも，当該許可の違法を争う原告適格を認め，さらにそのような個人をメンバーとする環境保護団体の原告適格を認めることで，環境行政の違法を争う訴訟を広く許容している。第2のタイプは，特別の訴訟形式を立法で導入して対応するものである。たとえばドイツでは，前もって政府によって認証を受けた環境保護団体が環境保護行政の違法を争う原告適格をもつことを認めている。

わが国の場合には，いずれの方向も現段階では認められていないので，今後，これらの外国の経験に学びながら制度を整備する必要がある。なお，消費者保護行政の領域では，消費者保護法に違反する企業活動に対して，消費者団体が差し止め訴訟を提起することができるという消費者団体訴訟が新たに制度化された。これは民事関係における訴訟制度なので，ここで検討する行政訴訟制度の改革とは直結しないが，行政訴訟制度の制度化においても参考になる制度である。

4 狭義の訴えの利益

狭義の訴えの利益

取消訴訟は，当該処分を取り消すことにより回復される「法律上の利益」をもつ者が提起する主観訴訟であるから，訴訟の経過の中で，取消しによって回復されるような「法律上の利益」がなくなった場合には，当該訴えはもはや意味がなくなったとして，訴えは却下される。このような利益を狭義の訴えの利益という（これに対して，狭義の訴えの利益と原告適格と処分性を全て合わせて広義

表3　狭義の訴えの利益に関するこれまでの主要な判決例……○肯定，×否定

①	×	最大判昭和 28・12・23 民集 7 巻 13 号 1561 頁 （メーデー経過後の皇居外苑使用不許可処分取消訴訟）
②	○	最大判昭和 40・4・28 民集 19 巻 3 号 721 頁 （市議会選挙に立候補後の公務員免職処分取消訴訟）
③	×	最判昭和 42・5・24 民集 21 巻 5 号 1043 頁 （原告の死亡後の生活保護変更処分の取消訴訟）
④	×	最判昭和 55・11・25 民集 34 巻 6 号 781 頁 （処分後の不利益期間終了後の運転免許効力停止処分の取消訴訟）
⑤	×	最判昭和 57・9・9 民集 36 巻 9 号 1679 頁 （代替施設整備後の保安林指定解除処分の取消訴訟）
⑥	×	最判昭和 59・10・26 民集 38 巻 10 号 1169 頁 （建築工事完了後の建築確認取消訴訟）
⑦	×	最判昭和 60・6・6 判自 19 号 60 頁 （条例廃止後の条例に基づく不同意処分の取消訴訟）
⑧	○	最判平成 4・1・24 民集 46 巻 1 号 54 頁 （改良工事終了後の土地改良事業認可処分の取消訴訟）
⑨	×	最判平成 5・9・10 民集 47 巻 7 号 4955 頁 （市街化区域での開発工事完了後の開発許可取消訴訟）
⑩	×	最判平成 10・4・10 民集 52 巻 3 号 677 頁 （在留資格喪失後の再入国不許可処分取消訴訟）
⑪	○	最判平成 14・2・28 民集 56 巻 2 号 467 頁 （対象文書が書証として公開された後の非公開処分取消訴訟）
⑫	○	最判平成 21・2・27 民集 63 巻 2 号 299 頁 （優良運転者の記載のない運転免許証の交付（更新）処分取消訴訟）
⑬	○	最判平成 27・3・3 民集 69 巻 2 号 143 頁 （停止期間終了後のパチンコ店営業停止命令取消訴訟）
⑭	○	最判平成 27・12・14 民集 69 巻 8 号 2404 頁 （市街化調整区域での開発工事完了後の開発許可取消訴訟）
⑮	○	最判平成 29・4・6 民集 71 巻 4 号 637 頁 （原告死亡後の労災保険給付拒否処分取消訴訟）
⑯	○	最判平成 29・12・18 民集 71 巻 10 号 2364 頁 （原告死亡後の被爆者認定申請却下処分取消訴訟）

に「訴えの利益」と総称されることがある）。

　たとえば，メーデー会場に予定された施設の使用不許可処分の取消訴訟の審理中にメーデー期日が過ぎてしまえば，もはや使用不許可処分の取消しを得ても意味がないことになり，取消訴訟は訴えの利益が消滅したとして却下される

（表3①判決）。そのほかに，訴えの利益が事後的に消滅したと解された例としては，原告の死亡により生活保護変更処分の取消訴訟の訴えの利益が消滅した例（③判決）や，免停期間と違反したことが不利益に扱われる期間が経過したことにより運転免許停止処分の取消訴訟の訴えの利益が消滅したとされた例（④判決），代替施設の建設により保安林の指定解除処分の取消訴訟の訴えの利益が消滅したとされた例（→ **ケースの中で13-⑦**）などがある。

ケースの中で13-⑦　　保安林指定解除と訴えの利益

　　代替施設の建設によって訴えの利益が消滅したと解釈された例として，⑤判決がある。自衛隊のナイキ基地を建設するために保安林の指定解除がなされたことに対して，周辺住民がその取消訴訟を提起した。第1審（札幌地判昭和48・9・7判時712号24頁）は，付近住民の原告適格を認めた上で，自衛隊が違憲であるので保安林指定解除も「公益上の理由」を欠き違法であるとした。これに対して，最高裁は，保安林の指定解除において「直接の利害関係を有する者」が意見書を提出し，公聴会に参加することができることになっている法律の仕組みなどから，付近住民の原告適格を肯定した（この部分は原告適格論としても重要である）が，洪水防止のための代替施設の設置により原告らの「居住する地域における洪水の危険は社会通念上なくなった」として，保安林指定解除処分の取消しを求める訴えの利益は失われたとした。

回復すべき法律上の利益が残る場合

　　もっとも，処分または裁決の効果が期間の経過その他の理由によりなくなった後においても，なお処分または裁決の取消しによって回復すべき法律上の利益を有する場合には，訴えの利益は消滅しない（行訴法9条1項括弧書）。

　　訴えの利益がなお残っていると解された例としては，公務員免職処分取消訴訟の係属中に選挙に立候補したことによりもはや公務員に戻れなくなったとしても，なお免職期間中の俸給請求権が残るとして訴えの利益を肯定した例（②判決），土地改良事業が完了しても，その後の換地処分等は土地改良事業認可の有効性を前提としているので，土地改良事業認可の取消しを求める原告の法律上の利益は残っているとした例（⑧判決）などがある。

　　労災保険給付や被爆者援護法に基づく給付のような福祉受給権は一般に相続の対象となると考えられているので，原告が死亡した後も，支給拒否決定の取

消訴訟の訴えの利益は消滅せず，遺族がその地位を承継する（⑮，⑯判決）。もっとも，③判決では，生活保護について「一身専属性」を理由として訴えの利益を否定しているが，生活保護に特有の判断であると考えられる。なお，厳密には行訴法９条１項括弧書の事例ではないが，非公開処分の取消訴訟係属中に対象公文書が書証として提出された場合であっても，情報公開条例に基づき公開を請求する権利が残っているとして訴えの利益を肯定した例（⑪判決）もある。

訴えの利益の消滅が争われる事例

訴えの利益の消滅は，時間の経過等により事実状態に変化があり，もはや取消しを求める法律的な意味がない場合に認められるが，単に原状回復が困難であるとの事情だけでは訴えの利益は消滅しない。訴えの利益の消滅する場合と消滅しない場合との区別について，時には争いとなる場合がある。

たとえば，建築確認は建築工事を適法に行うという法的効果を有するものであるが，もはや建築工事が完了して建築物が完成してしまうと，建築確認の取消しを求める訴えの利益は消滅するというのが判例である（⑥判決）。しかし，学説では，建築確認が取り消されると実務上は違法建築物に対する違反是正命令などの発給が検討されるべきであるので，訴えの利益は消滅しないと解すべきとするものもある。

また，都市計画法における開発許可について，最高裁は，原則として建築行為が認められている市街化区域内での開発許可取消訴訟においては，開発行為に関する工事が完了し，検査済証が交付されれば，訴えの利益が失われる（⑨判決）とする一方で，建築行為が原則として制限されている市街化調整区域内での開発許可取消訴訟においては，開発行為に関する工事が完了し，検査済証が交付されても，開発許可を取り消すことによって，開発許可を受けた区域内で予定建築物等の建築が可能になるという法的効果を排除することができるので，なお訴えの利益は失われない（⑭判決）と判示している。

> ### ケースの中で13-⑧　処分基準と訴えの利益
> 　行政処分の中には，期間を限定した営業停止命令や，日時を特定した公の施設の使用不許可処分などのように，期間や期日を特定してなされる行政処分がある。そ

して，当該行政処分の効力が一定期日の経過によって失われることになる場合には，そのほかに訴えの利益を基礎づける「法律上の利益」がない限り，当該行政処分の取消訴訟の訴えの利益が消滅する（①，④判決）。

　法令違反を原因とする運転免許効力停止処分や営業停止処分などで，停止期間が経過しても，過去の違反歴がその後の処分において不利益に考慮されることが法令で定まっており，そのような不利益取扱期間が終わるまでは訴えの利益は消滅しない（④判決）。それでは，このような不利益取扱いが法令ではなく行政の内部基準で定まっていた場合には，訴えの利益はどのように考えられるのであろうか。

　⑬判決の事例では，パチンコ店に対する営業停止命令取消訴訟において，停止期間後の訴えの利益が争われた。第1審（札幌地判平成25・8・23民集69巻2号160頁）および第2審（札幌高判平成26・2・20民集69巻2号176頁）は，（後の処分における不利益措置を定める）処分基準は法令ではないとして，停止期間が経過後には訴えの利益が消滅するとした。しかし最高裁は，「処分基準において，先行の処分を受けたことを理由として後行の処分に係る量定を加重する旨の不利益な取扱いの定めがある場合には，上記先行の処分に当たる処分を受けた者は，将来において上記後行の処分に当たる処分の対象となり得るときは，上記先行の処分に当たる処分の効果が期間の経過によりなくなった後においても，当該処分基準の定めにより上記の不利益な取扱いを受けるべき期間内はなお当該処分の取消しによって回復すべき法律上の利益を有するものと解するのが相当である」（⑬判決）と判示した。本判決は，訴えの利益についての新判断を示したものであるが，内部基準である処分基準に一定の法的効力を認めた判決としても重要である（→10章2）。

訴えの利益の消滅か，事情判決か

　土地改良事業の認可取消訴訟においては，土地改良事業が終了しても，訴えの利益は消滅しないというのが判例（⑧判決）である。「認可処分後に行われる換地処分等の一連の手続および処分は，本件認可処分が有効に存在することを前提とするものであるから，本件訴訟において本件認可処分が取り消されるとすれば，これにより右換地処分等の法的効力が影響を受けることは明らかである」からである。⑧判決によれば，本件訴訟係属中に土地改良工事および換地処分が全て完了して，社会的，経済的損失の観点から見て，社会通念上，原状回復が不可能であるとしても，そのような事情は行政事件訴訟法31条の定める事情判決（→14章2）で考慮されるべき事項であって，訴えの利益の消滅にはつながらないとされている。

事情判決によれば，判決主文で処分の違法が宣言されるし，損害賠償等も考慮されるので，訴えの利益が消滅するという構成よりも原告の救済に有利であるということができる。

構造的に訴えの利益が消滅する場合の救済

狭義の訴えの利益をめぐる問題の中で特に検討すべき課題は，構造的に訴えの利益が消滅するケースをどう考えるかである。たとえば，マンション建設に反対する周辺住民が提起する建築確認の取消訴訟では，日照被害や防災上の利益侵害を訴える住民に原告適格が認められているが，訴訟係属中に建築工事が完了すれば訴えの利益が消滅したとして訴えは却下される（⑥判決）。ほとんどの場合には判決が出るまでに建築工事が完了するので，訴えの利益が消滅することになり，せっかく周辺住民の原告適格を認めても現実に訴訟が実を結ぶことがほとんどない。このように，構造的に訴えの利益が消滅するようなケースでは，本案判断が得られるような何らかの工夫が求められよう（アメリカにおいては，この種の問題は「繰り返されるが審理を免れる場合」ということで訴えの利益の消滅を認めない理論がある。わが国では，このような場合に執行停止の要件〔執行停止については，14章 3 を参照〕を緩和して解釈するということも考えられる）。

回復すべき利益としての名誉・信用

訴えの利益をめぐるもう一つの問題は，名誉や信用といった利益をどう評価するのかである。道路交通法違反を理由として運転免許停止処分を受けた場合にその取消訴訟を提起しても，不利益取扱期間が経過すれば訴えの利益が消滅するとされる（④判決）。しかし，違反事実がないにもかかわらず違反があったとされて処分を受けるのは，名誉や信用を重んじる者にとっては耐えがたいことであろう。通説・判例によれば，このような場合には国家賠償請求を提起して損害の回復を求めるべきであるとされる。しかし，民事上の救済手段としては，名誉や信用回復の一手段として謝罪広告の義務づけも認められることがあるのであるから，事案によっては，名誉や信用を保持する利益を取消訴訟を維持する利益として認めることも考えられる。

訴えの利益と処分性と原告適格

　「狭義の訴えの利益」と「処分性」と「原告適格」をひっくるめて「（広義の）訴えの利益」ということがあるように，三者の関係がからみあって問題となることもある。⑫判決の事例では，地裁が処分性なしとして却下判決を下したが，高裁は処分性を肯定し，最高裁はこれを訴えの利益の問題として処理している（→　**ケースの中で13-⑨**）。

ケースの中で13-⑨　優良運転者の記載のない運転免許証交付処分の取消訴訟

　本件は，過去に道路交通法違反事実があった（ただしこの点につき争いがある）ことを理由として一般運転者としての運転免許証の交付を受けた原告が，原告を一般運転者とする部分の取消訴訟と，優良運転者としての記載のある免許証を交付することを求めた義務付け訴訟とを併合提起した事案である。第1審（横浜地判平成17・12・21民集63巻2号326頁）は，運転者の区分の認定ないし確認行為は，それによって免許証の効力に差異はなく，記載内容により原告の権利義務に影響があるわけではないとして，処分性がないと判断した。これに対して第2審（東京高判平成18・6・28民集63巻2号351頁）は，優良運転者免許証の更新処分を求めた申請者が，違反行為の存在を理由に一般運転者免許証の更新処分を受けたにとどまった場合には，一部拒否処分がなされたことになるとして，処分性を肯定した。

　⑫判決において，最高裁は，これを処分性ではなく訴えの利益の問題ととらえている。すなわち，免許証の更新処分自体は免許の効力を時間的に延長し適法に自動車を運転することのできる地位を名宛人に与える法的効果をもつから当然に処分性を有するとする。そして，優良運転者と一般運転者との間には，法制度上，更新申請のできる地域，講習時間，更新手数料などで差異が認められるが，これらは免許証の更新処分がなされるまでの手続上の要件にのみ関わる事項であるから更新処分の取消しを求める利益の根拠となるものではないが，優良運転者の制度は優良な運転へと免許証保有者を導くために導入されたもので，「客観的に優良運転者の要件を満たす者であれば優良運転者である旨の記載のある免許証を交付して行う更新処分を受ける法律上の地位を有する」ので，優良運転者の記載のない免許証の交付を受けた者は上記の地位を回復するために更新処分の取消訴訟を求める訴えの利益を有するというのである。

　本件は，形式的には一般運転者としての申請用紙で申請して一般運転者としての免許証交付処分を受けた事例なので，不利益処分と言えるかどうか，そもそも原告

適格が認められるのかという角度でも問題となる余地があった（最高裁は訴えの利益の言葉を用いているが原告適格を基礎づける法的利益と内容的には重なっている）と言える。このように，処分性と原告適格と訴えの利益が複雑に絡み合う事例も存在する。

第14章
取消訴訟のプロセス

　取消訴訟が提起されれば，裁判所は，まず訴訟要件の有無の審査（要件審査）を行い，訴状に不備があれば補正を求めるが，補正の機会を経てもなお訴訟要件を満たさない訴えは却下される。訴訟要件を満たすと判断された場合には，次に原告の主張する違法事由の有無の審査（本案審査）を行う。本案審査の結果，原告の請求に理由があると判断されれば，請求認容の判決が下され，理由がないと判断されれば請求棄却の判決が下される。さらに，本案審理をしている間の原告の権利救済の制度として仮の救済制度がある。

　以上の取消訴訟のプロセスのうち，訴訟要件については既に前章までで検討してきたところであるので，本章では，本案審理をめぐる問題と，判決の効力をめぐる問題，仮の救済をめぐる問題を説明する。

1　取消訴訟の審理

民事訴訟法との関係

　行政事件訴訟法は，取消訴訟の審理手続について，通常の民事訴訟と異なる部分についてのみ若干の規定を置いているが，それ以外については「民事訴訟の例による」（行訴法7条）と定めている（→　**コラム14-①**）。

　以下では，行政事件訴訟法に規定のある事項を中心に，取消訴訟の審理手続に関して特に問題となることをいくつか検討する。

コラム14-①　「民事訴訟の例による」

　行政事件訴訟法の立案関係者によれば，「例による」というのは，「行政事件訴訟手続は，本来民事訴訟手続とは性格を異にするから，民事訴訟に関する法規が

> 本来当然には適用されるものではないことを前提として，性質に反しない限り，右の民事訴訟に関する法規が準用されるという趣旨である」（杉本良吉『行政事件訴訟法の解説』（法曹会，1963年）28頁）と説明されている。しかし，これまでの判決例の展開は，行政事件訴訟の特質に応じた修正には消極的であり，行政事件訴訟法に規定のない事項に関しては，ほとんど民事訴訟法の規定をそのまま準用するという判決例が多い。

訴訟の開始と終了

　訴訟の開始および終了について，行政事件訴訟法は特にふれていないので，民事訴訟の例による。民事訴訟においては，一般に訴訟をいかなる場合に開始するか，訴訟で審理判断される範囲をどのようなものにするか，訴訟をどこまで続けるかなどを当事者に委ねている（処分権主義）。行政訴訟の開始および終了に関連しては，次のようなことが問題となる。

　訴訟の開始は当事者に委ねられており，訴訟物の特定も原告の請求による。この点では民事訴訟も行政訴訟もかわらない。もっとも，訴えの提起について，地方公共団体が原告として訴え（行政事件訴訟にかぎられない）を提起するためには地方議会の議決を必要とする（自治法96条1項12号）など，個別法律による特別の規制がある場合がある。

　訴訟の終了については議論がある。民事訴訟では，実体法上の権利の処分権自体を当事者が有しており，原則として，当事者の意思に基づいて，訴えの取下げ（民訴法261条），訴訟上の和解（民訴法264条・265条），請求の放棄・認諾（民訴法266条）などが認められ，訴訟上の和解，請求の放棄・認諾は確定判決と同一の効力を有する（民訴法267条）。しかし，抗告訴訟の対象となる行政処分の要件・手続・効果等は法律により規律されており，行政庁が自由に処理できるわけではない。したがって民事訴訟と同様の基準では，請求の放棄・認諾，訴訟上の和解を認めるわけにはゆかないのではないかが問われることになる。

取消訴訟における訴訟上の和解

　取消訴訟における訴訟上の和解の可否については，否定説と肯定説がある。

①行政処分は，権限ある行政庁が法律に基づき公権力の行使としてその一方的判断によって行うものであるから，行政庁が私人との契約により行政処分の内容を決定することは行政処分の本質に反するのではないか，また，②行政処分の違法性の存否または効力の有無は法律に照らして客観的に判断されるべきもので，行政庁と私人との契約で確認・変動させることは筋違いではないか，との理由から否定説が説かれる。しかし，最近では，和解内容が法律に基づく行政の原理に反しないならば和解を肯定してもよいとする条件付き肯定説が有力である。

　実際の訴訟の場では，訴訟上の和解ではなく事実上の和解がなされることも多い。事実上の和解というのは，裁判所から当事者双方に話合いによる解決を勧め，合意（その内容として行政庁の職権取消しまたは処分の変更等が含まれることもあろう）が成立すれば，和解調書はつくらずに，その履行を待って原告が訴えを取り下げることにより事件が解決されるというものである。

取消訴訟での本案勝訴要件

　取消訴訟では処分の違法性（すなわち取消事由）の有無が争われる。処分が違法とされるのは，おおむね，次のような場合である。

　第1に，事実認定の誤りは処分の違法事由となる。たとえば収入認定の誤った課税処分や，処分の原因となった非行事実がない懲戒処分などはそれだけで違法である。

　行政庁が行った事実認定は，原則として，第1審の審理において，原告，被告の主張に基づき再度吟味され，裁判所が改めて事実認定を行う。その例外として，いわゆる「実質的証拠法則」がある。たとえば電波監理審議会が適法に認定した事実については，「これを立証する実質的な証拠があるときは，裁判所を拘束する」（電波法99条）と定められており，行政機関のなした事実認定を裁判所が尊重することとなっている。なお従来，公正取引委員会が認定した事実についても実質的証拠法則が適用されてきたが，2013年12月の独禁法改正により審判制度が廃止され，実質的証拠法則の規定も削除されている。

　第2に，処分の要件解釈の誤りは処分の違法事由となる。たとえば，行政機関情報公開法の解釈において，公開すれば「事務又は事業の適正な遂行に支障

を及ぼすおそれがある」（行政機関情報公開法5条6号）として非公開とした処分は、裁判所によって、公開しても「事務又は事業の適正な遂行に支障を及ぼすおそれがある」とはいえないと解釈されれば、非公開処分が取り消される。法律の意味を具体的事実に当てはめて解釈するのは基本的に裁判所である。法解釈の誤りは取消訴訟での違法事由の中心を占めるものである。

　第3に、法律が行政庁に一定範囲で裁量を認めている場合には、裁量の範囲内で行われた行為は違法とされず、裁量の範囲を逸脱し、裁量が濫用された場合のみが違法となる（行訴法30条）。もっとも、どのような場合に法律が裁量を付与していると考えられるのか、また、どのような場合に裁量の濫用が認められるのかは、行政法学上の難問であり、本書では、9章で詳しく論じるところである。

　また、関連して、平等原則や比例原則などの憲法原則に違反した場合、あるいは、信頼保護の原理などの法の一般原則に違反した場合にも、処分が違法とされる場合がある。これらについても、本書9章で論じている。

　第4に、行政庁が従うべき手続的規範に違反した場合にも処分は違法となりうる。ここでも、何を根拠にいかなる手続的規範があるのか、いかなる手続的規範違反があれば処分の取消事由となるのか、などの問題があるが、これらについては、本書の8章を参照されたい。

　以上に挙げた取消訴訟の勝訴要件は、基本的に、取消訴訟以外の抗告訴訟にも妥当するが、さらに義務付け訴訟などにおいては、追加的な要件が加重されている。義務付け訴訟や差止訴訟における追加的要件については後に検討する。

審理手続

　審理手続について、行政事件訴訟法は、職権証拠調べの規定（行訴法24条）と釈明処分の特則の規定（行訴法23条の2）を除き特に定めるところがない。行政訴訟も民事訴訟と同じく対審構造をもつ訴訟として、審理に関する民事訴訟法上の諸原則（手続公開の原則、双方審尋主義、直接主義、口頭主義等）が基本的には妥当すると考えられているからである。取消訴訟に固有の問題として特に論じられてきたのは以下のような問題である。

証拠の収集

　民事訴訟においては，裁判の基礎になる資料の収集は当事者の権能（かつその責任）であり，裁判所は，当事者の主張しない事実を取り上げることはできないし，みずから証拠を収集することもできない。これを弁論主義といい，裁判の基礎となる証拠の範囲・収集を裁判所の権限に委ねる職権探知主義と対比される。行政訴訟も基本的に弁論主義で運用されている。

職権証拠調べ

　取消訴訟では，「裁判所は，必要があると認めるときは，職権で，証拠調べをすることができる」（行訴法24条）。ただし，職権証拠調べの結果について，当事者の意見をきかなければならない（同条ただし書）。職権証拠調べの規定は，取消訴訟以外の行政事件訴訟にも基本的に準用されているから，行政訴訟手続の特徴であるということができる。

　行政訴訟では公益のためになされる行政処分の適法性が審査対象となるから，裁判の帰趨を当事者に委ねてしまう弁論主義では客観的な真実の究明に欠ける場合があるのではないかという立場からすれば，職権証拠調べに加えて職権探知主義を採用することも一つの選択肢であろうが，現在の行政事件訴訟法の下では，職権探知主義は採用されていない。行政訴訟においても原則として弁論主義が妥当し，職権証拠調べは弁論主義を補足するための補充的手段と解される。

　行政事件訴訟法が証拠収集手段についての規定を欠くために，民事訴訟法の定める文書提出義務の制度（民訴法219条〜231条）が行政訴訟においても準用される。学説上は，行政訴訟の特質にふさわしい運用を求めて文書提出命令の根拠を職権証拠調べの規定（行訴法24条）に求めるものもあるが，裁判例は，行政事件訴訟法7条に基づき，民事訴訟法の定める文書提出義務の規定（民訴法220条，旧民訴法312条）を準用している。

釈明処分の特則

　2004年の行政事件訴訟法改正により，新たに，釈明処分の特則の規定が追加された（行訴法23条の2）。これは，行政処分の理由・根拠を明らかにする資

料の提出を裁判所が行政庁等に求めることができる制度であり，審査請求に対する裁決を経た後に提起された取消訴訟にあっては，審査請求に係る事件記録の全部の提出を求めることができる。行政の説明責任を訴訟の場でも尽くさせるために，裁判所の積極的な運用が期待されている。

主張制限

　民事訴訟では，迅速な審理を図るための一定の制限（時機に後れた攻撃防御方法の却下（民訴法 157 条），準備書面不記載の事実の主張制限（民訴法 161 条 3 項），弁論準備手続終結後の新主張への理由説明義務（民訴法 174 条，167 条）など）を除いては，口頭弁論の終結まで，法律上および事実上の主張の提出に制限は受けない（ただし，「攻撃又は防御の方法は，訴訟の進行状況に応じ適切な時期に提出しなければならない」（民訴法 156 条））。行政事件訴訟においてもこれらの規定は準用され，たとえば取消訴訟において，原告は処分に関して一切の違法事由を主張できるし，被告行政庁も処分の適法性を根拠づけるあらゆる主張をなしうるのを原則とする（最判昭和 53・9・19 判時 911 号 99 頁）。

原告側の主張制限

　ただし，この原則には，いくつかの例外が法律上または解釈上認められることがある。まず，行政事件訴訟法が定める原告側の主張制限として，自己の法律上の利益に関係のない違法の主張制限（行訴法 10 条 1 項）および裁決の取消しの訴えにおける原処分の違法の主張制限（同条 2 項）がある。

自己の法律上の利益に関係のない違法の主張制限

　取消訴訟の原告適格が認められた場合でも，本案において，原告は「自己の法律上の利益に関係のない違法」を主張することが許されない（行訴法 10 条 1 項）。ここで「自己の法律上の利益に関係のない違法」とはいかなる違法をいうのかについては議論がある。

　まず，不利益処分を受けた者がその取消訴訟を提起した場合には，原告は，もっぱら第三者の利益に関する規定の違反は主張できないが，公益保護を目的とする規定の違反は取消事由として主張できるということがおおむね認められ

ている。この場合,「自己の法律上の利益に関係のない違法」とは,もっぱら第三者の利益に関する規定の違法をいうわけであるが,行政事件訴訟法制定以後,これに該当するとして違法主張が排除された例はほとんどない。

しかし,第三者が提起した取消訴訟においては,原告は,原告適格を基礎づける法律規定違反以外の違法の主張は許されないと解する説と,処分の名宛人が提起した場合と同じくもっぱら第三者の利益に関わる違法以外の違法を広く主張できるという説とが対立している。新潟空港訴訟判決（13章の**表2**⑦判決）では,最高裁は,騒音被害を受けるおそれのある者の原告適格を認めたが,騒音被害と関係のない違法の主張を認めなかった。

原処分の違法の主張制限

処分の取消訴訟と当該処分に対する審査請求を棄却した裁決の取消訴訟とを共に提起できる場合には,裁決の取消訴訟においては,裁決固有の瑕疵（裁決の主体や手続に関する瑕疵）を争うべきであって,原処分の違法を主張することはできないとされている（行訴法10条2項）。これは,処分の取消訴訟と裁決の取消訴訟の間での判断の矛盾・抵触を避け,訴訟経済に資するために,両者の間での交通整理をしたものである。

これにより,両訴訟が可能な場合には,原処分の違法を争うためには,処分の取消訴訟を提起すべきことになる（これを原処分主義という）。ただし,法律により,特に裁決の取消訴訟を提起すべきことが定められている場合（海難審判法44条,公選法203条2項,電波法96条の2など。これを裁決主義という）には,裁決の取消訴訟で処分の違法性も争うことが予定されており,原処分主義は妥当しない。

「審査請求を棄却した裁決」には,原処分と異なる理由で原処分を維持した裁決や原処分の一部を取り消す裁決も含む。しかし,原処分の内容を修正する裁決の場合に,処分の取消訴訟を提起すべきか,裁決の取消訴訟を提起すべきかについては争いがある。最高裁は,公務員に対する懲戒処分としての停職処分について人事院に対して審査請求したところ減給処分に修正された事案において,原処分の取消訴訟を提起すべきであるとしている（最判昭和62・4・21民集41巻3号309頁）。

被告側の主張制限

　被告行政庁の主張制限として論じられているのは，取消訴訟における処分理由の差替えまたは追完の可否をめぐる問題である。すなわち，取消訴訟の審理において，行政庁が処分時点において処分の根拠とした事実・主張とは異なる新たな事実・主張をなすことは許されるのか，あるいは処分時点で根拠とした事実および主張を変更することは認められるのかが問題となる。この問題は，①処分の同一性との関係，②行政過程における理由付記義務との関係，③適正手続の保障からくる制限などの角度から，あるいは，処分の繰り返しを防ぐという視点から，総合的に考えられる必要がある（→　**発展問題14-①**　）。

┌　**発展問題14-①**　処分理由の差替えまたは追加の可否 ──

　訴訟の審理において，行政庁が処分時点において処分の根拠とした事実・主張とは異なる新たな事実・主張をなすこと（理由の追加）は許されるのか，あるいは処分時点で根拠とした事実および主張を変更すること（理由の差替え）は認められるのか。この問題はいくつかの角度から考えられる。

　まず第1は処分の同一性との関係である。行政処分の同一性が失われないかぎり，被告行政庁は，処分時に見落とされていた新たな事実上・法律上の根拠を処分の適法性事由として主張できるのが原則であるが，ここで，処分の同一性をどう考えるかが問題となる。たとえば，交通法規違反を理由とする公務員の懲戒処分と秘密漏洩を理由とする公務員の懲戒処分とは別の処分であるので，前者の取消訴訟において秘密漏洩の理由を新たに持ち出すことは許されない。処分理由ごとに異なる処分であると考えると，理由の追加や差替えは制限されるべきであるということになる。

　第2は，行政過程における理由付記義務との関係である。行政手続法あるいは個別法律により行政処分に理由付記が義務づけられている場合には，訴訟段階で処分時点とは異なる処分理由（事実および主張）を述べることを自由に認めることは法律が理由付記を義務づけている趣旨と矛盾することになるので，理由の追加，差替えには一定の制限があるべきである（→　**発展問題 8-②**　）。

　第3は適正手続の保障からくる制限である。特に法律が処分手続として聴聞手続を要求している場合には，訴訟段階での理由の追加・差替えは原則として認められるべきではない。

　以上のように，行政手続の独自の価値を重視すれば，処分段階で示された理由以外の理由を訴訟段階で認めることは制限されるべきであるということになるが，他

方で，訴訟段階でより詳細な理由が見いだされて処分の適法性が根拠づけられる場合に，処分理由の差替えを一切認めないとすることが当事者の負担あるいは紛争の一回的解決の見地からみて妥当でない場合もある。

たとえば，行政上の支障を理由とする非公開処分の取消訴訟において，訴訟段階で新たに個人情報該当という非公開理由が主張された場合に，新たな理由の追加を認めず非公開決定が違法として取り消されても，行政庁は再度改めて個人情報該当を理由とする非公開決定をなすことになろう。このような場合には，理由の追加を認めた上で訴訟においてその理由を争った方が当事者にとっても便宜であろう。非公開処分の取消訴訟に義務付け訴訟が併合提起された場合を想定すれば，なおさら理由の追加を認める必要が高いと言える。

このように考えると，理由の追完・差替えの可否は，個別具体的な事例ごとに，理由付記を認めた趣旨，理由付記の機能，取消訴訟での理由の差替えを認めることにより害される原告の利益等を総合的に考慮した上で，結論を導くのが相当である。

なお，原告が審査請求の段階で主張しなかった事由を，後の取消訴訟の段階で主張できるかについて，最判令和元・7・16（民集73巻3号211頁）は，固定資産評価審査委員会の棄却決定の取消訴訟においては「同委員会による価格の認定の適否が問題となるのであって，当該価格の認定の違法性を基礎付ける具体的な主張は，単なる攻撃防御方法にすぎないから，審査申出人が審査の際に主張しなかった違法事由を同訴訟において主張することが，地方税法434条2項等の趣旨に反するものであるとはいえない」と判示して，これを肯定している。

証 明 責 任

証明責任（立証責任，挙証責任ともいう）とは，訴訟審理の最終段階になっても処分を根拠づける主要事実の存否が確定できない場合に，どちらかの当事者が不利な法律判断を受ける危険をいう。証明責任の中心問題は，いかなる事実についていずれの当事者が証明責任を負担するのかという，証明責任の分配をめぐる問題である。

刑事訴訟では，被告人は無罪の推定を受け，有罪の事実の証明責任は検察官が負う。民事訴訟においては，基本的に証明責任は訴訟当事者に平等に配分さ

れる。すなわち，民事訴訟の通説的見解によれば，各当事者は，自己に有利な法規の要件事実について証明責任を負い，権利発生規定の要件事実はその権利の主張者が，権利障害事実および権利消滅事実は権利の存在を否定する者がおのおの証明責任を負う（法律要件分類説という）。

　行政訴訟における証明責任について，行訴法は規定を欠き，「民事訴訟の例による」という行政事件訴訟法7条の解釈の一場面として議論されている。学説では，行政事件訴訟に固有の証明責任論として，さまざまな説が主張されている（→ **発展問題14-②** ）。

発展問題14-② 取消訴訟における証明責任の分配

　取消訴訟における証明責任の分配に関する代表的な学説は以下の四説である。

　第1に，民事訴訟法の通説である法律要件分類説を取消訴訟にも応用し，行政庁の権限行使規定の要件事実の存在については，処分権限の行使を主張する者（積極的処分にあっては行政庁，申請拒否処分のような消極的処分にあっては原告）が証明責任を負い，権限不行使規定の要件事実の存在については，処分権限の不行使を主張する者（積極的処分にあっては原告，消極的処分にあっては行政庁）が証明責任を負うという説がある。

　第2に，国民の権利との関係で行政処分を分類し，国民の権利・自由を制限する行政処分の取消訴訟においては，行政庁がその行為の適法性の証明責任を負担し，国民の側から国に対して自己の権利領域を拡張せんことを求める請求の拒否処分の取消訴訟においては，原告が請求権を基礎づける事実の証明責任を負うとする説がある。また，基本的にこの説に立ちながら，生存権に根拠をもつ社会保障請求の拒否処分については法制度上行政庁がその適法要件について証明責任を負うとする説，あるいは，違法な処分によって憲法上の権利が侵害される結果になる場合には行政庁に証明責任があるとする説がある。

　第3に，行政庁は法律を誠実に執行すべき任務の一環として，行政処分に際して立法の趣旨に反して関係人の利益が害されるのを避けるために必要な調査を行う義務を負い，この調査義務の範囲内で行政庁は行政処分を適法ならしめる主要事実に関して証明責任を負うという説がある。

　第4に，いずれの説によっても一律に割り切ることはできず，当事者の公平，事案の性質，事物に関する証明の難易，証拠との距離等によって個別具体的に判断すべきとする説がある。

以上のように，取消訴訟における立証責任の分配に関する学説は多岐に分かれ，通説と言えるものはまだない。もっとも，現実の取消訴訟において，処分の主要事実に関して存否不明となる事態（客観的証明責任が機能する場面）がどれほどあるのかは明確ではない。また，各説が具体的な事案の処理に際してどれほど異なる結論をもたらすのかも明らかではない。したがって，先に挙げた学説の対立は目下のところ主として理念的なものにとどまる。

　最高裁は，取消訴訟における証明責任についての一般的基準を打ち出してはいないが，事件の性質に応じて，現実に資料を所持する行政庁に処分の適法性を説明するように求めている（→ **発展問題14-③**）。

── 発展問題14-③　裁量処分と証明責任 ──

　本文で述べた証明責任の分配基準は，法律要件の解釈についてのものであるが，ここでは裁量処分の証明責任について考えてみよう。

　行政事件訴訟法30条は裁量処分の取消事由を裁量権限の逸脱・濫用の場合に限定しているので，裁量権限の逸脱・濫用を基礎づける事実の立証責任は原告にあるとする説がある。**発展問題14-②** に挙げた第1説によっても，権利阻止事由が問題となっている以上，原告に立証責任があることになるとの説明がある。もっとも，第1説の中でも，要考慮事項に関する判断の脱漏や法目的違反，および適正手続法理の不遵守の主張は権限行使規定の要件事実の不存在の主張にあたり，被告が要件事実の存在について証明責任を負うとする説もある。

　最高裁は，原子炉等規制法23条1項に基づく原子炉の設置許可の取消しを周辺住民が求めた事例について，原子炉の安全性に関する審査が最新の科学的，専門技術的知見に基づく総合的判断が求められること，裁判所の審理は右判断に不合理な点があるか否かという観点から行われることを述べた上で，「被告行政庁がした右判断に不合理な点があることの主張，立証責任は，本来，原告が負うべきものと解されるが，当該原子炉施設の安全審査に関する資料をすべて被告行政庁の側が保持していることなどの点を考慮すると，被告行政庁の側において，まず，その依拠した前記の具体的審査基準並びに調査審議および判断の過程等，被告行政庁の判断に不合理な点のないことを相当の根拠，資料に基づき主張，立証する必要があり，被告行政庁が右主張，立証を尽くさない場合には，被告行政庁がした右判断に不合理な点があることが事実上推認される」と判示している（最判平成4・10・29民集

46巻7号1174頁)。最高裁自身は裁量という言葉を用いていないが，この判決は，一般に，裁量濫用の主張・証明責任をいったん原告に負わせた上で，事実上の推定のテクニックを用いて原告の主張・証明責任の軽減をはかったものと評価されている。

　この判決の結論に異論は少ないと思われるが，立証責任を原告に負わせたことには疑問も投げかけられている。原子炉設置の許可は，一面で周辺住民との関係では災害発生の危険のある施設の設置を可能にするという事実上の侵害的効果を有する処分と評価できるので，　発展問題14-②　に挙げた第2説に立ちその適法性を支える事実について被告行政庁に証明責任があるとすることも十分に成り立つし，第3説または第4説に立っても，被告行政庁に証明責任があるとの解釈が導ける。このように，裁量処分の取消訴訟においても，その証明責任は原告にあると一般的にいうことはできず，本文に挙げた諸基準を分析枠組みとしながら個別・具体的な事例に即して判断されるべきである。

違法判断の基準時

　取消訴訟の審理において，いつの時点を基準にして行政処分の違法を判断すべきかという問題があり，学説上は，処分時説と判決時説が対立している。

　行政処分の取消しは成立段階での瑕疵を理由とするものであるから，行政処分の違法性も処分段階で判断すべきであると考える（処分時説）のが判例および学説の多数説である。しかしすべて処分時説で割り切れるかといえば問題もある。取消訴訟の違法性排除機能を重視すれば，処分段階では明らかでなかった瑕疵がその後になって明らかになった場合には，口頭弁論終結時点での認識に基づき行政処分の違法を判断する（判決時説）ことも許される場合があるであろう。

　最高裁は，原子炉設置許可処分の取消訴訟において，原子炉施設の安全性に関する判断の適否を「現在の科学技術水準に照らし」（最判平成4・10・29民集46巻7号1174頁）て判断すべきであると判示している。これは，客観的な事実や法令が変化した場合ではなく，処分時の事実を前提に，その評価基準を明確にしたものであって，処分時説とは矛盾しないと考えられる。そこで，取消訴訟と義務付け訴訟との間での違法判断の基準時のずれが改めて問題となっている。

すなわち，後述する申請満足型義務付け訴訟は申請拒否処分取消訴訟と併合提起することが訴訟要件とされ，また，拒否処分取消訴訟での勝訴が申請満足型義務付け訴訟の訴訟要件となっているため，処分時の事実に照らせば申請拒否処分が適法であるが，判決時の事実に照らせば申請認容処分がなされるべき場合に，取消訴訟で処分時説をとれば義務付け訴訟も認容されないことになってしまう。このような場合には，取消訴訟においても判決時説をとることが考えられる。

　なお，不作為の違法確認訴訟，義務付け訴訟，差止訴訟における違法性の判断基準時は，それぞれの訴訟の性質上，口頭弁論終結時である。

違法性の承継

　行政過程で複数の行為が連続して行われ，それぞれが取消訴訟の対象となる「処分」である場合には，それぞれの行為の違法性はそれぞれの取消訴訟で争われるのが原則である。しかし例外的に，先行行為の違法性を後行行為の取消訴訟で争える場合があり，このような場合を「違法性の承継」が認められる場合という。

　どのような場合に「違法性の承継」が認められるのかについて，従来の学説は，①一つの行政手続・行政過程で連続して複数の行為が行われる場合であって，②これらの行為が結合して一つの法効果の発生をめざす場合に，違法性の承継を認めてきたが，近年はさらに，③原告が先行行政行為の違法性を争う取消訴訟を提起するに十分な手続的保障ないし実際的な必要があったのかどうか，も考慮要素として強調される（4章3 **違法性の承継** および **ケースの中で4-①** を参照）。

訴訟過程における問題

　広義の審理過程，すなわち訴訟過程における問題として，訴えの併合や訴訟参加の問題がある。行政事件訴訟法は一応これらについての規定を有しているが，そのほかに，行政事件訴訟法7条の適用として，民事訴訟法上の規定が準用されることもある。

訴えの併合

訴えの併合につき，行政事件訴訟法は関連請求という観念を設定して（行訴法13条），取消訴訟と関連請求との間での訴えの併合を認めている（行訴法16条〜19条）。

関連請求とは，①当該処分または裁決に関連する原状回復または損害賠償の請求，②当該処分とともに一個の手続を構成する他の処分の取消しの請求，③当該処分に係る裁決の取消しの請求，④当該裁決に係る処分の取消しの請求，⑤当該処分または裁決の取消しを求める他の請求などである。

相互に関連する複数の訴えについて併合を認めることにより，審理の重複を避け，当事者の訴訟追行上の負担を軽減させ，裁判の矛盾抵触を回避することが意図されている。民事訴訟では原則として併合できる事件は同種の訴訟手続によるものに限定されているが，行政事件訴訟法の場合には，関連請求である限り，取消訴訟とは異質の民事訴訟の併合も認められる。

原告は，取消訴訟の口頭弁論の終結に至るまで，関連請求に係る訴えをこれに併合して提起することができる（行訴法19条）。取消訴訟の当事者と関連請求に関する訴えの当事者が異なる場合にも訴えの併合が認められる（行訴法17条）。第三者は，取消訴訟の口頭弁論の終結に至るまで，その訴訟の当事者の一方を被告として，関連請求に係る訴えをこれに併合して提起することができる（行訴法18条）。なお，以上の場合において，関連請求に係る訴えを併合する場合，取消訴訟の第1審裁判所が高等裁判所であるときは，関連請求に係る訴えの被告の同意を得なければならない（行訴法16条2項，17条2項，18条，19条1項）。

関連請求に係る訴訟の移送

取消訴訟と関連請求にある訴訟が取消訴訟と別の裁判所に係属するときには，その裁判所は，相当と認めるとき，申立てによりまたは職権で，その訴訟を取消訴訟の係属する裁判所に移送することができる。ただし，取消訴訟または関連請求に係る訴訟の係属する裁判所が高等裁判所であるときは，移送は認められない（行訴法13条）。

訴えの変更

　裁判所は，取消訴訟を「当該処分又は裁決に係る事務の帰属する国又は公共団体に対する損害賠償その他の請求」に変更することが相当であると認めるときは，「請求の基礎に変更がない限り」，口頭弁論の終結に至るまで，原告の申立てにより，決定をもって，訴えの変更を許すことができる（行訴法21条1項）。建築確認の取消訴訟が建築工事の完了により訴えの利益が消滅する場合に，取消訴訟を国家賠償訴訟に変更する場合などがその例である（→ **ケースの中で 14-①** ）。当初の訴訟手続での訴訟記録を継承しながら次の訴訟に活かせるという利点がある。

　訴えの変更の決定は，書面でするものとし，その正本を新たな被告に送達しなければならない。また，裁判所は，訴えの変更を許す決定をするには，あらかじめ，当事者および損害賠償その他の請求に係る訴えの被告の意見をきかなければならない。訴えの変更を許す決定に対しては，即時抗告をすることができるが，訴えの変更を許さない決定に対しては，不服を申し立てることができない（以上，行訴法21条2項～5項。なお，被告の変更について，行訴法15条を参照）。

　なお，訴えの変更については，行政事件訴訟法21条に基づく変更のほか，民事訴訟法143条の規定による訴えの変更が許される。

ケースの中で14-①　取消訴訟から国家賠償請求訴訟への訴えの変更

　近年話題になったものとして，建築確認の取消訴訟から国家賠償訴訟への変更例がある。指定確認検査機関が行った建築確認に対する取消訴訟が指定確認検査機関を被告として提起され（行訴法11条2項），当該取消訴訟が建築工事の完了により訴えの利益が消滅した場合に，行政事件訴訟法21条に基づき，国家賠償請求訴訟への訴えの変更が認められるが，この場合の国家賠償請求訴訟の被告が誰になるかはかねてから議論があった。最高裁は，建築基準法の解釈として，このような場合には，当該地域で建築確認をする権限を有する建築主事を置く地方公共団体が国家賠償訴訟の被告となるとした（最決平成17・6・24判時1904号69頁）。

訴 訟 参 加

　訴訟参加について，行政事件訴訟法は第三者の訴訟参加（行訴法22条）と行政庁の訴訟参加（行訴法23条）について規定している。もっとも，これらの規

定は行政事件訴訟に固有の訴訟参加について定めたものであるが，明文で排他性をうたっておらず，行政事件訴訟法7条を根拠に民事訴訟法上の訴訟参加の規定（民訴法42条〜53条）の準用も肯定されるとするのが判例である。

第三者の訴訟参加

　行政事件訴訟法22条は，「訴訟の結果により権利を害される第三者」について，当事者・第三者の申立てまたは職権により，取消訴訟に訴訟参加できることを定めている。ここで「権利を害される第三者」とは，取消判決の第三者効（行訴法32条1項）が及ぶ第三者のみならず，取消判決の拘束力による行政庁の措置により権利利益に影響を受ける第三者も含む。22条による訴訟参加の例としては，周辺住民が提起した原子力施設の設置許可の取消訴訟に，許可の相手方である電力会社が被告である国側に訴訟参加する場合などがある。

　裁判所が第三者の訴訟参加の決定をするには，あらかじめ，当事者および第三者の意見をきかなければならない（行訴法22条2項）。訴訟参加の申立てをした第三者は，その申立てを却下する決定に対して即時抗告をすることができる（同条3項）。

　訴訟に参加した第三者には民事訴訟法40条1項〜3項が準用される（行訴法22条4項）。すなわち，参加人は，必要的共同訴訟の共同訴訟人に準じた地位が与えられ，被参加人の行為と抵触する行為ができるが，他面で，当事者に対して独自の訴訟上の請求をもたず，共同訴訟人としての適格はない。

行政庁の訴訟参加

　行政事件訴訟法23条が定める行政庁の訴訟参加は，処分庁以外の関係行政庁（上級行政庁や不服申立庁など）について，当事者・第三者の申立てまたは職権により訴訟参加できることを定めている。すなわち，「裁判所は，処分又は裁決をした行政庁以外の行政庁を訴訟に参加させることが必要であると認めるときは，当事者若しくはその行政庁の申立てにより又は職権で，決定をもつて，その行政庁を訴訟に参加させることができる」（行訴法23条1項）。なお，裁判所は，訴訟参加の決定をするには，あらかじめ，当事者および当該行政庁の意見をきかなければならない（同条2項）。訴訟資料の充実や適正な審理の実現の

ために設けられた規定である。

取消訴訟以外の行政事件訴訟とその審理

取消訴訟の審理手続として以上に述べてきたことは，基本的に，取消訴訟以外の行政事件訴訟においても妥当する。ただし，取消訴訟以外の行政事件訴訟といっても，取消訴訟以外の抗告訴訟の場合と当事者訴訟の場合，あるいは，客観訴訟としての民衆訴訟や機関訴訟の場合など，それぞれにおいてかなり性質が異なるので，それぞれの訴訟の性質に応じて修正すべきところもある。いかなる点につきいかなる修正がなされるべきかについては，それぞれの訴訟のところで述べる。

2 取消訴訟の判決

取消訴訟の判決の種類

取消訴訟の審理の結果出される判決は，却下判決と棄却判決と認容判決に分けられる。却下判決は，訴訟要件を満たさないので訴えを不適法として却下する判決であり，争われた行政処分の適法・違法に関する裁判所の判断は示されない。棄却判決は，本案審理の結果，原告の請求に理由がないとして（行政処分の違法性がないとして）請求を認めない判決である。認容判決は，本案審理の結果，原告の請求に理由があるとして（行政処分に違法性があるとして）行政処分を取り消す判決である。なお，原告の請求の一部を認容する一部認容判決も認容判決の一種である。さらに，以上のほかに，棄却判決の一種であるが，特殊なものとして，行政処分の違法性を認めつつ，原告の請求（処分の取消し）を認めないとする事情判決（行訴法31条）がある。

事 情 判 決

行政事件訴訟法31条1項は，「処分又は裁決が違法ではあるが，これを取り消すことにより公の利益に著しい障害を生ずる場合において，原告の受ける損害の程度，その損害の賠償又は防止の程度及び方法その他一切の事情を考慮したうえ，処分又は裁決を取り消すことが公共の福祉に適合しないと認めるとき

は，裁判所は，請求を棄却することができる」と定めている。これが事情判決である。

法律に基づく行政の原理からすれば，違法な行政処分は存在が許されないはずであり，その効力は否定されるべきであるが，行政処分の取消訴訟が係属中も処分の効力は停止されず（執行不停止の原則。これについては本章3で検討する），行政処分を前提とした事実状態が形成される。そのために，取消訴訟の審理の結果として行政処分の違法性が明らかとなった場合でも，違法な行政処分を前提として形成された社会関係や事実状態を尊重する必要性がある場合が生じる。このような場合に，「原告の受ける損害の程度，その損害の賠償又は防止の程度及び方法その他一切の事情を考慮したうえ，処分又は裁決を取り消すことが公共の福祉に適合しないと認めるとき」に下されるのが事情判決である。

事情判決は，法律に基づく行政の原理からすれば異例の制度であるから，それを認めるに足りるやむをえない場合にのみ，限定的に解すべきである。これまでの判決例では，換地処分は違法であるがこれを取り消すと換地計画全体の修正を余儀なくされるような場合（長崎地判昭和43・4・30行集19巻4号823頁），特急料金認可処分は違法であるがこれを取り消すと一日10万人にも及ぶ利用者に与える影響が大きく他の私鉄への影響もある場合（大阪地判昭和57・2・19行集33巻1=2号118頁），ダム建設のための事業認定が違法でありそれに基づく収用裁決も違法であるが，既にダムは完成しており，これを取り消すと防災上の懸念や多額の費用が見込まれる場合（札幌地判平成9・3・27判時1598号33頁）などにおいて，事情判決を認めた例がある。

事情判決が認められる場合，原告の受ける損害は損害賠償訴訟において救済されることになる。国・公共団体で自主的に救済がなされない場合には，国家賠償請求訴訟を提起することになるが，この場合に，故意・過失の要件を満たす必要があるのかどうかについては議論がある。事情判決により取消しが認められなかった代償措置であるので故意・過失の要件は不要と解する学説が有力である。なお，学説では，事情判決の結果，本来取り消されるべき処分が維持され収用類似の侵害が正当化されたものとして，損害の賠償の性質を損失補償と捉える見解（この見解によれば原告には損失補償請求権が生じる）もある。

事情判決を下す場合には「当該判決の主文において，処分又は裁決が違法で

あることを宣言しなければならない」(行訴法31条1項後段)。また，裁判所は終局判決前に，中間判決として処分の違法を宣言することもできる。違法宣言を行うことによって，行政庁側の積極的な救済措置を導くことが期待されている。

コラム14-②　選挙訴訟と事情判決的処理

　公職選挙法に基づく選挙訴訟は，民衆訴訟であるので，行政事件訴訟法31条の適用はない(行訴法43条2項，38条参照)。しかし最高裁は，議員定数配分規定の違憲・違法を宣言するとともに，選挙を無効とすると選挙区定数を改正する国会議員がいなくなること等をその理由として，選挙無効の請求を棄却する判決を下している(最大判昭和51・4・14民集30巻3号223頁など)。法の一般原理としての「事情判決の法理」に従ったものとして説明される。

判決の効力

　取消訴訟における判決の効力としては，形成力，拘束力，既判力が問題となる。

形　成　力

　請求認容判決(取消判決)は，判決主文において「……の処分を取り消す」と宣言する。認容判決が確定すれば，行政庁の格別の行為がなくとも，処分の効力は成立時にさかのぼって消滅する。このように，処分の効力をはじめからなかったことにする力を形成力という。

　課税処分や違法建築物に対する除却処分のような侵害的な処分の場合には，取消判決の形成力によって原告に対する権利侵害的処分の効力が消滅することになるので，救済手段としてこれだけでも意義がある。しかし，生活保護拒否処分や建築確認拒否処分などの申請に対する拒否処分の場合には，取消判決の形成力によっても申請段階に戻るだけなので，原告の権利救済手段としては十分ではない。そのために行政事件訴訟法は，形成力に加えて拘束力の規定(行訴法33条)を置いている(拘束力については299頁参照)。

形成力の第三者効

　行政事件訴訟法32条1項は，取消判決が「第三者に対しても効力を有する」と規定している。たとえば，周辺住民によるマンションの建築確認取消訴訟が認められて建築確認が取り消されたら，判決の形成力により建築確認は当初から効力がなかったことになり，その効果は建築主も受忍しなければならない。このように原告と利益が対立する第三者に対して取消判決の形成力の効果が及ぶのは，行政法関係を画一的に処理するための特別の訴訟手続である取消訴訟の特質である。取消判決によって権利を害される第三者には，自己の権利を守るために，訴訟参加をすること（行訴法22条）や第三者再審の訴えをすること（行訴法34条）が認められている。

　原告と利益を共通にする第三者にも取消判決の効力が及ぶかどうかについては議論がある。たとえば，公共料金の値上げ認可の取消判決がでたとき，原告との関係でのみ値上げが否定される（相対的効力説という）のか，原告以外の者も含めて利用者全員との関係で値上げ認可の効力が否定される（絶対的効力説という）のかという問題である。取消訴訟によって法律関係を画一的に処理する立場からすれば，絶対的効力説が妥当ということになりそうであるが，行政事件訴訟法は原告と利益を共通にする者の訴訟参加の規定を整備しておらず，取消訴訟が原告である個人の権利利益の救済を目的とするものであるということを強調する見解によれば，相対的効力説が妥当ということになる（→ **ケースの中で14-②** ）。

　この点について最高裁は，明言はしていないが，保育所廃止条例取消請求事件（→ 12章の**表1**④判決）で，取消判決や執行停止決定に第三者効が及ぶことを処分性肯定の理由の一つに挙げており，絶対効説を前提にしているのではないかと思われる。

║ **ケースの中で14-②**　　相対的効力説をとった判決

　厚生大臣が健康保険法に基づく療養費の算定基準を平均9.5％引き上げるという告示を出したことに対して，ある健康保険組合が，本件告示が中央社会保険医療協議会の諮問を経ずして医療費を増額改定する違法な処分であるとして取消訴訟を提起し，同時に，告示の効力の停止を申し立てた。東京地裁は，執行停止を認めたが，

その中で行政事件訴訟法 32 条 1 項の趣旨につき「原告に対する関係で行政庁の行為が取り消されたという効果を第三者も争い得なくなること……を意味するにとどまり，……それ以上に取消判決の効果を第三者も享受し，当該行政庁の行為がすべての人に対する関係で取り消されたことになること……を意味するものでない」と判示している（東京地決昭和 40・4・22 行集 16 巻 4 号 708 頁）。

拘 束 力

　行政事件訴訟法 33 条 1 項は，行政処分を「取り消す判決は，その事件について，処分又は裁決をした行政庁その他の関係行政庁を拘束する」と規定している。拘束力とは，取消判決の趣旨に従って行動することを命ずる力であるが，その内容，範囲については議論がある。

　まず第 1 に，処分庁は，取消判決が確定すれば，判決で取り消された行政処分と同一内容，同一理由の処分を行ってはならないという拘束を受ける（反復禁止効）。これを拘束力の消極的効果ともいう。拘束力は，判決で取消事由とされた具体的な違法性について生じるので，判決で争われていない別の理由で，判決で取り消された行政処分と同一内容の処分を行うことは必ずしも拘束力に反するものではない。しかし，行政庁が訴訟において主張することの可能であった理由をあえて主張しなかった場合に，当該理由を根拠として同一内容の処分をすることは許されないという学説もある。

　第 2 に，行政庁は，判決の趣旨に従って改めて措置をとるべき義務が生じる（積極的作為義務）。これを拘束力の積極的効果という。行政事件訴訟法 33 条 2 項は，拒否処分が取り消された場合に，行政庁は，判決の趣旨に従って改めて申請に対する処分を行わなければならないと定め，また同条 3 項は，その趣旨を手続的違法がある場合に準用している。取消判決の趣旨に従って，すなわち判決で違法とされた点を除外して，改めて行政処分をやり直すことで，原告の救済がはかられる。

　拘束力の積極的効果として，行政処分のやり直し以外にどのような義務が課せられているのかが問題となる。学説では，取り消された行政処分に直接に関連して生じた違法状態の除却義務が行政庁に生じるという見解が有力である。たとえば，課税処分が判決で取り消された場合に，行政庁は，税金を還付する義務や差押処分の取消義務を負う。判例でも，違法に係留されていた船舶を代

執行で移転した後でも，除却命令の取消判決により原状回復義務が生じるとして，除却命令取消訴訟の訴えの利益を認めた判決がある（名古屋高判平成8・7・18判時1595号58頁。もっともこれとは反対の判決もある。東京地判昭和44・9・25判時576号46頁等参照）。

既 判 力

民事訴訟法114条は，「確定判決は，主文に包含するものに限り，既判力を有する」と定める。行政事件訴訟法は既判力についての特別の規定を置かないが，「民事訴訟の例」により，取消訴訟の終局判決も既判力を有する。すなわち，取消訴訟の終局判決が確定すると，既判力が生じ，当事者および裁判所は，後の裁判において，判決内容と矛盾する主張や判断をすることができない。

既判力の客観的範囲は訴訟物に及ぶとされている。取消訴訟の訴訟物は，通説によれば，行政処分の違法性一般であるので，請求認容判決があった場合には，同一事情の下では，行政庁は当該処分の適法性を改めて主張することができず，請求棄却判決があった場合には，原告は改めて処分の違法性を主張できない。

同一の行政処分を対象として取消訴訟と国家賠償請求訴訟が提起された場合に，取消訴訟の判決の既判力が国家賠償請求訴訟にも及ぶか否かに関しては議論がある。まず，取消訴訟で国・公共団体が敗訴したときには，取消判決の既判力により，国・公共団体がもはや処分の適法性を主張できないと解される（もっとも，国家賠償法における違法性を取消訴訟における違法性と区別する見解に従えば，既判力は当然には及ばないということになる）。しかし逆に，請求棄却判決があったときに，原告が国家賠償請求でもはや処分の違法性を主張できないか否かは，個別事情を踏まえて具体的に判断すべきであると解される。国家賠償法上の違法性は取消訴訟の違法性よりも広いと考えるべき場合があるからである。

┃ ケースの中で14-③　不作為の違法確認訴訟の判決の既判力と国家賠償訴訟

公害健康被害補償法に基づき水俣病に罹患していることの認定を求めた申請者が，認定の遅れに対して不作為の違法確認訴訟を提起してその違法判決が確定したとき，同じ原告がその後提起した国家賠償訴訟に，この違法確認判決の既判力が及ぶかが

争われた事例がある。第1審は，申請に対する不作為の違法性の有無が国家賠償訴訟の先決問題であるところ，先行する不作為の違法確認判決の既判力によりその違法が確定されていると判断した（熊本地判昭和58・7・20判時1086号33頁）。しかし最高裁は，認定を迅速，適正にすべき行政手続上の義務違反が直ちに本件での国家賠償法上の違法になるのではなく，「客観的に処分庁がその処分のために手続上必要と考えられる期間……に比して更に長期間にわたり遅延が続き，かつ，その間，処分庁として通常期待される努力によって遅延を解消できたのに，これを回避するための努力を尽くさなかったことが必要である」と判示して，不作為の違法確認判決の既判力を及ぼすことを否定している（最判平成3・4・26民集45巻4号653頁）。

3 取消訴訟における仮の救済

　取消訴訟を提起してから終局判決が下されるまで一定の期間がかかるが，この間の原告の権利を保護する仕組みを仮の救済制度という。

　民事訴訟法では仮の救済制度として，民事保全法に基づく仮処分の制度などがあるが，行政事件訴訟法は，「行政庁の処分その他公権力の行使に当たる行為については，民事保全法……に規定する仮処分をすることができない」（行訴法44条）と定めている。そこで，仮処分に代わる仮の救済制度を抗告訴訟においても設ける必要がある。

　取消訴訟の仮の救済制度としては執行停止の制度があるので，以下で説明する。取消訴訟以外の抗告訴訟における仮の救済制度については，後に，それぞれの訴訟類型に即して述べる。

執行不停止原則

　行政事件訴訟法25条1項は，「処分の取消しの訴えの提起は，処分の効力，処分の執行又は手続の続行を妨げない」と定めて，執行不停止の原則をとることを宣言している。比較法的に見れば，ドイツのように執行停止原則をとるところもある。わが国では，行政活動の円滑な執行を確保し，濫訴の弊害を避けるために，執行不停止原則がとられている。

しかし，執行不停止原則の下では，結果的に，違法な行政処分の上で既成事実が積み重ねられ，原告の権利利益に重大な侵害をもたらすこともあるので，原告の申立てに基づき，一定の要件の下で，執行停止を認め，原告の権利保護をはかっている。

執行停止の要件

行政事件訴訟法25条2項は，「処分の取消しの訴えの提起があつた場合において，処分，処分の執行又は手続の続行により生ずる重大な損害を避けるため緊急の必要があるときは，裁判所は，申立てにより，決定をもつて，処分の効力，処分の執行又は手続の続行の全部又は一部の停止（以下「執行停止」という。）をすることができる。ただし，処分の効力の停止は，処分の執行又は手続の続行の停止によつて目的を達することができる場合には，することができない」と定めている。行政上の不服申立てでは，職権による執行停止が認められているが，裁判所による執行停止は，「申立て」によることに留意すべきである。また，同条4項は，「執行停止は，公共の福祉に重大な影響を及ぼすおそれがあるとき，又は本案について理由がないとみえるときは，することができない」と定めている。

そこで，執行停止が認められるための要件を分解して説明すれば以下のようになる。

執行停止の対象となる行為

第1に，行政事件訴訟法25条2項は，執行停止の対象を「処分の効力，処分の執行又は手続の続行」とした上で，「ただし，処分の効力の停止は，処分の執行又は手続の続行の停止によつて目的を達することができる場合には，することができない」と定めている。そこで，それぞれの執行停止の意味，および，ただし書の意味をどう捉えるのかが問題となる。

「処分の効力」の停止とは，処分の効力をなかったことにすることをいう。「処分の執行」の停止とは，処分の強制執行行為を差し止めることをいう。「手続の続行」の停止とは，一つの行政過程の中で二つの処分が行われる場合に後続する手続の停止を求めることをいう。もっとも，一般に処分の強制執行

も広義には処分に続く「手続の続行」として観念できるので，課税処分の取消訴訟の中で滞納処分の停止を求める場合のように両者が重なり合う場合もあり，「処分の執行」と「手続の続行」を厳密に区別する実益はない。

処分の執行または手続の続行の停止ができる場合には処分の効力の停止ができないとされたのは，処分の効力の停止が他の二者と比べると停止の効果が広汎におよぶため，他の二者で国民の権利利益が保全されるのであればそれらによるべきと考えられたためである。

執行停止の積極要件

第2に，執行停止が認められるための積極要件として，①本案訴訟が係属していること，②重大な損害を避けるため緊急の必要があること，を必要とする。①の要件は，民事訴訟にはない要件である（民事訴訟では保全訴訟は本案訴訟とは独立に提起できる）ことに注意する必要がある。②の要件は，2004年の法改正以前の「回復の困難な損害を避けるため緊急の必要がある」ことという要件を緩和したものである。

従来の「回復の困難な損害」は相当厳格な要件として理解されてきたために，執行停止がなかなか認められなかった。従来の基準の下で執行停止が認められた例としては，退去強制処分の執行停止，情報公開処分の執行停止などがある。2004年改正法は，「重大な損害」の有無の判断においては，「裁判所は……損害の回復の困難の程度を考慮するものとし，損害の性質及び程度並びに処分の内容及び性質をも勘案するものとする」（行訴法25条3項）と定めて，柔軟な適用を促している。

執行停止の消極要件

第3に，執行停止の消極要件として，①公共の福祉に重大な影響を及ぼすおそれがあるとき，②本案について理由がないとみえるとき，を規定している。すなわち，①，②の場合には，執行停止をすることができない。①の要件は，執行停止による公共の利益に対する影響と執行不停止によって申立人が被る損害との比較考量によって判断されることになる。これまでに認められているのはデモ行進による著しい交通阻害の場合や，公共事業の進行が阻害される場合

などであるが，この要件の安易な適用には学説上の批判が強い。②の要件は，申立人の主張に明らかに理由がないとみえるときや，行政庁が処分に何ら瑕疵がないことを主張・疎明したときなどに満たされ，申立人に処分の違法性の疎明を求めているのではないとされている。

執行停止の認容例

2004年行訴法改正以前には，執行停止の認容例は，退去強制処分の送還部分の執行停止や情報公開処分の執行停止など，極めて限定されていた。しかし，2004年行訴法改正により「回復の困難な損害」要件が「重大な損害」要件に緩和されたので，執行停止の認容例も増えてきた（→ **ケースの中で14-④** ）。

ケースの中で14-④　　**近年の執行停止認容例**

たとえば，最決平成19・12・18（判時1994号21頁）は，業務停止3ヶ月の懲戒処分を受けた弁護士がその取消訴訟を提起するとともに執行停止を申し立てた事案で，「当該業務停止期間中に期日が指定されているものだけで31件の訴訟案件を受任していたなど本件事実関係の下においては，……懲戒処分によって相手方に生ずる社会的信用の低下，業務上の信頼関係の毀損等の損害が同〔行訴法25〕条2項に規定する『重大な損害』に当たるものと認めた原審の判断は，正当」と判示している。また，福岡地裁および福岡高裁は，鹿児島―種子島間のフェリー運行を一定期間禁止する一般旅客定期航路事業の一部停止命令の効力の執行停止を認容している（福岡地決平成17・5・12判タ1186号115頁，福岡高決平成17・5・31判タ1186号110頁）。

周辺住民が接道義務（建物敷地が所定の長さ以上に道路に接しなければならない）に違反するマンション建設に反対して建築確認の取消訴訟を提起した事例で，東京高決平成21・2・6（判自327号81頁）は，本件処分に係る本件建築物の倒壊，炎上等による周辺住民の生命・財産等の侵害を「重大な損害」として認めたが，その判示の中で，建築工事完了による訴えの利益の消滅の事情も考慮すべきであるとしていた。最決平成21・7・2（判自327号79頁）は，この東京高裁決定を正当としている。

申立ての利益

執行停止を申し立てるには申立ての利益が必要である。すなわち，執行停止

は，処分の効力等を停止することによって，現実に申立人の権利利益が保護される場合に認められる。したがって，強制送還されてしまった後での退去強制処分の執行停止のように，既に執行されてしまい，原状回復できなくなった場合には，申立ての利益がない。

　申請に基づく拒否処分の取消訴訟において，拒否処分の効力が停止されても申請段階に戻るだけであるので，通常は，申立ての利益が否定される（行訴法33条4項は，申請拒否処分が取り消された場合に行政庁が判決の趣旨に従って改めて申請に対する処分を行うように求めている同条2項の規定を執行停止に準用していないので，執行停止があっても行政庁に積極的な処分を行う義務が生じない）。しかしこれでは，違法な拒否処分を受けた者に対する仮の救済が存在しないことになるので，2004年法改正で，仮の義務付けという仮の救済制度が新設された（行訴法37条の5）。詳しくは次章3で述べる。

> **ケースの中で14-⑤　申立ての利益の工夫**
>
> 　仮の義務付け制度がない段階で，申立ての利益を工夫することによって，執行停止による仮の権利保護をはかろうとした決定例がある。たとえば，公安条例の許可制を実質的に届出制と解釈することにより，デモ行進の不許可決定の効力の停止があった場合に届出があったものとして申立て利益を肯定する例（広島地決昭和46・4・15行集22巻4号516頁），適法な在留期間更新許可申請に対して法務大臣は許否いずれかの処分をすべき義務があり，外国人に対する在留期間更新不許可処分の効力停止があれば，正式の許否の決定があるまでは，たとえ旅券に記された在留期間が徒過したとしても不法残留者としての責任を問いえないとの解釈から，申立て利益を認めた例（東京地決昭和45・9・14行集21巻9号1113頁）などである。

執行停止の手続

　執行停止は，原告からの申立てに基づき，裁判所が決定をもって行う。決定は，疎明に基づき，口頭弁論を経ないですることができるが，あらかじめ，当事者の意見をきかなければならない。申立てに対する決定に対しては，即時抗告をすることができる。ただし，即時抗告は，その決定の執行を停止する効力を有しない（行訴法25条2項・5項〜8項）。

執行停止の取消し

裁判所による執行停止の決定は，将来に向かって効力を有し，遡及効をもたない。また，執行停止の決定が確定した後に，その理由が消滅し，その他事情が変更したときは，裁判所は，相手方の申立てにより，決定をもって，執行停止の決定を取り消すことができる（行訴法26条）。

内閣総理大臣の異議

執行停止の申立てがあった場合，または，執行停止の決定があった後に，内閣総理大臣は，裁判所に対し，異議を述べることができる（行訴法27条1項）。内閣総理大臣の異議があれば，「裁判所は，執行停止をすることができず，また，すでに執行停止の決定をしているときは，これを取り消さなければならない」（同条4項）。

内閣総理大臣の異議の制度は，裁判所が仮の救済として命じた決定の効力を否定する権限を内閣総理大臣に認めているので，学説では，司法権に対する行政権による侵害として違憲であるという見解が有力である。しかし，執行停止はその性質上本来行政上の作用であるという理解の下で合憲であるという説明がかねて主張されたことがあり，学説では国家の緊急事態に係る執政権に基づくものとして合憲とする説明もある。この点に関する最高裁判決はない。2004年改正の際にもこの制度の廃止が検討されたが，結局意見がまとまらずそのまま存続されることになった。

内閣総理大臣の異議には，理由を附さなければならず，その理由において「内閣総理大臣は，処分の効力を存続し，処分を執行し，又は手続を続行しなければ，公共の福祉に重大な影響を及ぼすおそれのある事情を示すもの」（行訴法27条3項）とされている。また，「内閣総理大臣は，やむをえない場合でなければ，第1項の異議を述べてはならず，また，異議を述べたときは，次の常会において国会にこれを報告しなければならない」（同条6項）との制限も課せられている。

昭和40年代にデモ行進不許可処分の執行停止に対して内閣総理大臣の異議がなされた例があるが，その後はこの制度の発動例はない。

第15章
取消訴訟以外の抗告訴訟

　行政事件訴訟法は，行政庁の公権力の行使に関する不服の訴訟を「抗告訴訟」と名づけて，特別の訴訟手続を定めている。「抗告訴訟」は，「取消訴訟」，「無効等確認訴訟」，「不作為の違法確認訴訟」，「義務付け訴訟」，「差止訴訟」の五種の訴訟類型に分けられるが，さらにこのほかに，法解釈上認められる「法定外抗告訴訟」の存在も否定されていない。これらのうち取消訴訟については，前章までに詳しく説明してきたところであるので，本章では，取消訴訟以外の抗告訴訟について説明したい。

1　無効等確認訴訟

無効等確認訴訟の意義

　無効等確認訴訟は，処分・裁決の存否または効力の有無の確認を求める訴訟をいう（行訴法3条4項）。無効等確認訴訟には，処分の無効確認訴訟のほかに，処分の有効確認訴訟，処分の不存在確認訴訟，処分の存在確認訴訟も含まれるが，もっぱら活用されるのは処分の無効確認訴訟であるので，以下では無効確認訴訟について説明する。

　取消訴訟とは別に無効確認訴訟がなぜ必要なのかについては，既に11章で説明したところであるが，簡単に振り返っておきたい。取消訴訟は，原則として，処分等があったことを知った日から6ヶ月以内に提起しなければならない（行訴法14条）。この出訴期間制限は，行政処分の内容の早期実現をはかり，行政法関係の安定性を確保するために認められたものである。しかしこれでは，出訴期間経過後はたとえ違法な行政処分であっても取消訴訟で争えないことになり，原告の救済の視点から問題が生じることがある。そこで「重大」かつ

「明白」な瑕疵をもつ行政処分は当初から無効であるという理論（→4章3）に基づいて，出訴期間の制限を受けずに行政処分の効力を否定できる無効確認訴訟が例外的に認められるべきであるとされたのである。このように無効確認訴訟は，出訴期間の経過後に認められる，時機に後れた取消訴訟という性質をもっている。

　行政処分が無効であれば，誰であれ処分の効力を否定できるはずであり，処分の無効を前提とする現在の法律関係に関する民事訴訟や当事者訴訟を提起できる。たとえば，所得税賦課処分が無効であれば，既に支払った税金は国の不当利得になるので，国を被告として不当利得返還訴訟を提起でき，その方が課税処分の無効確認訴訟を提起するよりもより直截的な救済手段となる。したがって無効確認訴訟は，処分の無効を前提とする現在の法律関係に関する訴えによって目的を達成することができない場合に限って提起することが認められる（行訴法36条）。これを無効確認訴訟の補充性という。

無効確認訴訟の対象・原告適格

　まず，無効確認訴訟の対象となる行為は取消訴訟の対象となる行為と同じであり，無効確認訴訟においても取消訴訟の時と同様に「処分性」の有無が争われることがある。「処分性」の判断基準については12章2～4を参照されたい。

　行政事件訴訟法36条は無効確認訴訟の原告適格について規定している。同条によれば，無効確認訴訟は，「①当該処分又は裁決に続く処分により損害を受けるおそれのある者②その他当該処分又は裁決の無効等の確認を求めるにつき法律上の利益を有する者で，③当該処分若しくは裁決の存否又はその効力の有無を前提とする現在の法律関係に関する訴えによつて目的を達することができないものに限り」（①～③は引用者），原告適格が認められる。この同条の条文の解釈としては，一元説と二元説が対立している（→　**コラム15-①**　）。なお，同条の規定する「法律上の利益」は，同法9条1項の規定する「法律上の利益」と同様であると解されている。

無効確認訴訟の補充性

　「処分……の効力の有無を前提とする現在の法律関係に関する訴え」とは，たとえば，課税処分の無効を前提とする不当利得返還訴訟や収用裁決の無効を前提とする土地所有権の確認訴訟などをいう。行政処分に基づいて何らかの法律関係が形成されている場合には，すべて，無効を前提とする現在の法律関係に関する訴えが観念できるから，③の要件（無効確認訴訟の補充性要件）を厳格に理解すれば，無効確認訴訟の提起できる場合は相当程度限定されることになる。

　しかし，無効確認訴訟は，紛争の原因である行政処分の違法・無効を確認することによって紛争を根本的に解決するものであり，訴訟の本案では処分の違法性一般が審査されることになる（これに対して民事訴訟では法律関係や権利義務の存否が審査される）ので，民事訴訟に還元できない独自の価値をもつ。そこで，③の要件を緩やかに解釈して，たとえ現在の法律関係に関する訴えが可能であっても，無効確認訴訟の方が「より直截的で適切な争訟形態」であれば，③の要件には抵触しないと解すべきではないかとの主張が有力である（→ **ケースの中で15-①** ）。

ケースの中で15-①　もんじゅ訴訟

　もんじゅ訴訟とは，高速増殖炉「もんじゅ」に対する原子炉設置許可の無効確認を周辺住民が求めた事案である。本案についての判断も重要であるが，同時に，無

効確認訴訟に関する豊富な論点を提起している。

　まず第1に，無効確認訴訟の補充性要件の意味が問われた。周辺住民は原子炉設置許可の無効確認訴訟のほかに原子炉の建設・運転の停止を求める民事訴訟も同時に提起していたため，第1審（福井地判昭和62・12・25行集38巻12号1829頁）は，民事差止訴訟の方がより有効・適切な紛争解決手段であるなどとして無効確認訴訟を却下した。最高裁（最判平成4・9・22民集46巻6号1090頁）は，「原子炉の建設ないし運転の差止めを求める民事訴訟……は，行政事件訴訟法36条にいう当該処分の効力の有無を前提とする現在の法律関係に関する訴えに該当するものとみることはできず，また，本件無効確認訴訟と比較して，本件設置許可処分に起因する本件紛争を解決するための争訟形態としてより直截的で適切なものであるともいえないから，……民事訴訟の提起が可能であって現にこれを提起していることは，本件無効確認訴訟が同条所定の前記要件を欠くことの根拠とはなり得ない」と判示して，本件無効確認訴訟の適法性を認め，事件を第1審に差し戻した。

　ここで問題となっている原子炉の建設・運転の停止を求める民事訴訟は，原子炉の操業により周辺住民の生命・身体に危険が及ぶおそれがあること（人格権侵害のおそれ）を根拠に提起されているもので，原子炉設置許可の無効を前提とする民事訴訟というわけではない。したがって，上記の最高裁判示は行訴法36条の解釈論を示したものではないが，一定の紛争解決において民事訴訟とは別に無効確認訴訟が独自の意義をもつことがあることを示した判決として意義がある。

　第2に，差戻審では，本件設置許可が無効かどうかが正面から争われた。差戻第1審（福井地判平成12・3・22判時1727号33頁）は，本件許可に重大かつ明白な瑕疵がないとして原告の請求を棄却したが，差戻第2審（名古屋高金沢支判平成15・1・27判時1818号3頁）は，瑕疵が重大であるとして原告の請求を容認した。電力会社に対して与えられた処分を周辺住民が争っている本件では，原子炉設置許可処分の法的安定の必要と電力会社の信頼保護の要請から，通常ならば瑕疵の明白性が要請されるところであるが，第2審は，①本件で脅威にさらされている権利利益が人間の生命，身体，健康であり，これらの利益と比較すれば，原子炉設置許可処分の法的安定性や会社の信頼保護の要請なども制限を受けるべきこと，②出訴期間経過後の新しい知見に基づき処分の効力を否定しようとする場合に，瑕疵の明白性を要求することは不当であることなどを指摘して，瑕疵の明白性を要求せずに，瑕疵の重大性だけで処分の無効を判断した。最高裁（最判平成17・5・30民集59巻4号671頁）は，瑕疵の重大性だけで処分の無効を判断した原判決の手法は是認しつつ，本件処分には違法はないとして，原告の請求を棄却した。

無効確認訴訟のその他の訴訟要件

無効確認訴訟には，出訴期間の適用も，不服申立前置主義の適用もない。これらの適用を除外するところに無効確認訴訟を認める実益があるからである。無効確認訴訟の被告適格，裁判所管轄は，取消訴訟の場合と同様である。

無効確認訴訟の審理プロセス

無効確認訴訟には，取消訴訟の審理に関する規定のうち，訴訟の移送（行訴法13条），請求の併合・共同訴訟（行訴法16条〜19条），訴えの変更（行訴法21条），訴訟参加（行訴法22条，23条），職権証拠調べ（行訴法24条），釈明処分の特則（行訴法23条の2）等の規定が準用される（行訴法38条1項・3項を参照）。

仮の救済については，執行停止に関する規定（行訴法25条〜29条）と執行停止決定等に関する第三者効の規定（行訴法32条2項）が準用されている。「当初から無効」の行政処分について執行停止を観念するのは奇妙な気もするが，裁判所が無効を確認するまでの間は処分が無効であることが明確であるわけではないので，救済手段としての執行停止は必要である。

無効確認判決は拘束力を有するが，取消判決とは異なり形成力は観念することができない。そのため取消判決の第三者効の規定，および，事情判決に関する規定は準用されていないが，学説上は，準用の必要性を主張するものが多い。

無効確認訴訟では，行政処分が重大かつ明白な瑕疵（無効原因たる瑕疵）をもつかどうかが審査される。事件の特質によっては，無効原因として瑕疵の重大性だけが要求され，瑕疵の明白性を必要としない場合がある（→ **ケースの中で15-①** ）。なお，いかなる場合に処分が無効となるのかは，行政行為の瑕疵論のところで説明されるので，4章を参照されたい。

2 不作為の違法確認訴訟

不作為の違法確認訴訟の意義

不作為の違法確認訴訟とは，法令に基づく申請に対して不作為が続いている場合に，不作為が違法であることの確認を求める訴訟である。建築確認や営業許可の申請に対して行政庁が応答をせずに不作為が続く場合，あるいは水俣病

認定の申請や児童扶養手当の申請に対して何ら応答がない場合などに提起される。

　申請に対して不作為が続いている場合には，処分がまだないために取消訴訟は提起できない。しかし，申請者が法制度上認められた権利利益が与えられない（あるいは，仮に申請者に実体法上の権利がないとしても，権利の有無を適正な手続で判断されることを求める権利が侵害されている）という意味での権利侵害状態が続いている。このような場合の救済手段として不作為の違法確認訴訟が提起される。不作為が違法であると確認されると，判決の趣旨に従い，行政庁は何らかの結論を出すことを求められる。

　申請に対する不作為に対しては，単に不作為の違法を確認するにとどめずに，申請人が求める許可や給付などの処分をなす事を義務づける方が救済手段としては実効的である。しかし行政事件訴訟法が制定された1962年当時には，義務付け訴訟は行政権に対する司法権の介入に当たるので許されないなどの主張が強かったために，義務付け訴訟の法定化は見送られ，そのかわりに不作為の違法確認訴訟が法定されたといわれている。

　この意味では，不作為の違法確認訴訟は中途半端な訴訟類型であると言えるが，その後の運用によって，この訴訟類型は行政の不作為の違法を統制するために一定の積極的な役割を果たしてきている。たとえば，マンション建設のための建築確認申請に対して，周辺住民の利益を考慮した地方公共団体の行政指導が行われ，その間，建築申請に対する応答がなされない場合に，建築主は不作為の違法確認訴訟によって地方公共団体の迅速な対応を求めることができる。また，公害健康被害の補償等に関する法律に基づき，水俣病の認定を申請した者は，不作為の違法確認訴訟によって，認定の遅れの違法を争うことができる。

発展問題15-①　不作為の違法確認訴訟と義務付け訴訟

　2004年の行政訴訟法改正により，新たに義務付け訴訟が法定されたので，不作為に対する救済手段は従来よりも整備されたと言える。もっとも，義務付け訴訟の法定によって不作為の違法確認訴訟が無意味になったわけではない。

　第1に，義務付け訴訟の勝訴要件は相当厳格である（次の**3**で述べる）ので，勝訴のバーが低い不作為の違法確認訴訟が活用される場面が残っている。

第2に，申請に対する不作為に対して義務付け訴訟を提起するためには，不作為の違法確認訴訟も同時に併合提起することが必要である。

　第3に，両者を併合提起した場合に，「審理の状況その他の事情を考慮して」不作為の違法確認訴訟に対して判決を出した方が「より迅速な争訟の解決に資すると認めるときは」，裁判所は，義務付け訴訟に関する訴訟手続を中止したまま，不作為の違法確認訴訟の判決を下すことができる（行訴法37条の3第6項）。これは，たとえば，許認可の申請において行政庁が法定外の要件の未充足を理由に審査に入らない場合などでは，とりあえず不作為の違法を確認することが事件の早期解決に資するかもしれないことから設けられた規定である。

　以上のように，義務付け訴訟が法定されてもなお，不作為の違法確認訴訟には独自の意義があると言える。

不作為の違法確認訴訟の対象，原告適格

　行政事件訴訟法37条は，「不作為の違法確認の訴えは，処分又は裁決についての申請をした者に限り，提起することができる」と定めている。すなわち，不作為の違法確認訴訟の対象は，申請に基づく行政処分についての不作為であり，原告適格を有するのは，現実に申請をした者である。

　ここで申請とは，「法令に基づく申請」（行訴法3条5項）をいう。行政手続法2条3号は申請を「法令に基づき，行政庁の許可，認可，免許その他の自己に対し何らかの利益を付与する処分（以下「許認可等」という。）を求める行為であって，当該行為に対して行政庁が諾否の応答をすべきこととされているものをいう」と定義しているが，不作為の違法確認訴訟の場合にもこの定義が当てはまる。

　「法令に基づく申請」であるかどうかは，本案勝訴要件と理解する説もあるが，判例では訴訟要件と解されている。法制度上明確に申請権が規定されている場合のほかに，法解釈上申請権が導かれるものも含む（→ **発展問題15-②**）。

発展問題15-② 「法令に基づく申請」をめぐる問題

　「法令に基づく申請」に当たるかどうかが争われる場合がある。

　第1に，「法令に基づく申請」とは，自己に対して何らかの利益を付与する法制度がある場合（これを申請権がある場合という）に認められる。したがって，単に，

行政機関に手続の開始を求めるだけの場合には「法令に基づく申請」に該当しないとされる。たとえば，独占禁止法45条は，何人も独占禁止法違反事実を公正取引委員会に報告することができ，報告があれば公正取引委員会は調査し，事後措置を報告者へ通知する義務を負うことを定めているが，この規定は単に公正取引委員会に調査の端緒を与えるものにすぎず，「法令に基づく申請」には該当しないとされている。

第2に，給付行政の仕組みがある場合であっても，それが行政内部で定められた要綱に基づくものであって，法律・条例に基づくものではない場合には，「法令に基づく申請」に該当するかどうかが争われる。文言上は，これを「法令に基づく申請」と解釈するのは困難であるが，下級審では，同和行政領域での要綱に基づく助成金給付制度について，条例に基づく場合と実質的に変わらない給付制度であることから，「法令に基づく申請」として不作為の違法確認訴訟による救済を認めた判決例（大阪高判昭和54・7・30行集30巻7号1352頁）がある。

不作為の違法確認訴訟のその他の訴訟要件

不作為の違法確認訴訟は，その性質上，不作為が継続している限りいつでも提起でき，出訴期間の適用はない。被告適格や裁判所管轄は取消訴訟の場合と同じである。なお，審査請求前置主義の準用がある（行訴法38条4項）。

不作為の違法確認訴訟が係属している間に，何らかの処分がなされると不作為の違法確認訴訟の訴えの利益は消滅する。申請拒否処分がなされた場合には，不作為の違法確認訴訟を拒否処分の取消訴訟に変更して，訴訟を継続することができる。

不作為の違法確認訴訟の勝訴要件

不作為の違法確認訴訟では，行政庁が申請に対して「相当の期間」（行訴法3条5項）内に応答しないことが違法となる。「相当の期間」経過の有無は，いくつかの要素に着目して，総合的に行われる。

第1に，「相当の期間」は，その処分をなすのに通常必要とする期間を基準として判断され，必要な時間を超えているのに特別の理由なく不作為を継続することは原則として違法となる。なお，行政手続法（および条例）上の標準処理期間は一応の標準であるので，標準処理期間を越えたことが直ちに違法とな

るわけではないが，違法性判断の一つの要素となる。

　第2に，申請者が不作為に対して納得・同意をしている場合には不作為の継続は違法とはならない。これは行政指導に関する判例で示されたとおりである。

　不作為の違法の判断は，以上の二つの要素をベースにしながら，最終的には，当該事案の個別事情に即して判断されることになる。

　違法判断の基準時は判決時と考えるのが判例・通説である。

不作為の違法確認訴訟の審理プロセス

　不作為の違法確認訴訟の審理については，取消訴訟の審理に関する規定のうち，訴訟の移送（行訴法13条），請求の併合・共同訴訟（行訴法16条〜19条），訴えの変更（行訴法21条），訴訟参加（行訴法22条，23条），職権証拠調べ（行訴法24条），原処分主義（行訴法10条2項）等の規定が準用される（行訴法38条1項・4項を参照）。

　仮の救済については，執行停止に関する規定の準用はない。不作為状態が継続している場合にも権利が侵害されていると考えられるので何らかの仮の救済が考えられる必要があるが，2004年改正によって新たに導入された義務付け訴訟を不作為の違法確認訴訟と併合提起し，仮の義務付けを申し立てることで仮の救済を図ることが考えられる。

　不作為の違法確認訴訟の判決には判決の拘束力の規定が準用されている。不作為の違法を確認する判決が出されれば，行政庁は，判決の趣旨に従って処分・裁決をすることを義務づけられる。

3　義務付け訴訟

義務付け訴訟の意義

　義務付け訴訟とは，行政庁に一定の処分をなす事を義務づける判決を求める訴訟である。2004年改正以前には，法定外抗告訴訟の一類型としてその許容性が議論されてきたが（→ **ケースの中で15-②**），2004年改正によって，訴訟類型として法定化された。

　2004年改正以前には，義務付け訴訟は，「法定外抗告訴訟」（「無名抗告訴訟」）の一類型として，学説，判例により，その許容要件が論じられてきた。

　学説では，否定説（義務付け訴訟は行政の第一次的判断権を侵害するので認められないとする説），制限的肯定説（取消訴訟中心主義の下で，取消訴訟では救済できない例外的な場合に限って義務付け訴訟が認められるという説），独立肯定説（取消訴訟中心主義にとらわれずに紛争としての成熟性があれば義務付け訴訟も認められるという説）など，さまざまな説が主張されていたが，裁判例は，おおむね，制限的肯定説に立って判断されてきた。

　義務付け訴訟を認容した判決として有名なのが，国立市マンション除却命令事件（東京地判平成13・12・4判時1791号3頁）である。国立市の大学通りに高さ40メートルを超えるマンション建設が計画されたために，景観保護を求める市民が建設反対運動を起こし，国立市は市民の意向を受けて，建築物の高さを20メートル以内に制限する条例を制定した。条例の制定・施行の段階では，マンションの建築は根切り工事の段階であったために，マンションに条例の規制が適用されるかどうかが一つの争点であった。そこで住民たちが，マンションに対して条例による規制が適用されることを前提として，東京都の建築指導事務所長を被告として，高さ制限に違反するマンションに対する違反是正命令の発給等を求めて出訴した。

　東京地裁は，①行政庁が当該行政権を行使すべきことまたはすべきでないことが一義的に明白であって，行政庁の第一次的判断権を尊重することが重要でない場合で（一義的明白性の要件），②事前審査を認めないと，行政庁の作為または不作為によって受ける損害が大きく，事前救済の必要性があること（緊急性の要件），③ほかに適切な救済方法がないこと（補充性の要件）の三要件を満たす場合には，義務付け訴訟が認められると述べた上で，本件では，是正命令の義務付けは一義的明白性要件を欠き認められないが，是正命令権限を行使しないことの違法を確認する法定外抗告訴訟については，これらの要件が満たされるとして認容した。

　この地裁判決は，2004年改正に際しても行訴法改正検討会等で言及され，改正法に影響を与えた。なお，高裁（東京高判平成14・6・7判時1815号75頁）は，条例が制定・施行された段階で既にマンションが「現に建築……中の建築物」（建基法3条2項）であったと認定して，マンションに対する条例による規制の適用自体を否定して，原告の請求を棄却した。

2004年改正による義務付け訴訟の法定

2004年行政事件訴訟法改正は，これまで議論があった義務付け訴訟につい

て，要件を定めて正面から認めることとした。法定化された義務付け訴訟には，二つのタイプがある。

第1のタイプは，許認可等の申請または審査請求に対して行政庁が不作為あるいは拒否処分・棄却裁決をなしたときに，行政庁に許認可等をすべきことを命ずることを求める申請満足型義務付け訴訟（申請型義務付け訴訟ともいう）である。たとえば，生活保護開始処分の義務付け訴訟や幼稚園入園処分の義務付け訴訟などがその例である。社会福祉制度や許認可制度などのように，個人が行政制度上認められている権利利益が違法に侵害された場合の救済手段としての意義がある。

第2のタイプは，規制権限の発動として行政庁に一定の処分をすべきことを命ずることを求める直接型義務付け訴訟（非申請型義務付け訴訟ともいう）である。たとえば，原子力発電施設に対する改善命令の義務付け訴訟を周辺住民が提起する場合や違法建築物の除却処分の義務付け訴訟を周辺住民が提起する場合などが考えられる。行政規制の多くは一定層の利益を保護するために一定層の権利を規制するという構造をもっている。このような規制行政によって保護される利益をもつ第三者が，規制の不十分さの違法を訴え，規制的措置の義務づけを求めるのがこのタイプの義務付け訴訟であり，三極的な対立構造といわれる現代行政法の構造に即した訴訟である。従来は公益として扱われその侵害に対して司法的救済がなかったところに保護法益性を認め，救済手段を認めたところに意義がある。

2004年改正は，義務付け訴訟を明文で認めることによって，その後の活用に可能性を開いたわけであるが，他方で，法律が定めている要件は相当に厳格であるので，過度に厳格な解釈によって活用範囲が狭まるおそれもないわけではない。権利の実効的保障のために新しい訴訟類型が設けられたわけであるので，その運用においても，権利の実効的保障の観点が必要である。

以下，申請満足型義務付け訴訟と直接型義務付け訴訟とに分けて，それぞれの訴訟要件，勝訴要件，審理プロセスを説明する。

申請満足型義務付け訴訟の訴訟要件

申請満足型義務付け訴訟の訴訟要件は行政事件訴訟法37条の3第1項～3

項に定められている。要約すると，第1に，申請に基づく処分・裁決について不作為があることまたは拒否処分・棄却裁決がなされていること，第2に，その不作為または拒否処分等が違法であると主張できること，第3に，不作為の場合には不作為の違法確認訴訟を，拒否処分の場合には拒否処分の取消訴訟や無効等確認訴訟を併合提起していることである（なお，「重大な損害」要件や「補充性要件」は直接型義務付け訴訟の訴訟要件であり（後述），申請満足型義務付け訴訟では不要である。しばしば混同されるのでここに注記しておく）。ここで，不作為の違法確認訴訟や取消訴訟等との併合提起が要件となっているので，それぞれの訴訟についての訴訟要件を満たす必要があることに注意する必要がある。

原告適格をもつ者は，不作為の違法確認訴訟または拒否処分の取消し・無効確認訴訟を提起できる者と同じく，申請権を有し，かつ現実に申請をした者である。なお，被告適格や裁判所管轄は取消訴訟の場合と同じである。出訴期間については，拒否処分の取消訴訟と併合提起する場合には取消訴訟の出訴期間制限がかかってくるが，それ以外の場合には出訴期間制限はない。

申請満足型義務付け訴訟の勝訴要件

申請満足型義務付け訴訟の勝訴要件も行政事件訴訟法37条の3第5項に定められている。すなわち，第1に，併合提起した各訴訟（拒否処分の取消訴訟ないし不作為の違法確認訴訟）に理由があると認められること，第2に，処分もしくは裁決をすべきであることが法令の規定から明らかであると認められること，または，処分もしくは裁決をしないことが裁量権の範囲を超えもしくはその濫用となると認められることである。第1の要件が満たされても，第2の要件が認められなければ，併合提起した訴えについての認容判決が出るが，義務付け判決は出されない。

勝訴要件の有無を判断する基準時は判決時である。

申請満足型義務付け訴訟の具体例

申請満足型義務付け訴訟は，情報公開の領域や許認可の申請事例において活発な利用が見られ，認容例も現れてきている。

たとえば情報公開の分野では，大阪地判令和2・3・19（判自473号10頁）は，

一般廃棄物の収集運搬業を無許可で行っていた事業者に対する行政指導文書の（法人情報を理由とする）非公開決定を取り消し，当該文書の公開を命じている。名古屋地判平成20・1・31（判時2011号108頁）では，個人情報保護条例に基づき死体見分調書の公開を命ずる義務付け判決が下されている（ただし控訴審である名古屋高判平成20・7・16裁判所ウェブサイトは1審判決を破棄し非公開処分を妥当としている）。

　許認可の申請事例では，温泉法に基づく温泉掘削不許可決定の取消訴訟と許可決定の義務付け訴訟が併合提起された事例で原告の請求がいずれも認容された例（金沢地判平成20・11・28判タ1311号104頁，名古屋高金沢支判平成21・8・19判タ1311号95頁），水路利用不許可決定の取消訴訟と許可決定の義務付け訴訟が併合提起された事例で原告の請求がいずれも認容された例（新潟地判平成20・11・14判自317号49頁），障害者自立支援法に基づく介護給付費について1ヶ月当たりの支給量が一定時間を下回らない限度での支給決定の義務付けを認めた例（和歌山地判平成24・4・25判時2171号28頁），被爆者健康手帳の交付の義務付け訴訟が認容された例（長崎地判平成25・7・9判例集未登載）などがある。

直接型義務付け訴訟の訴訟要件

　直接型義務付け訴訟の訴訟要件は行政事件訴訟法37条の2第1項〜4項に定められている。まず第1に，直接型義務付け訴訟は「行政庁が一定の処分をすべき旨を命ずることを求めるにつき法律上の利益を有する者に限り，提起することができる」（同条3項）。ここでいう「法律上の利益」とは，取消訴訟の場合の「法律上の利益」と同じであり，法律上の利益の有無の判断について，行政事件訴訟法9条2項の規定が準用されている。

　次に，加重要件として，直接型義務付け訴訟は，「一定の処分がされないことにより重大な損害を生ずるおそれがあり」（重大な損害要件），「その損害を避けるため他に適当な方法がないとき」に限り（補充性要件），提起することができるとされている。これらの加重要件の意義については議論がある。

　直接型義務付け訴訟が働く典型的な場面として，原子炉施設に対する改善命令等の義務づけを周辺住民が求める場合を考えてみると，ここで義務付け訴訟を認めることは同時に電力会社の営業の自由を侵害する処分の発動を認めるこ

とでもあるから，処分の相手方の権利利益との調整として，義務付け訴訟の発動に慎重な加重要件を求めたとも理解できる。しかし，そのような権利の調整は本案でなされるべきことであると解するならば，訴訟要件としての加重要件は不要ではなかったのではないかという疑問にもつながる。原告の権利利益の実効的救済の視点からは，加重要件の柔軟な解釈が求められよう。以下，順次検討する。

「重大な損害」要件

重大な損害要件に関して，行政事件訴訟法は「裁判所は，前項に規定する重大な損害を生ずるか否かを判断するに当たっては，損害の回復の困難の程度を考慮するものとし，損害の性質及び程度並びに処分の内容及び性質をも勘案するものとする」（行訴法 37 条の 2 第 2 項）との規定を置いている。「重大な損害」という文言は執行停止の認容要件と同じであるが，その内容は，原告の被害救済の必要性がどの程度あるのかの判断に帰着する。事案に応じて実質的に判断されるべきである。

補充性要件

補充性要件については，法律が特別の救済手続を定めている場合にはそれによるべきことを規定したものと解されている。たとえば，税の過大申告に対しては減額更正請求制度があるので，減額更正処分の義務付け訴訟は認められない。

原告の損害を防止するために民事訴訟を提起できることは，この補充性要件には触れるものではなく，義務付け訴訟は妨げられない。たとえば，違法建築物によって日照被害を受けている近隣家屋の居住者は，日照権侵害を理由として違法建築物の除却を求める民事訴訟を提起できるとしても，これとは別に，違法建築物に対する除却命令の義務付け訴訟を提起できる。前者の民事訴訟では受忍限度を超える損害の発生の有無，司法的救済手段としての除却の必要性などが審理されるが，後者の行政訴訟では違法建築物であるかどうか，除却命令を出すべきかどうかなどが審理される。

対象の特定性

なお，今後議論を呼びそうな問題として，対象の特定性をめぐる問題がある。行政庁がどのような処分をすべきであるかが特定される必要があるので，直接型義務付け訴訟では，「一定の処分」の発動を求めることが必要である。しかし，原告が処分内容を一義的に明確にしない限り義務付け訴訟が認められないと解することは，原告に不可能を強いることになり妥当ではないだろう。そこで「一定の処分」をどう解釈すべきかが問われることになる。

この点について，たとえば受忍限度を超える騒音や振動を避けるために必要な「一定の処分」の発動を求める義務付け訴訟のように，行政庁に処分内容についての裁量を認めた上で，原告の重大な損害を除去するために必要な「一定の処分」の発動を求めるような義務付け訴訟も認められるべきであろう。

直接型義務付け訴訟のその他の訴訟要件

被告適格や裁判所管轄は取消訴訟の場合と同じである。処分がない段階で認められる訴訟であるから，当然，出訴期間や審査請求前置主義の適用はない。

直接型義務付け訴訟の勝訴要件

直接型義務付け訴訟の勝訴要件も行政事件訴訟法 37 条の 2 第 5 項に定められている。すなわち，直接型義務付け訴訟は，処分をすべきであることがその処分の根拠となる法令の規定から明らかであると認められるとき，または，行政庁がその処分をしないことがその裁量権の範囲を超えもしくはその濫用となると認められるときに認容される。直接型義務付け訴訟が認容される例は，いまのところ少なく，今後の判例の展開を待つ必要がある。

勝訴要件の有無を判断する基準時は判決時である。

直接型義務付け訴訟の具体例

直接型義務付け訴訟は，「重大な損害を生ずるおそれ」がある場合に認められるが，これまでの判決例では認容されることがまれである（まれな認容例について， ケースの中で15-③ を参照）。

たとえば，大阪地判平成 19・2・15（判タ 1253 号 134 頁）では，開発許可を

得て進められている開発が都市計画法33条等に違反すると主張して，周辺住民が，都市計画法81条1項に基づく違反是正命令の発動を求める義務付け訴訟を提起したが，大阪地裁は「重大な損害を生ずるおそれ」が認められないとして請求を棄却している。また，京都地判平成19・11・7（判タ1282号75頁）では，違法建築物の一部除却命令の発動を求める義務付け訴訟が棄却されている。神戸地判平成31・4・16（判タ1468号93頁）では，斜面地の安全性に問題があるとして，工事注文者に対して崩壊防止工事の義務付け命令を出すことを求めた非申請型義務付け訴訟が認容され注目されたが，控訴審（大阪高判令和2・12・2〔判例集未登載〕）で原告の請求が棄却されている。

　非嫡出子という表記を拒んだために出生届を受理されなかった原告がその子の住民票作成の義務付け訴訟を提起した事例において，東京地裁は住民票を記載しない処分は裁量権の逸脱・濫用にあたることを認め，子ども本人に「重大な損害を生ずるおそれ」があると認めて義務付け訴訟も認容した（東京地判平成19・5・31判時1981号9頁）。しかし，控訴審である東京高裁は，不記載処分の違法性を否定し，住民票がなくてもある者と同じ取扱いがされる場合が多いとして「重大な損害を生ずるおそれ」もないとして，義務付け訴訟を棄却した（東京高判平成19・11・5判タ1277号67頁，最判平成21・4・17民集63巻4号638頁）。

ケースの中で15-③　措置命令の義務付け訴訟

　「重大な損害」要件の充足性が争われ，最終的に義務付け訴訟が認容された例として，福岡高判平成23・2・7（判時2122号45頁）がある。産業廃棄物処理場（安定型最終処分場）において，廃棄物処理基準に適合しない産廃処理が行われており，生活環境の保全上支障が生じるおそれがあるとして，周辺住民が，県を被告として，事業者に対する措置命令を発することの義務付けを求めて提起した。第1審（福岡地判平成20・2・25判時2122号50頁）は，「重大な損害を生ずるおそれ」がないとして訴えを却下したが，福岡高裁（前記）は，「本件処分場において産業廃棄物処理基準に適合しない産業廃棄物の処分が行われたことにより，鉛で汚染された地下水が控訴人らを含む本件処分場の周辺住民の生命，健康に損害を生ずるおそれがあるものと認められる。そして，生命，健康に生じる損害は，その性質上回復が著しく困難であるから，本件代執行又は本件措置命令がされないことによ

り『重大な損害』を生ずるおそれがあるというべきである」として「重大な損害」要件の充足を認め，損害を避けるために他に適当な方法がないことも認定して，措置命令の義務付けを認容した。

ケースの中で15-④　在留特別許可の義務付け訴訟

　申請満足型義務付け訴訟であるのか直接型義務付け訴訟であるのかが争われることもある。在留特別許可の義務付け訴訟は，従来，直接型義務付け訴訟と考えられてきたが，これを申請満足型義務付け訴訟ととらえる判決もある。少し制度がややこしいが，興味深い論点であるので解説しておこう。

　出入国管理法は不法滞在外国人に対して以下のような退去強制の手続を定めている。入国審査官により退去強制事由に該当すると認定された者は，特別審理官に対して口頭審理の請求をすることができ（入管法48条），特別審理官が入国審査官の認定に誤りがないと判断した場合には法務大臣に異議を申し出ることができる（入管法49条）。法務大臣は異議の申出に理由があるか否かを裁決することになる（同条3項）が，一定の場合には異議の申出に理由がないと認める場合でも，「その者の在留を特別に許可することができる」（入管法50条1項）。これが在留特別許可の制度である。

　在留特別許可は，法律が明記する事由のほか「法務大臣が特別に在留を許可すべき事情があると認めるとき」に許可されるが，これまで，どちらかといえば恩恵的なものととらえられ，特別の申請手続も定められていないために，外国人には申請する権利はなく，申請に基づく処分だとは考えられてこなかった。しかし，東京地判平成20・2・29（判時2013号61頁）は，在留特別許可が法務大臣への異議の申出に随伴して与えられるものであり，異議の申出と無関係に与えられるものではないこと，特別審理官の判定には不服はないが在留特別許可を求める者にとっても異議の申出を認めていると解すべきことを指摘して，入管法49条1項の異議の申出権の中に在留特別許可の申請権を読み取り，在留特別許可を申請に基づく処分と解釈すべきであると判断した。

　在留特別許可を求める義務付け訴訟を申請満足型義務付け訴訟と理解した場合には，「重大な損害を生ずるおそれ」の要件が不要となり，原告の請求が認められやすくなるということができる。もっとも，このような東京地裁の見解は一般的ではなく，在留特別許可の義務付け訴訟を直接型義務付け訴訟で争うべきであるという見解にたつ裁判例（東京地判平成19・12・13，東京高判平成20・5・21，東京高判平成21・3・5など）も多い。

義務付け訴訟の審理プロセス

　義務付け訴訟の審理について，取消訴訟の審理に関する規定のうち，訴訟の移送（行訴法13条），請求の併合・共同訴訟（行訴法16条〜19条），訴えの変更（行訴法21条），訴訟参加（行訴法22条，23条），職権証拠調べ（行訴法24条）の規定が準用される（行訴法38条1項を参照）。仮の救済については項を改めて述べる。

義務付け判決と第三者効

　判決の拘束力の規定も準用されているので，義務付け判決があれば行政庁は判決の趣旨に従い処分を行うことを義務付けられる。もっとも，判決の第三者効の規定は準用されていないので，次のような問題も生じる。すなわち，とりわけ直接型義務付け訴訟の場合に，論理上は，判決の結果出された処分に対して処分の相手方が取消訴訟を提起することが考えられる。しかしこれでは，裁判の繰り返しになるので，第三者の訴訟参加（行訴法22条）または訴訟告知（民訴法53条）を活用して，第三者を当該直接型義務付け訴訟に引き込むことが求められる。

併合提起の場合の調整規定

　申請満足型義務付け訴訟の場合には，不作為の違法確認訴訟や取消訴訟等との併合提起が前提とされているので，これらの各訴訟と義務付け訴訟との関係について一定の調整がはかられている。すなわち，行政事件訴訟法37条の3第6項は「裁判所は，審理の状況その他の事情を考慮して，第3項各号に定める訴えについてのみ終局判決をすることがより迅速な争訟の解決に資すると認めるときは，当該訴えについてのみ終局判決をすることができる。この場合において，裁判所は，当該訴えについてのみ終局判決をしたときは，当事者の意見を聴いて，当該訴えに係る訴訟手続が完結するまでの間，義務付けの訴えに係る訴訟手続を中止することができる」と定めている。

　この規定の意義はたとえば次のような場面を念頭におけば理解できる。すなわち不作為や拒否決定の瑕疵が手続的瑕疵であり，行政庁が未だ実質的な審査をしていない段階で訴訟となったような場合には，とりあえず手続的瑕疵を拒

否処分の取消訴訟や不作為の違法確認訴訟で是正して，行政過程の正常な運営を確保することが求められる。このような場合には，義務付け訴訟の審理を一時中断して，行政過程の進行を見守ろうというのである。たとえば，大阪地判平成31・4・11（判時2430号17頁）では，障害基礎年金支給義務付け訴訟で，支給停止処分の取消訴訟だけを認容し，義務付け訴訟の手続を停止している。

　このようにこの規定は，不作為や拒否決定が手続的瑕疵をもつ場合を念頭において定められたものであると思われるが，より一般的に捉えれば，行政裁量の適切な行使を求めて行政過程に差し戻すという意味での取消判決（ないし不作為の違法判決）の積極的意義を認めたものとも理解できる。

仮の義務付け

　義務付け訴訟の仮の救済として，2004年改正により，仮の義務付け制度が新設された。従来申請拒否処分に対して取消訴訟を提起し，仮の救済として執行停止を申し立てても申請段階に戻るだけで原告の救済とはならなかった。そこで義務づけ訴訟と仮の義務付けが，従来の救済の谷間を補うものとして設けられたのである。

仮の義務付けの要件

　仮の義務付けは，執行停止と同じく，原告の申立てにより，裁判所が決定する。仮の義務付けの要件は，①義務付け訴訟の提起があること，②「処分又は裁決がされないことにより生ずる償うことのできない損害を避けるため緊急の必要があ」ること，③「本案について理由があるとみえる」ことであり，さらに，④「公共の福祉に重大な影響を及ぼすおそれがあるとき」はすることができないとされている（以上，行訴法37条の5参照。①②③を積極要件，④を消極要件という）。

　仮の義務付けは，行政庁が未だ処分を行っていない段階で，裁判所が，仮の給付決定や仮の許認可等を行うものであるので，同じく仮の救済といっても，現状維持を命ずる執行停止とは異なり，より積極的に行政活動に裁判所が介入するものである。したがって，「償うことのできない損害を避けるため緊急の必要がある」という要件は，執行停止を認めるための「重大な損害を避けるた

め緊急の必要がある」という要件と比べてもより厳格なものであるとされている。

　また，執行停止では，「本案について理由がないとみえる」ときは執行停止をすることができないとされていたが，仮の義務付けでは，「本案について理由があるとみえる」ことを申立人が疎明しなければならず，この点も執行停止よりも要件が加重されているということができる。

仮の義務付けの具体例

　以上のように，仮の義務付けの要件は相当に厳格であるが，裁判例では，障害を理由として幼稚園の入園を拒否したことに対して，仮の入園決定を認めた例（→ **ケースの中で15-⑤**），「病弱者」に対して特別学校への指定をすべきことを命じる仮の義務付けを認めた例（大阪地決平成19・8・10賃社1451号38頁，大阪高決平成20・3・28裁判所ウェブサイト），公の施設の使用許可の仮の義務付けを認めた例（岡山地決平成19・10・15判時1994号26頁），生活保護支給の仮の義務付けを認めた例（那覇地決平成21・12・22判タ1324号87頁，福岡高那覇支決平成22・3・19判タ1324号84頁），タクシー業者の運賃据置の認可申請を却下した運輸局長の処分について違法と判断し，従前の運賃による認可処分の仮の義務付けが認められた例（名古屋地決平成22・11・8判タ1358号94頁），と畜場法14条に規定する検査を行わせることの仮の義務付けを認めた例（東京地決平成24・10・23判時2184号23頁）などがある。

> ### ケースの中で15-⑤　幼稚園入園決定の仮の義務付け
>
> 　二分脊椎等の障害を有している幼児が，町立幼稚園への就園を希望したところ，町教育委員会は，町立幼稚園がバリアフリーに配慮した施設になっていないこと，障害をもつ幼児のために教職員を加配する措置をとることも困難であることなどを理由に，就園不許可処分をした。そこで幼児の母親が，就園を認めないことは裁量の濫用に当たる等として，就園不許可処分の取消訴訟と，就園許可処分の義務付け訴訟を提起し，同時に，就園を仮に許可することを求める仮の義務付けを申し立てた。裁判所は，加配措置の現実的可能性や幼児受け入れの可能性を十分に検討せずに障害を理由に就園を認めないことが裁量濫用に当たることを認めた上で，幼稚園での保育を受ける機会の損失という「償うことのできない損害を避けるため緊急の

必要」があるとして，仮の義務付けを認めた（徳島地決平成17・6・7判自270号48頁）。この判決は，2004年改正で創設された仮の義務付けの意義を示す事件として，社会の注目を集めた。

4　差止訴訟

差止訴訟の意義

　差止訴訟とは，侵害的な行政処分がなされようとしているときに，事前に行政庁に処分をしてはならないことを命ずることを求める訴訟である。2004年以前には，法定外（無名）抗告訴訟の一種として，刑務所での丸刈り処分の差止訴訟などが判例法上認められてきたが，2004年の行政事件訴訟法改正で新たに訴訟類型として法定された。侵害的性質をもつ処分や権力的事実行為などに対する事前の救済手段として意義がある。

差止訴訟の訴訟要件

　差止訴訟の訴訟要件は行政事件訴訟法37条の4第1項〜4項に定められている。まず第1に，差止訴訟は「一定の処分又は裁決をしてはならない旨を命ずることを求めるにつき法律上の利益を有する者に限り」提起することができる（同条3項）。ここでいう「法律上の利益」とは，取消訴訟の場合の「法律上の利益」と同じであり，法律上の利益の有無の判断について，行政事件訴訟法9条2項の規定が準用されている。

　次に，加重要件として，差止訴訟は「一定の処分又は裁決がされることにより重大な損害を生ずるおそれがある場合に限り」提起することができ（重大な損害要件），「その損害を避けるため他に適当な方法があるときは」提起できない（補充性要件）と定められている（行訴法37条の4第1項）。

　重大な損害要件の解釈は，直接型義務付け訴訟の場合と同様に「損害の回復の困難の程度を考慮するものとし，損害の性質及び程度並びに処分又は裁決の内容及び性質をも勘案するものとする」とされている（同条2項）。ここで，「重大な損害」というのは，事前の差止訴訟を認めなければならない救済の必

要性をいうと考えるべきであり，たとえば課税処分の取消訴訟を提起する前に課税処分の差止訴訟を求めることは，取消訴訟でも十分な救済が与えられるので，重大な損害要件に照らして認めることができない。

　補充性要件は，直接型義務付け訴訟の場合と異なり，消極要件として規定されているので，「他に適当な方法がある」ことの立証責任は被告が負う。また，「他に適当な方法」とは，救済としての実効性をもつ他の手段ということであって，単に民事訴訟が可能であることから補充性要件に触れると解するべきではない。

　なお，被告適格や裁判所管轄は取消訴訟の場合と同じである。処分がない段階で認められる訴訟であるから，当然，出訴期間や審査請求前置主義の適用もない。

差止訴訟の勝訴要件

　差止訴訟の勝訴要件は，規定上は，義務付け訴訟の場合と同様である。すなわち，処分もしくは裁決をすべきでないことがその処分もしくは裁決の根拠となる法令の規定から明らかであると認められるとき，または，行政庁がその処分もしくは裁決をすることがその裁量権の範囲を超えもしくはその濫用となると認められるときに，差止訴訟が認容される（行訴法 37 条の 4 第 5 項）。

　勝訴要件の有無を判断する基準時は判決時である。

差止訴訟の具体例

　差止訴訟は，「重大な損害」要件や補充性要件があるために，認容例は少ない。下級審での数少ない認容例としては，プライバシーの権利が侵害されるおそれを理由として住基ネットへの本人情報の接続の差止めを認めた例（金沢地判平成 17・5・30 判時 1934 号 3 頁，ただし控訴審である名古屋高金沢支判平成 18・12・11 判時 1962 号 40 頁は，プライバシーの権利を侵害しないとして原告の請求を棄却している），鞆の浦の景観を損なう公有水面埋立免許処分の差止めを認めた例（→ ケースの中で13-⑥ ），君が代を歌わないことに対する懲戒処分の差止めを認めた例（→ ケースの中で15-⑥ ）などがある。

　また，請求が棄却された例としては，性同一性障害の男子受刑者に対する丸刈り処分の差止訴訟（名古屋地判平成 18・8・10 判タ 1240 号 203 頁），保健医療機

関指定取消処分の差止訴訟（大阪地判平成20・1・31判タ1268号152頁），市道に
ＬＰガス管を埋設するための道路占用許可処分の差止訴訟（大阪地判平成22・
8・27判自347号84頁），厚木基地を離発着する自衛隊機の夜間の運航の差止訴
訟（→ **ケースの中で15-⑦** ）などがある。

ケースの中で15-⑥　　君が代斉唱義務不存在確認等請求訴訟

　当事者訴訟としての確認訴訟は予防訴訟としての性質をもっているので，差止訴
訟と機能が似ている。そこで両者の関係が問題となるが，確認訴訟と差止訴訟の両
方を適法とした例があるので紹介しよう。

　東京都では，教育委員会が各学校長に指示する通達を出し，公立中学・高校での
卒業式や入学式で君が代を歌うこと，指示に従わずに君が代を歌わない教職員に対
しては懲戒処分を課すことを求めていた。そこで君が代斉唱を強制するのは思想・
信条に対する侵害となると考えた教職員が原告となって，君が代斉唱義務不存在確
認訴訟と君が代を歌わない場合に予想される懲戒処分の差止訴訟を提起した。

　東京地裁（東京地判平成18・9・21判時1952号44頁）は，「上記〔懲戒〕処分
を受けてからこれに関する訴訟の中で事後的に義務の存否，処分の適否を争ったの
では回復し難い重大な損害を被るおそれがあるなど，事前の救済を認めなければ著
しく不相当となる特段の事情がある場合には，紛争の成熟性が認められる」と判示
して，将来の懲戒処分の差止訴訟と君が代斉唱義務不存在確認訴訟の両方の適法性
を肯定した。

　これに対して，控訴審である東京高裁（東京高判平成23・1・28判時2113号30
頁）は，本件では通達の取消訴訟または無効確認訴訟および執行停止の方がより直
截的で適切な救済手段であるとして，国歌斉唱義務不存在確認訴訟の確認の利益を
否定し，懲戒処分の差止訴訟についても，「その損害を避けるため他に適当な方法
があるときは」提起できないとの補充性要件を理由に不適法却下した。

　上告審である最高裁（最判平成24・2・9民集66巻2号183頁）は，まず，通達
の行政処分性を否定してその取消訴訟を認めなかった。そして，懲戒処分の差止訴
訟については，本件差止めの訴えのうち免職処分の差止めを求める訴えは当該処分
がされる蓋然性を欠き不適法としつつ，免職処分以外の懲戒処分（停職，減給また
は戒告の各処分）の差止めを求める訴えは，処分がされる蓋然性があり，「重大な
損害」要件も「補充性」要件も満たされるとして，訴えの適法性を認めた。

　すなわち，「重大な損害」要件については，「本件通達を踏まえて懲戒処分が反復
継続的かつ累積加重的にされる危険が現に存在する状況の下では，事案の性質等の

ために取消訴訟等の判決確定に至るまでに相応の期間を要している間に，毎年度2回以上の各式典を契機として上記のように懲戒処分が反復継続的かつ累積加重的にされていくと事後的な損害の回復が著しく困難になることを考慮すると，本件通達を踏まえた本件職務命令の違反を理由として一連の累次の懲戒処分がされることにより生ずる損害は，処分がされた後に取消訴訟等を提起して執行停止の決定を受けることなどにより容易に救済を受けることができるものであるとはいえず，処分がされる前に差止めを命ずる方法によるのでなければ救済を受けることが困難なものであるということができ，その回復の困難の程度等に鑑み，本件差止めの訴えについては上記『重大な損害を生ずるおそれ』があると認められる」というのである。また，「補充性」要件については，通達の取消訴訟が提起できず，懲戒処分の取消訴訟と執行停止との関係でも前述の如く重大な損害を生じるおそれがあるので補充性要件を欠くものではないとした。

　次に，最高裁は，君が代斉唱義務不存在確認訴訟について，それが無名抗告訴訟としての公的義務不存在訴訟であるとすれば，法定訴訟である懲戒処分の差止訴訟との関係で補充性要件を欠き不適法であるが，当事者訴訟としての公法上の法律関係に関する確認の訴えとしては，行政処分以外の処遇上の不利益の予防を目的とするものとして確認の利益があるとして，訴えの適法性を認めた。

　以上の最高裁判決は，一定の条件の下で，予防的差止訴訟と当事者訴訟の両方を適法と認めた点で重要な意義をもっている。

　自己の信念に従って君が代斉唱を拒否した者は，その後の懲戒処分の取消訴訟で処分の違法性を争うことができる。しかし懲戒処分を恐れて信念に背いて君が代を歌った者には懲戒処分は課せられず，したがって君が代斉唱義務の存否について争う機会もなくなることになる。歌うべきか歌わざるべきかというジレンマ状態に置かれた者，自己の思想・信条に従うべきか否かのジレンマ状態に置かれた者に対する救済として，ジレンマ状態の段階で紛争の成熟性を認め，卒業式前に君が代斉唱義務の存否を争う確認訴訟や将来の懲戒処分の差止訴訟が認められる必要がある。このように考えると，差止訴訟や確認訴訟の適法性を肯定した東京地裁や最高裁の結論は納得のゆくものである。

ケースの中で15-⑦　厚木基地自衛隊機運行差止訴訟

　厚木基地の周辺住民が，基地に離発着する航空機（自衛隊機および米軍機）の発する騒音により身体的被害ないし精神的被害を受けていると主張して，国を被告として，航空機の夜間の運航等の差止めを求めて提訴した。横浜地裁（横浜地判平成

26・5・21 判時 2277 号 38 頁）は，米軍機に関する請求については，被告である国の支配の及ばない第三者の行為の差止めを請求するものであるとして訴えを却下したが，自衛隊機に関する請求については，住民が受忍限度を超える強度の航空機騒音により睡眠妨害などの深刻な被害を受けていることを認定して，「防衛大臣は，厚木飛行場において，毎日午後 10 時から翌日午前 6 時まで，やむを得ないと認める場合を除き，自衛隊の使用する航空機を運航させてはならない」と判示して，原告の請求を一部認容した。

横浜地裁は本件差止訴訟の性質を無名抗告訴訟〔法定外抗告訴訟〕として理解した。すなわち，行政事件訴訟法 37 条の 4 に定められた差止訴訟は，差止めの対象となる具体的な処分を特定する必要があるが，本件では差止めの範囲の限定の仕方は多種多様でありうる。本件自衛隊機差止めの訴えにおいては，差止めの対象を，〔1〕毎日午後 8 時から翌日午前 8 時までの運航，〔2〕訓練のための運航，〔3〕自衛隊機の運航により生ずる航空機騒音によって原告らの居住地におけるそれまでの 1 年間の一切の航空機騒音が 75 W を超えることとなる場合の当該自衛隊機の運航，という形で限定しているが，このような「自衛隊機運航処分の差止めは，法定の差止訴訟によってこれを求めるのは困難であるといわざるを得ないから，無名抗告訴訟によってこれを求めるべきであり，無名抗告訴訟としてその要件を構成すべきである」。

かつて，大阪国際空港訴訟において，最高裁（最大判昭和 56・12・16 民集 35 巻 10 号 1369 頁）は，夜 9 時以降の離発着の差止めを求めた民事訴訟について，「航空行政権」という公権力の行使の取消変更ないしその発動を求めるものであるから民事訴訟は不適法であると判示した（→ **コラム11-②**）。この最高裁判決の論理を前提に，航空機運航の差止めを求める訴えは法定外抗告訴訟としての権力的妨害排除訴訟が考えられるとする学説があった。本件横浜地裁判決はその学説にならったものとして注目された。

控訴審である東京高裁（東京高判平成 27・7・30 判時 2277 号 13 頁）は，地裁と同じく，一定期間の夜間の自衛隊機の離発着の差止めを命じたが，訴訟類型としては，法定外抗告訴訟ではなく，抗告訴訟の一類型として明示された差止訴訟（行訴法 3 条 7 項，37 条の 4）として適法とした。

最高裁（最判平成 28・12・8 民集 70 巻 8 号 1833 頁）は，以下のように，控訴審と同じく法定差止訴訟として適法とした。すなわち，厚木基地に離着陸する航空機の発する騒音が周辺住民に軽視できない被害を与えており，その「騒音は，本件飛行場において内外の情勢等に応じて配備され運航される航空機の離着陸が行われる度に発生するものであり，上記被害もそれに応じてその都度発生し，これを反復継

続的に受けることにより蓄積していくおそれのあるものであるから，このような被害は，事後的にその違法性を争う取消訴訟等による救済になじまない性質のもの」であるとし，「自衛隊機の運航により生ずるおそれのある損害は，処分がされた後に取消訴訟等を提起することなどにより容易に救済を受けることができるものとはいえず，……『重大な損害を生ずるおそれ』があると認められる」として，法定差止訴訟として適法と判示した。しかしながら，本案においては，自衛隊運航に係る防衛大臣の権限の行使の裁量を広く捉えた上で，「自衛隊機の運航には高度の公共性，公益性がある」として，住民の求めた差止請求を棄却した。

　法定差止訴訟は「処分」の差止めを求めるものであるが，最高裁は，何を「処分」として捉えたのか明確には判示していない。おそらく住民に被害を与えながら繰り返される自衛隊機の離発着（運航）自体を権力的事実行為である「処分」と解したのではないかと考えられる。そして取消訴訟＋執行停止では十分な救済を与えないことで「重大な損害を生ずるおそれ」を肯定している。繰り返される権力的事実行為の差止訴訟を適法とした最高裁判決の射程が今後どのように広がってゆくのか（ゆかないのか）が注目される。

差止訴訟の審理プロセス

　差止訴訟の審理について，他の抗告訴訟と同じく，取消訴訟の審理に関する規定のうち，訴訟の移送（行訴法 13 条），請求の併合・共同訴訟（行訴法 16 条～19 条），訴えの変更（行訴法 21 条），訴訟参加（行訴法 22 条，23 条），職権証拠調べ（行訴法 24 条）の規定が準用される（行訴法 38 条 1 項を参照）。仮の救済については項を改めて述べる。

　判決の拘束力の規定も準用されている。差止判決があれば行政庁は判決の趣旨に従い，処分を行うことを禁じられる。判決の第三者効の規定は準用されていないので，訴訟の繰り返しを防ぐために，処分を求めることにつき権利利益を有する者を，差止訴訟に訴訟参加させることが求められる。

仮の差止め

　差止訴訟の仮の救済として，2004 年改正により，仮の差止制度が新設された。それまでの救済の谷間を補うものである。

　仮の差止めは，執行停止と同じく，原告の申立てにより，裁判所が決定する。仮の差止めの要件は，①差止訴訟の提起があること，②「その差止めの訴えに

係る処分又は裁決がされることにより生ずる償うことのできない損害を避ける
ため緊急の必要があ」ること，③「本案について理由があるとみえる」ことで
あり，さらに，④「公共の福祉に重大な影響を及ぼすおそれがあるとき」はす
ることができないとされている（以上，行訴法37条の5参照。①②③を積極要件，
④を消極要件という）。

仮の差止めの具体例

　仮の差止めは「償うことのできない損害を避けるため緊急の必要がある」場
合に認められるが，この要件はハードルが高いので，これまでの認容例はまれ
である。そのまれな例として，神戸地決平成19・2・27（賃社1442号57頁）は，
公立保育所を廃止して民間保育所にする場合の移行措置が十分でないことを理
由として，公立保育所の廃止を定めた条例制定の仮の差止めを認めている。ま
た，大阪地決平成26・5・23（裁判所ウェブサイト）は，タクシー事業者が届け
出た運賃が運輸局長の公示した運賃の範囲内にない（それよりも安い）ことを理
由として運賃変更命令（さらには自動車の使用停止命令やタクシー事業許可の取消
し）をしてはならないとの仮の差止めを求める事業者からの申立てを認容して
いる（同様の認容例として，福岡地決平成26・5・28（判例集未登載）もある）。

　却下例としては，取消訴訟＋執行停止で損害を回避できることを理由に退去
強制令書発布処分の仮の差止めが却下された例（大阪地決平成18・12・12判タ
1236号140頁），償うことのできない損害を避けるための緊急の必要性はあるが，
本案について理由があるとみえるときには当たらないとして，住民票の消除処
分に対する仮の差止めが却下された例（大阪地決平成19・3・28判タ1278号80
頁），原発の稼働に反対する住民が原発定期検査終了証交付の仮の差止めを求
めたが，処分性を欠くとして却下された例（大阪地決平成24・4・27訟務月報58
巻10号3577頁）などがある。

5　法定外抗告訴訟

　以上のように，2004年の行政事件訴訟法改正によって行政訴訟の類型が豊
富になった。これは，現代行政と国民の関係が多様となり，行政法関係におけ

る国民の権利救済のあり方も多様な手段が求められるようになったことと対応している。

「抗告訴訟」は「公権力の行使に関する不服の訴訟」として概括的に定義されているから，国民の権利救済にとって必要があれば，以上の訴訟類型のほかに，新しい「法定外抗告訴訟（無名抗告訴訟と言われることもある）」も想定することもできる。学説では，新法定外抗告訴訟として，公的義務存在（または不存在）確認訴訟，権力的妨害排除訴訟，行政立法や行政計画の違法確認訴訟などが想定されている。最高裁も法定外抗告訴訟の成立の余地を認めている（たとえば，最判令和元・7・22民集73巻3号245頁は，自衛官が原告となって提起された防衛出動命令に従う義務のないことの確認訴訟を無名抗告訴訟であるとしている）が，法定外抗告訴訟と当事者訴訟との区別はいささか困難である（たとえば，君が代訴訟では，国歌斉唱義務不存在確認訴訟を無名抗告訴訟としてのそれと当事者訴訟としてのそれに分けているが，わかりにくい説明である。→ ケースの中で15-⑥ ）。

もっとも，行政立法や行政計画の違法を争う手段としては当事者訴訟が使えるとの学説も有力であり，最高裁も，医薬品のネット販売を禁止する省令の違法を争う当事者訴訟（→ ケースの中で3-③ ）や通達の違法を争う当事者訴訟（→ ケースの中で15-⑥ ）を認めている。「行政処分」に当たらない行政活動の違法を争う手段として当事者訴訟を活用すべきと解する立場からは，法定外抗告訴訟の活用の余地はそれほどないのではないかとの指摘がなされている。

第16章
抗告訴訟以外の行政訴訟

　行政事件訴訟法は，行政事件訴訟を，「抗告訴訟」，「当事者訴訟」，「民衆訴訟」，「機関訴訟」の四類型に分けている。このうち抗告訴訟については，これまで詳しく説明してきたところであるので，本章では，抗告訴訟以外の三つの訴訟について説明する。

1　当事者訴訟

当事者訴訟の概念と種別

　当事者訴訟は，初学者にとっても研究者にとっても，なかなかわかりにくい訴訟である。行政事件訴訟法4条は，「この法律において『当事者訴訟』とは，①当事者間の法律関係を確認し又は形成する処分又は裁決に関する訴訟で法令の規定によりその法律関係の当事者の一方を被告とするもの及び②公法上の法律関係に関する確認の訴えその他の公法上の法律関係に関する訴訟をいう」（①，②は引用者）と定義している。①を形式的当事者訴訟といい，②を実質的当事者訴訟という。

　形式的当事者訴訟とは，実質的には行政処分（私的当事者間の権利関係を確認・形成する行政処分）の違法性を争う訴訟であるが，法律により，私的当事者間での権利義務を争う訴訟として構成されているものをいう。たとえば，土地所有者が収用委員会の裁決内容である補償額に不服がある場合，本来なら収用裁決の取消訴訟を提起すべきかもしれないが，単に金額についての争いであるので，土地所有者が起業者を被告として損失補償額の増額を求めて提起することが法令により認められている。ほかにも，著作権法72条や特許法179条ただし書などで形式的当事者訴訟が認められている。当事者訴訟といいながら，

実質的には抗告訴訟の性質（公権力の行使への不服）をもつものと言える。訴訟要件は個別法律の規定による。

　実質的当事者訴訟とは，「公法上の法律関係に関する訴訟」であり，公務員の地位確認訴訟や損失補償請求訴訟などがその例として挙げられる。実質的当事者訴訟は，争いの対象となっている法律関係が「公法関係」であるのか「私法関係」であるのかによって民事訴訟と区分されるが，公法私法二元論を基本的に否定してきた戦後の行政法理論の下ではもはや独自の意義はないという学説も有力であった。しかし，2004年の行政事件訴訟法改正以降，「行政処分」として構成できない行政活動の違法性を広く争う受け皿として当事者訴訟が活用されてきている（後述参照）。

コラム16-①　争 点 訴 訟

　争点訴訟とは，私法上の法律関係に関する訴えの中で，処分もしくは裁決の存否または効力の有無が争われる訴訟をいう。たとえば，旧地主と新地主との間での農地の所有権の帰属をめぐる訴訟で，農地収用処分の無効が争点となっている場合などである。民事訴訟ではあるが，行政処分の効力の有無が前提問題として争われているために，行政事件訴訟法は，特別の規定（行訴法45条）をおいて，行政事件訴訟法の一定の規定の準用を認めている。すなわち，争点訴訟には，行政庁の訴訟参加（行訴法23条1項・2項），出訴の通知（行訴法39条），釈明処分の特則（行訴法23条の2），職権証拠調べ（行訴法24条），訴訟費用の裁判の効力（行訴法35条）が準用される。

実質的当事者訴訟の以前の例

　2004年の行訴法改正以前には，実質的当事者訴訟はそれほど注目される訴訟ではなかった。2004年以前に認められてきた実質的当事者訴訟の例としては，たとえば，国を被告とする損失補償請求訴訟，公務員の俸給請求訴訟，公務員の地位確認訴訟，国籍の確認訴訟などがある。いずれも実質的には，民事訴訟としての給付訴訟，確認訴訟と変わるところはなく，ただ，対象となっている法律関係が「公法関係」であるから，「公法上の法律関係に関する訴訟」として当事者訴訟とされてきたのである。

当事者訴訟には，取消訴訟に関する規定のうち，行政庁の訴訟参加（行訴法23条），職権証拠調べ（行訴法24条），判決の拘束力（行訴法33条1項），訴訟費用の裁判の効力（行訴法35条），訴訟の移送等（行訴法13条，16条～19条）が準用される（行訴法41条）。ただ，これらの規定は実務上必ずしも重要なものではない。そのためにこれまでの学説では，当事者訴訟というわかりにくい訴訟を存続させることに批判的な見解も強かった。批判説によれば，国・公共団体と私人との権利利益をめぐる紛争の解決手段は，抗告訴訟（公権力の行使に関する不服の訴訟）か民事訴訟（国・公共団体の非権力的な行為の違法を争う訴訟）のいずれかに分けられることになる。

実質的当事者訴訟の活用可能性

　しかし，現代の行政活動は，行政計画や行政立法や行政指導などのように多種多様な行為形式で行われており，これらの行政活動における法的紛争をすべて抗告訴訟か民事訴訟のいずれかで処理するというのにも無理があるのではないかが問われる。行政計画や行政指導の違法性を争うために取消訴訟の対象を拡大することも一つの方向として考えられるが，それは同時に取消訴訟に付随するさまざまな制限（出訴期間，排他的管轄など）を受けることであるので必ずしも望ましいことではないのではないかとも考えられる。このような考慮から，2004年改正は，ここに当事者訴訟の活用というメッセージを盛り込んだのである。

　たとえば，通達や行政指導の内容が違法であると考える場合に，取消訴訟を提起しても，非権力行為であって取消訴訟の対象となる行政処分ではないとして訴えは却下されてしまう。しかし，通達や行政指導があるだけで具体的な権利利益の侵害のおそれが現に生じている場合には，通達や行政指導の違法を争う何らかの救済手段が与えられる必要があろう。こうした場合に，通達や行政指導に従う義務のないことの確認訴訟（あるいはより端的に通達や行政指導の違法確認訴訟）が考えられる（通達の違法を争う当事者訴訟を認めた例として，君が代斉唱義務不存在確認等請求訴訟（→ ケースの中で15-⑥ ）を参照）。

　また，行政計画や行政立法の内容に不服がある場合に，これらの取消訴訟を提起しても，従来の判例に従えば，私人の権利に対する直接的・具体的な規律

性を有すると考えられる例外的な場合を除いて，訴えは却下されてしまう。しかし，行政計画や行政立法に基づく次の具体的な処分の段階で争ったのでは十分な救済を与えられないと考えられる場合には，具体的な処分以前に行政計画や行政立法の違法を争う何らかの救済手段が必要であろう。こうした場合に，行政計画や行政立法に定められた義務の不存在確認訴訟が考えられる（→ **発展問題16-①** ）。

発展問題16-①　行政計画や行政立法の違法を争う当事者訴訟

　行政指導や通達の違法を争う当事者訴訟は，非権力行政の統制という従来の枠内で理解可能であるので，紛争の成熟性（→ **発展問題16-②** ）が認められるならば，活用を認めることに異論は少ないと思われる。しかし，行政立法や行政計画の違法を争う当事者訴訟については，公権力の行使に関する不服の訴訟は抗告訴訟であるという従来の考え方に反するのではないかとの批判も考えられる。

　行政計画や行政立法の違法を争う手段として当事者訴訟の活用を提唱する考え方の基礎には，当事者訴訟が取消訴訟と比べてマイルドな救済手段であることが考慮されているように思われる。すなわち，取消訴訟での認容判決は，行政計画や行政立法の効力を全体として覆し，判決には第三者効も認められている。このような強い法効果を認めるためには，関係者の参加の規定などをもっと整備すべきであり，それらの整備がない段階では取消訴訟は認めがたいのではないかというわけである。これに対して，これを行政計画や行政立法に従う義務の不存在確認訴訟の形にすれば，裁判所は，直接には原告個人との法律関係についてのみ判断するだけであるので，裁判所としても判断しやすい（救済手段として使いやすい）と考えられる（→ **ケースの中で16-①** ）。

　もっとも，行政立法や行政計画の違法を争う抗告訴訟の類型を取消訴訟に限る必要はない。そこで，公権力の行使の違法を争うのは抗告訴訟，非権力行為は民事訴訟か当事者訴訟という従来の枠組みを維持する考え方を重視するならば，法定外抗告訴訟の一類型として，行政計画の違法確認訴訟や行政立法の違法確認訴訟を工夫することが提唱される。

　このように，行政立法や行政計画の違法を争う訴訟手段に関しては，学説上議論があり，今後の判例の展開が注目される。しかしいずれにしても，早期に行政計画や行政立法の違法性を争う機会がなければ権利・利益が保護されない場合には，何らかの救済手段を工夫すべきことについては，学説上の異論はないと思われる。

最高裁は，少なくとも行政立法の違法を争う手段として当事者訴訟を活用することには前向きである。たとえば，最判平成25・1・11（民集67巻1号1頁）の事例では，医薬品のネット販売を禁止する省令の違法性が争われた。原告は，インターネットを介した郵便等での医薬品販売を禁止する省令の制定は法律の委任の範囲を逸脱して違法であると主張して，①省令の当該規定の取消訴訟（および無効確認訴訟）と，②当事者訴訟として，第1類・第2類医薬品を従来通り郵便等販売できる権利ないし地位のあることの確認訴訟を提起した。第1審（東京地判平成22・3・30判時2096号9頁）は，①については処分性を否定し，訴えを却下したが，②については確認の利益を肯定し，請求を棄却した。第2審（東京高判平成24・4・26判タ1381号105頁）は，訴訟形式としては第1審と同様の判断をしたが，②について原告の請求を認容した。最高裁（前記）は第2審の判断を支持して上告を棄却した。

── 発展問題16-② 当事者訴訟における「確認の利益」──

　当事者訴訟は，給付訴訟か確認訴訟の形で提起される。給付訴訟は「公法上の法律関係」において原告に「給付請求権」がある場合に認められる。「給付請求権」の有無は当該行政制度の解釈により導かれる。また，確認訴訟は「確認の利益」があれば認められる。「確認の利益」の有無をいかなる基準で判断すべきかについては，以下のような議論がある。

　当事者訴訟も本質的には民事訴訟であるから，「確認の利益」も民事訴訟と同様に考えてよいというのが，通説・判例の考え方である。すなわち，①確認の対象は原則として「現在の法律関係」であり（確認対象選択の適切性），②給付訴訟や形成訴訟で救済できる場合にはそちらによる救済を優先すべきであり（方法選択の適切性あるいは確認訴訟の補充性），③法律関係や権利義務の存否を確認することで原告の救済がなされる場合，すなわち紛争が成熟性を有する場合に認められる（即時確定の必要性）。もっとも，民事訴訟の領域でも，確認訴訟の有する予防訴訟としての機能を重視して，確認の利益を柔軟に理解しようとする動きがある。

　伝統的立場からすれば，たとえば，通達の違法確認訴訟や行政指導の違法確認訴訟は事実に関する違法確認を求めるものなので認められない（通達に従う義務のないことの確認訴訟のような形で提起すべき）ということになるが，紛争解決の実質からいえば，端的に，通達の違法確認を認めても差し支えないのではないかと思われる。また，同様に，行政立法の違法確認を認める実益のある場合も考えられない

わけではない（→ **発展問題16-①** ）。このように公法上の法律関係の特殊性を踏まえて，当事者訴訟の「確認の利益」についても独自に検討すべき価値はあるように思われるが，この点は今後の課題に残されている。

在外邦人選挙権確認訴訟

当事者訴訟の今後の活用可能性を考察する上で，注目すべき判例として，在外邦人選挙権訴訟最高裁判決がある。

ケースの中で16-① 在外邦人の選挙権を行使する権利の確認訴訟

1998年に改正される前の公職選挙法は，外国に居住する日本国民（在外邦人）について，選挙権を行使する権利を認めていなかった。また，1998年改正によって，在外選挙制度が創設され，在外邦人であっても選挙人名簿に登載されている者は投票できることとなったが，当分の間は，投票できる選挙を衆議院比例代表選出議員と参議院比例代表選出議員の選挙に限っていたために，衆議院小選挙区選出議員の選挙と参議院選挙区選出議員の選挙については，選挙権を行使することが認められていなかった。そこで，在外邦人であるXらが，公職選挙法が過去の選挙において選挙権の行使を認めていなかった点で違法であることの確認，および，将来の衆議院小選挙区選出議員の選挙と参議院選挙区選出議員の選挙において原告らが選挙権を行使する権利を有することの確認を求めて出訴した。

第1審（東京地判平成11・10・28判時1705号50頁）および第2審（東京高判平成12・11・8判タ1088号133頁）は，これらの訴えをいずれも「法律上の争訟」に該当せず不適法であるとして却下した。しかし最高裁（最大判平成17・9・14民集59巻7号2087頁）は，①公職選挙法が違法であることの確認を求める訴えは「過去の法律関係の確認を求めるものであり，この確認を求めることが現に存する法律上の紛争の直接かつ抜本的な解決のために適切かつ必要な場合であるとはいえないから，確認の利益が認められず，不適法である」としたが，②その後直近に実施されることとなる衆議院小選挙区選出議員の選挙と参議院選挙区選出議員の選挙において「在外選挙人名簿に登録されていることに基づいて投票をすることができる地位にあることの確認を請求する」確認訴訟については，確認の利益を肯定し，選挙権の行使を制限している公職選挙法の規定が違憲であるとして，本件確認訴訟を認容した（さらに過去の選挙権侵害に対する国家賠償請求訴訟も認容されている）。

第1審および第2審は，本件訴えを，具体的紛争を離れて抽象的に法令の違憲を

争う訴訟として，あるいは，法律が明文で否定している権利の創設を一般的に求めるものとして，「法律上の争訟」に該当しないと判断していた。これに対して最高裁は，「選挙権は，これを行使することができなければ意味がないものといわざるを得ず，侵害を受けた後に争うことによっては権利行使の実質を回復することができない性質のものであるから，その権利の重要性にかんがみると，具体的な選挙につき選挙権を行使する権利の有無につき争いがある場合にこれを有することの確認を求める訴えについては，それが有効適切な手段であると認められる限り，確認の利益を肯定すべきものである」と判示して，選挙権の重要性，事後的な回復困難性を指摘して，確認の利益を肯定した。紛争の成熟性があるという判断の背景には，近い将来に選挙があることが確実であるという事情もあったと言える。この最高裁判決は，公法上の当事者訴訟の活用可能性を広げたものとして注目される。

当事者訴訟の具体例

2004 年行訴法改正以降，当事者訴訟は法律や条例の違憲・違法を争う手段として徐々に活用されてきている。最高裁判例については，先に述べた医薬品ネット販売禁止省令事件がある。そのほかに，たとえば，横浜地判平成 21・10・14（判自 338 号 46 頁）では，有料の指定収集袋を使用することを義務づけたゴミ有料化条例が違法であるとして，市を被告として指定の収集袋によらずに排出された一般廃棄物を収集する義務があることの確認を認めた当事者訴訟が適法とされている（ただし本案で請求棄却）。また，法律の解釈の違法を争うものとして，東京地判平成 19・11・7（判時 1996 号 3 頁）では，保険診療と自由診療とを併用する混合診療を受けた場合には保険診療相当分も含めて保険診療としての療養給付が受けられないという厚生労働省の従来の解釈に反対する原告が，自己の受けた混合診療について健康保険による療養給付を受ける権利を有することの確認訴訟を提起したところ，確認の利益が認められ，本案でも原告の請求が認容されている。もっとも，その上告審である最判平成 23・10・25（民集 65 巻 7 号 2923 頁）は，確認の利益を肯定しつつ，原告の請求については棄却している。

請求認容例として，東京地判平成 25・3・14（判時 2178 号 3 頁）では，成年被後見人に選挙権を与えない当時の公職選挙法 11 条 1 項 1 号（現在は削除されている）の規定が違憲であるとして，次の衆参議院選挙で投票できる地位にあ

ることの確認を求めた当事者訴訟が認められている（本案でも請求認容）。京都
地判平成26・2・25（判時2275号27頁）では，病院・児童福祉施設・学校等
（保護施設という）の敷地から200メートル以内での風俗案内所の営業を禁止す
る京都府条例の規定が違法であるとして，保護施設の敷地から70メートル以
内に含まれない場所で風俗案内所を営む法的地位があることを確認する当事者
訴訟が認容されている（ただし，その控訴審である大阪高判平成27・2・20判時
2275号18頁は条例が合憲・適法であるとして原告の請求を棄却し，上告審である最判
平成28・12・15判時2328号24頁も控訴審の結論を支持した）。

当事者訴訟活用論の行方

　当事者訴訟の活用論は，国民の権利利益の実効的救済の視点から出されてき
た一つの結論であるが，理論的には，従来の理論体系の再検討を迫るものでも
ある。従来の行訴法体系は，公権力の行使を争う手段としては抗告訴訟を唯一
の手段として理解し（抗告訴訟中心主義），当事者訴訟は非権力的な行為の違法
を争う手段として考えられてきた。しかし行政計画や行政立法の違法を争う手
段として当事者訴訟としての確認訴訟が活用できるということになれば，この
ような従来の理論体系はそのままでは維持できない。抗告訴訟中心主義，さら
には，取消訴訟中心主義といわれてきたことが，どれほどの根拠をもって主張
されてきたことであるのかが改めて問われるように思われる。

2　民衆訴訟

民衆訴訟の概念と種別

　民衆訴訟とは「国又は公共団体の機関の法規に適合しない行為の是正を求め
る訴訟で，選挙人たる資格その他自己の法律上の利益にかかわらない資格で提
起するものをいう」（行訴法5条）。自己の権利利益の侵害がなくとも，個別法
律の定める者が原告となって行政活動の違法を争うことが認められる訴訟であ
り，これを認める特別の法律がない限り認められない。客観的法秩序の適法性
を確保するために立法政策上認められた訴訟であるので，「客観訴訟」と呼ば
れる。

民衆訴訟の例としては，公職選挙法の定める選挙訴訟や地方自治法が定める住民訴訟が挙げられる。もっとも，アメリカ合衆国においては，選挙訴訟や住民訴訟は，それぞれ選挙権侵害，納税者の権利侵害の違法性を争う訴訟として，権利保護訴訟の枠内で考えられており，わが国でもこれらを主観訴訟的に構成する余地がないわけではない。このように，主観訴訟と客観訴訟の区別が相対的であることにも留意する必要がある。

　民衆訴訟は，法律により例外的に認められた訴訟であるが，原告適格の制限がないことからこれまでに積極的に活用され，現実に行政活動を法的に統制するために大きな役割を果たしてきた。

　たとえば，住民訴訟は，地方公共団体の財務会計上の行為の違法を是正するために，市民団体等によって積極的に提起されているし，選挙訴訟は，議員定数配分の違憲を争う手段として積極的な役割を果たしてきた。民衆訴訟の提起数は，急速に増加しており，量的にも行政訴訟全体の中での民衆訴訟の占める比重が高まってきている。

　以下では，代表的な民衆訴訟である選挙訴訟と住民訴訟について，概略を説明する。

選 挙 訴 訟

　公職選挙法 204 条は，衆議院議員選挙・参議院議員選挙において，その選挙の効力に関し異議がある選挙人または候補者が，選挙管理委員会を被告として，当該選挙の日から 30 日以内に，高等裁判所に対して訴訟を提起することができることを定めている。そして公職選挙法 205 条 1 項は，その場合において，「選挙の規定に違反することがあるときは選挙の結果に異動を及ぼす虞がある場合に限り」，裁判所は選挙の無効を決定し，判決しなければならないと定めている。これらの規定に基づいて，これまで多数の選挙訴訟が提起されている。

ケースの中で16-②　議員定数配分違憲訴訟

　民衆訴訟は違憲立法審査権の行使の面でも注目すべきである。たとえば，選挙訴訟の規定に基づいて，議員定数配分の不均衡が法の下の平等を定めた憲法 14 条 1 項に違反すると争ったのが，いわゆる議員定数配分違憲訴訟である。最大判昭和

51・4・14（民集 30 巻 3 号 223 頁）は，定数配分の決定には複雑微妙な政策的および技術的考慮要素が含まれるがゆえに立法裁量に委ねる部分が大きいことを強調しつつも，投票価値が 5 対 1 の格差になったまま合理的期間内に是正されなかった議員定数配分を違憲と判示した（ただし，事情判決法理の援用により選挙は有効）。選挙権の平等を確保することは民主主義社会が健全に運営されるための基本的な条件であり，多数者が立法で民主主義のルールをゆがめた場合にその是正は裁判所に求めなければならない。その意味で，選挙人なら誰でも選挙の違法を裁判所に訴えることができる選挙訴訟は，今日の社会で極めて重要な意義を有しているということができる。

　議員定数配分違憲訴訟は，違憲判決の効力という角度からも注目すべき問題を提起している。最高裁は，定数配分の違憲性を認めた場合であっても，一般的な法の基本原理としての事情判決の法理により，選挙は違法であるが無効とはしないという結論を示してきた。しかし国会の選挙制度改革の動きは鈍く，選挙の度に選挙定数の不均衡が争われるという事態が続くなかで，高裁レベルでは，当該選挙区の選挙を無効とする判決（広島高判平成 25・3・25 判時 2185 号 36 頁（無効とするが，その効力は平成 25 年 11 月 26 日の経過をもって発生するという，いわゆる将来効判決），広島高岡山支判平成 25・11・28 訟務月報 61 巻 7 号 1495 頁（当該選挙区選挙を無効とする））も生まれている。

住 民 訴 訟

　地方自治法 242 条の 2 は，地方公共団体の住民が，長や職員等による違法な財務会計上の行為等を是正し，違法な財務会計上の行為または不作為によって当該地方公共団体が被った損害を回復するために，裁判所に訴訟を提起できることを定めている。これが住民訴訟である。住民訴訟は，アメリカの諸州で制度化されている納税者訴訟を戦後になって導入した訴訟であるが，わが国独自の発展を遂げている。

住民監査請求の前置

　まず住民訴訟の前提として，住民監査請求の制度がある。普通地方公共団体の住民は，長や職員等による違法な財務会計上の行為または不作為について，「監査委員に対し，監査を求め，当該行為を防止し，若しくは是正し，若しくは当該怠る事実を改め，又は当該行為若しくは怠る事実によつて当該普通地方

公共団体の被つた損害を補塡するために必要な措置を講ずべきことを請求することができる」（自治法242条1項）。住民監査請求には期間制限が定められている（当該行為のあった日から1年を経過すると監査請求ができない）が、「正当な理由」（同条2項）があれば期間制限の例外が認められる。監査委員の監査の結果等に不服がある場合には、監査請求をした住民は、住民訴訟を提起することができる。

住民訴訟の対象・訴訟類型

住民訴訟の対象となる行為は、違法な「公金の支出、財産の取得、管理若しくは処分、契約の締結若しくは履行若しくは債務その他の義務の負担」（以上を「当該行為」という）または違法に「公金の賦課若しくは徴収若しくは財産の管理を怠る事実」（「怠る事実」という）である（自治法242条1項）。

住民訴訟は、執行機関または職員に対する当該行為の全部または一部の差止めの請求（1号請求）、行政処分たる当該行為の取消しまたは無効確認の請求（2号請求）、当該執行機関または職員に対する当該怠る事実の違法確認の請求（3号請求）、当該職員または当該行為もしくは怠る事実に係る相手方に損害賠償または不当利得返還の請求をすることを当該普通地方公共団体の執行機関または職員に対して求める請求（4号請求）のいずれか（併合も可能）の形態で提起することができる（自治法242条の2第1項）。現実には4号請求の例（→ **発展問題16-③** ）がほとんどである。

発展問題16-③　住民訴訟4号請求の構造

4号請求訴訟は、2002年の地方自治法改正により現在の形になったが、それ以前には、違法な財務会計行為をした長や職員個人を被告として提起する形であった。この旧4号訴訟は、たとえば次のような形をとる。

いま仮に、A市の市長BがCに1000万円の公金を支出したが、この公金支出が違法であるとする（違法である理由は、政教分離原則に違反するとか、公益性のない補助金であるとか、条例の根拠を欠く給与支出であるとか、社会通念上の限度を越える交際費支出であるとか、さまざまに考えられる）。公金支出が違法であるとすると、A市は、市長Bの違法な公金支出行為によって1000万円の損害を被った

ことになり，BはA市に対して不法行為をはたらいたことになる（時には，CがA市に対して不当利得返還義務を負うこともある）。このような場合，本来ならば，A市が原告となってB個人に対して損害賠償請求訴訟を提起する（あるいはA市が原告となってC個人に対して不当利得返還請求訴訟を提起する）ところであるが，A市を代表しているのがBであるのでそのような訴訟は現実にはなかなか提起されないであろう。そこで住民が，A市に代位して原告となって，B個人を被告として，〈BがA市に1000万円の損害を賠償することを求める〉（あるいは，C個人を被告として，〈CがA市に1000万円の不当利得を返還することを求める〉）4号請求訴訟を提起するのである。このような形の訴訟は，株主代表訴訟（会社法847条以下）と同様の構造をもつものである。

旧4号請求訴訟では職員個人が被告となるために，職員に対する訴訟負担や心理的圧迫が強いことがかねてから問題とされ，2002年地方自治法改正により，旧4号請求が廃止されて新4号請求が定められた。

新4号請求の下では，住民が原告となり，A市（の執行機関）を被告として，〈A市がBに対して損害賠償請求を行うことを求める〉形をとる。これにより，少なくとも職員等は訴訟に対応する負担から免れることになった。しかし，旧4号請求訴訟でも新4号請求訴訟でも，そこで実質的に争われるのは，長や職員が個人として地方公共団体に賠償責任を有するか否かであって，住民訴訟では，公金支出の違法性と違法支出に対するBの過失の有無が審理される。そこで，新4号請求訴訟で実質的に責任を問われる長や職員は，被告となった地方公共団体が十分に自己の権利を守ってくれないと考えられる場合には，新4号請求訴訟に訴訟参加して自己の主張を行うことが必要になることもある。

なお，長の賠償責任の実体法上の根拠は民法709条であり，過失責任であるが，会計職員の賠償責任については地方自治法243条の2の2による定めがあり，基本的に重過失による責任が定められている。また，同条には，簡易な損害回復措置として長による賠償命令の規定もあり，会計職員の違法な行為を住民訴訟で争う場合には，賠償命令の発動を求める4号請求の形をとる。

住民訴訟の意義と特徴

住民訴訟は，住民であれば誰でも原告となることができるので，地方公共団体の違法な財務会計行政の適正を確保する手段として活発に活用されている。訴訟の対象は財務会計行政領域に限定されているが，地方公共団体の行政活動の多くは最終的には何らかの財務会計行政の形をとって行われるので，財務会

計行為の前提となる先行行為の違法性を財務会計上の違法と構成できれば，住民訴訟によって広く違法行政の是正を図ることができる。政教分離違反を争う訴訟も住民訴訟の形で提起され，最高裁による違憲判決も生まれている（最大判平成 9・4・2 民集 51 巻 4 号 1673 頁〔愛媛県玉串料事件〕，最大判平成 22・1・20 民集 64 巻 1 号 1 頁〔砂川市神社用地無償提供事件〕，最大判令和 3・2・24 民集 75 巻 2 号 29 頁〔孔子廟用地無償提供事件〕）。このように，住民訴訟は憲法訴訟としても重要な意義がある。

　また，住民訴訟 4 号請求は，長や職員の個人責任を追及するものであり，ときに損害賠償額が巨額に及ぶこともあるので，職員にとっては極めてインパクトの大きな訴訟である。国家賠償請求制度において，公務員が違法行為によって他人に損害を与えた場合には，代位責任主義の下で，通常は，公務員個人は損害賠償請求訴訟の被告とならないと解されているが，住民訴訟では，実質的な公務員の個人責任が追及される。この点も住民訴訟の一つの特徴であるといえよう。

　住民訴訟をめぐる最近の重要問題として，議会による債権放棄議決と住民訴訟 4 号請求訴訟との関係をめぐる問題がある。

　住民訴訟 4 号請求訴訟は，違法な財務会計行為等によって地方公共団体に生じた損害の回復を求めて，違法行為に責任のある当該職員等に対する損害賠償請求権や不当利得返還請求権の行使を当該地方公共団体に義務づけることを求める訴訟である。しかし，住民訴訟が争われている途中（たとえば第 1 審で住民の請求が認容された後）に，当該地方公共団体の議会が住民訴訟でその存否が争われている損害賠償請求権等を放棄する議決をなすことがある（地方自治法 96 条 1 項 10 号は議会の議決案件として「権利を放棄すること」を挙げており，これを根拠に債権放棄議決がなされる）。議会の債権放棄議決が有効であれば，当該債権行使の義務づけを求めている住民訴訟 4 号請求訴訟はその前提を欠くことになり棄却（住民敗訴）となってしまう。それゆえ，議会による債権放棄議決を無条件で認めることは住民訴訟制度の意義を無に帰せしめることにならないかが問題となる（→　**発展問題16-④**）。

　この問題につき，学説では，原則無効説（住民訴訟の意義を強調して放棄議決は原則として無効であると解する）と原則有効説（議会の裁量を重視して放棄議決は原則として有効であると解する）とが対立しており，下級審判決も債権放棄議決を無効とするもの（たとえば大阪高判平成 21・11・27 民集 66 巻 6 号 2738 頁）と有効とするもの（たとえば大阪高判平成 22・8・27 判タ 1360 号 127 頁）に分かれていた。こうした中で，最判平成 24・4・20（民集 66 巻 6 号 2583 頁）が，以下のような判断基準を示した。

　すなわち最高裁は，債権放棄議決の適否の実体的判断については議会の裁量権に基本的に委ねられているとしたうえで，住民訴訟との関係で，放棄議決が違法無効となる場合があることを認め，個々の事案ごとに，①当該請求権の発生原因である財務会計行為等の性質，内容，②原因，経緯及び③影響，④当該議決の趣旨及び経緯，⑤当該請求権の放棄又は行使の影響，⑥住民訴訟の係属の有無及び経緯，⑦事後の状況その他の諸般の事情を総合考慮して，「これを放棄することが普通地方公共団体の民主的かつ実効的な行政運営の確保を旨とする同法の趣旨等に照らして不合理であって上記の裁量権の範囲の逸脱又はその濫用に当たると認められるときは，その議決は違法となり，当該放棄は無効となる」と判示した。

　しかし，最高裁が示した判断基準は諸要素の「総合考慮」を求めるものであるが，総合考慮の基準も不明確であって果たして有効に機能するのか，疑問も提起されている。「普通地方公共団体の民主的かつ実効的な行政運営の確保を旨とする同法の趣旨等に照らして不合理」か否かという判断基準では，債権放棄議決が無効と判断される事例はほとんどないのではないかと予想され，実際に，その後の下級審（東京高判平成 25・5・30 裁判所ウェブサイト，東京高判平成 25・8・8 判時 2211 号 16 頁等参照）は債権放棄議決を有効と判示している。近年の例としては，高松高判平成 29・1・31（判タ 1437 号 85 頁）が，債権放棄議決を違法・無効と判示していたが，その上告審である最判平成 30・10・23（判時 2416 号 3 頁）は原審判決を破棄・自判し，債権放棄議決を適法・有効と判示している。

　議会による債権放棄議決と住民訴訟については，立法論的検討も重ねられており，2017 年地方自治法改正は，住民訴訟について，①地方公共団体の長・職員が当該地方公共団体に損害賠償責任を有する場合に，条例で，損害賠償額の一定額（「普通地方公共団体の長等の職責その他の事情を考慮して政令で定める基準を参酌して，政令で定める額以上で当該条例で定める額を控除して得た額」）を免責することができること，②普通地方公共団体の議会が住民監査請求・住民訴訟の対象となった

債権を放棄する議決をする場合には監査委員の意見を聴くこと，などの規定を新設した。同改正により，条例で賠償責任額の上限を定める場合には「政令で定める基準を参酌」（自治法243条の2第1項）することになっていたところ，2019年11月8日に制定された「地方自治法施行令等の一部を改正する政令」（令和元年政令第156号）によれば，その額は，普通地方公共団体の長は年収の6倍，副知事や教育委員会の委員は4倍，地方公営企業の管理者は2倍，普通地方公共団体の職員は1倍などとなっている。改正法の施行は2020年4月1日であり，その後，地方公共団体では，上記の基準と同じ基準で上限額を定める条例の制定が進んでいる。なお，この上限額の規定は，住民訴訟において適用されるだけではなく，一般に，地方公共団体に対する職員等の損害賠償責任において適用される実体的規定であることに留意する必要がある。

2017年改正では，債権放棄議決に対する明文での制限は定められなかった。また，軽過失免責の提案は採用されず，条例による損害賠償額の減免制度が導入された。改正法に従って地方公共団体がどのような条例を定めるのか，改正法によって債権放棄議決はどうなってゆくのか，今後の動向が注目される。

民衆訴訟の審理プロセス

民衆訴訟の訴訟要件や本案勝訴要件は個別法律の定めるところであるが，審理手続に関しては，行政事件訴訟法が一定の定めをおいている。すなわち，民衆訴訟のうち，処分の取消しを求めるものについては，原告適格（行訴法9条）と主張制限（行訴法10条1項）の規定を除き，取消訴訟に関する規定が準用され，処分の無効の確認を求めるものについては，原告適格（行訴法36条）の規定を除き，無効等確認の訴えに関する規定が準用され，それら以外のものについては，出訴の通知（行訴法39条）と出訴期間の例外（行訴法40条1項）の規定を除き，当事者訴訟に関する規定が準用される（行訴法43条）。

3　機　関　訴　訟

機関訴訟の概念と意義

機関訴訟とは「国又は公共団体の機関相互間における権限の存否又はその行使に関する紛争についての訴訟をいう」（行訴法6条）。一般に，行政組織は統

一的な活動を行うために，下級行政機関は上級行政機関の指揮監督の下におかれている。したがって，行政組織内部で見解の不一致や紛争が生じても，指揮監督関係の下で内部的に解決されるのが普通である。しかし，国や地方公共団体の関係や，地方公共団体内での議会と長の関係のように，一定の対等平等性が保障されるべき関係においては，両者の対立の解決を裁判所に委ねることも立法政策としてありうることである。機関訴訟は，以上のような立法政策に従って，個別法律によって特別に設けられた訴訟である。機関訴訟は，民衆訴訟と同じく客観訴訟として位置づけられている。

現行法上認められている機関訴訟としては，地方公共団体の議決または選挙に関する議会と長の間での訴訟（自治法176条7項），法定受託事務の適法な執行を求めて各大臣が知事を相手に提起する代執行訴訟（自治法245条の8第3項以下），国の関与に対して地方公共団体の執行機関が提起する訴訟（自治法251条の5），地方公共団体の不作為に対して国が提起する不作為の違法確認訴訟（自治法251条の7）などがある（→ **コラム16-②**）。

異なる法主体間での機関訴訟，とりわけ国の関与に関する地方公共団体の訴訟の性質については，これを主観訴訟と理解する説もある。

機関訴訟の訴訟要件，本案勝訴要件は個別法律の定めによる。機関訴訟の審理プロセスに関しては，行政事件訴訟法上，民衆訴訟と同じく，取消訴訟等の規定の準用が定められている（行訴法43条）。

機関訴訟は，本来の司法権の行使（法律上の争訟の裁判）ではなく法律によって特別に裁判所に付与された権限の行使であるとされている。学説の一部には，このことを理由にして，裁判所の審査範囲を限定的に捉える見解もあったが，最高裁（最大判平成8・8・28民集50巻7号1952頁）は，内閣総理大臣が沖縄県知事を被告に提起した職務執行命令訴訟（旧自治法151条の2第3項。1999年の地方自治法改正で機関委任事務が廃止されたことに伴い本条項も削除されたが，その基本構造は代執行訴訟に受け継がれている）において，裁判所は「職務執行命令訴訟においては，下命者である主務大臣の判断の優越性を前提に都道府県知事が職務執行命令に拘束されるか否かを判断すべきものと解するのは相当でなく，主務大臣が発した職務執行命令がその適法要件を充足しているか否かを客観的に審理判断すべきものと解するのが相当である」と判示している。法律によって

特別に裁判所に付与された権限も，それが司法権の行使として行われる以上は，違憲立法審査権や裁判所の独立の原則などの司法権に関する憲法原則が妥当すると解すべきである。

コラム16-②　辺野古基地新設問題

　沖縄県には日本国内にある米軍基地のおよそ70％が集中している。米軍基地周辺では米軍兵士による犯罪，軍事演習に伴う事故，航空機騒音などが多発しているが，これらの負担をなぜ沖縄県民が集中的に受忍しなければならないのかが問題である。そうした中，普天間基地の代替設備として名護市辺野古沿岸域に基地を建設することの是非が一大政治的争点となっており，法的紛争も生じている。

　辺野古基地建設をめぐって，国と沖縄県との間で種々の訴訟等のやりとりがあり，ややこしい経過をたどっている。国と地方公共団体の間で紛争が生じた場合に，法的にどのような手段で争われ，どのように解決されるのか，そのひとつの典型例を示していると思われるので，両者での争いについて，その概略をまとめておこう。

　(a)　公有水面埋立承認の職権取消しをめぐる攻防　　国（沖縄防衛局）は，辺野古基地建設のため，公有水面埋立承認の申請を沖縄県知事に対して行い，2013年12月27日，知事（仲井眞知事）が埋立承認をした。しかし，選挙で知事の交代があり，新知事（翁長知事）は，2015年10月13日，埋立承認に公有水面埋立法4条1項1号・2号の要件を欠いた瑕疵があることを理由として埋立承認取消処分を行った。

　公有水面埋立法に基づく都道府県知事による埋立ての承認は法定受託事務であるところ（自治法2条9項1号，公有水面埋立法51条1号），公有水面埋立法を所管する国土交通大臣は，本件埋立承認取消しが違法であるとして，2015年11月17日，地方自治法245条の8第3項に基づき，本件埋立承認取消しの取消しを行うべきことを命ずる旨の裁判を求める訴えを提起したが，その後，本訴訟は和解により取り下げられた。

　さらに，2016年3月16日，国土交通大臣は，地方自治法245条の7第1項に基づき，沖縄県に対し，本件埋立承認取消しの取消しを求める本件是正の指示（本件指示）をした。これに対して沖縄県知事は，本件指示に不服があるとして，2016年3月23日，地方自治法250条の13第1項に基づき，国地方係争処理委員会に対し，審査の申出をした。国地方係争処理委員会は，2016年6月20日，国と沖縄県が普天間飛行場の返還という共通の目標の実現に向けて真摯に協議し，

双方がそれぞれ納得できる結果を導き出す努力をすることが，問題の解決に向けての最善の道であるとの見解をもって審査の結論とする旨の決定をした。

　沖縄県知事は，国地方係争処理委員会の決定に従って国との協議を求めたが，国土交通大臣は，沖縄県知事が委員会決定の通知があった日から30日以内に本件指示の取消しを求める訴えを提起せず，かつ，本件埋立承認取消しを取り消さなかったとして，2016年7月22日，地方自治法251条の7第1項に基づき，沖縄県知事が本件指示に従って本件埋立承認取消しを取り消さないことが違法であることの確認を求める訴えを提起した。

　上記の訴訟について，最高裁（最判平成28・12・20民集70巻9号2281頁）は以下のように判示して，国土交通大臣の請求を認容した。すなわち，「本件埋立事業が〔公有水面埋立法4条1項〕第1号要件及び第2号要件に適合するとした前知事の判断に違法等があるということはできず，他に本件埋立承認につき違法等があることをうかがわせる事情は見当たらない。そうすると，本件埋立承認取消しは，本件埋立承認に違法等がないにもかかわらず，これが違法であるとして取り消したものであるから，公有水面埋立法42条1項及び同条3項において準用する4条1項の適用を誤るものであって，違法であるといわざるを得ず，これは地方自治法245条の7第1項にいう都道府県の法定受託事務の処理が法令の規定に違反している場合に当たる」。

　この最高裁判決に従って，沖縄県の翁長知事は埋立承認取消処分を取り消した。しかし，辺野古基地建設に対する沖縄県民の反対は変わらず，その後も国と沖縄県の対立は激化している。

　(b)　岩礁破砕工事差止訴訟　　沖縄県の翁長知事は，2017年6月7日，辺野古基地建設のための岩礁破砕工事が違法（知事の許可を得ずに行われている違法）であるとして，国を被告として岩礁破砕工事の差止訴訟等を提起した。この差止訴訟等は，国と沖縄県との紛争が「法律上の争訟」に該当しないとして却下された（那覇地判平成30・3・13判時2383号3頁，福岡高那覇支判平成30・12・5判時2420号53頁）。

　(c)　公有水面埋立承認の撤回をめぐる攻防　　また，公有水面埋立免許について，翁長知事は，処分段階では適法であったとしてもその後の新たな事情の下で効力を維持することが妥当でなくなったとして，撤回する意向を表明していたが，知事が逝去した後その意向を受けて，2018年8月31日，謝花副知事が埋立承認を撤回した。翁長知事逝去に伴う知事選挙でも，辺野古基地建設反対の玉城デニー知事が選出された。

　しかし沖縄県知事の埋立承認撤回処分に対して国（沖縄防衛局）は国土交通大

臣に審査請求をなし，2018 年 10 月 30 日，国土交通大臣が処分の執行停止決定を行い，また，2019 年 4 月 5 日には，国土交通大臣が埋立承認撤回処分を取り消す裁決を行った。沖縄県は，これらの決定，裁決について不服があるとして，国地方係争処理委員会に審査の申出を行ったが，委員会はこれを委員会の審査対象である「国の関与」に当たらないことを理由に却下した。そこで，沖縄県は，地方自治法 251 条の 5 第 1 項に基づき，国土交通大臣による裁決の取消訴訟を提起した。しかし最高裁は，私人が行う場合の公有水面埋立免許と国が行う場合の公有水面埋立承認との間に実質的な差異はなく（行政不服審査法 7 条 2 項にいう「固有の資格」において相手方となった処分ではなく），行政不服審査法が適用される（すなわち上級行政庁の裁決に処分庁は従うべき）と判示した（最判令和2・3・26 民集 74 巻 3 号 471 頁）。

　沖縄防衛局が申請した公有水面埋立承認について，沖縄県知事が撤回する処分を行い，その処分に対する沖縄防衛局の審査請求に対して国土交通大臣が知事の撤回処分を取り消すというこのややこしい展開に対しては，国民の権利救済のための不服申立制度を国が利用することは不当・違法であるとの批判がなされている。また，事業主体としての国（＝沖縄防衛局）と行政主体としての国（＝国土交通大臣）を概念上区別して考えることができるとしても，実質的に国が（地元の意向を無視して）右手で申請して左手で承認するようなこの仕組みが適正手続の視点から見て妥当と言えるのかという問題点も指摘されている。

　2019 年 1 月，辺野古基地建設のための大浦湾側の埋立部分にかなり大規模な軟弱地盤が存在することが，沖縄防衛局による調査結果でも確認され，当初の埋立承認願書には含まれていない内容の地盤改良工事が必要となった。また，2019年 2 月，沖縄県で辺野古基地建設のための埋立ての賛否を問う県民投票が実施され，投票総数 60 万 5385 票（投票率 52.48％）のうち反対が 43 万 4273 票（投票総数の 71.7％）という県民の意思が示された。これらの事実は辺野古基地建設問題にも新たな局面をもたらし，法廷での争いもさまざまな形で続いている。

　(d)　さんご類の採捕許可をめぐる攻防　　一つは，埋立区域内に生息するさんご類を埋立区域外に移植するために，沖縄防衛局が申請したさんご類の採捕許可をめぐる訴訟がある。沖縄県知事は，軟弱地盤の存在などの新たな事情の下で辺野古基地建設自体が見直される可能性があり，今の時点でさんご類移植の必要性が明確ではないことなどを理由に申請に対して応答を控えていたところ，漁業法等を所管する農林水産大臣が沖縄県知事に対して地方自治法 245 条の 7 第 1 項に基づき，7 日以内に許可処分をするよう求める指示（是正の指示）を出した。沖縄県知事は，2020 年 3 月 30 日，国地方係争処理委員会に審査の申出をしたが，

同年 6 月 19 日に本件指示が違法でないと認める旨の審査の結果の通知を受けたため，これを不服として，同年 7 月 22 日，是正の指示の取消訴訟を提起した。最高裁は，是正の指示は違法ではないとして沖縄県知事の請求を棄却した（最判令和 3・7・6 民集 75 巻 7 号 3422 頁）が，宇賀克也裁判官と宮崎裕子裁判官が反対意見を述べていることが注目される（→ ケースの中で 9 -⑤）。

　(e)　設計の概要の変更承認をめぐる攻防　　もう一つは，本件埋立事業に係る設計の概要について，軟弱地盤の改良工事を追加する旨の変更承認申請をめぐる訴訟である。2020 年 4 月 21 日，沖縄防衛局が沖縄県北部土木事務所に変更承認申請をしたが，沖縄県知事は，2021 年 11 月 25 日，「地盤の安定性等に係る設計に関して最も重要な地点において必要な調査が実施されておらず，地盤の安定性等が十分に検討されていないことから，災害防止に十分配慮されているとは言い難い」などの理由から不承認処分をなした。不承認処分に対して沖縄防衛局が国土交通大臣に審査請求をし，2022 年 4 月 8 日，国土交通大臣は沖縄県知事の不承認処分を取り消す裁決を下した。また，同月 28 日，国土交通大臣は変更承認申請に対して承認することを求める是正の指示を出した。これらの裁決や是正の指示に対して，沖縄県は国地方係争処理委員会への審査の申出を行い，裁判所に出訴して争っている。

　以上のように，辺野古基地建設問題はなお継続しており，国と沖縄県がお互いに種々の法的手段を駆使して争っている。地方自治の本旨を保障した憲法の下で，国と地方公共団体との間の紛争がいかに解決されるべきか，今後の展開が注目される。

第17章
行政上の不服申立制度

　行政活動の違法・不当を是正して，国民の権利・利益を救済するための手段として，これまでに見てきた司法的な救済手段と並んで，行政上の救済手段がある。

　行政上の救済には，第1に，行政不服審査法に基づく正式の救済手続である行政上の不服申立制度がある。違法または不当な行政処分に対して，国民が，行政機関に対して違法・不当の是正を求める仕組みであって，その結果についてさらに不服があれば，裁判所に対して抗告訴訟を提起することができる。

　第2に，そのほかのインフォーマルな救済手続として，市役所や県庁窓口での苦情相談，行政相談員等への行政相談，条例によって設置されたオンブズパーソン制度などがある。

　本章では，行政上の不服申立制度について概説する。最後に，その他の救済手段についても簡単に説明する。

1　行政上の不服申立制度の意義と特色

行政上の不服申立制度の沿革

　行政上の不服申立制度とは，国民の申立てに基いて，行政機関自身が違法・不当な行政活動の是正を行う仕組みをいう。

　このような法制度は，既に戦前から存在していた。すなわち1890年に制定された訴願法は，違法・不当な行政処分の是正を求めて上級行政庁等に訴願することを認めていた。ただし訴願法は，訴願事項について列記主義をとっており，また，行政内部での統制手段としての性格が強かったために，国民の権利救済手段としては不十分さをもっていた。

戦後になって，訴願法が全面改正され，1962年に行政不服審査法が制定された。行政不服審査法は，その後50年余り（小さな改正はあるが，基本骨格は）改正されずにきたが，2014年6月にようやく全面改正され，改正法が2016年4月1日から施行されている。

本章では，改正前の制度とも対比しながら，基本的には，改正後の行政不服審査法の内容を説明する。

行政上の不服申立制度の目的，特色

行政不服審査法1条は，その目的として，①簡易迅速かつ公正な手続により国民の権利利益の救済を図ること，②行政の適正な運営を確保することの二つを挙げている。手続の「公正」の文言は2014年改正により新たに追加されたものである。

国民の権利利益の救済を図るという目的についてはこれまで検討してきた行政訴訟制度と同じである。しかし行政訴訟制度と比べると，以下のような特徴を指摘することができる。

第1に，行政訴訟手続は，口頭弁論を経る慎重な手続で進められるが，その反面，費用や時間がかかり，国民にとって使い勝手の良いものではない。これに対して，基本的に書面審理で進められ，無料で利用できる行政上の不服申立ては，行政訴訟手続と比べて，簡易・迅速な救済を与える点でメリットがある。

しかし第2に，行政上の不服申立ては，当該行政処分を行った行政庁あるいはその上級行政庁等に再審査を求めるものであるから，中立で独立した地位の裁判官による司法上の救済の場合と比較して，決定者の独立性，第三者性に欠けるところがある。

第3に，行政上の不服申立ては原則として書面審理で処理され，不服申立人に対する手続的保障が裁判手続と比べると十分ではない。もっともこの点は，2014年改正により，いささかの改善がみられる（後述）。

第4に，行政訴訟制度は違法な行政活動の是正を求めるものであるが，行政上の不服申立制度においては，違法のみならず不当な行政活動の是正を求めることができ，この点で司法的救済よりも幅広い範囲をカバーするといわれる。2014年改正前には，現実に不当行政が是正される例は多くはなかったが，

2014 年改正後は不当行政の是正例も出てきているようである。

行政上の不服申立ての種別

2014 年改正前の行政上の不服申立ては，申立ての行われる行政機関に着目して，異議申立て，審査請求，再審査請求に分けられていた。処分庁に対する不服申立てが異議申立てであり，処分庁以外の行政機関（上級行政庁や第三者機関）に対する不服申立てが審査請求であり，審査請求の結果に対してさらに別の行政機関にするのが再審査請求である。

2014 年改正により，異議申立てという類型はなくなり，不服申立ては，基本的に，（処分庁または上級行政庁または第三者機関に対する）審査請求に一元化されることになった（行審法 2 条，3 条。審査請求をすべき行政庁については 4 条参照）。ただし，個別法により，再審査請求ができる場合があり，また，簡易な手続で処分を見直す「再調査の請求」も認められることがある。具体例を挙げて説明しよう。

審査請求と再審査請求

行政処分または（処分の）不作為に対して不服があれば，国民は，審査請求をすることができる。審査請求は，原則として，処分をした（または不作為の）行政庁の最上級行政庁（国の場合には各省大臣，地方公共団体の場合には都道府県知事の場合が多い）に対して行う。たとえば，地方陸運局長がしたタクシー料金認可申請に対する決定に不服があるものは国土交通大臣に審査請求をすることができる。

個別法により第三者機関等に対する審査請求の規定があればそれに従う。たとえば，建築主事による建築確認や特定行政庁（市長等）による建築中止命令に対して不服があれば，建築審査会に対して審査請求を行うことになる（建基法 94 条）。

個別法で再審査請求の定めがある場合もある。たとえば，産業廃棄物処理場の設置許可は都道府県知事の権限であるが，法定受託事務であるので，設置許可または不許可決定に対する不服申立ては，環境大臣に対する審査請求になる（自治法 255 条の 2）。しかし，許可権限を廃棄物処理法 24 条の 2 第 1 項により

市長が行う場合には，市長による許可または不許可決定に対する不服申立ては，知事に対する審査請求となり，審査請求に対する知事の裁決にさらに不服がある場合には，環境大臣に対して再審査請求を行うことができる（廃棄物処理法24条の2第2項）。また，市町村長や福祉事務所長による生活保護の申請に対する決定に対して不服があるものは，都道府県知事に対して審査請求をすることができるが，知事の裁決に対してさらに不服があるものは，厚生労働大臣に対して再審査請求をなすことができる（生活保護法66条）。なお，再審査請求ができる旨の規定がある場合，再審査請求をなすのか否かは申立人の自由に委ねられている。

　地方公共団体の機関がした処分について国の機関が審査請求や再審査請求という形で関与する，このような制度を「裁定的関与」という。裁定的関与は，国民の権利保障という側面では望ましい面もあるが，地方自治の保障という面では国による地方への介入となるので避けるべきであるという側面もあり，そのあり方が問題となっている。

再調査の請求

　課税処分や公害健康被害補償請求などのように不服申立てが大量に行われている処分については，簡易な手続で処分庁が迅速に処分について再考することを求める「再調査の請求」をすることができる（行審法5条）。これは従来の異議申立てに類似するが，個別法で認めた場合にのみ限定的に認められる（税通法75条，関税法89条，公害補償法106条等参照）。処分に対する不服が要件事実に関するものである場合などで，行政機関に事実認定の見直しを求めて不服が解消される場合には，簡易な手続の再調査の請求で問題が解決することもあることから設けられた制度である。

　再調査の請求は，審査請求に前置されるものではなく，審査請求と再調査の請求のどちらを利用するのかは国民の自由選択に委ねられている。ただし，再調査の請求をしたときは，原則としてその決定を経た後でなければ審査請求できない（例外として，再調査の請求をした日の翌日から3ヶ月を経ても再調査の請求の決定がなされないとき，その他決定を経ないことについて正当な理由があるときは，再調査の請求についての決定を経ないで審査請求ができる。行審法5条2項）。

行政上の不服申立てと行政訴訟の関係

　行政上の不服申立てと司法上の救済のいずれの方法を選ぶかについては，行政処分に不服がある者が，自由に選択することができるのが原則である（自由選択主義）が，個別法律が，不服申立手続の前置を定めている場合には，不服申立てをしてからでなければ訴訟を提起できない（不服申立前置主義）。この点に関しては既に12章1で述べた。

コラム17-①　不服申立前置主義の見直し

　2014年の行政不服審査制度改正においては，行政不服審査法の改正と同時に，個別法による不服申立前置主義の見直しが進められ，個別法の一括改正の形（行政不服審査法の施行に伴う関係法律の整備法）で，前置主義の廃止・縮小が実現した。

　従来，個別法で不服申立前置が認められるべき場合としては，①大量に行われる処分であり行政の統一性を確保する必要があるもの，②専門技術的な性質を有する処分，③審査請求に対する裁決が第三者機関によるもの，の3点が挙げられてきた。しかし，2014年改正では，これらの理由の妥当性が吟味され，①不服申立件数が大量（おおむね年間1000件以上）であり，前置をなくした場合の裁判所の負担が大きいもの，②第三者的機関が高度に専門技術的な判断を行う等により，裁判所の負担が軽減されると考えられるもの，③不服申立ての手続に1審代替性があり（すなわち裁決に対する不服があれば高等裁判所に提訴する），国民の手続負担の軽減が図られているもの等について，審査請求前置を残すことにした。

　その結果，不服申立て前置を定めていた96法律のうち，47法律で前置の全部廃止が，21法律で一部廃止が進められた。たとえば，従来は，建築確認に対する不服があれば，建築審査会に審査請求を経てからでないと取消訴訟が提起できなかった（建基法96条）が，当該条文の削除により前置主義が廃止された（同様に削除された規定として，都計法52条，児扶手法20条，住民台帳法32条など）。また，異議申立てと審査請求の二重前置を定めていた21法律のうち，5法律で前置廃止，16法律で前置が一重化された。たとえば，税務署長による所得税賦課処分については，従来，税務署長に対する異議申立てと国税不服審判所長への審査請求を経てからでないと取消訴訟ができなかったが，2014年改正により，国税不服審判所長への審査請求の前置のみとなった。なお，税金分野では，

審査請求に先立って「再調査の請求」をなすこともでき，「再調査の請求」を選択した場合には原則として「再調査の請求」に対する決定を経てからでないと審査請求できない。

2　行政上の不服申立ての要件

不服申立ての対象

不服申立ての対象は「行政庁の違法又は不当な処分その他公権力の行使に当たる行為」（行審法1条）である。これは取消訴訟の対象と同じであり，不作為や権力的事実行為も含まれる。いかなる行為が不服申立ての対象である「行政処分」であるのかについては取消訴訟の場合と同様に解釈上争いがある（詳しくは12章2を参照）。

2014年改正前の行政不服審査法には，権力的・継続的事実行為も「行政処分」に含まれる旨の規定があったが，同改正で削除された。削除されたからといって，権力的事実行為が「行政処分」に含まれないというわけではなく，「行政処分」の範囲を今後の判例の展開に委ねた趣旨である（なお，2004年行訴法改正の下で明文化された差止め訴訟の対象としては，継続性のない権力的事実行為も対象に含まれる）。

2014年改正法では，「処分についての審査請求」（行審法2条）につづき，「不作為についての審査請求」（行審法3条）の規定を置いている。ここに「不作為」とは，「法令に基づく申請に対して何らの処分をもしないこと」をいう。

ここで注意すべきは，審査請求の対象となる不作為が法令上の申請に対する不作為に限定されていることである。2004年行訴法改正では，申請に対する不作為に対する救済として申請満足型義務付け訴訟が法定されたほか，規制権限の不発動に対する救済として非申請型（直接型）義務付け訴訟も法定された。しかし2014年行審法改正では，規制権限の不発動に対する不服申立ては制度化されず，その代わりに，何人も法令違反是正のための処分・行政指導を求めることができるとの規定を行政手続法に加えることになった（行手法36条の3）。しかし行政手続法改正で新設された「違反是正のための処分の申出」は被害者

等の権利として制度化されておらず，この点では，2004年行訴法改正による救済の範囲と2014年行政手続法改正・行審法改正による救済の範囲にずれが生じているということができる。

適 用 除 外

行政事件訴訟法とは異なり，行政不服審査法には行政手続法と同様のかなり広範囲にわたる適用除外が定められているため，行政訴訟の対象となる「行政処分」であっても不服申立ての対象とならない行為がある。

すなわち，国会や裁判所や検察官等による処分，国税・地方税の犯則事件に関する処分および金融商品取引の犯則事件に関する処分，「学校，講習所，訓練所又は研修所において，教育，講習，訓練又は研修の目的を達成するために，学生，生徒，児童若しくは幼児若しくはこれらの保護者，講習生，訓練生又は研修生に対してされる処分」，「刑務所，少年刑務所，拘置所，留置施設，海上保安留置施設，少年院，少年鑑別所又は婦人補導院において，収容の目的を達成するためにされる処分」，「外国人の出入国又は帰化に関する処分」などには，行政不服審査法の適用がない（行審法7条1項参照）。これらの領域では，個別法律で独自の不服申立制度が定められない限り，不服申立てはできない。

行政上の不服申立制度は行政訴訟制度と違って憲法上要請される制度ではないために，不服申立てできない行為があることが違憲であるとは考えられていない。

不服申立期間

処分についての審査請求は，処分があったことを知った日の翌日から起算して3ヶ月（再調査の請求をしたときは，その決定があったことを知った日の翌日から起算して1ヶ月）以内にしなければならず（ただし，「正当な理由」があるときは，この限りでない），処分（または再調査の請求に対する決定）があった日の翌日から起算して1年を経過すれば，もはやすることができない（ただし「正当な理由」があればこの限りでない）（行審法18条1項・2項）。2014年改正前の不服申立期間は60日であったが，これが3ヶ月に延長されて不服申立てが利用しやすくなった。

不作為についての審査請求には，その性質上，不服申立期間制限はない。もっとも，不作為についての審査請求が「申請から相当の期間が経過しないでされたものである場合」には，審査庁は当該審査請求を却下できるとの規定がある（行審法 49 条 1 項）。

再調査の請求の場合の不服申立期間も審査請求と同様，「正当な理由」がない限り，処分があったことを知った日の翌日から起算して 3 ヶ月であり，処分があった日の翌日から起算して 1 年を経過すればすることができない（行審法 54 条）。

再審査請求は，「正当な理由」がない限り，原裁決があったことを知った日の翌日から起算して 1 ヶ月以内にしなければならず，原裁決があった日の翌日から起算して 1 年を経過するとすることができない（行審法 62 条）。

不服申立適格

処分についての審査請求は「行政庁の処分に不服がある者」（行審法 2 条）が，不作為についての審査請求は「法令に基づき行政庁に対して処分についての申請をした者」（行審法 3 条）がすることができる。「処分に不服がある者」の判断基準について，行政不服審査法には特に規定がないが，取消訴訟の原告適格の基準と同様の基準で判断されるとするのが判例である（いわゆる主婦連ジュース訴訟最高裁判決（最判昭和 53・3・14 民集 32 巻 2 号 211 頁））。もっとも，学説では，行政不服審査法は行政の適正な運営の確保を目的として掲げているので，不服申立適格を取消訴訟の原告適格よりも広く解すべきであるとの主張もある。

なお，行政不服審査法 7 条 2 項は，国等の行政機関が「その固有の資格において」処分の相手方となるものには行政不服審査法が適用されないと定めている。いわゆる辺野古基地建設をめぐる紛争の中で本条の解釈が争われたが，最判令和 2・3・26（民集 74 巻 3 号 471 頁）は，沖縄防衛局の「固有の資格」性を否定して（つまり私人と同等と解釈して），沖縄防衛局の審査請求適格を肯定している（→ **コラム16-②** ）。

教　示

処分に対して不服申立てができるのか，不服申立てをいつまでにどの行政庁

に対して行うのかなど，国民が不服申立てをしたいと考える場合に迷うことが少なくない。そこで行政不服審査法は，教示の制度を設けている。すなわち，行政庁は，書面で行政処分を行う場合に，処分の相手方に対して，①不服申立てをすることができる旨，②不服申立てをすべき行政庁，③不服申立てをすることができる期間を，書面で教示しなければならない。また，利害関係人も，教示を書面で求めることができる（行審法82条）。

　教示をすべきであるのに教示を怠る場合，教示の内容に誤りがある場合などには，不服申立人に不利益とならないように一定の救済措置が定められている。

　必要な教示がなされなかった場合には，当該処分に不服がある者は当該処分庁に不服申立書を提出することができ，不服申立書が提出された場合には，当初から適法な審査請求または当該法令に基づく不服申立てがなされたものとみなされる（行審法83条）。

　また，誤った内容の教示がなされた場合には，正しい教示に従った手続がなされたものとして取り扱うための規定がある（詳細は行審法22条参照。さらに再調査の請求において誤った教示がなされた場合の救済については行審法55条参照）。

3　審査請求制度の特徴——二段階審査

　2014年改正により導入された審査請求制度は，それ以前の審査請求ないし異議申立てと比較して，以下のような特徴を有しており，より公正性を強化したものとなっている。

審理員による審査

　第1の特徴は審理員による審査である。審査請求があった場合，審査庁は，審理員を指名して，以後は審理員が審査請求人と処分庁の両方の主張を聞きながら審査を進めることになる。

　審理員は，審査庁に所属する職員のうち，当該処分に関与しない者から選ばれる（そのほか，審理員となることのできない者として，行審法9条2項参照）。審理員は，審査請求手続を主宰し，審理手続を終結したときは，裁決に関する意見書を作成し，事件記録とともに，審査庁に提出する（行審法42条）。このよう

に審理員は，審査請求において要となる役割を負っている。

　以前の審査請求では審理を行う者についての規定がなく，処分関係者が審理を行うこともありえたことと比較すると，処分に関与しない者から選任される審査員による審査とした点で，中立性や公正性の面での改善がみられる。

　もっとも，改正の経過の中では，審理員の独立性をより強化すべきであるとの意見もあった。職務の独立性を確保するために，審理員を審査庁と完全に分離した部署に置く案や，審理員の職権行使の独立性を保障する明文規定を置く案なども提案されていたが，採用されなかった。

　審理員の選任は，審査庁が行う。「審査庁となるべき行政庁は，審理員となるべき者の名簿を作成するよう努めるとともに，これを作成したときは，当該審査庁となるべき行政庁及び関係処分庁の事務所における備付けその他の適当な方法により公にしておかなければならない」（行審法 17 条）。審理員は，審査庁に所属する職員でなければならないが，外部の人材（弁護士や大学教授等）を審理員として登用することも可能とされている。国や都道府県では，総務部局の職員や処分部局の（処分に関係しない）総務系職員が審理員となっている例が多いが，市町村では弁護士が審理員として任命されることもある（3 割程度との調査もある）。

　なお，行政委員会等が審査庁となる場合には，審理員による審理手続は行われない（行審法 9 条 1 項ただし書）。行政機関情報公開法・個人情報保護法に基づく処分については審理員による審理手続の規定は適用除外となる（行政機関情報公開法 18 条，個人情報保護法 42 条）。地方公共団体の情報公開条例，個人情報保護条例に基づく処分についても同様の運用を条例で定めることが可能である。

第三者機関への諮問

　第 2 の特徴は第三者機関によるチェックの保障である。審査庁は，審理員から意見書の提出を受けたとき，一定の場合を除き（→ **コラム17-②**），国にあっては行政不服審査会に，地方公共団体にあってはそこに設置される第三者機関（「行政不服審査会」の名称が多い）に，審理員意見書および事件記録の写しを添えて，諮問しなければならない（行審法 43 条）。

行政不服審査会および地方に設置される第三者機関（「○○県行政不服審査会」「○○市行政不服審査会」との名称がほとんどである）は，必要があると認める場合には，審査庁に資料の提出を求め，審査請求人からの書面資料の提出を受けるなどして，審査請求に係る事件について調査を行い，諮問に対する答申をまとめて審査庁に提出する。審査庁はそれを踏まえて裁決を行う。

　2014 年改正前の審査請求手続には，このような第三者機関によるチェックの機会保障はなかったが，改正後の審査請求では第三者機関への諮問手続を導入することで，審理手続の中立性・公正性の向上を図ったのである。

　国の行政不服審査会は総務省の下に置かれ，委員は 9 人，そのうち 3 人以内は常勤とすることができる。委員の任期は 3 年，両議院の同意を得て総務大臣が任命する。審査会は，委員のうちから，審査会が指名する者 3 人をもって構成する合議体（部会。委員が 9 人であるので 3 部会制となる）で，審査請求に係る事件について調査審議する。審査会には，専門の事項を調査させるため，専門委員を置くことができる。

　地方公共団体に置かれる第三者機関は，必ずしも常設の機関である必要はなく，「当該地方公共団体における不服申立ての状況等に鑑み同項〔1 項〕の機関を置くことが不適当又は困難であるときは，条例で定めるところにより，事件ごとに，執行機関の附属機関として，この法律の規定によりその権限に属させられた事項を処理するための機関を置くこととすることができる」（行審法 81 条 2 項）とされている。また，他の地方公共団体と共同設置することや，他団体へ委託をなすことも可能である。地方公共団体によっては審査請求の数が少なく，この種の第三者機関を常設する必要性に乏しいところもみられることからとられた措置である。

　行政不服審査会および地方の第三者機関は諮問機関であるので，審査庁は行政不服審査会等の答申内容には拘束されない。しかし，情報公開・個人情報保護審査会の経験に鑑みると，事実上尊重されることが多いと思われる。なお，審査庁の裁決において，「主文が審理員意見書又は行政不服審査会等若しくは審議会等の答申書と異なる内容である場合には，異なることとなった理由」を裁決書の中に記載しなければならない（行審法 50 条 1 項 4 号括弧書）とされている。

コラム17-② 行政不服審査会等への諮問が不要の場合

　審査請求手続が審理員による審査と行政不服審査会等への諮問の二段階審査に
なったことについては，公平性・独立性を強化したとして積極的な評価がある反
面で，手続が過重であって効率性に欠ける，あるいは審査請求人にとっても負担
が重いという批判もあった。民主党政権下でまとめられた「取りまとめ」では，
行政不服審査会等への諮問手続がなく，そのかわりに審理官の独立性を強化する
方向が示されていた。2014年改正では，手続の重装備化に対する批判に応えて，
行政不服審査会等への諮問対象を以下のように限定している。

　すなわち，次の場合には諮問を要しない（行審法43条1項1号～8号）。①審
査請求に係る処分について審議会等の議を経ている場合（行審法43条1項1号），
②裁決について行政委員会や地方議会等の議を経て行うことになっている場合
（同項2号），③不作為について審議会等の議を経て裁決をしようとする場合
（同項3号），④審査請求人から行政不服審査会等への諮問を希望しない旨の申
出がされている場合（ただし参加人から行政不服審査会等に諮問しないことにつ
いて反対する旨の申出がされている場合を除く。同項4号），⑤行政不服審査会
等によって，国民の権利利益および行政の運営に対する影響の程度その他当該事
件の性質を勘案して，諮問を要しないものと認められた場合（同項5号），⑥審
査請求を不適法却下する場合（同項6号），⑦審査請求人の請求を全面的に認容
（全部取消し，全部撤廃，申請全部認容）する場合（ただし全部認容に反対する
旨の意見書が提出されている場合や口頭意見陳述において反対する旨の意見が述
べられている場合を除く。同項7号・8号）。

　処分について審議会等の議を経ている場合や，裁決について行政委員会や地方
議会等の議を経て行うことになっている場合に行政不服審査会等への諮問が不要
とされているのは，審議会や行政委員会や議会が行政不服審査会と匹敵する役割
を果たしていると考えられたからであろうが，実際には，役割はかなり異なる場
合がある。したがって，一律に諮問不要としたのは適切であるのか議論の余地が
あろう。

4　行政上の不服申立ての審理手続

標準審理期間

　2014年改正で，新たに，審査請求に要する標準審理期間の設定・公表が努力義務として規定されている。すなわち，審査庁となるべき行政庁は，審査請求がその事務所に到達してから当該審査請求に対する裁決をするまでに通常要すべき標準的な期間を定めるよう努めるとともに，これを定めたときは，当該審査庁となるべき行政庁および関係処分庁の事務所における備付けその他の適当な方法により公にしておかなければならない（行審法16条）。もっとも，現実の運用では，標準処理期間の設定は十分に機能していない。

審査請求手続の開始

　審査請求は，他の法律（条例に基づく処分については，条例）に口頭でできる旨の定めがある場合を除き，審査請求書を提出して行わなければならない（行審法19条1項。審査請求書に書くべき事項については，同条2項・3項を参照。また，口頭で審査請求をする場合の手続については，行審法20条を参照）。

　審査請求は，代理人によってすることができる（行審法12条1項）。多数人が共同して審査請求をしようとするときは，3人を超えない総代を互選することができる（行審法11条）。

　審査請求は審査庁に対して行うが，審査庁が処分庁等と異なる場合における審査請求は，処分庁等を経由してすることができる（行審法21条）。

参　加　人

　審査請求人以外の者で，審査請求に係る処分または不作為に係る処分の根拠となる法令に照らし当該処分につき利害関係を有するものと認められる者は，利害関係人として，審理員の許可を得て，当該審査請求に参加することができる（行審法13条1項）。また，審理員は，必要があると認める場合には，利害関係人に対し，当該審査請求に参加することを求めることができる（同条2項）。

要件審査と補正

審査請求書を受けとった審査庁は，記載事項に不備があれば，相当の期間を定め，その期間内に不備を補正すべきことを命じなければならない（行審法23条）。審査庁は，期限内に不備の補正がなされないとき，または，審査請求が不服申立要件を欠き不適法であって補正することができないことが明らかなときには，審理員による審理手続を経ることなく，裁決で，当該審査請求を却下することができる（行審法24条）。

審査請求書に不備がなく，不服申立要件も満たしている場合には，審査庁は，審理員を指名する。その後の審理手続は審理員が主宰して進めることになる。

審理手続の計画的進行

審査請求手続では，審理手続の計画的進行が謳われている。すなわち，審査請求人，参加人，処分庁等（以上をあわせて「審理関係人」という）ならびに審理員は，簡易迅速かつ公正な審理の実現のため，審理において，相互に協力するとともに，審理手続の計画的な進行を図らなければならない（行審法28条）。

さらに審理員は，審理すべき事項が多数で論点が錯綜しているなどの複雑な事件においては，期日および場所を指定して，審理関係人を招集し，あらかじめ，これらの審理手続の申立てに関する意見の聴取を行うなど，審理手続を計画的に遂行することができる（行審法37条1項）。審理関係人が遠隔の地に居住している場合等では，音声の送受信による意見の聴取を行うことができる（同条2項）。

弁明書と反論書

審査請求での審理は，審査請求書，弁明書，反論書など，基本的には書面のやりとりに基づいて行われる（書面審理原則。なお口頭意見陳述については後述参照）。

審査請求を受けて，審理員は，審査請求書（または審査請求録取書）の写しを処分庁に送付するとともに，相当の期間を定めて，処分庁に対して弁明書の提出を求めるものとする（行審法29条1項・2項）。

弁明書には，処分についての審査請求の場合には処分の内容および理由を，

不作為についての審査請求の場合には処分をしていない理由ならびに予定される処分の時期，内容および理由を記載しなければならない（同条3項）。また，行政手続法に基づく聴聞または弁明手続を経ている場合には，先の弁明書に，聴聞手続または弁明手続で作成された聴聞調書および報告書（行手法24条1項・3項）または弁明書（行手法29条1項）を添付しなければならない（行審法29条4項）。

審理員は，処分庁等から弁明書の提出があったときは，これを審査請求人および参加人に送付しなければならない（同条5項）。

審査請求人は，弁明書に記載された事項に対する反論を記載した反論書を提出することができる。参加人は，審査請求に係る事件に関する意見を記載した意見書を提出することができる。審理員は，審査請求人から反論書の提出があったときはこれを参加人および処分庁等に，参加人から意見書の提出があったときはこれを審査請求人および処分庁等に，それぞれ送付しなければならない（行審法30条）。

口頭意見陳述の機会

審査請求人または参加人の申立てがあった場合には，審理員は，申立人に口頭で審査請求に係る事件に関する意見を述べる機会を与えなければならない（行審法31条1項）。

口頭意見陳述は，審理員が期日および場所を指定し，すべての審理関係人を招集してさせるものとする（同条2項）。口頭意見陳述において，申立人は，審理員の許可を得て，補佐人とともに出頭することができる（同条3項）。口頭意見陳述において，審理員は，申立人のする陳述が事件に関係のない事項にわたる場合その他相当でない場合には，これを制限することができる（同条4項）。口頭意見陳述に際し，申立人は，審理員の許可を得て，審査請求に係る事件に関し，処分庁等に対して，質問を発することができる（同条5項）。

2014年改正以前にも，審査請求人または参加人の申立てがあれば審査庁は申立人に口頭で意見を述べる機会を与えなければならないとされていたが，処分庁の出席義務はなく，処分庁に対して直接質問することもできなかった。2014年改正により，処分庁等に対する質問権も保障されたので，対審手続に

一歩近づいたと評価することができる。

証拠書類の提出

　審理において，審査請求人または参加人は，証拠書類または証拠物を提出することができ，処分庁等も，当該処分の理由となる事実を証する書類その他の物件を提出することができる（行審法32条）。

職権証拠調べ

　審理員は，審査請求人もしくは参加人の申立てによりまたは職権で，適当と認める者に，参考人としてその知っている事実の陳述を求め，または鑑定を求めることができる（行審法34条）。さらに，審理員は，審査請求人もしくは参加人の申立てによりまたは職権で，必要な場所につき，検証をすることができ（行審法35条），審査請求人もしくは参加人の申立てによりまたは職権で，審査請求に係る事件に関し，審理関係人に質問することができる（行審法36条）。

閲覧・謄写請求権

　審査請求人または参加人は，審理手続が終結するまでの間，提出書類等の閲覧または写し等の交付を求めることができる。この場合に，審理員は，「第三者の利益を害するおそれがあると認めるとき，その他正当な理由があるとき」でなければ，その閲覧または交付を拒むことができない（行審法38条1項）。なお，2014年改正前は，審査請求人または参加人に閲覧請求権は認められていたが謄写請求権は認められていなかった。

　閲覧・謄写の対象となる書類等について，2014年改正後の行審法は「第29条第4項各号に掲げる書面又は第32条第1項若しくは第2項若しくは第33条の規定により提出された書類その他の物件」と規定している。審理員審理の基礎となった書類・物件等が広く含まれると解される。

審理員による審査手続の終了

　審理員は，必要な審理を終えたと認めるときは，審理手続を終結する（行審法41条1項）。提出期間内に弁明書，反論書，意見書，証拠書類等が提出され

なかったときにも，審理員は審理手続を終結することができる（同条2項）。

審理手続を終結したときは，審理員は，遅滞なく，審査庁がすべき裁決に関する審理員意見書を作成し，速やかに，事件記録とともに，審査庁に提出しなければならない（行審法42条）。

行政不服審査会等での審理

審理員による審査が終結すれば，審査庁は，行政不服審査会（または地方の第三者機関）に事件を諮問しなければならない。

審査会は，必要があると認める場合には，事件に関し，審査請求人，参加人または審査庁（以下では「審査関係人」という）にその主張を記載した書面または資料の提出を求め，あるいは，適当と認める者にその知っている事実の陳述または鑑定を求めるなど，必要な調査をすることができる（行審法74条）。指名する委員に調査をさせることもできる（行審法77条）。

審査会は，審査関係人の申立てがあった場合には，当該審査関係人に口頭で意見を述べる機会を与えなければならない（ただし審査会がその必要がないと認める場合にはこの限りでない。行審法75条）。

審査関係人は，審査会に対し，主張書面または資料を提出することができる（行審法76条）。

審査関係人は，審査会に対し，審査会に提出された主張書面もしくは資料の閲覧または写しの交付を求めることができる。この場合，審査会は，「第三者の利益を害するおそれがあると認めるとき，その他正当な理由があるとき」でなければ，その閲覧または交付を拒むことができない（行審法78条）。

審査会における審査手続の終了

審査会の審査が終われば，審査会は答申をまとめ審査庁に提出する。審査会が諮問に対する答申をしたときは，答申書の写しを審査請求人および参加人に送付するとともに，答申の内容を公表する（行審法79条）。

5　行政上の不服申立ての終了

審査請求手続の終了

審査請求は，審査庁が裁決をなすことで終了する。審査請求人は，裁決があるまでは，いつでも，書面で，審査請求を取り下げることができる（行審法27条）。

裁決の種類

裁決は，訴訟の判決と同様，却下裁決，棄却裁決，認容裁決に分けられる。すなわち，審査庁は，不服申立要件を欠く不適法な審査請求に対しては却下裁決を，本案審理の結果審査請求に理由がない場合には棄却裁決を，審査請求に理由がある場合には認容裁決をなす。

棄却裁決の一類型として事情裁決がある。すなわち，「審査請求に係る処分が違法又は不当ではあるが，これを取り消し，又は撤廃することにより公の利益に著しい障害を生ずる場合において，審査請求人の受ける損害の程度，その損害の賠償又は防止の程度及び方法その他一切の事情を考慮した上，処分を取り消し，又は撤廃することが公共の福祉に適合しないと認めるときは，審査庁は，裁決で，当該審査請求を棄却することができる。この場合には，審査庁は，裁決の主文で，当該処分が違法又は不当であることを宣言しなければならない」（行審法45条3項）。

認容裁決の内容

認容裁決の内容は，審査請求で求められた請求内容に応じて多様である。

処分についての審査請求に理由がある場合には，審査庁は，処分の全部または一部を取り消す裁決や，処分内容を変更する裁決をなす。もっとも，処分内容を変更する裁決は，審査庁が処分庁の上級行政庁または処分庁である場合に限定されている（行審法46条）。

事実上の行為に対する審査請求に理由がある場合には，審査庁は，「当該事実上の行為が違法又は不当である旨を宣言する」とともに，処分庁に対して当

該事実上の行為の全部または一部を撤廃しまたは変更すべき旨を命ずる裁決（審査庁が処分庁以外の場合），あるいは，当該事実上の行為の全部または一部を撤廃しまたは変更する裁決（審査庁が処分庁の場合）をなす。もっとも，審査庁が処分庁の上級行政庁以外の審査庁である場合には，当該事実上の行為を変更すべき旨を命ずることはできない（行審法47条）。

不作為についての審査請求に理由がある場合には，審査庁は，「当該不作為が違法又は不当である旨を宣言する」とともに，当該申請に対して一定の処分をすべきものと認めるときは，当該不作為庁に対し当該処分をすべき旨を命ずる裁決（審査庁が不作為庁の上級行政庁である場合），あるいは，当該処分をするとの裁決（審査庁が不作為庁である場合）をなす（行審法49条3項）。

不利益変更の禁止

処分についての審査請求に対して裁決をなす場合，「審査庁は，審査請求人の不利益に当該処分を変更し，又は当該事実上の行為を変更すべき旨を命じ，若しくはこれを変更することはできない」（行審法48条）。この不利益変更禁止の原則は，行政不服審査制度が国民の権利保護を目的とした制度であることに由来する。

裁決の方式

裁決書には，①主文，②事案の概要，③審理関係人の主張の要旨，④理由を記載しなければならない。主文が審理員意見書または行政不服審査会等もしくは審議会等の答申書と異なる内容である場合には，理由の記載の中に，異なることとなった理由を含めなければならない（行審法50条1項）。

行政不服審査会等の答申は公表されているが，行政不服審査会等への諮問を要しない場合には，裁決書に審理員意見書を添付しなければならない（同条2項）。

再審査請求をすることができる裁決をする場合には，裁決書に再審査請求をすることができる旨ならびに再審査請求をすべき行政庁および再審査請求期間を記載して，これらを教示しなければならない（同条3項）。

裁決の効力

裁決は，処分庁をはじめとする関係行政庁を拘束する（行審法52条1項）。

申請に基づいてした処分が手続の違法もしくは不当を理由として裁決で取り消され，または申請を却下し，もしくは棄却した処分が裁決で取り消された場合には，処分庁は，裁決の趣旨に従い，改めて申請に対する処分をしなければならない（同条2項）。

6 仮 の 救 済

不服申立ての提起は，処分の効力，処分の執行または手続の続行を妨げない（執行不停止原則。行審法25条1項）ので，仮の救済として，執行停止の制度が認められている。なお，行政事件訴訟法では，仮の救済として，仮の義務付けや仮の差止めも定められているが，行政不服審査法ではこれらの仮の救済は認められていない。

執行停止の要件

執行停止の制度は取消訴訟の場合と基本的には同じであるが，以下のような点で違いがある。

審査庁が上級行政庁または処分庁である場合に，審査庁は，「必要があると認める場合には」，審査請求人の申立てによりまたは職権で，処分の効力，処分の執行または手続の続行の全部または一部の停止その他の措置（以下「執行停止」という）をとることができる（行審法25条2項）。

審査庁が処分庁の上級行政庁または処分庁のいずれでもないときには，「必要があると認める場合には」，審査請求人の申立てにより，処分庁の意見を聴取した上で，執行停止をすることができる。ただし，処分の効力，処分の執行または手続の続行の全部または一部の停止以外の措置をとることはできない（同条3項）。

審査請求人の申立てがあった場合，処分，処分の執行または手続の続行により生ずる重大な損害を避けるために緊急の必要があると認めるときは，審査庁は，「執行停止をしなければならない」（同条4項）とされている。ただし，公

共の福祉に重大な影響を及ぼすおそれがあるとき，または本案について理由がないとみえるときは，この限りでない（同項）。

　なお，審査庁による執行停止をしない旨の決定に不服があれば，審査請求人は執行不停止決定の取消訴訟を提起できる（東京地判平成 28・11・29 判タ 1445 号 189 頁）。

執行停止についての審理員の意見書

　審理員は，必要があると認める場合には，審査庁に対し，執行停止をすべき旨の意見書を提出することができる（行審法 40 条）。審理員から意見書が提出されたときは，執行停止の申立てがあったときと同様，審査庁は，速やかに，執行停止をするかどうかを決定しなければならない（行審法 25 条 7 項）。

執行停止の取消し

　執行停止をした後において，執行停止が公共の福祉に重大な影響を及ぼし，その他事情が変更したときは，審査庁は，その執行停止を取り消すことができる（行審法 26 条）。

⑦　改正行政不服審査法の運用状況と今後の課題

　改正行政不服審査法が施行（2016 年 4 月 1 日）されて以後 6 年半（2022 年 9 月末現在）が経過した。そこで，これまでの運用状況と今後の課題について簡単にまとめておきたい。

数量的まとめ

　まず，総務省の「行政不服審査法施行状況調査」（不定期）によると，改正法が施行されたからといって，新規の不服申立数はそれほど増えているわけではない。

　国においては，新規不服申立数は，改正前の 2011 年度が 3 万 21 件，2014 年度が 8 万 8505 件であったが，改正後の 2016 年度が 2 万 8294 件（うち新法適用が 2 万 3574 件），2018 年度が 6 万 4109 件（新法 4 万 1256 件），2019 年度が 6

万 8519 件（新法 3 万 1715 件）である。また，地方公共団体全体では，2011 年度が 1 万 8290 件，2014 年度が 2 万 4770 件であったが，改正後の 2016 年度が 1 万 4767 件（うち新法適用が 1 万 3561 件），2018 年度が 2 万 3556 件（新法 1 万 6452 件），2019 年度が 2 万 7998 件（新法 1 万 4527 件）となっている。

次に，質的な変化はなかなか測定しがたいが，たとえば審査請求に対する裁決での認容率（一部認容も含む）の変化をみてみると，改正前と改正後で顕著な変化がみられるわけではない。

国の場合，改正前の 2011 年度の認容率が約 10.5%（異議申立て，審査請求，再審査請求を含んだ全体），2014 年度が 1.5% であり，改正後の 2016 年度が 5.5%，2018 年度が 5.5%，2019 年度が 5.1% である。また，地方公共団体の場合，改正前の 2011 年度が約 2.8%（異議申立て，審査請求，再審査請求を含んだ全体），2014 年度が 2.1% であり，改正後の 2016 年度が 3.3%，2018 年度が 6.8%，2019 年度が 4.7% である。

もっとも，以上の統計は全体の傾向がうかがえるものの，必ずしも行政不服審査法の運用実態を正確に示すものではない。分野別にみれば情報公開分野での認容率が比較的高いと推測されるので，分野別の分析が求められるし，地方公共団体による差異もかなりあるのではないかと考えられる。たとえば，大阪府行政不服審査会の生活保護関係部会における運用では，6 年間で 124 件の答申を出し，そのうち請求を認容した答申は 31 件（認容率約 25%）であった。

運用状況のまとめと今後の課題

以下では，これまでの運用状況と今後の課題をまとめておく。

第一に，行政不服申立ては行政訴訟と比べて簡易・迅速性がメリットとされてきた。確かに無料で利用できる審査請求は国民にとって簡易な救済機関としての意義がある。審査請求を受理する行政機関は国民の訴える内容を可能な限り丁寧に受け取って，手続にのせているように思われる。他方で，審理員手続と行政不服審査会手続の二重の手続は公平性を高めたと言えるが，その分，迅速性がいくぶん犠牲になっているようにも思われる。

第二に，国や都道府県の場合には審理員は処分所管部局の総務担当職員が担う場合が多いが，市町村の場合には弁護士が任命されることも相当数みられる。

職員が審理員の場合には当該行政分野の専門知識が期待できるし，弁護士の場合には第三者としての公平性が期待できる。また行政不服審査会は第三者機関として，審理員意見書を前提に，重点的な審査を行うことができる。審理員手続と行政不服審査会手続との二重の手続は重装備に過ぎるのではないかとの批判もあったが，運用の中で両者の適切な役割分担が進めば，相当うまく機能するのではないかと思われる。

第三に，国および地方自治体の行政不服審査会に弁護士や研究者が委員として参加し，審査請求をきっかけとして行政活動の全分野について再吟味を行うことの意義は大きい。かねて情報公開審査会が情報公開の推進に大きな役割を果たしてきたが，それと同様の役割を行政不服審査会が果たしつつあるのではなかろうか。この点についてはもう少し長期的に運用を観察してゆく必要があるが，改正後の行政上の不服申立制度は行政活動の法的統制手段として従来以上に大きな役割を果たすことが期待できる。

8　その他の行政上の救済制度

行政上の不服申立制度以外にも，行政活動に対する国民の不満を行政機関に訴え，その解決を図るための制度が存在する。その幾つかを紹介しておく。

苦情処理制度

国民が行政活動について不満をもった場合には，通常は，担当行政機関の窓口に行って苦情を述べるであろう。担当職員がその苦情を聞いた上で，制度の趣旨や解決策などを説明することだろう。このようなシステムを苦情処理制度と呼ぶ。

苦情処理制度は，単に事実上行われているだけの場合もあれば，一定の統一窓口を設けて制度として行われている場合もある。後者の一例としては行政相談員制度がある。すなわち，全国の市町村には，行政相談員法に基づき，総務省の委嘱を受けた行政相談員が5000人ほど配置されており，国が提供する行政サービスに対する苦情や，行政の仕組み・手続に関する相談などを受けつけている。

苦情処理制度は，その利用に関して厳格なルールはなく，国民が気軽に利用できる制度として一定の役割をもっている。しかし行政機関側に苦情を処理する義務があるわけではなく，事実上のサービスとして行われているにとどまる。

オンブズマン制度

先進的な地方公共団体では，オンブズマン（オンブズパーソン）条例を制定し，市民の苦情・意見・要望を受けてその解決を図る独立した職である「オンブズマン」を設置するところが出てきている（オンブズマンの意味について，**コラム10-②** を参照）。

1990 年に川崎市がオンブズマン制度を導入したのがわが国での制度化の最初であるが，その後，藤沢市，新座市，新宿区，三鷹市，府中市，札幌市，つくば市，調布市，北見市，明石市，熊本市など，さらに都道府県では，沖縄県，宮城県，山梨県，秋田県，北海道などで制度化が進んでいる。

2014 年に制度化された兵庫県三田市オンブズパーソン条例を例にとって，その概略を説明する。①オンブズパーソンの定数は 2 名で，任期は 3 年，市長の付属機関として設置されるが，職務の独立性が保障され，条例に定める解職事由に該当する場合以外は意に反して解職されない。②市の行政活動に利害を有する者は，市行政に関する意見・要望等をオンブズパーソンに申し立てることができ，申立てがあればオンブズパーソンは当該意見等に関する調査を行い，その結果を申立人と関係する市の機関に通知する。③調査の結果，必要があれば，オンブズパーソンは，市の行政活動に関する是正勧告や改善意見を表明することができ，勧告や意見の表明を受けた市の機関はこれを尊重しなければならない。④勧告・意見はその都度公表されるほか，毎年の活動状況が報告書として公表される。

オンブズマン制度は，地方公共団体の内部にあって一定の独立性を有した個人（大学教授や弁護士が選任されることが多い）が，市民の意見・要望を受けて調査し，改善の提言を行うものである。行政上の不服申立制度ほど厳格な手続ではなく市民が気軽に利用できるし，一般の苦情処理制度と比べると独立性・中立性が確保されているので市民の信頼を得やすい制度となっている。オンブズマン（オンブズパーソン）に人材を得ることができれば，市民にとって利用しや

すく有意義な制度となると思われる。

第**5**編　国家補償法

　　第**4**編では，違法な行政活動の防止・是正のための行政救済法として，行政争訟法を取り上げたが，これに対し，行政活動によって生じた損害の補填のための救済制度には，いかなるものがあるのだろうか。この問題を扱うのが「国家補償法」である。

　　国家補償とは，さまざまな行政活動によって自己の権利利益を侵害された国民を，金銭等による補填措置によって救済する法制度である。国家補償の中には，まず，国や地方公共団体等の違法な活動によって国民に損害を生じさせた場合に，加害者である国等が負うべき賠償責任に関する法制度として，国家賠償がある。これに対し，あくまでも正当な公益実現のための適法な行政活動だが，それにより特定の私人が特別の犠牲として被る損失に対する補填の法制度として，損失補償がある。国家補償法は，このように，損失を生じさせる国家行為がそもそも違法なのか適法なのかによって，二つの法制度に分かれるのである。

　　警察官の違法な取調べや税務署職員の違法な徴税業務によって被害を受ける場合や，ズサンな道路管理によって追突事故や落石事故が起きる場合は，国家賠償法適用の典型的ケースである。これに対し，道路，空港，発電所等の公益的施設建設のため必要な用地として私人の土地を取り上げる場合（公用収用）は，損失補償の典型的な適用ケースである。

　　以下では，国家賠償法に関する解説からはじめることにしよう。

第18章
公権力の行使に関する賠償

1 賠償責任の根拠

国家無答責

　バス会社の運転手がバスの運転を誤って歩行者を傷つけた場合，直接の加害者である運転手とともに，使用者であるバス会社も被害者に民法上の賠償責任を負うことは，常識である（民法715条）。そうであれば，都道府県職員である警察官がパトカーの運転を誤った場合も，使用者である都道府県が賠償責任を負うことは，現在では当然と思われる。

　しかし，このような公権力の行使に当たる公務員の不法行為について，国や地方公共団体が賠償責任を負うとする制度が確立したのは，欧米諸国においても，20世紀中盤といわれる。それまでは，「王は不善をなさず」といった国家の過誤を否定する建前を前提にして，国家の賠償責任を否定する「国家無答責」の原則が支配していたのである。わが国においても，明治憲法下においては，国や地方公共団体の賠償責任を認める法律はなく，公共施設の管理などの非権力的作用に民法上の賠償責任が認められた例はあるものの，公務員の公権力の行使に関する国等の賠償責任は否定されていた。さらに，公権力の行使について民法の適用はないとして，公務員自身の賠償責任も否定されていた。

> **コラム18-①　戦後補償と国家無答責**
>
> 　近年，第二次大戦時の強制連行などについての国の不法行為責任を追及する外国人による訴訟が数多く提起されている。これらの訴訟において，国は，こうした行為の当時は国家無答責の原理が妥当し，国家賠償法は遡及適用されないから，

国に賠償責任はないと主張し，これを認めた裁判例もある（長野地判平成18・3・10判時1931号109頁）。しかし，国家無答責は，実定法ではなく判例による法解釈にすぎないから，現在の裁判所を拘束するものではないなどとして，当時の民法の新たな解釈により国の賠償責任を肯定する裁判例もあり（東京高判平成15・7・22判時1843号32頁），対立がある。国家無答責の問題は，いまだに，過去の歴史とはなっていないのである。

国家賠償制度の成立

これに対して，現行憲法は，国民の権利救済の拡大のため，その17条において，「何人も，公務員の不法行為により，損害を受けたときは，法律の定めるところにより，国又は公共団体に，その賠償を求めることができる」と規定して，公務員の不法行為に関する国と地方公共団体の賠償責任を明文化した。これをうけて，国家賠償法が制定され，その1条1項において，公権力の行使に当たる公務員による不法行為について，国等の賠償責任を認めることとなったのである。

なお，国や地方公共団体による損害賠償については，国家賠償法の規定のほか，民法の規定によることとされる（国賠法4条）。したがって，同法によって国家賠償が請求できない場合についても，民法により損害賠償を請求できる可能性があることになるし，国家賠償法が適用になる場合にも，民法の規定が補充的に適用される余地がある。失火の責任を故意または重過失に限定する失火責任法は民法の特則であるが，これが消防職員の消火活動についての国家賠償にも適用されるとする判例もある（最判昭和53・7・17民集32巻5号1000頁）。

また，他の法律に別段の定めがあるときは，それによることとなる（国賠法5条）。無過失による損害賠償を認める規定などのほか（消防法6条2項など），郵便事故に対する国の免責を定めていた旧郵便法の規定などが「別段の定め」ということになる。ただし，後者のうち，書留郵便等に関する免責規定については，憲法17条に違反するとする違憲判決がなされている（最大判平成14・9・11民集56巻7号1439頁）。

代位責任説と自己責任説

　公務員の不法行為について，何ゆえ国や地方公共団体が賠償責任を負わなければならないのか，については，「代位責任説」と「自己責任説」の対立があった。前者においては，不法行為に関する責任は，本来的には，公務員に帰属すべきものであるが，被害者の救済などの目的から，国等が代わって賠償すべきものとされた，と説明される。これに対して，後者においては，国等は，公権力に内在する危険性から生ずる危険責任など，独自の根拠によって，公務員本人の責任とは別に，みずからの責任として賠償すべきこととされた，と説明される。

　国家賠償法については，その規定の文言から見ても，また，公務員自身の故意過失を賠償の要件として，本人への求償を認めるという構造から見ても，代位責任説を前提としているという理解が一般的である。代位責任説においては，公務員本人の不法行為責任の成立が国等の責任の前提とされるため，これを徹底すれば，のちに触れる加害者である公務員の特定や主観的過失の認定などを厳格に求めるといった傾向となるが，自己責任説においては，これらに拘泥する必然性はないこととなる。しかし，この結びつきは，論理必然的なものとはいえず，現在では，自己責任説とは異なる根拠から，これらを柔軟に解釈する見解が一般化しており，両説の相違が実際の結論に与える影響は小さくなっている。

公務員の個人責任

代位責任説と自己責任説との相違と関連して，加害者である公務員の個人責任の問題が争われてきた。すなわち，民法上の使用者責任においては，使用者が賠償責任を負う場合でも，加害者本人も連帯して賠償責任を負うことになり，被害者は，使用者と加害者の両方に賠償請求できることとされている。

これに対して，国家賠償法は，国等が被害者に賠償した場合に，加害公務員に故意または重過失があれば，求償を請求できることとしている。しかし，被害者が加害公務員本人に対して直接に賠償請求できるか否かについては，特段の規定はなく，これが認められるか否かについては，争いがある。判例は，このような加害公務員の個人責任について，これを一貫して否定しているが（最判昭和30・4・19民集9巻5号534頁など），求償の規定にならって，加害公務員に故意または重過失のあるときには，個人責任も認められるとする主張もある。

コラム18-③　公務員への求償

国家賠償法1条2項は，国等が被害者に賠償した場合に，加害者たる公務員に「故意又は重大な過失」が認められれば，それを求償することにより，その負担を求めることができるとしている。結局，公務員は，通常の過失しか認められない場合には，完全に免責されるものの，重過失等が認められる場合には，求償を受ける立場となる。もっとも，その現実の支払いが困難である場合なども少なくないため，実際に求償がなされる例は，多くはなかったようである。しかし，こうした状況に対しては，住民などからの批判も高まっており，地方公共団体に対して，加害者たる公務員に求償することを求める住民訴訟なども提起されるようになっている（最判平成29・9・15判時2366号3頁）。

個人責任否定の理由

いずれにせよ，判例などが加害公務員の個人責任を否定する理由は，以下のような現実的な配慮によるものと考えられる。すなわち，民法上の使用者責任においては，使用者は多様であり，十分な資力を有しないこともありうるから，被害者の救済のためには，加害者本人への賠償請求の途も残しておく必要がある。しかし，国家賠償においては，国等によって確実に賠償がなされるわけで

あるから，加害公務員の個人責任の追及は，被害者にとって，報復感情を満足させる以上の実益はないこととなる。

　他方，公権力の行使については，事故等の高いリスクをはらむものも少なくない。もし，その結果について個人責任が追及されることとなると，その不安から，積極的な公務の遂行が妨げられることにもなりかねない。このため，個人責任を認めるべきではないと解されてきたわけである。

2　賠償の要件

公　務　員

　国家賠償法1条1項は，「国又は公共団体の公権力の行使に当る公務員が，その職務を行うについて，故意又は過失によつて違法に他人に損害を加えたときは，国又は公共団体が，これを賠償する責に任ずる」と規定している。ここでいう「国又は公共団体」の「公務員」とは，国家公務員法あるいは地方公務員法の適用される公務員に限定されるわけではない。もともと，「公共団体」には，特殊法人や公共組合なども含みうると解されていたから，それらの職員も公務員とされる余地がある。

　さらに，知事の措置により児童を養育する民間施設の職員が公務員とされた例があるように，私人であっても，委託などによって「公務」を遂行していれば，ここでいう公務員として扱われるのである。その者と国等との間に雇用等の契約関係がある必要もない。結局のところ，不法行為をした者が公務員に該当するか否かは，その者の地位や身分等ではなく，その者の職務の内容や性格により決まるのである。そうなると，その者について国等の賠償責任が成立するか否かは，その職務がのちに見る「公権力の行使」に当たる者か否かによって決せられることとなるのであり，公務員か否かが独立に問題となる余地は，それほどない。

──　**発展問題18-①**　**民間法人職員の公務員性**　────────────

　民間団体が国や地方公共団体の公務の一翼を担うことは少なくない。たとえば，都道府県等の建築主事と並んで，民間法人である指定確認検査機関に建築確認の権

限が与えられているが（建基法6条の2），この事務に従事する同法人の職員が国家賠償法上の「公務員」と認められることは疑いない。また，都道府県知事の入所措置（児童福祉法27条1項）によって児童を養育する児童養護施設も，社会福祉法人などの民間の運営によるものが少なくないが，そこで入所児童の養育監護に当たる同法人の職員も「公務員」と認められることに異論は少ない。

　むしろ問題は，これらの職員の不法行為について，当該法人と都道府県等のいずれが「公共団体」として賠償責任を負うのか，である。この問題については，こうした公務における官民間の役割あるいは責任分担の考え方によって，意見が分かれる。しかし，前者について，最高裁は，民間法人による建築確認も地方公共団体の事務であるとして，それに対する取消訴訟を地方公共団体を被告とする国家賠償請求訴訟に変更することを認めている（最決平成17・6・24判時1904号69頁）。同様に，後者についても，法人職員による児童の養育監護行為は都道府県の公権力の行使であるとして，都道府県の賠償責任を認めている。一方，法人の責任については，職員個人の責任が否定されていることとのバランスから，これを否定している（最判平成19・1・25民集61巻1号1頁）。

公務員・行為の特定性

　ここでいう「公務員」は，本来，個別具体的な個人を念頭においていたものと考えられるが，機動隊によるデモの鎮圧行動によるデモ参加者の負傷といった集団的活動による損害においては，加害者である個別の公務員が特定できないということも起こりうる。こうした場合については，一般に，いずれかの公務員の加害行為によるものであることが立証されれば足り，個別の加害公務員を特定する必要はないと解されている。

　さらに，近年では，公害被害に対する国等の対応といったように，行政機関の組織的な決定の誤りが争われる例が少なくない。こうした場合については，その決定に関与した個々の公務員とその役割を明らかにすることは容易ではなく，あまり意味もない。そこで，組織内のどのような違法行為により被害が生じたかが特定できなくとも，一連の過程の中のいずれかが違法行為であり，それにより被害が生じたのであれば，賠償責任は認められるとする判例もある（最判昭和57・4・1民集36巻4号519頁）。

　結局，こうした場合においては，個別の公務員の個別の行為ではなく，全体

としての組織の決定過程そのものが問題とされるべきこととなる。実際上，多くの場合，象徴的な意味で大臣や知事などが「公務員」とされることとなるが，その具体的な関与の違法性が問題とされるわけではない。なお，合議体による決定（議会など）においては，合議体そのものが「公務員」とされる余地もある。

公権力の行使

国家賠償法1条による国等の賠償責任は，「公権力の行使に当る」公務員の不法行為に限られる。この結果，たとえば，都道府県職員である警察官の運転するパトカーの事故については，同条により都道府県が賠償責任を負うとしても，同じ都道府県職員である交通局職員が運転する公営バスの事故については，都道府県は本条による賠償責任を負わないこととなる。公営バスの運転が「公権力の行使」とは，言えないからである。

もっとも，こうした場合については，同条の適用はないものの，民法715条が適用されることとなり，都道府県は，使用者として賠償責任を負うこととなる。結局，適用条文に違いはあるものの，「公権力の行使」に当たるか否かにかかわらず，公務員の不法行為については，国等が賠償責任を負うこととなる。

民法の使用者責任と国家賠償法による賠償責任とでは，前者においては，選任監督の義務を尽くすことによる免責の規定があり，後者においては，個人責任が排除されるなど，多少の相違があるが，民法においても，免責が実際に認められることは少ないなど，両者の実質的な差異は，それほど大きくはない。そこで，「公権力の行使」の範囲を厳密に画する実益は少ないこととなり，学説・判例とも，これを柔軟に解釈し，それを広義に解釈してきた。この点では，同じ「公権力の行使」の文言であっても，行政事件訴訟法3条が厳格に解釈されてきたのとは対照的であり（→12章2），その範囲は大きく異なる。

ここでは，行政指導や情報提供など，「権力」という表現のそぐわないものを含めて，幅広い行政活動が対象とされることとなっている。そのほか，学校における教育活動なども，公立と私立とで活動内容に差異があるわけではないが，公立学校における事故等についても，国家賠償法1条を適用するのが通例となっている。

結論的には，公営企業の活動など，純粋な経済活動を除く行政活動の多くが
「公権力の行使」と解されているといってよい（広義説）。なお，「公権力の行
使」には，公権力を行使しないことも含まれることは争いがなく，のちに触れ
るように，行政権限の不行使（不作為）の違法を理由とする賠償請求も多くな
されている。ちなみに，国家賠償請求の訴訟は，「公権力の行使」に関わるも
のであっても，行政事件訴訟ではなく民事訴訟として扱われる。

職務との関連

ここでの国等の賠償責任は，公務員が「職務を行うについて」不法行為を行
った場合に限られる。たとえば，警察官による自動車事故であっても，休日の
マイカーによるドライブ中の事故については，都道府県が賠償責任を負う余地
がないのは明らかである。しかし，職員が実際に職務を行っているのか否かは，
外部の者の目からは必ずしも明らかでない。そこで，非番の制服警察官が職務
を装って犯罪行為に及んだ場合など，実際には職務を行っていなくても，「客
観的に職務執行の外形をそなえる行為」をした場合には，「職務を行うについ
て」の要件を満たすものとした判例がある（最判昭和31・11・30民集10巻11号
1502頁）。これを「外形標準説」と呼んでいる。ただし，実際には公務員でな
い者が，公務員の職務執行を装って不法行為をなしても，国等が賠償責任を負
わないことは，いうまでもない。

3 過失と違法

過失責任

国家賠償法1条による賠償責任の要件として，理論上も，実際の認定におい
ても，最も問題が多いのは，行為の「違法性」と「故意又は過失」の要件であ
る。まず，後者について概観すれば，同条も公務員の「故意又は過失」を賠償
の要件としている。民法上の不法行為と同様に，「過失責任主義」を前提とし
ており，国等の「結果責任」や「無過失責任」を認めているわけではない。こ
の結果，たとえば，警察官によるパトカー事故など，公務員の活動によって国
民が損害を被ることがあっても，公務員に過失が認められないかぎりは，他の

制度による補償はともかく，国家賠償は認められないこととなる。

発展問題18-②　国家賠償と故意

　民法上の不法行為においては，故意の認定のためには，結果の認識のみで足るものとされ，違法性の認識は要しないものとされている。そのまま国家賠償に適用すると，たとえば，税務署職員が納税者の所得の認定を誤って課税処分をなした場合なども，当該課税処分をする認識はあるわけであるから，故意が認められることになりかねない。もちろん，こうした解釈は常識にも合致しないし，公務員の過失を賠償の要件とした立法趣旨にもそぐわないこととなる。そこで，国家賠償において故意が認められるのは，公務員が違法であることを認識しながら公権力を行使するという例外的な場合に限られることとなる。

過失の客観化

　故意はもちろん，過失についても，本来は，「注意を怠る」という加害者の内心の状態が問題とされるわけであろうが，実際の認定においては，加害者の行動から客観的に判断するほかない。そこで，通常は，結果が予見可能であり（予見可能性），これを回避することが可能であったのに（回避可能性），こうした行動を取らなかったこと（回避義務違反），が過失であると説明されることとなる。「過失の客観化」が進行しているのである。

　さらに，こうした予見可能性や回避可能性も，本来は，加害者の能力によって相違があるはずであり，具体の加害者の能力を基準として，その有無を決すべきことになろうが，能力の個別認定は困難であり，また，それが賠償の有無に影響することは実際的でもないため，通常人の能力といった客観的な基準が用いられる傾向となる。その意味でも，「過失の客観化」が語られることになるのである。

　とりわけ，国家賠償においては，加害者自身が賠償責任を負うわけではないから，民法上の不法行為の場合以上に，加害者たる公務員の内心や個別能力を問題にするのは，不合理である。たとえば，もし，パトカーの事故において，運転する警察官の運転技術が足らなかったために，事故の回避可能性がなかったとして，被害者が賠償を受けられないといった事態が生ずるとすれば，いか

にも不合理であろう。そもそも，先に触れたような加害公務員の特定が不可能な場合などについては，平均的な公務員を基準とするほかない。結局，国家賠償においては，「過失の客観化」が徹底されることになり，一般に，平均的な公務員を基準として，予見可能な結果について回避義務に違反したことが過失であると考えられることとなる。特に，組織としての活動が問題とされる場合には，組織としての予見可能性と回避可能性が客観的に判断されることになるのである。

違法性と過失

　民法709条とは異なり，国家賠償法1条は，「故意又は過失」とは分けて，「違法」を要件として明記しているが，公務員の公権力の行使は，どのような場合に「違法」と評価されることになるのであろうか。行政活動と法との関係は，多様であるから，国家賠償法における違法の意味も，一義的ではない。

　まず，パトカー事故における警察官による運転や学校事故における教員による監督などを考えると，こうした例においては，事故を避けるために運転手や教員がなすべき行為について，法令が具体的なルール（行為規範）を定めているわけではない。したがって，こうした場合の運転手や教員の行為が違法とされるのは，たとえば道路交通法や学校教育法といった個別の法令の規定に違反するからではなく，より一般的に，公務員としての職務上の注意義務（安全に運転する義務，あるいは，生徒の安全を確保する義務）に違反する場合ということになる。そして，この注意義務違反の有無は，事故の予見可能性や回避可能性によって判断されることになるから，結局のところ，先に述べた客観化された過失としての回避義務違反と同義ということになる。

　ここでは，違法であるが無過失である行為は観念することはできず，国家賠償法1条の文言にかかわらず，違法性と過失とを区別することはできない。実際の判決においても，こうした場合においては，違法性と過失を区別することなく，注意義務違反の有無によって，一元的に判断している例が多い。とりわけ，「公権力の行使」が広く解されると，法令が明確な行為規範を定めていない行政活動が多く含まれることになり，それによって市民に損害が生じた場合については，このような一元的判断がなされることになる。さらに，のちに見

る規制権限の不行使などにおいても，類似の状況となる。

職務行為基準説

　これに対して，課税処分や許認可の取消処分によって相手方が損害を被った場合などについては，どうであろうか。こうした行政行為などは，その根拠法令により要件・効果といった行為規範が明確に定められているはずであり，さし当たり，これに違反すれば「違法」と言える。たとえば，課税処分については，所得税法などの課税要件を定める規定に違反していれば，違法ということとなり，その上で，十分な調査が尽くされていたか否かといった観点から過失の有無が判断されることとなろう。国家賠償法1条の文言も，こうしたケースを念頭においていたと考えられるが，実際の判決においても，こうした事案については，違法性と過失とを区別して，二元的に判断するのが通例であったと言える。

　しかし，先に述べた例などとの整合性を考えると，こうした場合についても，国家賠償法上の「違法」の判断で問題とされるべきなのは，公務員が職務上の注意義務を尽くしたか否かであって，なされた行政行為が結果として根拠法令に違反するか否かではない，とする考え方もありうる。そうなると，ここでも，違法性と過失とが一元的に判断されることとなるのである。こうした考え方を「職務行為基準説」と呼び，これによって，税額が過大な課税処分がなされても税務職員の職務上の注意義務が尽くされていれば国家賠償法上は違法ではない，とした最高裁判例もある（→　**ケースの中で18-①**　）。

> ### ケースの中で18-①　課税処分の違法と国家賠償
>
> 　課税処分について，根拠法に違反するとする取消判決が確定した場合に，これを国家賠償法上は違法でないとする判例があり，職務行為基準説の射程を大きく拡げるものとして注目されてきた。この事件では，ある業者の所得税確定申告に対して，より多くの収入があったのではないかとの疑いが生じたため，税務署が税務調査を実施することとなった。しかし，相手方が帳簿書類の検査に協力しないため，得意先などを反面調査して収入を認定し，そこから申告された経費等を控除して所得を算定して，更正処分をした。しかし，この更正処分については，その取消訴訟において，控除した経費が過少である等として違法とされ，その判決が確定することと

なった。しかし，これについての国家賠償請求について，最高裁は，所得金額を過大に認定した更正処分が直ちに国家賠償法にいう違法であったと評価されるわけではなく，税務署長が職務上通常尽くすべき注意義務を尽くすことなく漫然と更正をした場合に限り，違法の評価を受けるとし，本件における過大認定は，もっぱら経費を過少に申告する等の相手方の行為に起因するから更正に違法はないとしている（最判平成 5・3・11 民集 47 巻 4 号 2863 頁）。

結局，従来の考え方によれば違法だが無過失とされる事案が，職務行為基準説によれば違法ですらないと判断されるだけで，いずれの考え方によっても，賠償の認否という結論に直結するわけではなく，説明の仕方の相違にすぎないとも考えられる。しかし，前者によると，国家賠償訴訟と抗告訴訟とでの違法の意味が一致した（違法性一元説）のに対し，後者によると，両者が異なることになる（違法性二元説）。その結果，国家賠償訴訟において，行政活動の根拠法令との適合性が十分に審理されなくなる恐れがあるとする議論があるなど，これについての理論的評価は分かれている。さらに，前記の判決以降においても，最高裁が違法性と過失とを二元的に判断した例は，近年まで少なからずあり，職務行為基準説の適用範囲も流動的と言える。

─ 発展問題18-③ 職務行為基準説の射程 ─

一般には，国家賠償法 1 条 1 項における違法と過失の関係については，これを職務上の注意義務違反として一元的に判断する職務行為基準説によるのが判例の主流であると説明されている。たとえば，上の課税処分のケースの後にも，写真集について当時の関税定率法に基づき税関支署長がした「風俗を害すべき書籍，図画」に該当するとする輸入禁制品該当通知について，これに該当せず違法であるとして，取消訴訟を認容する一方，「本件通知処分をしたことが職務上通常尽くすべき注意義務を怠ったものということはできないから，……国家賠償法 1 条 1 項の適用上，違法の評価を受けるものではない」として，国家賠償請求は斥けている（最判平成 20・2・19 民集 62 巻 2 号 445 頁）。

他方で，外国人に対する不法在留であることを理由とする国民健康保険法に基づく健康保険証不交付処分については，不法在留であっても国内に住所を有すれば国民健康保険の適用があるから違法であるとする一方，「ある事項に関する法律解釈につき異なる見解が対立し，……そのいずれについても相当の根拠が認められる場

合に，公務員がその一方の見解を正当と解しこれに立脚して公務を遂行したときは，後にその執行が違法と判断されたからといって，直ちに上記公務員に過失があったものとすることは相当ではない」として，担当者の過失を否定して，国家賠償請求を斥けている（最判平成16・1・15民集58巻1号226頁）。後者についても，国家賠償法上は違法でないとする判断方式は可能なはずであるが，判断方法の相違の理由は明らかではない。下級審判決においては，さらに多様な表現があり，職務行為基準説の射程については，なお明らかではない。

刑事手続の違法性

　もともと，この職務行為基準説は，刑事手続に関わる公務員の行為の違法性の問題が出発点となっている。すなわち，刑事裁判において逮捕・起訴された者の無罪判決が確定した場合に，警察官による逮捕や検察官による起訴，さらには下級審の有罪判決などが国家賠償法上の「違法性」を有することになるか，が問題となる。常識的に考えると，無罪が確定した以上，無罪の者を逮捕・起訴したことは違法であり，これを回避する義務が尽くされたか否か，いいかえれば十分な捜査がなされていたか否かによって過失の有無が決まるということになりそうである（結果違法説）。有罪判決が上級審や再審で覆った場合の裁判官の責任においても，同様のことが言える。

　しかし，逮捕については，「疑うに足りる相当な理由」があれば逮捕状を発することができることとなっており（刑訴法199条），検察官の起訴については，合理的な嫌疑があれば，起訴できるとされているから，十分な捜査に基づく合理的な逮捕・起訴であれば，結果的に無罪となっても，違法ですらないはずである（最判昭和53・10・20民集32巻7号1367号）。また，裁判官についても，自由心証主義の下で，合理的な証拠調べに基づいて有罪判決を下したのであれば，それが上級審あるいは再審の判断と合致しなくても，違法とは言い難い（最判平成2・7・20民集44巻5号938頁）。結局，警察官，検察官，裁判官のいずれについても，それぞれの職務上の注意義務を尽くしていたのであれば，たとえ無罪判決が確定しても，その行為に国家賠償法上の「違法性」は認められないこととなる。これが職務行為基準説の出発点と考えられ，こうした考え方について，どこまで他の領域に一般化しうるかが問題となっているわけである。

ケースの中で18-②　立法行為の違法性

　国会の立法活動についても，職務行為基準説と類似の考え方がとられている。公職選挙法改正による障害者等の在宅投票制度の廃止などを違憲とする国家賠償請求訴訟において，最高裁は，国会議員の立法活動について，仮にその立法が内容的に違憲であっても直ちに国家賠償法上の違法となるわけではなく，それが憲法の文言に一義的に違反するにもかかわらず敢えて立法がなされた場合などの例外的な場合でない限り，違法とはならないとする（最判昭和60・11・21民集39巻7号1512頁）。この判決によって，国会議員の立法活動が違法とされる余地は極めて狭くなったと思われていたが，最高裁は，こうした例外的な場合に当たるとして，在外日本人の小選挙区への投票を認めなかった立法の不作為を国家賠償法上も違法として，損害賠償を認めた（最大判平成17・9・14民集59巻7号2087頁）。しかし，前婚解消後100日を超える女性の再婚禁止期間を定める民法の規定を違憲とした判決においては，その違憲性が明白であったとはいえず，立法不作為は，国家賠償法上は違法ではないとしている（最大判平成27・12・16民集69巻8号2427頁）。

規制権限の不行使

　近年，最高裁は，国や地方公共団体が事業者への規制権限の行使を怠ったために，有害物質等による健康被害を被ったとする労働者や住民等による賠償請求を相次いで認容している。そのほかにも，犯罪被害者が警察の被害防止措置が不十分であったとして賠償を求めるなど，国や地方公共団体の規制権限の不行使により，身体あるいは財産等に損害を被ったとする被害者による賠償請求は増えており，社会的に注目を集めるものも少なくない。

　伝統的には，規制権限の根拠規定は，権限を与えるだけで，それを義務づけるものではなく，要件を満たす場合に実際に権限を発動するか否かは，行政庁の裁量に委ねられていると考えられてきた（行政便宜主義）。そこで，こうした根拠規定のほとんどは，「できる」規定の形で立法化されている。こうした考え方を前提とすると，規制権限を行使しないことも許されるはずで，規制権限の不行使が違法となる余地はなく，その結果として損害を被る者が生ずるとしても，国等に損害賠償を請求できないこととなる。確かに，要件を満たした場合に，機械的に権限を発動すべしとする制度は，現実的でない。しかし，国等の規制権限が国民を保護するために与えられている以上，国等はその適切な行

使によって国民を保護する責任を負っているはずであり，保護されるべき者が放置されて損害を被った場合には，その救済が考えられなければなるまい。

ケースの中で18-③　警察官の不作為

規制権限の不行使についても，個々の警察官の活動などについては，判例においても，かなり以前から，その不作為を違法であるとして，国家賠償を認めた例がある。一例を挙げれば，最高裁は，ナイフで他人を威嚇したとして交番に連れてこられた者について，警察官がナイフを保管する措置（銃刀所持法24条の2第2項）をとらずに帰宅させたことは違法であるとして，その帰宅途中に刺されて重傷を負った被害者による国家賠償請求を認めている（最判昭和57・1・19民集36巻1号19頁）。そのほか，不発弾の暴発により子供が重傷を負った事故について，不発弾への対応を怠った警察官の不作為を違法とした例が有名である（最判昭和59・3・23民集38巻5号475頁）。

消極的裁量濫用論

そこで，規制権限の不行使に関しての行政庁の裁量を容認しつつも，そこに一定の枠をはめ，それが違法となる余地を認める理論が考えられることとなった。すなわち，最高裁は，規制権限の不行使は，法令の趣旨・目的や権限の性質等に照らし，具体的事情の下で権限を行使しないことが著しく合理性を欠くときは違法となるとする考え方（消極的裁量濫用論）を示してきた。そのほか，下級審判決においては，規制権限を行使すべき一定の場合について，具体的な状況下では裁量の幅が収縮して行政庁に権限行使の作為義務が生ずるとする説明の仕方（裁量収縮論）もある。

古くは，消極的裁量濫用論は賠償責任を否定する論理として用いられる例が多く，クロロキンによる薬害（最判平成7・6・23民集49巻6号1600頁）や宅地建物業者の不正取引による被害（最判平成元・11・24民集43巻10号1169頁）についての権限不行使などの責任も否定されてきた。しかし，その後，最高裁は，消極的裁量濫用論の枠組みに従いながら，通商産業大臣（当時）が鉱山保安法による規制権限の行使を怠ったために粉じんによるじん肺に罹患したとする元鉱山労働者らによる国家賠償請求を認容した（最判平成16・4・27民集58巻4号

1032頁）。さらに，通商産業大臣や熊本県知事が水俣病の発生および拡大の防止のための規制権限行使を怠ったとする患者らの国家賠償請求についても，これを認容している（最判平成 16・10・15 民集 58 巻 7 号 1802 頁）。

このように被害を放置した国や地方公共団体の政策的な誤りの責任が認められる例も増えているが，いずれの考え方で説明するにせよ，具体的にどのような場合に規制権限の不行使が違法となるかが問題である。下級審の裁判例においては，被侵害法益（被害）の重要性，被害の予見可能性，規制権限行使による被害の回避可能性，被害者自身で被害を回避する可能性，などを総合的に評価して，判断すべきこととされている。ここでも，予見可能性，結果回避可能性という過失の判断要素が含まれていることに留意すべきである。

ケースの中で18-④　アスベスト被害の責任

上に述べた「筑豊じん肺訴訟」や「関西水俣病訴訟」の判決を受けて，近年，最高裁は，国による規制が遅れたために石綿（アスベスト）の吸入により肺疾患に罹患したとする大阪府泉南地域の石綿製品工場の元労働者等による国家賠償請求を認容している（最判平成 26・10・9 民集 68 巻 8 号 799 頁）。ここでは，主として，石綿による健康被害の危険性が明らかになったのちに，労働大臣（当時）が労働基準法等に基づく省令制定権限を行使して工場への局所排気装置の設置を義務づけるべきであったか否かなどが争われ，原審の判断も分かれていた。最高裁は，昭和 33 年頃には石綿による肺疾患に関する診断方法などが確立し，また，同じ頃には局所排気装置の技術的な知見も存在することとなったので，同年以降，労働大臣は局所排気装置の設置を義務づけるべきであったとし，それが義務づけられた昭和 47 年までの間，規制権限の違法な不行使があったと認めている。なお，石綿製品の製造や使用については，平成 18 年以降，ほぼ全面的に禁止されている。さらに，その後，最高裁は，石綿建材を用いた建築現場での作業により石綿粉じんを吸入して罹患したとする各地の元建築労働者による国家賠償請求についても，労働大臣が労働安全衛生法に基づく規制権限を行使しなかったのは違法であるとして，請求を認容している（最判令和 3・5・17 民集 75 巻 5 号 1359 頁など）。

コラム18-④　災害と国家賠償

近年，地震などの大規模な自然災害が相次いでいるが，従来，こうした自然災害は，「天災」と考えられてきた。しかし，自然災害に備え，国民の安全を守る

ことは，国や地方公共団体の責務でもあり，これを怠った結果，市民に損害が生じるとすれば，それを理由とする国家賠償の請求もなされうることとなる。著名な例を挙げれば，東日本大震災の津波に際して，石巻市立大川小学校の児童74名と教職員10名が逃げ遅れて死亡した事故について，児童23名の遺族が学校設置者である石巻市等に対して国家賠償を請求している。これについて，控訴審判決（仙台高判平成30・4・26判時2387号31頁）は，災害時における教員による避難誘導の経路や場所が適切でなかったことに加えて，校長等が事前に適切な避難経路や避難場所を危機管理マニュアルに盛り込んでいなかったことなどにも過失を認め，被告に総額14億円の賠償を命じている（上告不受理）。

　そのほか，同じ震災による原子力発電所事故についても，放射性物質により住居等が汚染されたとする住民らが電力会社の監督を怠った国の責任を追及して，国家賠償を求めている。これについて，控訴審判決は，経済産業大臣が電気事業法による規制権限を行使して，津波による発電所事故を防ぐための適切な措置を会社に義務づけなかったことは違法であるとして，請求の一部を認容している。これに対して，最高裁は，国が規制権限の不行使によって賠償責任を負うのは，権限が行使されれば被害が生じなかったという関係が認められる場合であるとし，本件においては，試算されていた津波より実際の津波が高かったために，試算に基づく規制権限が行使されて対策が実施されたとしても，事故は避けられなかったとして，国家賠償を認めていない（最判令和4・6・17裁判所ウェブサイト）。

第19章
営造物の瑕疵に関する賠償

1 営造物責任とは何か

立法の意義

　国家賠償法2条1項は、「道路，河川その他の公の営造物の設置又は管理に瑕疵があったために他人に損害を生じたときは，国又は公共団体は，これを賠償する責に任ずる」と規定して，公共施設など「公の営造物」の設置管理の瑕疵に関する設置管理の主体としての国等の賠償責任を明らかにしている。これによって，校舎の手すりの損壊により児童が転落負傷する，公園のブランコの不具合で子供が負傷する，トンネルの崩落によって通行中の運転者が死亡する，といった場合に，設置管理に当たる国等が被害者に賠償すべきこととなる。前章で見た同法1条による公務員の不法行為に関する国等の賠償責任が民法715条における使用者責任と対応する関係にあるのに対して，この公の営造物の瑕疵に関する国等の責任は，民法717条における工作物責任と対応するものと言える。

　ただ，明治憲法下においては，公権力の行使に当たる公務員の不法行為については，民法の不法行為の規定は適用されないこととされていたのに対して，学校の施設などの瑕疵に関しては，民法の工作物責任の規定の適用による国等の賠償責任が大審院の判例などにより認められていた。したがって，国家賠償法1条とは異なり，同法2条の立法の意義は，賠償責任の存在を再確認するという確認的意味に止まるとも言える。しかし，以下で見るように，同法における営造物の範囲が民法の工作物よりかなり拡大しているなど，これによって，この分野においても賠償責任の範囲が拡大したと言える。

　民法による国等の営造物責任を認めた旧憲法下の大審院の判決としては，徳島市遊動円棒事件が有名である。市立小学校の校庭におかれた遊具である遊動円棒が腐食していたために，児童が転落して死亡した事故について，大審院は，民法717条の工作物責任を適用して，保護者に対する市の賠償責任を認めている（大判大正5・6・1民録22輯1088頁）。

1条との関係

　また，国家賠償法1条との関係を見れば，公権力の行使を緩やかに解して公務員の営造物の設置管理活動を含めることとすれば，営造物責任のかなりの部分は，管理者である公務員の不法行為の責任として再構成することができると思われる。しかし，のちに触れるとおり，営造物責任は無過失責任であると解されてきたため，営造物の瑕疵について管理者の過失が認定できない場合でも，賠償責任が生ずる可能性があることになり，この面でも，賠償責任を拡大することになるのである。

公の営造物

　国家賠償法2条1項は，道路と河川を例示するのみで，「公の営造物」を定義しているわけではないから，その意味は，解釈に委ねられることになる。伝統的には，営造物とは，たとえば，人である教職員と物である校地，校舎，備品などを総合した全体的施設としての「学校」など，人を含めた公の用に供される施設の総体を指すものと考えていた。しかし，同法においては，人に関する賠償は1条の守備範囲となっているから，ここでの営造物とは，人を除いた物，しかも，施設の総体というよりは，それを構成する個々の物を意味すると解される。結局，ここでの「公の営造物」とは，公の用に供される有体物を意味する「公物」と同義ということになる。

　したがって，営造物という語感とは異なり，土地や建物といった不動産に限られるわけではなく，また，民法の工作物責任と異なり，土地の工作物に限定されるわけでもない。机や椅子などの施設の備品はもちろん，公用車などのさまざまな動産が含まれることになり，拳銃や電動かんななども該当するとした

裁判例がある。さらに，このような「人工公物」だけでなく，河川が例示されているように，「自然公物」も含まれる。河川なども，自然に存在するものではあるが，交通その他の公の用に供するために国等が管理するものだからである。

　また，公の用に供されていれば，国等が所有権等の権原を有するか否かは無関係であり，たとえば，私有地が都市公園として利用されている場合など，いわゆる私有公物も含まれる。他方，国公有地などであっても，公の用に供されていなければ公の営造物には含まれないことになり，行政活動に用いられていない「普通財産」（国財法3条3項）は，これに該当しないこととなる（国税として物納された土地，など）。

2　設置管理の瑕疵

無過失責任

　営造物責任の要件である設置又は管理の「瑕疵」の意味について，最高裁は，営造物が「通常有すべき安全性を欠くこと」であるとする（→ **ケースの中で19-②**）。たとえば，校舎の手すりが損壊して，それに寄りかかった児童が転落負傷したといった事故を想定すれば，児童が寄りかかって損壊するような手すりは，「通常有すべき安全性」を欠いているのは明らかであるから，それだけで，学校の管理者たる国等は賠償責任を負うこととなるのである。損壊の原因が建築業者による手抜き工事と管理者による修繕の遅延とのいずれにあるのか，とか，管理者に事故の予見が可能であったか，などといったことは，賠償責任とは無関係とされるわけである。

　要するに，営造物に物理的な欠陥が客観的に認められれば，設置管理者の過失等を問題とすることなく，営造物責任は認められるわけで，最高裁は，この責任が無過失責任であると明言し，予算の制約なども，賠償責任を否定する理由とはなりえないとしている。こうした考え方は，国家賠償法1条に対する2条の存在意義を明らかにする点でも，明解である。

　国等の営造物責任が無過失責任であることを明言し，その判断枠組みを設定した著名な判決として，この事件がある。事件は，国道通行中のトラックを落石が直撃し，助手席に乗っていた者が即死した事故について，その遺族が道路管理者たる国などに損害賠償を求めたものである。最高裁は，営造物の瑕疵とは「通常有すべき安全性を欠くこと」を意味し，それによる国等の責任は過失の存在を前提としないとしたうえで，当該道路はしばしば落石等が生じていたにもかかわらず，防護柵の設置等の対策も講じられていなかったとして，請求を認容している（最判昭和45・8・20民集24巻9号1268頁）。

責任の限界

　しかし，営造物を原因として損害が生じた場合の全てに，国等が賠償責任を負うわけではない。この責任は，結果責任ではないのである。不可抗力による損害については，国等が責任を負わないことは，当初から，判例は認めてきた。

　とりわけ，本来の用法ではない，通常は予測しがたいような異常な用法で営造物を使用した結果，事故が発生したといった場合には，国等の賠償責任は否定される。ガードレールに腰かけて遊んでいた子供が転落した場合（最判昭和53・7・4民集32巻5号809頁）やテニスコートの審判台に反対から登った子供が倒れた台の下敷きとなった場合（最判平成5・3・30民集47巻4号3226頁），などがその例である。こうした場合には，事故が起こったものの，ガードレールや審判台には「通常有すべき安全性」が欠けていたとは言えないからである。

　そのほか，施設の安全設備が欠如していたために事故が生じたとしても，その安全施設が新たに開発されたものである場合，その普及度などによっては，「通常有すべき安全性」が欠けていたとは言えないとする判例もある。

　昭和48年，当時の国鉄（日本国有鉄道公社）の福島駅において，視力障害者がホームから転落し，進入してきた電車に轢かれて重傷を負った。被害者が国鉄に損害賠償を請求したところ，原審は，ホームに点字ブロックが設置されていなかったのは，営造物の瑕疵に当たるとして，請求を認容した。しかし，最高裁は，点字ブロックの未設置が瑕疵と言えるか否かは，その普及度や事故発生の危険性，設置の

困難性などの諸般の事情を総合考慮しなければならないとして，事件を原審に差し戻した（最判昭和 61・3・25 民集 40 巻 2 号 472 頁）。その後，和解が成立している。

管理作用の瑕疵

　営造物の物理的な欠陥というよりは，管理者の管理作用の落ち度によって損害が発生することもありうる。道路上の障害物を放置したことによって事故が起こったり，ダムの放流操作ミスによって下流に被害が生ずるといった場合である。空港や道路の公害対策を怠ったことにより周辺に騒音被害等が生ずるといった場合も，この例に含めることができよう。

　こうした場合については，管理者たる公務員の不法行為として，国家賠償法 1 条の守備範囲に含めることもできるはずであるが，「設置又は管理」の瑕疵という表現から考えると，営造物責任となりうることも想定されていると言える。現実にも，こうした場合も，道路やダムなどの管理の瑕疵による営造物責任として争われるのが通例である。

　いうまでもなく，こうした管理作用の瑕疵が争われる場合においては，管理者の行為の評価が問題となるわけで，瑕疵判断の基準として「通常有すべき安全性」という基準によることは困難である。こうした場合の一般的な判断基準は，今のところ明確にされているとはいいがたく，さまざまな理論構成がありうるが，多くの判決は，結局のところ，管理者による損害の予見可能性や回避可能性など，同法 1 条における違法性または過失の判断と類似の要素を考慮して，その瑕疵を判断していると見ることもできるのである。

主観説の登場

　さらに一般化すれば，従来は営造物の物理的欠陥の問題として考えられていた事例についても，それを招いた管理作用の欠陥と捉えることができるはずであり，営造物責任における瑕疵の意味についても，損害の回避義務違反として統一的に捉えなおすべきであるとする主張もなされることとなる。従来の物理的欠陥に注目する見解を「客観説」と呼ぶのに対し，こうした見解を「主観説」と呼ぶが，後者においては，営造物責任も，一種の過失責任と理解されるのである。

3 道路と河川

道　路

　国家賠償法2条が例としている道路と河川は，現実にも営造物責任に関する判例が多く登場し，社会的にも注目を集めている分野であるが，まず，道路については，先に触れた落石事故の事例に代表されるような，道路の物理的な欠陥を問題とする事例が多く存在する。路面の穴による転倒事故，トンネル等の落盤事故，山岳道路における土石流事故など，この類型に属するものは多様である。こうした事例においては，判決の多くは，客観説的な発想から，回避可能性などを問題にすることなく，物理的欠陥から，直ちに瑕疵を認定しており，予算の制約などにより，免責が認められることはない。もっとも，道路が物理的に危険な状態にあった場合には，これを通行止めにすべきであったとも言えるわけで，回避可能性を否定することは類型的に難しいとも言える。

　他方，道路の物理的な状態ではなく，道路の管理作用が問題となった事例も少なくない。道路上の障害物を放置したために事故が生じた場合などが，その例である。たとえば，道路上の故障車に別の自動車が追突する事故が起こった場合，故障車の存在という客観的状況のみをもって道路の瑕疵と見るのは常識的ではないし，故障車の停車直後に追突事故が生じた場合などにまで，道路管理者による管理の瑕疵を認めることはできまい。そこでは，道路管理者に事故を回避することが可能であったか否かが問題とされざるをえないこととなり，判例上も，これが瑕疵の判断の決め手となっていると見ることができる。

> ### ケースの中で19-④　道路管理の瑕疵
>
> 　最高裁は，故障した大型トラックが交通量の多い国道に87時間にわたって放置され，これに原動機付自転車が追突して運転手が即死した事故について，道路を監視することを怠り，安全を保持する措置をとらなかったため，道路管理に瑕疵があったとして，道路管理者たる県の営造物責任を認めている（最判昭和50・7・25民集29巻6号1136頁）。しかし，最高裁は，その直前の判決においては，道路工事中を示す赤色灯などが通過車によって倒されたために，後続の車が工事区間に気がつくのが遅れ，運転を誤って道路脇に転落した事故について，道路管理者が原状に

戻すことは時間的に不可能であったとして，道路管理の瑕疵を否定している（最判昭和50・6・26民集29巻6号851頁）。

供用関連瑕疵

　近年は，道路管理者が対策を怠ったために騒音や排ガスの被害を被ったとして，沿道住民が賠償を求める例が増え，既に，騒音被害を理由として賠償を認めた最高裁判決も存在する。ここでは，被害者が道路の利用者ではなく，周辺住民であり，また，被害が道路自体ではなく，その供用による自動車の通行に起因する点で，従来の事例とは，大きく様相を異にする。簡単にいえば，その供用等によって周辺住民に被害を及ぼすことをもって，道路の瑕疵と見るわけである。道路の物理的な欠陥（物的性状瑕疵）と対比して，こうした瑕疵を「供用関連瑕疵（機能的瑕疵）」と呼ぶことがある。

　もちろん，こうした瑕疵においては，道路の物理的な状態だけが問題とされるわけではなく，自動車の通行規制などを含めた管理者による環境対策の総体が問われることとなる。判例においては，騒音等が受忍限度を超えるか否かが瑕疵判断の決め手となっているが，ここでも，被害の回避可能性の欠如を抗弁とする可能性が認められている。

ケースの中で19-⑤　国道43号線事件

　大阪と神戸を結ぶ国道43号線と阪神高速道路の沿道住民が通過する自動車の騒音と排ガスによって生活被害などを被ったとして，道路管理者たる国と公団にそれらの差止めと損害賠償を求めた訴訟であるが，上告審では騒音被害のみが争われている。最高裁は，差止めは認めなかったものの，営造物の供用の結果，周辺住民に社会生活上受忍すべき限度を超えた被害が生じた場合には，原則として営造物責任を免れないとし，損害賠償請求を認容している（最判平成7・7・7民集49巻7号1870頁）。なお，最高裁は，大阪空港判決において，空港周辺の航空騒音被害についても，営造物責任を認めている（最大判昭和56・12・16民集35巻10号1369頁）。

河　　川

河川の氾濫による洪水の被害について，流域住民が河川管理者に賠償を求め

る水害訴訟は，従来から，各地で提起されてきた。ここでも，河川管理の瑕疵を理由とする営造物責任が根拠とされる。安全を確認しながら建設される道路と異なり，河川には，本来的に洪水の危険が内在しているとも言えるだけに，洪水発生の結果のみから河川管理の瑕疵を認めることはできず，河川の「通常有すべき安全性」とは何かが争われることとなる。

　古くは，洪水をもたらす河川は瑕疵があるとして，賠償を認める下級審判決が相次いだ時期もあったものの，これについて，最高裁は，治水工事には財政的・技術的・社会的な制約があるとして，同種・同規模の河川の管理の一般的水準と社会通念に照らした安全性が認められれば，洪水が発生しても，瑕疵があるとは言えないとする。そこでは，未改修または改修途上の河川については，その段階に応じた「過渡的安全性」をもって足るものとされ，それについての賠償請求の途は，ほぼ閉ざされることとなった。これに対して，改修済の河川については，その後の判決で，構造上の欠陥で堤防が決壊した場合について，賠償責任が認められている。

　これらの判決においては，一応は，河川や堤防の物理的状況が問題とされているが，現実に決め手となっているのは，河川管理者による洪水被害の回避可能性であり，その意味では主観説的な考え方が見られる。しかも，この回避可能性判断の中で財政的制約を強調する点でも，これを明示的に否定する道路についての判例と明らかに一線を画している。今のところ，瑕疵判断のあり方については，その分野などに応じて，さまざまの考え方が混在していると言える。

ケースの中で19-⑥　　大東水害訴訟と多摩川水害訴訟

　昭和47年夏，大阪府大東市内の市街地を流れる谷田川の未改修部分が集中豪雨によって溢れ，周辺に床上浸水の被害が発生した。被害者らが河川管理者の国等に対して損害賠償を請求したのに対して，原審は，これを認容している。しかし，最高裁は，未改修河川の安全性は過渡的安全性で足り，当該水系の改修計画が河川の一般的な水準等に照らして合理的なものである以上，改修工事を繰り上げて実施しなければならないとするには特段の事情がいる，として事件を原審に差し戻し（最判昭和59・1・26民集38巻2号53頁），これを受けた差戻審が請求を棄却した。

　これに対して，昭和49年夏の豪雨により改修済である多摩川の堤防が決壊して，周辺の家屋が流失した水害については，最高裁は，在来の取水堰を放置したために

計画以下の水量で堤防が決壊したものであり，河川管理の瑕疵を認める余地がある
として，これを否定した原審判決を破棄して，事件を原審に差し戻し（最判平成
2・12・13民集44巻9号1186頁），差戻審が請求を認容している。

　その後は，大東水害訴訟判決の考え方に沿って，国等の賠償責任を否定する裁判
例が続いてきた。しかし，近年の例としては，平成27年9月の台風による鬼怒川
の水害について，自然の堤防であった砂丘が太陽光発電事業者によって掘削された
のが原因であり，それを防ぐため当該地域を河川区域に指定すべきであったのに，
これを怠ったことが河川管理の瑕疵に当たるとして，国に賠償を命じた判決が注目
される（水戸地判令和4・7・22裁判所ウェブサイト）。

第20章
損 失 補 償

1 損失補償とは何か

損失補償の意味

　道路や空港といった公共施設の用地は，通常，当該土地の所有者と事業の実施主体である国や地方公共団体など（起業者）との契約による任意買収によって取得されることになるが，時には，所有者が頑強に売渡を拒んだり，法外な支払いを要求するなど，契約の合意が成立しないことがありうる。こうした場合には，土地収用法所定の手続によって起業者が強制的に土地を取得する途が用意されており，最終的には，都道府県収用委員会の裁決によって，土地の所有権は起業者に移転することとなる。もちろん，公益上の必要があるとはいえ，土地の所有権を無償で奪うわけにはいかないであろうから，裁決により，起業者には，土地所有者に一定の「損失の補償」をなすべきことが命じられる（収用法48条1項2号，68条）。

　さて，この「損失補償」であるが，行政活動によって私人に生じた損害を国等が補塡するという点では，前章までに説明した国家賠償法による「損害賠償」と同様である。しかし，両者は，その性格を異にする。すなわち，損害賠償においては，「違法」な行政活動を原因として，法が許容していない損害が市民に生じているわけであるから，民法上の不法行為の場合と同様に，被害者である私人の損害を加害者である行政側が補塡しなければならないのは，当然とも言える。これに対して，土地収用に関しては，これを土地収用法が許容しているわけで，同法の定めに沿ってなされる限りは「適法」な行政活動なのであって，土地所有者の損害も法が予定したものであると言える。こうした場合

の「損失補償」は、「適法」な行政活動を原因とする点で、「違法」な行政活動を原因とする「損害賠償」とは性格を異にするわけで、その必要性についても、別の説明が必要となるのである。

損失補償の必要性

憲法29条3項も、「私有財産は、正当な補償の下に、これを公共のために用ひることができる」として、土地収用等を認める一方で、そこでの補償の必要性を定めている。このような適法な行政活動に補償が要求される根拠は、一般には、以下のように説明されることとなる。

すなわち、道路建設のための土地収用を例にとれば、その建設によって社会全体が利益を受けることとなり、それによって土地収用は正当化されることとなる。しかし、他方では、その建設によって、たまたま予定地に土地を所有していた者だけが多大の損害を被ることとなるのである。その両者のバランスを回復するためには、社会全体の負担により土地所有者の被る損害を補填する必要が生じる。具体的には、起業者である国等が社会全体の負担による税金等によって土地所有者の損害を補填すべきであり、これが土地収用に際しての「損失補償」ということになる。

より一般化していえば、社会全体の利益を増進するために、特定の私人に「特別の犠牲」が生じた場合には、そのバランスを回復するために、損失補償が必要とされると言える。判例上も、こうした「特別の犠牲」が私人に生じる場合には、憲法により損失補償が必要となると解されている。

コラム20-① 開発利益の還元

道路建設などの公共事業によって損害を受ける者については、その損害は、損失補償によって全体の負担に解消される仕組みである。一方、公共事業によって利益を得る者もいるのは当然であるが、地価の値上がりなどによって「特別の利益」を得る者もありうる。公共事業が全体の負担で実施される以上、それによる「特別の利益」も社会全体に還元されるべきであるとも言える。こうした開発利益の一部は、土地の譲渡の際に租税として社会に還元されるが、これとは別に、受益者負担金として吸収する仕組みがある。下水道整備の資金の一部を排水地域

特別の犠牲

　もっとも，法による財産権等の制約が「特別の犠牲」に該当するか否かは，必ずしも明確とは言えない。一般に，特別の犠牲として損失補償を要するか否かは，その制約の一般性，程度，目的などを総合的に考慮して決定すべきものと解されている。

　まず，その制約が広く社会一般に及ぶものであると特別の犠牲とはいいがたく，特定の者にのみ課されることになれば認められやすい。たとえば，租税の賦課など，社会全体に課される負担について補償がありえないことは当然である。また，都市計画制限なども，その態様はさまざまでも，多くの土地に何らかの制約は課されるわけであるから，特別の犠牲とは解しがたい。これに対して，土地収用などは，公共事業の予定地の所有者という特定の者に課される制約であるから，まさに特別の犠牲と言える。

　次に，制約の程度について見れば，土地の所有権そのものを奪うなど，財産権の本質的内容を侵害することになると，特別の犠牲として損失補償の対象とされるのに対して，その利用の軽微な制約などについては，補償を要しないとされる傾向となる。

　最後に，その目的については，まず，罰金，課徴金，原因者負担金，違法な物品の没収など，本人に特別な原因のある制約については，補償を要しないのは当然である。さらに，危険な建築物の建築を禁止したり，こうした建築物を取り壊すなど，公共の安全・秩序の維持のための制約（警察規制）については，社会的に当然に受忍すべき制約あるいは財産権の内在的制約として，補償の対象とはならないとされる。これに対して，公益を積極的に増進するための制約については，補償を要するとされる。

　こうした見地から，現行法上は，これまで見てきた公共事業のための土地収用のほか，公益目的の河川などの占用許可の撤回（河川法76条），消防活動の

ための建物の取り壊し（消防法 29 条 3 項）などについて，損失補償が規定されている。そのほか，自然公園内の土地利用制限に補償を要するとされている（自園法 64 条）など，必ずしも特別の犠牲ではないと考えられるものについても，政策的配慮から，損失補償が規定されている例もある。

ケースの中で20-①　奈良県ため池条例事件

　損失補償の要否が争われた例としては，奈良県のため池条例をめぐる事件が著名である。昭和 29 年，奈良県は，ため池の堤防の破壊等による被害を防ぐため，ため池の堤防での耕作等を禁止し，その違反に罰金を科する条例を制定した。これに違反したとして起訴された被告人が本条例による規制が憲法 29 条 3 項に違反すると主張している。これに対して，最高裁は，本条例による財産権の制約は災害防止のためのやむをえないもので，ため池についての財産権を有するものが当然受忍しなければならない責務であって，損失補償を要しない，としている（最判昭和 38・6・26 刑集 17 巻 5 号 521 頁）。

憲法を根拠とする請求

　もし，特別の犠牲に該当する財産権の制約を認める法律に損失補償の規定が欠けている場合は，どうなるであろうか。この場合，こうした法律が憲法違反となり，制約を認める規定自体が無効となるという考え方もありうる。しかし，最高裁は，こうした場合には，直接に憲法を根拠とする損失補償の請求が可能であるとし，制約を認める規定が無効となるわけではないとする（最判昭和 43・11・27 刑集 22 巻 12 号 1402 頁）。もっとも，実際に憲法を直接の根拠とする損失補償を認めた最高裁判例はない。

2　損失補償の内容と限界

正当な補償

　損失補償が必要とされる場合において，どの程度の額の補償をなすべきかについては，憲法 29 条 3 項は，「正当な補償」を要するとしているが，その意味が問題となる。極めて特殊な事例であるが，最高裁は，戦後の農地改革における買収価格について，その政策目的に照らして，市場価格を大きく下回るもの

でも「正当な補償」に当たるとし，こうした場合については，「完全な補償」ではなく，「相当な補償」で足るとしている（最大判昭和28・12・23民集7巻13号1523頁）。もっとも，通常の土地収用などについては，収用の前後において相手方の財産価値が等しくなるような補償をすべきであるとして，結果として「完全な補償」を求めており（最判昭和48・10・18民集27巻9号1210頁），土地収用法も，「近傍類地の取引価格」を基準として算定することとしている（収用法71条）。もっとも，事業実施による土地の値上がりなどもありうるため，収用時ではなく，その前の事業認定時の価格を基準とすることとされている。

ちなみに，損失補償は，金銭の支払いによってなされるのが原則であるが，代替地の提供等，別の方法でなすことも許される。土地収用法も，こうした「替地」による補償等を認めている（収用法82条）。

> **コラム20-②　損失補償と訴訟**
>
> 　土地収用の損失補償の額は，都道府県収用委員会の収用裁決の中で決定されることとなるが，その額に不服がある場合は，どのような訴訟で争うべきであろうか。収用裁決も行政行為であるから，通常，それによって形成された権利義務を争う場合には，都道府県を被告として収用裁決の取消訴訟を提起すべきこととなる。現行制度においても，収用そのものに不服がある場合には，こうした取消訴訟によるべきこととなる。しかし，損失補償の額に関する争いについては，土地収用法によって，起業者と土地所有者等との間で，増額または減額を求める訴訟という形式で争うべきこととされている（収用法133条）。行政事件訴訟法4条前段の形式的当事者訴訟であるが（→16章1），損失補償の額に関する訴訟については，これによるとする立法例が多い。

補償の範囲

　土地収用においては，その補償は，収用された土地についての補償を基本とするのは当然であるが，土地が収用されることによって相手方が受ける損害は，土地を奪われること以外にもさまざまである。たとえば，土地を奪われたことにより，そこで従来から営んでいた事業の中止を余儀なくされるといった営業上の損失，土地の一部が収用されたことによる残りの土地の価値下落による損

失，などについては，土地収用法により，補償がなされることとされており（収用法74条），それ以外にも収用による「通常受ける損失」は，補償の対象となる（収用法88条）。

　これに対して，たとえば従前の土地への愛着といった財産的評価になじまない精神的な価値に関する損失の補償については，否定的に解されてきた。「輪中堤」の価値など，収用対象物の文化財としての価値なども，補償を要しないものとされている（最判昭和63・1・21判時1270号67頁）。さらに，ダム事業による離村などにおいては，別の土地で生活を再建するためには，金銭的にも従前の財産に対する補償では償いきれない負担が生ずることになる。しかし，こうした生活再建補償についても，財産的評価が難しいことなどから，従来は否定的に解されてきたが，特別規定の整備などにより（都計法74条など），徐々に認められる方向にある。

ケースの中で20-② 　生活再建補償

　旧水資源開発公団は，岐阜県内に徳山ダムを建設することを計画し，このダムは，水源地域対策特別措置法2条2項による指定ダムとされた。同法8条によると，指定ダムを建設する者は，それにより生活の基礎を失う者に対して，代替地や建物の取得，職業の紹介など，「生活再建のための措置のあっせんに努める」ものとされている。同ダムによって水没する土地所有者が，この生活再建措置が全く実施されておらず，同条に違反するほか，「正当な補償」を求める憲法29条3項にも違反するとして，工事の差止めを求めて出訴している。しかし，裁判所は，生活再建措置は財産上の損失の補償を補完する行政的措置であって，「正当な補償」には含まれず，あっせんの努力義務は法律上の義務ではない，として，訴えを斥けている（岐阜地判昭和55・2・25判時966号22頁）。

第三者への補償

　公共事業の実施は，土地を収用される相手方だけではなく，近隣の第三者にも損失を生ぜしめることがある。たとえば，道路の設置により段差ができた場合などには，隣地で石垣や排水路の設置や改修などの工事が必要となることがあるが，こうした工事費用などは，土地収用法75条により，補償されることとなっている（みぞかき補償）。そのほか，ダム工事などのための土地収用によ

って取り残された少数残存者に対する補償なども，一部で実施されつつある。

　さらに，収用そのものではなく，収用された土地を用いてなされた事業によって，周辺に損失が生じることがある（事業損失）。道路や空港の供用による周辺への騒音被害などがその例であるが，現在は，損失補償の対象とはされていない。むしろ，営造物の瑕疵を理由とする国家賠償の対象とされていることは，前章で触れたとおりである。

コラム20-③　損失補償基準

　公共用地の取得のほとんどは，土地収用によるわけではなく，任意買収によってなされている。この場合は，通常の売買契約となるから，その価格は当事者の交渉によって決まるはずである。しかし，これでは「ごね得」といった不公平が生ずることとなるため，価格の算定方法などについて，国については，「公共用地の取得に伴う損失補償基準要綱」が閣議決定されている（各地方公共団体においても，類似の基準がある）。従来，収用委員会における損失補償額の決定においても，この基準が用いられてきた。しかし，平成13年の法改正により，「土地収用法88条の2の細目等を定める政令」が制定され，土地収用に関する損失補償に関しては，これが基準となっている。

3　国家賠償との谷間

身体的損害の補償

　現在の憲法が明文で損失補償を要求しているのは，「財産権」を用いる場合だけである。これを文字どおりに理解すれば，公共の利益のために身体・生命に損失を被った者は，特別の法令がない限り，補償を受けられないこととなりかねない。もちろん，これが国家賠償法の要件を満たせば，損害賠償を受けられるが，たとえば，過失が認められなければ，これも受けられないこととなる。

　一例を挙げれば，予防接種の副作用により身体的損害を被る者が少なくない。接種した医師に過失が認められれば国家賠償の対象となるが，その立証は簡単ではない。しかし，考え方によっては，こうした被害者は，強制接種の場合は

もちろん，勧奨によるものであっても，感染症対策という公益のために「特別の犠牲」を被ったと言えるわけで，社会全体の負担による補償がなされて当然とも言える。このような発想から，下級審判決の中には，憲法29条3項の類推解釈などの手法により，被害者に損失補償を認めた例もある。ただし，最高裁は，こうした解釈によらず，過失の認定の緩和によって，国家賠償による救済を図っている（最判平成3・4・19民集45巻4号367頁）。

> **ケースの中で20-③　予防接種と損失補償**
>
> 　国が予防接種法等により強制または勧奨した各種の予防接種について，副作用が問題となり，昭和51年には，予防接種法の改正により，健康被害救済制度も法定された。しかし，その額が著しく低額であったことなどから，その被害についての賠償を国に求める集団訴訟が各地で提起されることとなった。当初は，担当医師の予診の過失などを主張する損害賠償請求として争われてきたが，副作用の予見が困難なため，過失が否定される例もあった。そこで，過失の存在を前提としない損失補償として請求を構成することが試みられることとなった。これをうけて，こうした健康被害の補償についても，憲法29条3項の類推適用があるとするもの（東京地判昭和59・5・18判時1118号28頁），同項の当然の帰結であるとするもの（大阪地判昭和62・9・30判時1255号45頁）など，損失補償を認める判決が相次いだ。しかし，これを否定する判決もあり（東京高判平成4・12・18判時1445号3頁），議論が分かれている。なお，平成6年の法改正によって強制接種は廃止されている。

その他の谷間

　このほか，違法ではあるが無過失の行政活動による私人の損失など，国家賠償と損失補償のいずれによっても救済されない「谷間」と呼ぶべきものが少なからず残っている。もし，国家の活動による損失を社会全体の負担に解消する「国家補償」制度の一部として，両者を統一的に把握すべきであるとすれば，その谷間についても，救済の途が開かれてしかるべきこととなる。

　現在も，一部の個別法により，無過失責任または結果責任を認める規定がおかれるなど，その対応がなされている例もある（消防法6条2項，税徴法112条2項など）。広くは，刑事補償制度なども，この例ということもできよう。しかし，一般的な制度の整備は，今後の課題といわなければならない。

事 項 索 引

判 例 索 引

大審院・最高裁判所

高等裁判所

地方裁判所

現代行政法入門〔第5版〕
Introduction to the Administrative Law, 5th ed.

2007 年 10 月 30 日 初 版第 1 刷発行	2019 年 3 月 30 日 第 4 版第 1 刷発行
2011 年 3 月 30 日 第 2 版第 1 刷発行	2023 年 3 月 20 日 第 5 版第 1 刷発行
2015 年 4 月 1 日 第 3 版第 1 刷発行	2024 年 4 月 10 日 第 5 版第 3 刷発行

著　者　　曽和俊文，山田　洋，亘理　格

発行者　　江草貞治

発行所　　株式会社有斐閣

　　　　　〒101-0051 東京都千代田区神田神保町 2-17

　　　　　https://www.yuhikaku.co.jp/

装　丁　　デザイン集合ゼブラ＋坂井哲也

印　刷・製　本　　中村印刷株式会社

落丁・乱丁本はお取替えいたします。定価はカバーに表示してあります。
©2023, T. Sowa, H. Yamada, T. Watari.
Printed in Japan ISBN 978-4-641-22844-3